哲学、文化与时代

田丰 著

广东省人民政府文史研究馆 编

SPM 南方传媒　广东人民出版社
·广州·

图书在版编目（CIP）数据

哲学、文化与时代/田丰著；广东省人民政府文史研究馆编 . —广州：广东人民出版社，2021. 12（2022. 9 重印）
（馆员文库）
ISBN 978－7－218－15346－9

Ⅰ. ①哲…　Ⅱ. ①田…　②广…　Ⅲ. ①社会科学—文集
Ⅳ. ①C53

中国版本图书馆 CIP 数据核字（2021）第 227892 号

ZHEXUE WENHUA YU SHIDAI

哲学、文化与时代

田　丰　著　广东省人民政府文史研究馆　编

出 版 人：肖风华

责任编辑：陈其伟
封面设计：友间文化
责任技编：周星奎

出版发行：广东人民出版社
地　　址：广东省广州市越秀区大沙头四马路 10 号（邮政编码：510199）
电　　话：(020) 85716809（总编室）
传　　真：(020) 83289585
网　　址：http://www.gdpph.com
印　　刷：广州市豪威彩色印务有限公司
开　　本：787 毫米×1092 毫米　1/16
印　　张：24.5　字　数：400 千
版　　次：2021 年 12 月第 1 版
印　　次：2022 年 9 月第 2 次印刷
定　　价：68.00 元

如发现印装质量问题,影响阅读,请与出版社(020－85716849)联系调换。

《馆员文库》编委会

主　　任：杨汉卿

副 主 任：庄福伍　周　高　杨　敏
　　　　　黎泽林　陈小敏　麦淑萍

委　　员：张　磊　黄天骥　陈永正
　　　　　徐真华　杨兴锋　田　丰
　　　　　郑楚宣　黄淼章　刘昭瑞
　　　　　张国雄

编辑人员：谭　劲　黄建雄　李飞光

《馆员文库》总序

　　文化艺术的传承是人类智慧和民族精神的传承；是"成孝敬，厚人伦，美教化，移风俗"的必要途径；是陶冶道德情操，抒发美好理想，丰富人们生活，推动社会进步的重要领域；是一项益于今人、惠及后世的经久不衰的事业。

　　优秀的文化艺术作品记载历史，展现未来，静憩在书本之中，发力于现实之间，弘扬主流价值观和核心价值体系。观今宜鉴古，无古不成今。对文化艺术研究成果的整理、总结与利用，是国运昌隆、社会稳定的表现，是为党和政府决策提供参考、借鉴的要务，是保存民族记忆、推动社会发展的大事。

　　广东省人民政府文史研究馆，以文化传承为核心，以弘扬民族精神和时代精神为己任，汇聚群贤编史修志，著书立说，文研艺创，齐心描绘祖国辉煌灿烂的历史画卷，共同谱写文化发展的生动篇章，不断挖掘中华文化开拓创新、博采众长的精神内涵。

　　广东省人民政府文史研究馆馆员享有盛誉、造诣深厚，在投身改革开放和现代化建设的伟大实践中，留下了大量的著述和研究成果，是独特艺术魅力与社会进步思想的完美结合，是文化艺术研究者对时代、生活的深刻思考和感悟。正是通过这些作品的表达和学术成果的积累，馆员将自己渊博的理论知识、丰富的实践经验传给后人，使优秀传统文化不断延伸和发展。

　　为了使这笔珍贵的学术成果得以保存并充分发挥作用，让经典涵养道德，让智慧启迪人生，我们将馆员的文史、艺术等各类研究成果精华编纂成《馆员文库》，不定期地持续出版，以飨读者。《馆员文库》是人生哲理的文库：从不同角度反映馆员专家对历史和现实的认识与研究，蕴含着宝贵的人生经验，有利于我们冷静地观察和反思各种历史文化现象，从中获取解决现实问题的智慧和力量。《馆员文库》是文化基因的文库：深入挖掘历史文化资源，力求探索优秀传统文化基因，展现中华民族解放思想、实事求是、与时俱进、开拓创新的精神风貌，增添人民群众全面建设小康社会的精神力量。《馆员文库》是道德标尺的文库：与中华民族传统美德相承接，与社会主义市场经济相适应，与社会主义法律规范相协调的社会主义思想道德体系，让文化艺术成为价值标尺上最明晰深刻的衡量尺度和践行坐标。

在《馆员文库》付梓之际，我们期冀敬老崇文之风历久弥新，优秀传统文化精华薪火相传，文史阵地翰墨飘香。

广东省人民政府文史研究馆

代序　喜读文集《哲学、文化与时代》

张　磊

先哲有言："好为人序"堪称一"患"。我颇赞同，因为客套、敷衍或一味溢美的序言，对读者、作者乃至相关业务并无什么积极作用，徒充篇幅而已。但检点自己的文字，序言竟达百余篇。所以如此，并非喜欢妄加指点或强作解人。自己学养浅陋，亟须好学深思。勉为人序，使我有幸先读了许多尚未问世的好书。更重要的是真正名副其实的序言，可以起到作者和读者之间的津梁作用。推荐优秀的著述，是我这名毕生从事社会科学研究工作的"普通一兵"的义务。至于年青学者向我索序，我更觉得无权拒绝，总是认真阅读和评述，鼓励他们继续攀登高峰。读书先看序或跋，已成我的习惯。

为田丰同志的文集写序，虽有愧当之感，但却心中快慰，感受到一番策励。文集中的30篇论文都曾载于核心期刊，部分被《新华文摘》或《中国社会科学文摘》转发。作者以马克思主义时代观为主轴，从人类文明进步和中国改革开放的方位切入，也行哲学、文化层次的理论思考，触及广东近40年发展历程中的观念变革和文化创新诸课题。全书归纳为三个部分：第一部分为"哲学与时代"，主要阐述了马克思主义关于历史与辩证法、时代与全球化、时代与问题观及生态文明和认识论等理念；第二部分为"文化与时代"，主要探究了全球化时代的文化竞争、文化创新、文化进步内涵乃至形式与特点，并论及中国改革开放进程中的文化发展目标和任务，还考虑了宣传工作的观念、方法创新的趋势与特色；第三部分为"广东改革与文化建设"，主要研讨了广东如何传承岭南文化，弘扬时代精神，建设与改革开放新时代相适应的文化体系，提升文化竞争力和软实力，并提出了相关的思路和对策。此外，还试图总结了曾任广东主要领导人任仲夷、谢非的价值理念和曾任广东省委常委、宣传部部长黄浩的文化观念。文集中的相当部分我曾经读过，深感为守正创新的佳作。坚持马克思主义理论，学习和践行毛泽东思想、邓小平理论和习近平新时代中国特色社会主义思想，勇于和善于开拓创新，密切联系实际，摒除教条主义和实用主义，颇具深度和广度，是为文集的优长。读后不仅增广学识，扩展视野，且能引人深思，乃至发人深省。显然，文集的论述禆益于中国特色社会主义建设。

　　田丰同志具有坚实的理论基础和丰富的实践经验，知识面广，才思敏捷，不辞劳瘁，多做奉献。他的专业是马克思主义哲学史与中国现代化，在中山大学的名师指导下攻读博士研究生的课程，主要学科方向和重点，则是马克思主义哲学史、文化哲学和文化产业。这无疑是承担了一桩艰巨的任务：既要把握马克思主义哲学的原理，又要把握这些原理的发展形态。文集的论述即是试图从马克思主义的历史观、辩证法和认识论出发，探讨全球化与时代的关系、全球化与文化发展的关系以及全球化与生态文明的关系等重大课题，进一步求索全球化背景下文化传承和创新的本质和规律。并较早提出和阐发了文化竞争力、生产力、创造力和传承力的观点。显然，上述研究内涵归属于中国特色社会主义理论的范围。作为马克思主义中国化的划时代新成果的邓小平理论、习近平新时代中国特色社会主义思想，理所当然地成为田丰同志治学的主要指导，同时，也是他阐发的对象。所以文集中包括了研究邓小平理论基本方法和特点的文章，关于习近平新时代中国特色社会主义思想的阐发更涉及了深化改革开放、文化自信、生态文明建设和人类命运共同体等理念。正是在这种意义上，我很希望田丰同志能够总结一下治学经验，有利于自身的奋进，也给同行特别是年青的社科工作者提供借鉴。剧变和发展的时代向社会科学提出了更多的迫切要求，祝愿他多做奉献，不断推出新成果。

　　不忘初心，牢记使命！让我们共勉！

2021 年 5 月广州

　　（作者系广东省政府文史馆馆员、研究员，广东省社科联原主席，广东省社科院原院长）

代序　全面深化改革与哲学方法论

田　丰

改革开放是我们党在新的时代条件下带领人民进行的新的伟大革命，是当代中国最鲜明的特色，是当代中国共产党人党最鲜明的品格。可以说，没有改革开放，就没有中国特色社会主义。十八届三中全会制定了全面深化改革目标、纲领、任务和路径，开启了中国特色社会主义的新阶段。推进全面深化改革，不仅需要坚定的信心和勇气，更需要科学的思想方法和工作方法。习近平总书记在十八届三中全会上关于《中共中央关于全面深化改革若干重大问题的决定》的说明的重要讲话中，运用了马克思主义哲学思维深刻分析了改革面临的形势和任务，在中央政治局学习会上又提出了努力掌握马克思主义哲学这个看家本领，提高战略思维能力，不断书写改革开放历史新篇章的要求。如何推动干部群众学好哲学、用好哲学，自觉地投身于全面深化改革这场新的伟大革命，是理论工作者应有的使命和责任。

一、把握马克思主义实践观，
提升全面深化改革的自觉性

马克思主义哲学本质上是实践哲学，实践是马克思主义哲学的核心范畴，实践观点是马克思主义的根本观点。我们不会忘记，30多年前，实践是检验真理标准的大讨论把人们从"左"的思想禁锢下解放出来，重新确立实践第一这个马克思主义认识论的基本观点，从而拉开了改革开放的序幕。今天，我们要在新形势下推进现代化建设，仍然要坚持实践观点、实践标准，充分认识全面深化改革的必要性和紧迫性，进一步解放思想。

面向实践就要增强时代意识。把握时代潮流和时代主题是战略决策的前提。以国际金融危机为标志，全球化进入了一个新阶段。一方面，西方在经历了金融危机、欧债危机后元气大伤，尚处于弱复苏状态，而中国等新兴经济体在迅速崛起后也出现了增长放慢的态势，产业、科技、军事乃至政治、文化力量的再平衡在所难免；另一方面，世界范围的民主化、市场化、信息化、贸易自由化步伐加快。开放发展、转型发展、竞合发展是时代大趋势。在这个大变革、大调整、大转型的时代，如何加快改革，转变发展方式，促进国家治理体系和治理能力现代化成为提升国家综合竞争力的必然要求。

面向实践就要增强问题导向意识。问题是时代的呼声。35年来，我们用改革的办法解决了党和国家事业发展中的一系列问题，取得了举世公认的成就。然而实践无止境，时代在前进，旧的问题解决了，新的问题又产生了。当前发展中不平衡、不协调、不可持续问题依然突出，产能过剩问题、利益分化问题、生态恶化问题、腐败问题等发展起来后的问题并不见得少，这些现象暴露了体制上和结构上的深层次的矛盾和症结，提出了深化改革的要求。完成全面深化改革的使命，要有强烈的问题意识，以重大问题为导向，抓住突出问题、关键问题和基本问题进行思考和决策，着力推动解决我国发展面临的一系列突出矛盾和体制约束。以重大现实问题为导向，也就是抓住了重大理论，推动改革理论的不断突破和创新。改革由问题倒逼而产生，又在不断解决问题中得以深化。

面向实践就要坚持解放思想、实事求是的思想路线。实事求是集中体现了实践观的认识方法和思想方法，是马克思主义哲学的精髓。恢复了实事求是的精神，才有十一届三中全会的思想解放，才有邓小平南方谈话带来的思想解放，改革实践的深入与思想解放的深入水乳交融，浑然一体。全面深化改革与以前改革不同处在于不仅要释放社会活力，而且要对利益格局再调整，不仅要冲破传统思想观念的障碍，而且要突破制度和利益固化的藩篱，思想障碍和社会阻力往往不是来自体制外而是来自体制内，这是一场真正意义上的壮士断腕式的自我革命。三中全会提出的关于使市场在资源配置中起决定性作用的论断，是科学总结实践经验基础上对什么是社会主义、如何建设社会主义主题的再深化，是具有全局和深远意义的理论创新，而其在深化改革中的贯彻则要体制和机制的综合创新，需要思维方式、行为方式、交往方式、发展方式、管理方式的重大转型。因此，全面深化改革成功与否取决于有没有深刻的思想革命，全面深化改革的进程必然是思想解放的伟大进程。

二、把握马克思主义的辩证法，
增强全面深化改革的规律性

马克思主义的辩证法就是唯物辩证法。唯物辩证法是关于事物的本质和联系及其运动变化一般规律的科学，是我们共产党人观察分析处理一切问题的思想方法。恩格斯深刻提出，"蔑视辩证法是不能不受惩罚的"，我国革命、建设实践中的重大挫折和失败，都是由于违背辩证法、违反规律而导致的。辩证法本质上不仅是革命的、批判的，而且是构建性、建设性的，按规律办事，就是不但要按规律打破旧世界，而且要按规律建设一个新世界。社会主义社会辩证法就是探索社会主义发展规律，建设中国特色社会主义的学科理论。全面深化改革是一个广泛的、复杂的、艰巨的革命和建设过程，更要把握辩证法，尊重客观规律，自觉地探索、认识、运用规律，稳步有序推进。

学习运用辩证法，最重要的是掌握矛盾分析方法。对立统一规律即矛盾规律是辩证法的核心和实质，掌握了矛盾分析方法，也就掌握了辩证法。在深化改革实践中，首先要把握社会基本矛盾，使生产关系与生产力相适应，上层建筑与经济基础相适应，完善和发展中国特色社会主义制度，这是全面深化改革的总要求和总目标；其次要把握主要矛盾，在社会主义社会矛盾上主要矛盾是生产力与人民群众不断增长的物质文化需要的矛盾①，在经济体制改革上是政府与市场、政府与社会的矛盾，这是改革的着力点和突破口；再次要抓住矛盾的主要方面，如在效率与公平的矛盾中，公平成为主要方面，要把促进社会公平正义、增进人民福祉作为工作重点。

学习运用辩证法，还要掌握系统分析方法。辩证法把世界看作是各种矛盾相互联系、相互作用的整体。辩证法既要讲矛盾观，还要讲系统

---

① 党的十九大提出，我国社会主要矛盾已经转化为人民日益增长的美好生活需要和不平衡不充分的发展之间的矛盾。

观，它把矛盾置于系统的普遍联系之中，强调整体大于部分，系统整体的质决定部分的质。任何事物都是多种多样关系的总和，任何事物都互为中介相互联结。马克思把人类社会看作是一个活的有机体，是一个生产力与生产关系、经济基础与上层建筑、社会存在与社会意识、社会主体与社会客体等矛盾要素互动互生的复杂系统，把社会历史看作是一个由不同动机的人们所创造的合力交互作用过程，体现了辩证法的整体性、互动性、过程性原则。全面深化改革的复杂性，不仅在于它是经济建设、政治建设、文化建设、社会建设、生态文明建设五位一体的全面改革，而且在于改革、发展、稳定的关联性，在于人们各种权利、利益、价值的多样性，在于中央和地方、城市和农村、重点和非重点以及各部门、各领域之间改革的协同性，因此，只有用系统的方法，才能正确处理各种社会矛盾，才能形成改革的整体合力，才能在重要领域和关键环节改革上取得决定性成果，形成系统完备、科学规范、运行有效的制度体系，使各方面制度更加成熟、更加定型。正如习近平总书记强调，"我们提出全面深化改革的方案，是因为要解决我们面临的突出矛盾和问题，仅仅依靠单个领域、单个层次的改革难以奏效，必须加强顶层设计、整体谋划，增强各项改革的关联性、系统性、协同性"[1]。

三、坚持马克思主义的历史观，
增进全面深化改革的主体性

历史唯物主义是马克思主义哲学的精华，它在思想史上破天荒地揭示了人类社会发展的客观规律，破天荒地提出人民群众是历史发展的根本动力和主体的观点，从而成为无产阶级和人民大众争取自身解放、实现人类解放的世界观和方法论。

要取得全面深化改革的成功，必须贯彻人民主体观。坚持以人民为中心，发挥群众首创精神，紧紧依靠人民推动改革。以群众拥护不拥护、赞成不赞成、高兴不高兴作为制定改革决策的根本依据，把人民群众对美好生活的向往作为我们改革发展的出发点。在改革分配制度、调

① 习近平：《推动全党学习和掌握历史唯物主义》，新华网，2013 年 12 月 4 日。

整利益结构的过程中，要坚持民生底线思维，让政策调整的天平向大多数人民的利益倾斜，使发展成果更多更公平惠及全体人民，把群众路线、群众观点贯彻到改革的全过程和各个方面。

要实现改革的目标，必须坚持人的全面发展。改革的本质就是充分激发广大主体的积极性、主动性和创造性，达到解放、发展生产力与解放、发展人的一致性。在当代全球化和个体化互动互生的大趋势下，我们的社会管理改革和城镇化改革要勇于打破思维和体制障碍，进一步激发社会活力，促进人在不同地域、领域、体制、群体间的公平流动，促进每个人的能力和个性的自由发展，让一切劳动、知识、技术、管理、资本的活力竞相迸发，让一切创造社会财富的源泉充分涌流，让一切人才都拥有施展聪明才智的广阔天地。

（原载于《南方日报》2014年3月22日，此稿有改动）

代序 全面深化改革与哲学方法论

目　录

时代与哲学

时代与文化

广东改革开放与文化思考

哲学、文化与时代

Z

HEXUE WENHUA YU SHIDAI

时代与哲学

问题与时代

列宁指出，在分析任何一个社会问题时，马克思主义理论的绝对要求，就是要把问题提到一定的历史范围之内。只有分析了从一个时代转变到另一个时代的客观条件，才能够了解我们面前发生的极其重大的历史事件；只有懂得区别不同时代的基本特征，而不是个别国家历史上的个别情节，才能正确地制定自己的策略。

历史的发展是在时代的变迁中实现的，而时代的更迭是由社会矛盾决定的。每一时代的矛盾通过社会问题而显现，通过社会问题的解决而转化。不同的问题反映了不同时代的性质、状况和发展趋势，反映了不同时代的人的心理特质和发展要求。把问题和时代紧密联系起来，从时代的大趋势分析问题的根源和表征，又从问题的特点判断时代的形态和性质，才能把握历史规律，推动历史进步，达到历史自觉。

一、问题是时代的口号

马克思说过，问题就是公开的、无畏的、左右一切个人的时代口号。从问题到时代再到时代口号，这是马克思梳理历史脉络，探寻历史发展动力和规律的重要方法论。

1. 时代的划分

什么是时代？一般来说，时代是指历史上以经济、政治、文化等状况为依据而划分的时期。哲学家依据不同的世界观、历史观来划分时代。黑格尔以"绝对精神"的自由的发展过程把世界历史划分为三个时代：只知道一个人（君主）的自由的东方世界，这是低级形态；知道一些人（主人）的自由的希腊罗马世界，这是中间环节；认识到所有人的自由的日耳曼世界，在这里绝对精神达到最高形态。马克思认为历史真正的发祥地不是在虚无意识的迷雾里，而是在人的实践活动中，在主体和客体的对立统一中，他既唯物又辩证地从三个维度阐述了划分时代的原则和方法。

一是客观必然性。社会生产力是社会发展最活跃、最革命的要素，生产力的发展必然引起生产关系的变革，引起经济基础和上层建筑变化，从而引起新旧时代的更替。马克思在《资本论》中指出："各种经济时代的区别，不在于生产什么，而在于怎样生产，用什么劳动资料生产。劳动资料不仅是人类劳动力发展的测量器，而且是劳动借以进行的社会关系的指示器。"① 恩格斯也说："每一历史时代主要的经济生产方式和交换方式以及必然由此产生的社会结构，是该时代政治的和精神的历史所赖以确立的基础。"② 马克思按照生产方式或社会经济形态的发展和变化，把社会主义以前的人类社会的发展划分为四个历史时期（或四个时代）："大体说来，亚细亚的、古代的、封建的和现代资产阶级的生产方式可以看作是经济的社会形态演进的几个时代。"③

二是主体价值性。"整个历史也无非是人类本性的不断改变而已。"人在改变客观世界的同时也改变着主观世界以及人自身，作为人的本质的自由自觉的发展状况也是判断时代变迁的重要尺度。马克思辩证地批判黑格尔绝对精神历史观，吸收了他的能动原则和自由原则，提出了以人的发展为尺度划分的三大形态论：最为漫长的时代是以人的依赖为基础的形态。"人的依赖关系（起初完全是自然发生的），是最初的社会形态，在这种形态下，人的生产能力只是在狭窄的范围内和孤立的地点上发展着。"④ 在这个时代，单个人显得比较全面，那正是因为他还没有造成自己丰富的关系，与人的关系的依附性、狭窄性、孤立性相适应，人的能力是未经分化的、低水平的、不丰富的；资本主义产生以来的时代是以物的依赖性为基础的形态。"以物的依赖性为基础的人的独

---

① 《马克思恩格斯全集》（第 23 卷），人民出版社 1972 年版，第 204 页。
② 《马克思恩格斯选集》（第 1 卷），人民出版社 1995 年版，第 257 页。
③ 《马克思恩格斯选集》（第 2 卷），人民出版社 1995 年版，第 33 页。
④ 《马克思恩格斯全集》（第 46 卷上册），人民出版社 1979 年版，第 104 页。

立性，是第二大形态，在这种形态下，才形成普遍的社会物质变换，全面的关系，多方面的需求以及全面的能力的体系。"① 在这个时代，人的独立性取得了巨大进步，现代分工下个人的发展换取了人类交往的普遍发展和人类能力的总体提高；未来的时代是以个人全面发展和高度社会化为基础的自由个性形态。"建立在个人全面发展和他们共同的社会生产能力成为他们的社会财富这一基础上的自由个性，是第三个阶段。"② 在这个时代，扬弃了物对人的统治和人对人的统治，实现了"偶然的个人"向自由的个人的飞跃，每个人的自由全面发展成为人类发展的前提条件，这就是未来的共产主义。

三是世界总体性。大工业的出现，撬动了经济一体化进程，无论是资本主义的产生，还是无产阶级及人类的解放，都是世界性的而不是某个民族和国家的，只有从世界范围内生产方式和交往方式的根本变革来考察人类社会，才能把握时代特征和历史进程。马克思在1845—1846年与恩格斯合著的《德意志意识形态》一书中，第一次提出"历史向世界历史转变"的命题。由于"不断扩大产品销路的需要，驱使资产阶级奔走于全球各地。它必须到处落户，到处开发，到处建立联系"。正是大工业和世界市场"首次开创了世界历史，因为它使每个文明国家以及这些国家中的每一个人的需要的满足都依赖于整个世界，因为它消灭了各国以往自然形成的闭关自守的状态"③。在世界历史的时代，不仅各个国家的生产、分配、消费等变成世界性的，而且各个民族的文明和文化也在冲突中走向融合，"各民族的精神产品成了公共财产"，产生了世界文化。马克思以手工作坊向社会化大工业转变，自然分工向国际分工转变，地域性交换方式向世界市场体系转变，自然联系的人向世界普遍交往的人的转变，论证了资本主义社会是世界历史的开端，阐明了世界历史的形成是人类社会的巨大进步和重大飞跃，指出了资本主义的社会化生产力与生产资料的私人占有之间的矛盾必然导向共产主义，而共产主义也不是终极状态，相对于人的自由自觉的追求，它也是人类历史长河中的一个环节，"它是人的解放和复原的一个现实的、对下一

① 《马克思恩格斯全集》（第46卷上册），人民出版社1979年版，第104页。
② 《马克思恩格斯全集》（第46卷上册），人民出版社1979年版，第104页。
③ 《马克思恩格斯选集》（第1卷），人民出版社1995年版，第114页。

段历史发展说来是必然的环节"①。

2. 时代的主题

　　每个时代都有自己的问题，问题是时代的口号，引领着时代进步。我们在何种意义上理解马克思关于"问题是时代的口号"这个命题呢？时代的口号反映时代的总体趋势，这种趋势不仅不以个别人、个别群体、个别集团的意志为转移，而且会左右个人的一切，如孙中山所说："世界潮流，浩浩荡荡，顺之者昌，逆之者亡。"这种趋势向历史主体提出了现实的迫切任务，只有把握时代发展大趋势、承担起推动历史发展使命的政治集团才能成为主导力量。显然，并不是所有问题都反映时代的大趋势，只有问题中的元问题，也就是根本问题，或叫时代主题才能体现时代潮流，才能称得上时代的口号。时代主题贯穿在所有时代的问题之中，反映着时代的总特征、总趋势，代表了一定历史时期世界范围内的经济、政治、文化发展的客观要求，反映了社会变革的现实任务，体现了人类的愿望和理想。作为时代口号的时代主题，它就像普照的光，影响着该时代一切问题的性质和发展方向，"这是一种普照的光，一切其他色彩都隐没其中，它使它们的特点变了样。这是一种特殊的以太，它决定着它里面显露出来的一切存在的比重"②。它是高扬的旗帜，体现时代发展趋势的政治力量把它公开地无畏地写在自己的纲领上，因为任何社会集团和力量的先进性就在于自觉地以揭示并践行时代主题为使命。"人类始终只提出自己能够解决的任务，因为只要仔细考察就可以发现，任务本身，只有在解决它的物质条件已经存在或者至少是在生成过程中的时候，才会产生。"③

　　一个多世纪以来，世界的发展经历了一系列跌宕起伏、峰回路转的重大事变，上演了一幕幕翻天覆地、波澜壮阔的历史活剧，其中最根本的是经历了从战争与革命到和平与发展的时代主题变换。

　　战争与革命是工业经济和帝国主义时代的主要特征。工业革命是人类历史上一次伟大的革命，创造了巨大的社会生产力，激发了人类的无限潜能。然而，工业经济本质上是以物质资源的占有和消耗为特征的生

---

① 《马克思恩格斯全集》（第 42 卷），人民出版社 1979 年版，第 131 页。
② 《马克思恩格斯选集》（第 2 卷），人民出版社 1995 年版，第 109 页。
③ 《马克思恩格斯选集》（第 2 卷），人民出版社 1995 年版，第 33 页。

产方式，它建立在精神劳动与体力劳动、有产者与无产者、城市与乡村、人类与自然对立的基础上。当工业经济发展到垄断阶段，必然导致金融寡头和帝国主义。各帝国之间掠夺市场、资源和廉价劳动力，造成严重的民族对立，在国内则形成残酷的阶级压迫和阶级对抗，这时战争与革命就变得不可避免，战争与革命成为历史前进的火车头。

和平与发展是知识经济和全球化时代的主要特征。二战以来，特别是20世纪80年代以来，随着以信息技术、生物工程、新材料技术等为先导的第四次技术革命的到来，世界经济结构发生了重大的变化，资本、商品、信息及人口空前流动，民族与国家依存度日益增强，经济全球化浪潮迅速推进，世界变成了"地球村"，人类生产方式、生活方式、交往方式、思维方式正在发生急剧变革，突出表现在：一是贸易自由化。由于中国、俄罗斯等大国的加入，国际贸易组织（WTO）已覆盖全球绝大部分地区和国家，世贸组织成员的贸易额已达到世界贸易总额的98%，各国间相互开放的趋势不可逆转。二是资本国际化。跨国公司为追逐利润和扩大市场而投资世界各地，金融资本高速转移和流动于东西方之间，极大地改变着全球资源配置的形式和格局。三是经营全球化。对世界经济有重要影响的跨国公司把分支机构分布到每个角落，形成了游离于民族国家之外的无所不在的生产经营体系。四是产业知识化。以微电子技术为核心的计算机技术、通信和信息技术的飞速发展，带来了知识形态的数字化、编码化和网络化，从根本上改变了知识生产和转化的方式，使知识创新和产业创新更紧密结合起来，知识成为第一资本、第一生产力，知识的吸纳、创新、应用能力和人才成为综合国力中的核心竞争力。

中国改革开放的总设计师邓小平以历史唯物主义的世界观和方法论，对当代世界的问题、特征、矛盾、趋势作出了科学的分析研究，在全球化的全新历史条件下丰富发展了马克思主义的问题观和时代观，提出了和平与发展是当今时代主题的重大判断。他鲜明地指出："当今的世界是开放的世界……任何一个国家要发展，孤立起来，闭关自守是不可能的。"① 我们处在开放的时代，必须用全球眼光、人类意识来制定国际战略和国内路线。他指出："现在世界上真正大的问题，带全球性

---

① 《邓小平文选》（第3卷），人民出版社1993年版，第117页。

的战略问题，一个是和平问题，一个是经济问题或者说发展问题。"①"应当把发展问题提到全人类的高度来认识，要从这个高度去观察问题和解决问题。"② 从和平与发展这个当今时代主题出发，邓小平提出了一系列具有根本性、长期性的国际战略思想。

在矛盾对立中谋求共存和合作。全球化一方面加剧了发展中国家与发达国家、后发地区与先发地区的碰撞，另一方面又使矛盾双方比任何时候都更需要交流和合作。贫困的南方固然需要富裕的北方的资金和技术，但北方也需要南方的资源和市场。即使是社会主义制度与资本主义制度之间、国家之间的制度性、主权性的矛盾，也可以在发展这个共同利益和目标下共存共赢。

在主客观的统一中争取和平。随着全球化背景下各国之间的竞争从军事转向经济以及文化的竞争，随着多极政治格局的形成，世界大战的威胁在减少，国际形势总体上趋于缓和。然而能否实现持久和平，不仅需要客观的经济、政治基础，也需要人类主观意识的共识和愿望。邓小平强调："中国最希望和平。中国希望至少二十年不打仗，我们面临发展和摆脱落后的任务……因此，反对霸权主义、维护世界和平是我们真实的政策，是我们对外政策的纲领。"③

在东西方互动中促进文明整合。西方文明是在工业化、现代化的进程中以及征服东方的过程中形成的，全球化使这种单向的过程变成了双向的过程。东方民族和国家不能盲从西方，而要在学习西方中超越西方，实现跨越式发展。对东方社会主义国家来说，要学习西方文明中带有共性的制度文明、管理经验和技术，在振兴民族经济的同时实现民族文明的伟大复兴。中国不仅要在物质文明上赶超西方，而且在精神文明上也要超过他们，到 21 世纪，中国对世界应有更大的贡献。

基于和平与发展取代战争与革命成为时代主题的判断，邓小平作出了把工作重点转移到以经济建设为中心上来的重大决策，提出了解放思想、改革开放、搞社会主义市场经济、依法治国、发展政治民主、"一国两制"等建党治国方略，开创了中国特色社会主义理论体系和中国特色社会主义道路，带领中国走上了富强、民主、文明的人类共同向往的

① 《邓小平文选》（第 3 卷），人民出版社 1993 年版，第 105 页。
② 《邓小平文选》（第 3 卷），人民出版社 1993 年版，第 282 页。
③ 《邓小平文选》（第 2 卷），人民出版社 1994 年版，第 416—417 页。

康庄大道。全球化催生了中国的崛起，而中国的崛起也改变了世界的经济、政治和文化格局。

二、问题意识与时代精神

问题是反映时代最实际的呼声。人类从必然走向自由的过程，从自在状态走向自为状态的过程，是否具有自觉的问题意识，反映了人类的自由和自为的程度，折射出时代精神。

1. 问题意识

所谓问题意识，是指人们在认识过程中自觉地对生活实践和思想理论进行怀疑，主动揭示和探索其矛盾，不断提出问题、研究问题和解决问题的思维方式。怀疑性是问题意识的特点，用开放性、批判性眼光去认识现实和学习前人，才能避免经验主义和教条主义，在比较和选择中获得真知和新知，宋朝理学家朱熹说过：学贵有疑，小疑则小进，大疑则大进。正是在反对盲从这个意义上，马克思把怀疑一切作为自己的座右铭。现实性是问题意识的指向，坚持实践第一的观点，倾听时代的呼唤，直面当下社会的内在矛盾，把握社会主体的价值趋向，以实践的效果发现和分析问题，以创新的视角评价和破解问题。自觉性是问题意识的核心，它表现为高度的历史使命感、大无畏的科学精神、可贵的创新意识，不仅善于抓住现实矛盾，而且勇于反思自我，不断超越自我，努力追求自我意识和对象世界的统一，理想和现实的统一，知和行的统一。

强烈的问题意识必然升华为历史自觉、政治自觉和文化自觉，因而一个杰出的思想家、决策者或者决策机构，本身就是一个问题库，总是以深刻的洞察力、卓越的预见性敏锐地捕捉到涌动着的生活激流，把握到社会发展的前沿冲突，提出一系列的时代课题和解决方案，作出重大的理论创新和战略创新。剩余价值理论是马克思拨开资本和利润的迷雾，为工人阶级争取经济解放的权利提供科学理论的伟大创造，正如恩格斯对马克思的创造精神和斗争精神的精辟评价："在前人认为已有答案的地方，他却认为只是问题所在。"青年毛泽东在山雨欲来风满楼的五四运动前后，怀着救国救民的志向，曾撰写了《问题研究会章程》，提议成立"问题研究会"的目的，就是想弄清楚当时社会和人生面临的"所必需"或"未得适当解决"因而影响进步的各种"事"和"理"。这个章程列举了71项144个问题，涵盖了政治、经济、文化、社会、国防、外交以及科学技术等诸多方面。有的问题比较宏观抽象，如中央地方集权分权、普通选举、国防军建设、社会主义能否实施、经济自由、教育普及、东西方文明会合，等等；有的问题则比较微观具体，如不搞惩罚式教育、私生儿待遇、姑媳同居、工人退职年薪，等等；有的问题比较现实和迫切，如大总统权限、新旧国会、司法独立、劳工住屋、白话文、编纂国语教科书、恋爱自由，等等；有的问题则不那么现实，个别的甚至与当时中国社会的改造关系不大，如裁军、外债偿还、币制本位、海外贸易经营、海洋自由、爱尔兰独立、重建东部法国，等等。这个"问题研究会"虽然由于各种原因没有成立起来，但却充分展现了青年毛泽东关注现实、心系社会的历史责任感，强烈的忧患意识和问题意识。①

面对剧烈变动和转型的现代化、全球化进程，不仅需要问题意识，而且需要"问题库"战略，即不是随机地而是系统地，不是被动地而是有预见地发现、储藏、选择、研究问题，并提出前瞻性理论和战略。社会生活和社会关系的不断变动是现代社会的特征，这反映在马克思对资本主义社会的极其透彻的经典的描述中："生产的不断变革，一切社会状况不停地动荡，永远的不安定和变动，这就是资产阶级时代不同于过去一切时代的地方。一切固定的僵化的关系以及与之相适应的素被尊崇的观念和见解都被消除了，一切新形成的关系等不到固定下来就陈旧了。一切等级的和固定的东西都烟消云散了，一切神圣的东西都被亵渎了。人们终于不得不用冷静的眼光来看他们的生活地位、他们的相互关系。"② 急剧变动的生活、消费、生产方式引起了人与人、人与社会、人与自然的紧张和矛盾，迫切要求系统化、科学化、国际化和专业化的问题研究，为决策者和大众提供解释和思想指引，二战后西方社会应运而生的活跃在各个领域的"智库"实质上是各个国家的问题库。如美国的兰德公司以重大军事战略起步，逐渐发展成为一个研究政治、军事、经济科技、社会等各方面的综合性问题库、思想库、智囊团，号称

① 陈晋：《青年毛泽东的"问题意识"》，《党的文献》2008 年第 5 期。
② 《马克思恩格斯选集》（第 1 卷），人民出版社 1995 年版，第 275 页。

世界的"大脑集中营"。它着重从三个方面确定切入问题研究，因而占据了时代的制高点。一是国际热点问题，从1950年的朝鲜战争，到60年代的越南战争，再到八九十年代的苏联解体、两德合并、后冷战时代战略，乃至中东问题、朝鲜问题等，无一不是全球瞩目的问题；二是引起社会生活深刻变革的问题。受未来学理论影响，兰德公司对刚刚问世和兴起的新技术、新产品展开研究，如卫星、空间飞行器、人工智能、数值计算、网络、系统科学、新型毒品等。在兰德公司的决策者眼里，这些新生事物必将对未来世界产生巨大影响，而兰德公司也由于在这些专业方向上预先开展的研究成为该领域内的权威机构，获取了很高的声誉和巨大收益；三是全球战略问题，特别是美国全球战略问题。冷战时期的美苏关系、冷战后的中美关系，这些牵动美国政府神经的、关系到美国霸权地位的课题，兰德公司一直高度关注，不惜成本跟踪研究，其研究成果受到高度重视。20世纪50年代初，兰德公司向美国国防部提出过不少有关卫星的研究报告，详细论述了人造卫星在未来作战中所发挥的无与伦比的作用，但当时五角大楼的官员们却搞不清卫星到底为何物，并没有引起重视。直到1957年苏联抢先发射了第一颗人造卫星，这时美国政府高官才回想起兰德公司在该领域所做的一系列研究与预测，自此把兰德公司奉为上宾。

在信息传播网络化、即时化、大众化的今天，一个国家、组织的决策者要把握话语权，提高影响力，占据发展和道义的制高点，还要有问题场策略，也就是通过问题设置引导社会舆论，取得讨论问题、解决问题的主动权。根据美国学者麦库姆斯和肖提出的"大众传播的议程设置功能"理论，利用大众传媒加大对某些问题的报道或突出报道某些问题，能影响受众对这些问题重要性的认知和评价。形成问题场，要遵循大众心理和大众传播规律。首先，设置的问题要有共性。要善于把握个性和共性、个别和一般的关系，从带有共性、普遍性的现象、事件中提出问题。列宁批判俄国的主观社会学，他们"完全形而上学地看问题"，把社会关系看作"不过是这些或那些现象的机械的结合"，他们"毫无意思地从各种不同社会形态中抽出个别的要素，然后用这些东西臆造出一个空想来"①。离开共性的东西孤掌难鸣，只有反映社会进步、大众关注的东西才能引起强烈的共鸣。其次，设置的问题要体现事物的

---

① 《列宁选集》（第1卷），人民出版社1960年版，第54—55页。

动态进程。提出的问题应当是历史事变过程中的重要环节，反映矛盾进一步发展和转化的要求。要注意到"在历史事变的链条里，各个环节的次序，它们的形式，它们的关联，它们之间的差别"，事变的性质和环境时刻都在变化着，要对机遇和发展方向做出准确判断，"必须善于在每个时机找出链条上的一个特殊环节，必须全力抓住这个环节，以便抓住整个链条并稳稳地准备过渡到下一个环节"①。再次，设置的问题要能够引领舆论。理性的探讨、平等的对话、事实的比较，都能强化中心议题，吸引公众参与。然而在大众传播的现时代，尤其要运用媒体包括广播电视、报刊等传统传媒，特别是网络、微博、手机等新兴媒体，巧用现代传播艺术，充分发挥沟通、扩散、宣传、教育、组织、协调、纠偏、排异等功能，才能达到渗透式地全方位地突出主题，影响社会，引导公众舆论的效果。

2. 全球化下的时代精神

全球化是由经济一体化驱动的必然的历史趋势，各民族、国家、地区都不可避免地卷进全球化的时代潮流之中。然而，一个民族、一个国家能否自觉地参与全球化进程，最大限度地利用全球化的机遇发展自己，最大限度地减少其负面影响，取决于该民族的精神自觉，亦即对时代精神的感悟和内化。

时代精神是一个时代的主导性的社会思潮，反映在人们普遍的心理特征、价值趋向以及对影响当代人类发展的重大问题的认识和判断上。19世纪以来，特别是近半个世纪以来，由科技革命和市场经济驱动的全球化的迅猛发展，把人类的生存和发展问题以十分尖锐的形式暴露出来。全球化推动着现代科技的迅速传播及其向现实生产力的转化，信息经济、知识经济方兴未艾，但高科技的发展并不自然而然地提升人类的和谐和幸福，反而造成人的关系的冷漠化，导致人的安全感、满足感的失落；全球化优化了资源的全球配置，带来了财富的涌现和流动，然而它又加剧了社会分化和人的心理失衡，造成了普遍的物化和异化；全球化促进了各民族的普遍交往和相互依存，形成了空前的人口流动和文化融合，但文化价值观的差异又给各民族的经济、政治合作带来新的矛盾，甚至从宗教矛盾发展到大规模的军事冲突；全球化极大地扩展了人

① 《列宁选集》（第3卷），人民出版社1960年版，第526页。

类开发改造自然的能力和范围，"人化自然"从理想变成了现实，但同时带来了对自然资源过度开发，生态环境的日益恶化已严重威胁到人类自身的生存。此外，能源危机、恐怖主义、核威胁、老龄化等诸多问题也此起彼伏，因而有人说我们仿佛回到了狄更斯所感叹的，"这是一个最好的时代，也是一个最坏的时代"。当然，超越所谓好坏的价值评价，我们不得不承认，全球化是人类历史的一个崭新的时代，是充满矛盾和悖论的时代，更是一个人类印证自己能力和智慧的时代，在应对和解决困扰人类前途和命运的各种问题中，形成了一系列共识，产生了自己的时代精神，突出表现在以下三个方面。

第一，文化精神的勃兴给现代化注入了变革的动力。文化精神是指重视文化价值、反抗物化的理念。当代人类在经历了各种战争、经济、政治、生态的危机和生活形态的异化后，终于认识到在各种危机和异化背后是精神文化的危机和异化：市场经济给人类带来了动力和效率，但市场法则——追求利益最大化的冲动又给人类道德和公平造成了扭曲；现代化带来了难以想象的财富和享受，但与此相联系的消费主义、享乐主义又导致人类的理想缺失和精神堕落；城市化产生了人口、资本、生产和交换的巨大的积聚效应，但它所形成的人类高速流动和城市的无限扩张又不断加剧人类情感的荒漠化以及生态的失衡。因此，在种种危机面前，人们不得不冷静下来思考自身的前途和命运。重建人类价值体系，重建人类精神家园，调整人类的生活态度，从注重物质要素到注重精神力量，从注重物质的拥有到注重创新能力，不仅是人类走出传统发展方式的困境的迫切要求，也是人类迈入知识经济时代，变革生产和消费方式，走新型现代化道路的迫切要求。21世纪以来，越来越多的国家不再以GDD为发展目标，而是以国民幸福作为发展目标，并且在幸福指数构成中摒弃了以物为中心的评价标准，代之以更加重视人的精神感受和能力发展等多层面需求的科学的指标体系。与此同时，发掘文化资源，增强文化创意，推动经济文化化和文化经济化，是各国提升国际竞争力的普遍举措，发展理念无论在理论还是在实践上正发生重大变革。1998年联合国教科文组织举办的斯德哥尔摩"文化政策促进发展"政府会议指出："发展可最终以文化概念来定义，文化的繁荣是发展的最高目标。"

第二，类意识的形成推动着全球合作互利。类意识最初产生于人类有别于动物界、自然界的自我意识，在全球化时代，主要反映为从全人类的高度处理人际、种际、国际关系和矛盾的思维方式，它是对人本质的深刻把握和治理全球性问题的现实要求的响应。费尔巴哈最早在哲学意义上使用"类"概念，认为"类"是人的本性。马克思唯物辩证地对费尔巴哈的"类"加以改造，指出人的类本质是自由自觉的活动，是社会关系的总和。人的这种类本质不是人与生俱来的，而是在劳动—异化劳动—自由劳动的否定之否定的矛盾过程中生成的。人的自由联合体是解决个人与社会、人与人、人与自然抗争的必然产物，是其类本质的最高体现。面对每天都牵动人们神经的核竞争、核污染、荒漠化、粮食短缺、石油危机、海洋争端、水资源争端、宗教和文明的冲突等全球性问题，任何一个民族和国家都不能独自解决，只有打破群体、种族、国度的狭隘利益和短浅视野，按照"类"的尺度进行协商和协调，才能走出困境。当然，当前国际霸权主义仍然存在，地区冲突连续不断，甚至有所发展，但阻挡不了人类以不同方式加强协商和合作这个世界潮流。事实上，随着跨国经济、政治组织日益发展，民族国家的主权及政府权力正在弱化，构建全球治理的机制、机构和规范，是政治多极化的必然产物，也是世界民主潮流的必然趋势。如何做到既尊重国家主权，又推动经济一体化基础上的全球共治善治，阿特·科勒·科赫总结欧盟推动欧洲一体化的几个原则值得借鉴："第一，'国家主义'，它以多数规则为基础，依靠对'共同目标'的忠诚来维护；第二，'团结主义'，它包括不同社会利益，它们在同一结构中寻找共同的利益；第三，'多元主义'，它将多数规则和个人对利益的追求结合在一起；第四，'网络治理'，其基础也是利己的行为体，目的在于谈判过程中'增加共同利益'。"① 从类意识到类共治，从经济一体化到政治、文化一体化，从区域一体化到世界一体化，马克思关于人的自由联合体的想法绝不是空想，而是在合作与冲突、前进与倒退的矛盾统一中顽强前行的历史趋势。

第三，生物圈意识觉醒推动着人类可持续发展。自觉的类意识不仅是对人与人关系的反思，而且是对人与自然关系的反思。传统发展方式不仅造成人与人的异化，而且造成人与自然关系的异化，两者互为前提。人的解放是反抗和扬弃人与人、人与自然二重异化的全面解放。怀着对环境恶化的深深忧虑，20 世纪 70 年代，由一批"先知先觉"的科

① 俞可平：《全球治理的兴起》，《学习时报》2002 年第 1 期。

学家、教育家和经济学家组成的非正式国际协会——罗马俱乐部，发表了一份报告——《增长的极限》，这份报告根据当时的数据得出一个震惊世界的结论：相对于人类活动对生态环境的影响，生态系统反馈循环已经大大滞后，其自我修复能力已受到严重破坏，若继续维持现有的资源消耗速度和人口增长率，人类经济与人口的增长只需百年甚至更短时间便可达到极限。报告呼吁人类转变发展模式：从无限增长到可持续增长，并把增长限制在地球可以承载的限度之内。这本书以及后来问世的《只有一个地球》《未来的冲击》《寂静的春天》等作品唤醒了人类的环保意识和生物圈意识，人们从狂热增长竞争转向反思增长的极限与风险，反思人与自然的关系，各国政府纷纷把制定严厉的环保政策、实现可持续发展作为重大国策。联合国等国际组织积极行动起来，为拯救地球发挥了不可替代的桥梁和纽带作用。1972 年，联合国在斯德哥尔摩召开了人类环境会议，通过了具有划时代意义的《人类环境宣言》；1992 年，里约热内卢召开了联合国环境与发展会议，116 位政府首脑、近 200 个国家的代表和 70 个国际组织的代表与会，会议通过了《里约热内卢环境与发展宣言》《21 世纪议程》《联合国气候变化框架公约》《生物多样性公约》重要文件；2012 年，在里约热内卢召开联合国可持续发展大会（"里约＋20"峰会），包括 100 余位国家和政府首脑在内的 193 个国家的代表通过了会议最终成果文件——《我们憧憬的未来》，世界各国"再次承诺实现可持续发展，确保为我们的地球及今世后代，促进创造经济、社会、环境可持续的未来"，并提出"消除贫穷是当今世界面临的最大全球挑战，是可持续发展不可或缺的要求。对此，我们决心紧急行动，使人类摆脱贫穷和饥馑"。除了在国际合作和国家政策层面上持续行动应对生态问题，理论和观念上的反思和剖析也在不断深入。有生态学家认为，是科学技术崇拜加剧了人与自然的疏离，导致生态危机；有伦理学家认为，是人类中心论导致了对其他物种生命价值的漠视，加快了物种危机。更多的是从发展方式上寻找原因和对策。从马克思主义看来，只有消灭资源配置和占有的不平等，只有人类从物质生产为中心的生活形态转向以精神生产为中心的生活形态，使人全面地占有自己的自由本质，才能从根本上解开人的进步与异化并存的历史之谜。"这种共产主义，作为完成了的自然主义，等于人道主义，而作为完成了的人道主义，等于自然主义，它是人和自然界之间、人和人之间的矛盾的真正解决，是存在和本质、对象化和自我确证、自由和必然、个体和类之间的斗争的真正解决。"①

（原载于田丰、成龙、冯立鳌：《问题的哲学：人生的困惑及其破解理路的探索》，社会科学文献出版社 2012 年出版）

① 《马克思恩格斯全集》（第 42 卷），人民出版社 1979 年版，第 120 页。

全球化趋势与马克思的方法论

全球化毫无疑问是当代世界的一个基本特征，任何一个民族，如果它不想偏离人类文明发展的大道，就必然以这样或那样的方式参与全球化进程。如何认识当今全球化的发展趋势，是决定我们怎样判断全球化和怎样参与全球化的出发点。马克思曾经对全球化的发生和发展以"世界历史"的理论形态作了概括和分析，掌握马克思关于全球化或者说"世界历史"分析的方法论，对于我们今天正确认识全球化，有着重要的意义。

一、当代全球化的发展趋势

什么是全球化？英语中"globalization"意指"全球化"或"全球性"，它由形容词"global"（全球的，全世界的）派生而来，而"global"又来自拉丁语中的"地球"观念。全球化概念最早应用于国际经济学，它由"一体化"转变而来。早在 20 世纪 50 年代，由欧洲统一的现实所触发，西方经济学家提出了"经济一体化"（E-Economicintegration）理论，如巴拉萨（B. Balassa）在《经济一体化理论》中说："一体化既是一种进程，又是一种状态"，"经济一体化就是指产品和生产要素的流动不受政府的任何限制"。① 到 60 年代，世界出现大动荡、大分化和大改组，特别是 70 年代石油危机的冲击，世界经济、政治、文化中的全球因素成为社会科学普遍关注的焦点，全球化概念不仅在国际

① B. Balassa. *The Theory Economic Intgration*，1962，p. 101.

经济学，还在国际政治学和国际文化学中越来越多地被使用。国际政治学主要是在"相互依存"的含义上使用全球化概念，国际关系理论史学家詹姆斯·多尔蒂和罗伯特·普法尔茨格拉夫评述说："相互依存这个名词被用来表示全球性体系中各种关系的特点。根据这一概念，一个真正全球性体系在历史上首次要求人们对国际关系进行研究时采用'地球中心'的方法，而不是采取'民族中心'的方法。"① 全球化概念在国际文化学上的应用，是与"世界文化"的理论紧密相关的。国际文化学者认为，全球化是指在世界范围内起作用的文化生长与发展的复杂过程，特别是世界整体意识的形成过程。他们认为世界各国的民族文化不断地受到全球交流技术和媒介网络的冲击，它逐渐通过并在这种冲击中进行跨国综合或全球综合。可以看到，全球化概念的产生和发展是经济学、政治学、文化学相互渗透、相互影响的结果，它从各个不同方面揭示20世纪末世界经济、政治、文化和社会特征，因此，它是一个具有划时代意义的概念。

全球化是一个历史的过程，它以资本主义大工业的产生为开端，至今已历经100多年。从100多年来世界经济发展进程看，全球化经历了三个发展阶段。第一阶段自19世纪后半期到20世纪初，国际贸易的迅速发展和资本、劳动力的大规模的国际性流动成为这个时期的重要特征；第二阶段是经过一战、二战之后，于五六十年代得到进一步发展，这个阶段以国际金融和国际贸易体制的形成以及跨国公司的大量出现为特征；第三阶段滥觞于70年代，到八九十年代形成一股强劲的浪潮，它是在新的科技革命、特别是信息革命的背景下，以技术创新和制度创新及扩散、资本在全球范围大规模流动和企业经营活动的国际化等为重要特征，这股浪潮方兴未艾，其影响空前广泛而深刻。

全球化第三阶段与前两个阶段相比有质的区别，它不仅是全球依存度的增加，一体化速度的加快，而且是时代的根本转变——从以战争与革命为主题的时代转向以和平与发展为主题的时代。这种根本性的转变是全球化而首先是经济全球化的结果。恩格斯指出："每一历史时代的经济生产以及必然由此产生的社会结构，是该时代政治的和精神的历史

① ［美］詹姆斯·多尔蒂、［美］罗伯特·普法尔茨格拉夫著，阎学通、陈寒溪等译：《争论中的国际关系理论》，世界知识出版社2003年版，第147—148页。

的基础。"① 近二三十年来，信息技术的迅速发展，造成了资本、商品、信息以及人类全球范围的空前流动，经济全球化趋势凸现。一是贸易自由化。尽管贸易保护主义在某些国家某些时候有所回潮，但各国间开放度越来越高，进一步消除贸易障碍的趋势不可逆转。二是资本国际化。跨国公司的全球经营驱使金融资本为追逐最大利润到处流动，货币及有价证券的国际贸易昼夜不停地循环于世界的东方和西方，极大地改变着全球资源配置的形式和格局。三是生产经营的世界化。对世界经济举足轻重的跨国公司为了最大限度地占有市场，攫取高额利润，把分支生产经营机构分布到世界每个角落，形成超脱于任何民族国家之外的生产、消费、投资体系。四是知识产业化，第四次科技革命引起了世界经济结构的重大变化，即从以物质资源的占有和消耗为特征的工业经济逐步向以知识（智力）资源的占有、配置、生产、分配、使用作为决定因素为特征的经济的转型。

正是世界经济结构包括生产方式、交往方式、经营方式、消费方式的巨大变化，使当前全球化发展呈现四大特征。

第一，由特殊趋向一般，即由资本主义全球化趋向非资本主义的全球化。毫无疑问，全球化发端于资本主义大工业生产方式，由于先进技术的应用，越来越社会化的大工业完全依赖于世界市场、国际交换和国际分工。然而，正如资本主义生产关系逐渐容纳不了在它自身发展起来的社会生产力一样，资本主义体系容纳不了全球化的发展，全球化本质上是超越任何制度、民族、地域的限制，使人类活动越来越社会化的历史过程。随着非资本主义国家和民族融入全球化的进程，全球化的资本主义性质越来越受到抵制和弱化，尽管它目前仍拥有巨大的势能，但它终归作为一种特殊性的形式而成为历史。

第二，由单向转向双向，即由西方对东方的单向扩张转为东西方的互动。早期全球化的过程是工业化、城市化的过程，是迫使乡村服从城市，东方服从西方的过程。西方国家利用先发优势，摧毁了东方的"万里长城"，不仅向东方大肆掠夺原料和倾销工业产品，而且用宗教、办学等形式广泛传播西方价值观和文化。然而全球化也为东方民族和国家较快获得工业化的技术手段、管理方式，实现跳跃式发展提供了机遇。近二三十年来，东亚国家以两位数的年增长率持续快速发展，世界经济

---

① 《马克思恩格斯选集》（第 1 卷），人民出版社 1995 年版，第 232 页。

重心逐渐从欧洲——环大西洋地区向亚洲——环太平洋地区转移，尽管前几年发生了"亚洲金融风暴"，但很快得到恢复，目前又呈现出蒸蒸日上的态势，亚洲价值观对西方的影响日益广泛。东方的快速发展，宣告了"欧美中心论"的破产。全球化≠西方化，已成为越来越多人的共识。

第三，由单极趋向多极。从主导力量看全球化进程，可以归纳为单极的形成和更替、两极的对峙和多极的兴起这样三个阶段。19世纪后期的几十年，以英国为代表的欧洲国家用武力摧毁了亚洲、非洲、南北美洲的古代文明中心，把这些一度繁荣昌盛的地区文明中心纳入欧洲势力的控制范围之中，西方中心得以确立，而大英帝国以其庞大的殖民地成为中心的中心。从19世纪后期至20世纪60年代，欧洲中心向美国中心转变，二战把美国推上了世界霸权的地位，由美国霸权主导的全球化进程使美国式的经济政治制度、生活方式、价值观念在全球泛滥。战后，美国中心地位受到以苏联为首的东欧集团以及取得独立的第三世界的挑战，在一段时期内形成了美、苏两极争霸的格局。两者都竭力在世界范围内建立自己的经济体系、军事体系和思想体系。80年代后期，苏联东欧集团解体，美国成为唯一的超级大国，但其经济地位在世界经济总体格局中明显下降，其政治影响和文化影响在全球范围及其国内受到了批判和抵制，而许多被压制的力量和新兴力量纷纷在国际舞台上发出自己的声音，在全球化进程中有意识地强化自己的身份意识和参与权利，形成经济多极、政治多极、文化多极的局面。单一中心主导或两极分立的全球化逐渐没落，多元推动、多元共存的全球化已是大势所趋。

第四，由经济层面向文化、政治层面整体推进。经济的变化必然引起政治、文化的变化。为协调世界范围的生产和流通，优化资源配置，避免经济冲突和经济危机，不仅需要世界贸易组织、国际货币基金组织、世界银行等机构加强经济协作，而且也需要加强各民族、国家之间的政治、军事协作，于是通过联合国等组织形式，各种关于人权、人口、环境、发展等方面的协议或宣言以及防止核扩散、禁止化学武器等协议和宣言相继制订，各主权国家在国际义务和权利上日益达成共识，传统的政府间关系正在向现代政府间关系转化。随着经济、政治全球化的推进，文化的全球化趋势也日益显现，特别是20世纪80年代末90年代初苏联东欧集团的解体，导致了资本主义和社会主义两大阵营对抗的结束，各种民族的文明、文化的交往和交流以及冲突和竞争成为世界突出的问题，各种"多元文化主义""文化间主义""跨文化主义"以及亨廷顿的"文明冲突论"成为90年代的显学。不少学者认为全球化是人类社会经济、政治、文化在全球范围的一体化。

全球化从经济层面——政治层面——文化层面渐次推进、整体互动的过程已成为当今全球化的十分突出的趋向。甚至可以说，当前世界范围内各种文化价值的冲突已触及全球化进程的一个核心问题。人是全球化的主体，人的观念主导着全球化进程的取向，而人在本质上是文化的，也就是具有自我意识的能动地认识世界改造世界的，从这个意义上说，文化是全球化演变的关键。全球化进程中经济转型、政治改革以及社会协调发展，迫切需要文化发挥导向、创新、整合的功能。有学者在研究20世纪90年代中后期亚洲金融风暴的产生原因时，发现亚洲近二三十年的快速发展以及存在问题与东方民族的文化心理特征有密切的关系。由于东方民族特有的重整体、重道德和节俭等价值观念，亚洲国家特别是东亚、东南亚国家能成功利用全球化的机遇发展民族经济，把稳定与发展较好地结合起来，然而这些国家在维护民族价值观念中自我反思和自我批判不够，封建主义的根基未得到较彻底的清理，就为日后在金融全球化中出现危机留下隐患。以个性发育不充分为基础的整体主义，压抑了民主的发展，导致了政府、金融、企业结为一体，容易造成特权和腐败；以法治精神发展不足为基础的大家族主义，妨碍了金融运作的规范，造成了大量无人负责的呆账、坏账；以理性精神不完善的东方权威主义和政府主导型的经济社会发展，虽然有助于一定时期的社会稳定，但又容易导致决策失误引发社会大动荡和经济大倒退。可见，文化深刻地影响着经济全球化的进程。

全球化是一种必然的趋势，各民族、国家、地区都不可避免地卷进全球化的历史潮流之中。然而，一个民族、一个国家能否自觉地参与全球化，能否尽可能利用全球化发展自己的经济、文化，又尽可能有效地减少其负面因素的影响，在很大程度上取决于该民族的文化修养、理性思维、心理素质的状况。100多年来，尤其是近二三十年来，以科技革命和市场经济驱动的全球化的发展，把人类的生存和发展问题以十分尖锐的形式提了出来。全球化极大地扩张了人改造自然的范围和能力，但同时又带来了对自然资源的过度开发，自然环境的日益恶化也对人类自身的生活环境带来了影响；全球化带来了财富的涌现和流动，然而它又造成了社会分化和人的心理的失衡，造成了物的关系对人的压抑；全球化促进了各民族的普遍交往和相互依赖，然而由于文化价值观的差异化存在又给各民族的经济、政治合作带来新的障碍和矛盾，甚至从价值、宗教矛盾上升到军事冲突。因此，不研究全球化进程中民族的文化底蕴、文化价值问题，我们就难以从纷繁复杂的经济、政治变化中把握其深层次的动因，难以合理地解释和说明当代人类精神生活中的种种困惑和矛盾，科学和文化的使命要为全球化从自发向自觉的提升，从矛盾冲突向整合协调的发展提供理论支撑。罗伯逊在其1992年出版的《全球化》一书中针对沃勒斯坦关于世界体系理论的"经济主义"，即忽视文化的倾向，强调提出全球化是主体辨认自己与全球人类情景关系的过程，在这个过程中不同的生命形式进行互动，认识世界，表达自己关于世界的看法，同时又确认自己的身份。不应该孤立地讨论政治、经济层面上的东西，而要分析全球文化的独立动力以及"文化因素"在目前世界体系中的作用和地位。费金斯通大力主张从文化角度研究全球化。他在《理论、文化和社会——社会批判理论的探索》杂志1990年《全球文化》专刊中指出，全球化进程的发展使得经典社会学和二战后兴起的现代化理论无力诠释新现象、新问题。经典社会学观点由于把社会等同全世界的民族国家而无法全面理解全球化问题；现代化理论则长期使文化依附于结构性发展，并搁置了文化与文化体现者之间的关系。费金斯通不仅认为全球文化相互联系状态的发展是全球化进程的要求，而且强调文化发展对全球化的能动作用，还对全球化进程中文化发展做了后现代主义方法的研究。

二、马克思关于全球化的基本方法论

与人类命运息息相关的马克思主义，始终以揭示人类历史发展的总体过程、时代特征、一般规律为自己的神圣使命，尽管马克思没有看到像今天这样的全球性问题，也没有系统的全球化理论，但他从全球视野阐发的"世界历史"的重要思想，确实为我们研究当代全球化问题奠定了科学的方法论基础。马克思对全球化，或者说对"世界历史"的研究可分前后期，在前期他对"世界历史"的研究是同对资本主义社会发展规律的探讨联系在一起的。在后期，他对"世界历史"的研究主要同对东方社会发展规律的研究联系在一起的。总体来看，马克思关于"世界历史"亦即全球化的观点有三个方面。

1. 全球化是生产力发展的必然过程

在马克思看来，"世界历史"的形成和发展并不是黑格尔所说的人类历史之外"世界精神""漫游"的产物，而是以工业技术革命为代表的生产力自身运动的结果。大工业的出现必然引起广泛的社会分工，这种分工又引起商品交换的扩大，而商品交换扩展到世界范围则形成了世界市场，世界市场使各个国家、民族连为一体，形成世界历史。他指出："由于机器和蒸气的应用，分工的规模已使脱离了本国基地的大工业完全依赖于世界市场、国际交换和国际分工。"① "它首次开创了世界历史，因为它使每个文明国家以及这些国家中的每一个人的需要的满足都依赖于整个世界，因为它消灭了以往自然形成的各国的孤立状态。"②

2. 全球化是一种新的文明形成的过程

"世界历史"的形成不仅是经济活动世界化的过程，也是精神活动世界化的过程，它标志着社会生活的全面变革和新的文明形态的创立。在世界历史条件下，资产阶级"把一切民族甚至最野蛮的民族都卷到文明中来了"（马克思这里所说的文明是指资本主义文明。——作者注），它使乡村服从于城市，农业民族服从于工业民族，"它使未开化和半开化的国家从属于文明的国家"。为了追逐利润，资产阶级奔走于世界各地，到处开辟市场，到处安家落户，把生产和消费日甚一日地变成全球化。由于生产与消费的全球化，农业社会的狭隘的、宗法的和田园诗般的地域藩篱被打破了，一切固定的、古老的关系以及素来被尊崇的观念和见解都被瓦解了，一切国家人民之间的民族分隔和仇外心理在渐渐消失。由于生产与消费的全球化，文化也日益打破其民族的片面性和局限性，成为一种世界性的文化。"过去那种地方的和民族的自给自足和闭关自守状态，被各民族的各方面的互相往来和各方面的互相依赖所代替了。物质的生产是如此，精神的生产也是如此。各民族的精神产品成了公共的财产。民族的片面性和局限性日益成为不可能，于是由许多民族

---

① 《马克思恩格斯选集》（第1卷），人民出版社1995年版，第132—133页。
② 《马克思恩格斯选集》（第1卷），人民出版社1995年版，第67页。

的和地方的文学形成了一种世界的文学。"①

3. 全球化是人的发展过程

现实的个人是马克思历史观的出发点和落脚点，"世界历史"的发展就是现实的个人的发展。"人们的社会历史始终只是他们个体的历史，而不管人们是否意识到这点。"②而"每一个单个人的解放的程度是与历史完全转变为世界历史的程度一致的"。马克思认为，以生产力普遍发展为基础的人们之间的普遍交往是个人及其社会发展的重要前提，"普遍交往，一方面在一切民族中同时产生没有财产的群众这一现象（普遍竞争），使得每一民族同其他民族的变革都有依存关系，而最后，狭义地域性的个人为世界性的、真正普遍的个人所代替"③。只有实现普遍交往，"单个人才能摆脱种种民族局限和地域局限而同整个也同精神的生产发生实际联系，才能获得利用全球的这种全面的生产（人们的创造）的能力"④。然而，"历史向世界转变的过程"既为个人关系和个人能力的普遍性和全面性发展创造了条件，同时又作为一种盲目的、自发和异化的过程和力量与人相对立。"单个人随着自己的活动扩大为世界历史性的活动，越来越受到对他们来说是异己的力量的支配……受到日益扩大的、归根结底表现为世界市场的力量的支配。"⑤"世界历史"就在这种普遍性的生产、交往与普遍性的个人的互动中，在人的主体化和异化的互动中不断从低级向高级迈进。

马克思对历史向"世界历史"转变的全球化一般过程的阐述是博大精深的，不仅作了经济学、政治学、历史学的分析，而且作了哲学、人类学、文化学的分析，不仅揭示了这个历史过程的本质，而且描述了这个过程的生动的现象，不仅是历史的，而且是逻辑的。透过马克思"世界历史"理论的丰富的内容，我们可以找出贯穿在这个理论的基本方法论，这些基本方法论构成了他的全球化理论的活的灵魂。

第一，历史观和价值观相统一的方法。历史尺度，就是社会客观规律的尺度，马克思把人类社会看作是一个基于生产力发展基础上的不断

---

① 《马克思恩格斯选集》（第1卷），人民出版社1995年版，第225页。
② 《马克思恩格斯全集》（第27卷），人民出版社1972年版，第488页。
③ 《马克思恩格斯全集》（第27卷），人民出版社1972年版，第49页。
④ 《马克思恩格斯选集》（第1卷），人民出版社1995年版，第89页。
⑤ 《马克思恩格斯选集》（第1卷），人民出版社1995年版，第89页。

运动变化的自然历史过程。一切社会关系、社会制度、社会文化的合理与否、作用大小都视其是否适应、促进社会生产力的发展，生产力标准是衡量社会进步的客观的基本的标准。这一点把马克思的唯物史观与形形色色的唯心史观从根本上区分开来。马克思又认为，历史是由有目的有意志有激情的人自觉创造的，历史发展是合规律性与合目的性的有机统一，人是历史的主体，也是历史的最终目的，因此，价值尺度，就是反映人需要、人的价值、人的发展的尺度，是判断社会进步的最高尺度。这一点把马克思的唯物史观与其他形而上学的庸俗唯物主义的历史观从根本上区分开来。在促进生产交换和消费的普遍化，促进交往关系和精神生产的普遍化的意义上，马克思充分肯定资本主义生产方式在人类历史发展过程中的伟大的划时代的贡献，指出："资本主义生产方式是发展物质生产力并且创造同这种生产力相适应的世界市场的历史手段。"① 资本主义仿佛魔术般把无尽的财富从地下召唤出来，它在100多年中所创造的生产力比人类世世代代所创造的总和还要多、还要大。然而，由于资本主义自身所固有的私人劳动与社会劳动的根本矛盾不可克服并日益扩大，使它在推动社会生产力日益社会化普遍化的同时暴露了它的有限性和暂时性；它在消灭民族的狭隘性的同时又把一切文明资本主义化，威胁着世界文化的丰富性和多样性；它在促进人的普遍流动和发展人的能力的同时又使人成为市场体系的附属物，市场价值决定着人的知识、尊严、良心的价值，交往、文化的世界化反面造成了"单向度的人"，贸易和交换自由反而剥夺了人的人格自由。马克思在这里不仅用历史尺度对资本主义主导的"世界历史"作了无情的批判，而且运用价值尺度对这个"世界历史"形成的野蛮的、血淋淋的一面作了愤怒的揭露，彻底抹去了罩在资本主义文明上的灵光。

第二，普遍性与特殊性相统一的方法。马克思的唯物史观不但承认人类历史发展是由普遍性的规律所支配，而且承认这种普遍规律是通过不同时代、不同民族、不同国家的历史主体的特殊实践活动发生作用的。历史辩证法的使命就在于从历史的特殊性中探索出历史的普遍性，又以这种普遍性的认识更深刻、更全面地把握历史的特殊性，唯物史观的基本框架和基本原理，正是马克思把历史的普遍性与特殊性有机地结合起来，辩证分析考察"世界历史"形成和发展的逻辑结果。首先，

① 《马克思恩格斯全集》（第25卷上册），人民出版社1974年版，第279页。

从资本主义生产方式的生成阐明历史向"世界历史"转变的必然性。从《神圣家族》《德意志意识形态》《共产党宣言》到《资本论》，马克思从手工业作坊生产方式向社会化大工业转变，自然分工向国际分工转变，地域性的交换形式向世界市场转变，自然联系的人向世界普遍交往的人转变，充分论证了人类从封建社会过渡到资本主义社会的必然性，论证了资本主义社会出现是"世界历史"的开端，标志了人类社会的巨大进步和人类文明的一次飞跃。其次，从剖析资本主义生产方式的内在矛盾中揭示"世界历史"的一般过程。马克思认为，资本主义生产方式由于把个人、民族的特殊形态，即狭隘的、封闭的、自在的形式转变为普遍形式，也就是世界性的生产、交换和消费以及自主性的人的状态，取得对封建制度的彻底胜利，取得了统治地位。马克思以资本主义生产方式这种特殊形态中抽象出普遍的生产、交换、消费和交往关系，普遍的人，并把这种普遍性的产生、发展看作是"世界历史"的本质特征和必然要求，"世界历史"的发展，就是普遍性不断超越特殊性的过程。以资本主义的细胞——商品的性质和产生为起点，马克思对资本主义经济关系、结构及其内在矛盾作了科学的分析，认为资本主义生产方式由于其生产资料的私人占有特性，必然容纳不了在其自身生长起的社会化的生产力和普遍发展的人，这就必然要打破资本主义这种特殊形态，这是"世界历史"不可阻挡的发展趋势。共产主义，由于它适应生产力和人的世界性普遍性的发展，从而取代资本主义成为人类社会的未来。共产主义的合理性，马克思明确指出就是个人的存在直接同世界历史相联系，"无产阶级只有在世界历史意义上才能存在，就像它的事业——共产主义一般只有作为'世界历史性的'存在才有可能实现一民族的特殊性"。他还指出，东方民族在走向社会主义、共产主义社会的道路上存在着特殊性和多样性。可见，由于把普遍性与特殊性辩证地结合起来，马克思的"世界历史"理论具有巨大的历史感和令人信服的逻辑力量。

第三，批判性与建构性相统一的方法。马克思继承了黑格尔历史哲学的优秀内核——辩证法，运用于对"世界历史"的理论思考，他认为辩证法的本质是批判的和革命的，因此，他对"世界历史"的源起和过程、本质和规律的揭示无不是建立在"批判"的基础上。首先，批判地指出"世界历史"是资产阶级的发家史。资产阶级对利润的贪欲，驱动着他们不断奔跑于世界开拓国际市场，不断改进生产手段降低成本，不断驱赶农民离开家园以获得更多的廉价的工业劳动力。尽管资本是天生的国际派，但资本的积累和发展从头到脚都充满了残暴和血泪。其次，批判地指出"世界历史"是充满矛盾曲折发展的历史。资产阶级在建立统一的市场，统一的生产、消费体系的同时，也把资本主义生产方式的基本矛盾扩展到世界各地，生产的无限膨胀以经济危机的周期性发作为代价，人的普遍发展以劳动阶级的片面发展为代价，社会的前进运动以生态环境的破坏和后发展民族的贫困为代价。再次，批判地指出"世界历史"是资本主义文明世界化的历史。资产阶级把文明传播到全球每个角落，但实质上是按自己的价值观改造世界。"它迫使一切民族——如果它们不想灭亡的话——采用资产阶级的生活方式；它迫使它们在自己那里推行所谓文明制度，即变成资产者。一句话，它按照自己的面貌为自己创造出一个世界。"资本主义文明的世界化过程是不同阶级、不同民族价值观冲突的过程。马克思对资产阶级开创的"世界历史"的批判仅仅是他理论地把握"世界历史"的一个环节和手段，而不是目的，他认为真正的哲学批判不能够满足于抽象地否定旧世界，而应该通过批判"建立一个新世界"。

因此，马克思的历史方法不仅是批判性的，而且是建构性的。根据"世界历史"发展的客观趋势，他在否定资产阶级作为全人类利益代表的同时找到了与社会化大生产相一致的历史主体——无产阶级，指明了无产阶级解放全人类的伟大历史使命；他在否定资本主义生产方式永远合理神话的同时揭示了世界经济体系的产生和发展的整体规律，指出了社会主义经济形态代替资本主义经济形态的历史趋势和基本要求；他在抨击资本主义文明的虚伪性、狭隘性的同时提出了实现人的全面自由这一"世界历史"发展的最高目标，指出代替阶级对立、主客体对立状态的将是"每个人的自由的联合体"，这样的联合体的根本特征是"每个人的自由发展是一切人自由发展的前提"，而实现"每个人自由发展"必须在"世界历史"的充满矛盾的发展历程中获得必要的经济条件、政治条件和文化条件。

（原载于《学术研究》2001 年第 6 期）

全球化与文明整合

当今世界，全球化的浪潮扑面而来，它已从神话走向现实，成为世界历史发展变化的显著特征。全球化深刻地改变着世界的经济形态，而且必将对世界的政治、文化产生重大的影响，从而使人类文明迈向一个新的阶段。深入分析全球化进程与人类文明的关系，把握全球化进程中世界文明冲突与整合的规律，对建设中国特色社会主义文化，加强社会主义精神文明建设有重大的意义。

一、全球化推动人类文明走向新阶段

迄今为止，全球化仍是一个经济学的范畴。通讯、交通尤其是信息技术的革命，造成了资本、商品、信息以及人的全球范围内的空前流动，极大地提高了各民族、各地区间经济生活的相互依存度。从目前看，全球化表现出三个特征：一是贸易自由化，二是资本国际化，三是生产经营世界化。全球化的实质是现代化和一体化，它是市场经济发展的必然结果，也为更广阔的统一的市场经济体系扩张开辟了道路。

全球化发展的趋势如此迅猛，以至可以说，它对人类的前途和命运的影响还无法准确估量。怎样认识全球化？怎样评价全球化与人类文明的关系？这是我们在世纪之交必须回答的重大问题。西方学者对全球化与人类文明的关系见仁见智，莫衷一是，较有代表性的观点有三种。一是欧美中心论。其代表是日裔美国学者福山，他在《历史的终结》《历史的终结和最后一个人》等著述中认为，历史进入20世纪的最后二十几年，世界上发生了一系列重大事件和巨大变化，这些根本性变化意味着西方思想的胜利，这个思想就是西方自由主义思想，包括政治的自由主义和经济的自由主义，这种胜利意味着历史的终结。二是民族中心论。出于对"欧美中心论"的反叛，文化相对论者认为人类文明不存在共同的判别尺度和发展规律，每一种文明都是一个不可重复的独立自在的体系，每一个民族都具有表现于特殊价值体系中的特殊文化传统，各民族的文化传统和价值标准无法比较，各民族的文化均无"落后"与"进步"之差别，这种文明观念实际上否认了不同文明之间相互交流、相互沟通的可能性和发展的内在规律性。三是冲突论。最具代表性的是美国学者亨廷顿的观点。他认为由于文化因素在全球秩序中变得越来越重要，整个世界正在进入一个"文明冲突"的历史时期。文明之间的差异是最根本的差异，文明之间的断层是未来的战线。"文明冲突"将取代军事冲突、经济冲突，甚至有可能引起政治冲突。亨廷顿的"冲突论"实质上是"欧美中心论"的翻版。

与人类命运息息相关的马克思主义，始终以探索和把握世界发展的过程、特点和规律为自己的使命，对全球化的趋势和全球化进程中的文明嬗变作了深刻的预见和论述。早在19世纪40年代，当美、法、德等国继英国之后完成工业革命，世界各国之间相互依存的经济关系初步形成的时候，马克思、恩格斯就发现这种变化的根源和巨大的历史意义及其生长前景。"由于机器和蒸气的应用，使分工的规模已脱离了本国基地的大工业完全依赖于世界市场、国际交换和国际分工。"① 资产阶级在全球开拓商品市场，从而使一切国家的生产和消费都成为世界性的，一国的工业生产使用的已经不是本地的原料，而是来自极其遥远的地区的原料，它们的产品不仅供本国消费，而且同时供世界各地消费。"过去那种地方的和民族的自给自足和闭关自守状态，被各民族的各方面的互相依赖所代替了。"② 他们认为，这种变化标志着"世界历史"的开始。大工业"首次开创了世界历史，因为它使每个文明国家以及这些国家中的每一个人的需要的满足都依赖于整个世界，因为它消灭了以往自然形成的各国的孤立状态"③。"世界历史"随着人类活动范围的不断扩大而由低级向高级发展，"各个相互影响的活动范围在这个发展进程中

---

① 《马克思恩格斯选集》（第1卷），人民出版社1972年版，第254—255页。

② 《马克思恩格斯选集》（第1卷），人民出版社1972年版，第67页。

③ 《马克思恩格斯选集》（第1卷），人民出版社1972年版，第51页。

愈来愈扩大，各民族的原始闭关自守状态则由于日益完善的生产方式、交往以及因此自发地发展起来的各民族之间的分工而消灭得愈来愈彻底，历史也就在愈来愈大的程度上成为全世界的历史"①。世界历史的形成不仅是物质生产世界化的过程，而且是精神生产世界化的过程，"过去那种地方的各民族自给自足和闭关自守状态，被各民族的各方面互相往来和各方面的互相依赖所代替了。物质的生产是如此，精神的生产也是如此。各民族的精神产品成为公共的财产。民族的片面性和局限性日益成为不可能，于是由许多民族的和地方的文学形成了一种世界的文学"②。马克思关于"世界历史"的论述，实际上揭示了全球化的本质特征，揭示了全球化是人类社会发展的一种必然趋势，以及它对物质生产、精神生产一体化的巨大促进作用。

随着战后新技术革命浪潮、改革浪潮的兴起，以及苏联东欧社会主义国家瓦解，世界经济、政治格局发生了根本性的变化，邓小平同志以历史唯物主义的世界观和方法论，对当代世界的特征、矛盾、趋势作了科学的分析研究，在新的历史条件下发展了马克思主义的全球观和时代观。他认为，"当今的世界是开放的世界"，"任何一个国家要发展，孤立起来，闭关自守是不可能的"。③ 处在开放的当代世界必须要用全球眼光、人类意识来处理国际关系和国际问题，正确地制定国内外的经济、政治战略决策。他指出："现在世界上真正大的问题，一个是和平问题，一个是经济问题，或者说发展问题。"④ "应当把发展问题提到全人类的高度来认识，要从这个高度去观察问题和解决问题。"⑤ 根据和平发展是当代主题的划时代判断，邓小平提出了一系列带规律性和一般方法论意义的国际战略观点：（1）在矛盾对立中谋求共存和合作。全球化一方面加剧了穷国与富国、小国与大国的矛盾，另一方面又使矛盾双方比任何时候都更需要交流和合作。贫困的南方固然需要富裕的北方的资金和技术，但富裕的北方的发展同样离不开南方的发展，"南方得不到适当的发展，北方的资本和商品出路就有限，如果南方继续贫困下

① 《列宁选集》（第 4 卷），人民出版社 1972 年版，第 362 页。
② 《马克思恩格斯选集》（第 1 卷），人民出版社 1972 年版，第 232 页。
③ 《列宁选集》（第 3 卷），人民出版社 1993 年版，第 117 页。
④ 《列宁选集》（第 3 卷），人民出版社 1993 年版，第 105 页。
⑤ 《列宁选集》（第 3 卷），人民出版社 1993 年版，第 282 页。

去，北方就可能没有出路"①。即使是国家之间的主权矛盾、社会主义与资本主义制度的矛盾也可以在共同利益、共同目标的前提下取得共存，为此提出了"主权搁置、共同开发""一国两制"等著名的构想。（2）在主客观的统一中争取持久和平。战后各国之间的竞争从军事的竞争转向经济的竞争，特别是随着第三世界的兴起，随着多极世界的形成，国际形势趋向缓和，世界大战的威胁在降低。然而，实现持久和平，既需要具备经济、政治的客观基础，更需要人类形成共同意志和愿望。邓小平强调了发挥主观能动性的重要性，他说："中国最希望和平，中国希望至少二十年不打仗，我们面临发展和摆脱落后的任务……因此，反对霸权主义、维护世界和平是我们真实的政策，是我们对外政策的纲领。"②（3）在东西方互动中促进人类文明的整合与进步。西方文明是在征服东方的血与火的过程中形成的，对西方道德价值观中腐朽没落的方面必须抵制，然而，东方又必须承认自己的落后，在学习西方中赶超西方。对东方社会主义国家来说，首先要学习人类文明发展中带有共性的东西，如市场经济、现代管理方法、现代化科学技术和有价值的文化观念，等等。同时，东方国家又必须发挥自己的政治优势、文化优势，在振兴民族经济的同时实现民族文明的伟大复兴。邓小平提出，中国不仅在物质文明上要赶上和超过西方，而且在精神文明上也要超过他们，到 21 世纪初，中国对世界应有更大的贡献，通过东西方文明的交融，实现环太平洋的腾飞。邓小平关于全球战略和全球文明进步的思想，充分反映了时代精神的精华，是中国特色社会主义理论的一个极其重要的组成部分，为正确分析研究全球化进程中文明整合问题提供了科学的方法论。

二、文明整合的现实基础

恩格斯指出："每一历史时代的经济生产以及由此产生的社会结构，是该时代政治的和精神的历史的基础。"③ 全球化进程中文明整合的根

---

① 《列宁选集》（第 3 卷），人民出版社 1993 年版，第 106 页。
② 《邓小平文选》（第 2 卷），人民出版社 1994 年版，第 416—417 页。
③ 《马克思恩格斯选集》（第 1 卷），人民出版社 1972 年版，第 273 页。

本原因，在于时代的变化，人类的变化。

1. 时代主题的转换——文明整合的时代要求

时代主题是世界范围内经济、政治和文化的现状及趋向的综合性反映，也是人类主体对世界客体的一种理想指向。一个多世纪以来，世界历史经历了从战争与革命向和平与发展的主题转换的过程，这个过程也是文明冲突走向文明整合的过程。

战争与革命是工业经济时代的必然产物。工业经济是人类历史上一次伟大的革命，推动了社会生产力迅速发展，然而，这种经济本质上是以土地、能源、矿产等物质资源的占有和消耗为特征的经济，它建立在精神劳动与体力劳动、有产阶级与无产阶级、城市与乡村、人类与自然分裂的基础上。当工业经济发展到金融资本占统治地位的阶段，必然导致寡头政治。寡头之间掠夺市场、资源和廉价劳动力，造成了严重的民族对立，在国内则表现为阶级对立，这时战争与革命就变得不可避免。这些战争和对抗引起了无产阶级革命、殖民和半殖民地人民的民族、民主革命，同时也是西方文明与东方文明、资本主义文明与社会主义文明的冲突，这些冲突包括意识形态、价值观、宗教等各个方面。工业经济是全球化的经济，它所引起的文明冲突随着这种经济的不断发展而日益世界化，与此同时，世界范围内的文明整合也日益发展，然而文明冲突的趋势占据主导地位。

和平与发展反映了知识经济时代的根本特征。战后，随着以信息技术、生物遗传工程技术为先导的第四次新技术革命的来临，世界经济结构逐步发生重大的变化，即从工业经济向知识经济的转型。知识经济不是以自然的物质资源的拥有和使用为决定因素，而是以知识资源的占有、配置、生产、分配、使用为决定的因素。与工业经济靠生态平衡的破坏和人的片面分工来实现增长相反，知识经济的增长建立在人与环境的协调发展和人的全面发展的基础上。因此，各国从过去着重追求军事、政治的优势转为追求经济、技术的优势，从过去对自然资源的无限占有转变为对知识的拥有和人才的培养，从过去只注重一代人利益转变为顾及子孙后代的长远利益。尽管知识经济时代只是处于起步阶段，但为解决人与人之间的矛盾、民族之间的矛盾、人与自然之间的矛盾展示了从理想到现实的美好前景。战争与革命向和平与发展的主题转换已成为不可逆转的大趋势，文明整合取代文明冲突成为时代的主流。

哲学、文化与时代

2. 全球性问题的凸现——文明整合的客观要求

随着工业经济向知识经济的转型，随着全球化趋势的发展，全球性问题，也就是关系全人类共同命运的问题开始突显，这些全球性问题包括人口爆炸性增长、自然资源短缺、生态环境恶化、失业率居高不下。此外，核武器、核污染对人类的威胁，粮食短缺造成亿万人饥饿（1995年发表的一份报告称，目前每天有7.5亿男女和儿童挨饿），也是不容忽视的全球性问题。这些全球性问题对人类发展的影响如此广泛和深远，以至不得不把每一个问题都提到全人类共同利益的高度加以考虑。人口增长过快与资源、经济、文化发展不协调，不仅会降低人口素质、造成人类全面发展和社会经济发展的障碍，而且会造成人类生存和发展的危机；经济发展与环境保护不平衡，在创造工业文明的同时造成地球生物圈的损害，不仅使获得的经济效益为生态的负效应所抵消，而且使人类与环境的循环系统遭到毁灭性的破坏；产业进步与人的素质不平衡，不仅引起贫富分化、饥饿和社会动乱，而且会妨碍科学技术的进一步发展和人类文明的不断提升。马克思早有预见地指出："在我们的这个时代，每一个事物好像都包含有自己的反面，我们看到，机器具有减少人类劳动和使劳动更有成效的神奇力量，然而却引起了饥饿和过度的疲劳。新发现的财富和源泉，由于某种奇怪的、不可思议的魔力而变成贫困的根源。"[1] 全球化在推动世界经济一体化、现代化的同时，也使主客体关系的异化从民族国家的范围扩大到全世界的范围。如苏联切尔诺贝利核电站的核泄漏，不仅给当地居民造成沉重的灾难，而且给其他欧洲国家的人类和生态环境带来巨大的威胁。

全球性问题对全人类利益的重大影响迫使人们形成全球共识的意识，从而为文明整合创造了客观基础。"我们只拥有一个地球"，它是唯一的，不可再生的；它既是人类改造和征服的对象，又是人类生存和发展的基本条件；在新的时代背景中，它的各个部分和各种因素的联系如此紧密，以至一个地区的局部的问题随时可能上升为全局性、世界性的问题。每一个民族由于其特殊的历史发展形成了自己的传统价值观，而当这种民族价值观与全人类利益尖锐对立的时候，就不能不重新加以审视和调整。如美国社会高消费的价值观导致这个少于世界5%人口的

---

① 《马克思恩格斯选集》（第2卷），人民出版社1972年版，第78页。

国家，消耗着世界资源产量的 1/3 以上。据测算，如果全世界都像美国那样的高消费，那么地球上的石油储藏仅够用 1.5 年。除了消费观，还有发展观、平等观、环境观、战争观、人权观等一系列的观念都需要我们站在全球和平与发展的高度上，用"求同存异"、逐步增进合作点和共同点的方式去协调，以解决人类当代迫切的问题。解决这些问题的客观要求，呼吁着全球协作、平等协商、增进共识的新思维。只有这样，才能使人类在全球化过程中逐步积累起来的矛盾面前，在空前严峻的生态危机、价值危机的窘境中开辟出一条切实可行的新路。正如江泽民同志在十五大报告指出的："国与国之间应超越社会制度和意识形态的差异，相互尊重、友好相处。要寻求共同利益的汇合点，扩大互利合作，共同对付人类生存和发展所面临的挑战，对彼此之间的分歧，要坚持对话、不搞对抗，以双方长远利益以及世界和平与发展的大局出发，妥善加以解决，反对动辄进行制裁或以制裁相威胁。"①

3. 人类协同体的形成——文明整合的主体条件

马克思以解放全人类的广博胸怀，在科学揭示生产力与生产关系矛盾运动规律的基础上指出，自由人联合体是人类经济社会发展的最高形态，他在震撼旧世界的《共产党宣言》中得出的结论是："代替那存在着阶级和阶级对立的资产阶级旧社会的，将是这样一个联合体，在那里，每个人的自由发展是一切人自由发展的条件。"自由人联合体与共产主义有什么联系与区别呢？"这种共产主义，作为完成了的自然主义，等于人道主义，而作为完成了的人道主义，等于自然主义，它是人和自然界之间、人和人之间矛盾的真正解决，是存在和本质、对象化和自我确认、自由和必然、个体和整体之间的斗争的真正解决。"作为一种形式，共产主义本身并不是人类社会的终极目标，"它是人的解放和复原的一个现实的、对下一段历史发展来说是必然的环节"。自由人联合体是人类的最高理想，它的本质是消灭人与自然、人与人的异化，使经济活动、社会活动精神活动置于联合起来的人类的控制和协调之下，实现人类社会从必然王国向自由王国的飞跃。

① 江泽民:《高举邓小平理论伟大旗帜，把建设有中国特色社会主义事业全面推向二十一世纪》，《十五大以来重要文献选编（上）》，人民出版社 2000 年版，第 43—44 页。

哲学、文化与时代

现代化大生产在造成人与自然、人与人关系异化的同时，也创造着消灭这种异化现象的物质力量、社会关系和文化意识。实质上，随着经济全球化的发展，一个以协调民族、国家之间的经济、政治、文化行为，谋求世界持久和平与发展的人类协同体正在形成。虽然阶级、民族国家仍然存在，独特的利益仍然被强调甚至相互间有时发生尖锐的冲突，但在经济全球化的条件下，世界经济已逐步形成了一个包括生产、技术、资本、金融市场的格局，各国利益的一致性、互联性明显增强，构成一个"一荣共荣，一损俱损"的相互依存共同发展的整体，也成为制约矛盾冲突的基础。人类协同体既承认竞争，又要强调合作和对话，既尊重民族国家的主权，又要求民族主权一定范围、一定程度的让渡。相对于消灭阶级、消灭国家的自由联合体而言，人类协同体仅仅是它的初级阶段，然而毕竟是人类的一个巨大进步。它以国际性的组织机构为载体，以国际共同承认、遵守的原则为纽带，构成一个将各个民族国家联合起的巨大网络。人类协同体到目前为止虽然仍处于初级阶段，但已经在国际生活中发挥了巨大的作用，波黑战争、海湾战争、中东和平、亚洲金融风暴等一系列重大事件的解决，都充分体现了协同体的功能，它展示了人类必将以科学理性精神，以最无愧于自己本性的方式联合起来，有效地解决困扰人类的各种经济、政治、文化问题。

三、多重整合是全球化进程中人类文明必然的选择

在全球化的转型中不可避免地引发或激化民族文明与世界文明的矛盾、个体文明与类文明的矛盾、东方文明与西方文明的矛盾、后发现代化文明与原生现代化文明的矛盾以及社会主义文明与资本主义文明的矛盾，矛盾既是对立，又是统一，在对立中走向统一，在冲突中达到整合，是历史发展的必然要求，也是全人类的唯一选择。

1. 民族文明与世界文明的整合

全球化打破了民族的藩篱，把各民族文明都卷进了大交流、大融合的浪潮，然而，它却是以民族文化的认同危机为先导的。工业化程度较高的民族文明倚仗着经济、科技的优势，造成了对工业程度低民族以及

农业民族文明的排斥和压抑，引起了这些民族文明同一性的危机，同时也激发了民族意识的觉醒。民族文明的同一性，是指一个群体与另一个群体或另一些群体的关系以及它们互相承认和自我承认的问题。在经济全球化、一体化的过程中，外来文明借助各种大众消费品的倾销，影响遍及民族国家的穷乡僻壤，改变人们原有的消费观和生活方式；随着跨国公司到处建立，新科技和新生产方式的引进，新的政治制度文明也悄然而至，与原有的民族政治观念和架构形成直接的碰撞；生活方式、生产方式的变化导致了外来价值观念的扩张，民族文明的核心——价值体系面临崩溃的危机。而当文化危机导致政治、社会危机时，民族文明的主体，特别是知识分子必然奋起抗争，在对外来文明理性批判的同时，对民族文明作自觉的反省，高扬民族文化精神，维护民族的自尊心和自信心。全球化导致的文明危机同样发生在西方发达民族，只不过采取不同的形式而已。当西方文明的先发性优势在全球张扬之际，随着财富的剧增和征服的喜悦，清教精神被享乐主义取代，进取意识被自满自足意识淹没，国家的凝聚力和向心力在下降，种族矛盾、"代际"矛盾和各种社会矛盾在加剧，以至于西方许多政治领袖和学者都把重整民族文化价值观作为治国纲领。这些情况表明，无论东方还是西方，在全球化的社会大变动中，都面临着文明危机和文明重构的任务。

现代民族文明认同危机源于全球化，它的解决方法也离不开全球化，全球化为民族文明与世界文明的整合开辟了道路。民族文明危机必然要求文明的重构，文明重构是一个对本土文化价值的重新审视、判断、筛选、定向的过程，它既可以导致民族中心主义，也可以导致民族文明的现代化、世界化。民族中心主义对本土文化非批判的肯定、继承，在一定程度和一定时期内有助于文明同一性的巩固和维系，但却以牺牲现代化，延缓发展为代价。合理的选择是以现代化发展规律为参照系，以民族的根本利益为基础，在对民族文明的反思批判中发现其优秀的内核和传统，在对民族文明和优秀成分的肯定中重构民族价值体系优势，在对民族文明与世界文明的比较中找到两者互动和沟通的桥梁。这种反思和重建也许以自觉的、主动的形式出现，会加速民族文明向世界文明的转化，加快民族的现代化进程；这种反思和重建也许以被动的、偶然的形式出现，会导致民族内外矛盾的剧烈冲突，社会结构的巨大震荡和社会发展的停滞甚至倒退。无论采取哪种形式，都是民族文明向世界文明转化的必经的一个环节，都伴随着催生新文明的阵痛，只不过这种阵痛的程度和时间根据主体的自觉与否体现出差异来。

越是民族的，就越是世界的，只有在各个民族顺应世界潮流，在走向现代化的进程中根据已有的传统和现实基础，在发展的模式、目标、任务上始终体现自身特色的这个意义上，才有普遍意义。世界文明的民族化与民族文明的世界化是同一过程的两个侧面。民族文明，包括其物质文明、制度文明和文化观念文明，只有在时间上与现代化相对接，在空间上与全球化相关联，才能焕发出生生不息的活力和生机，返优秀传统之本，开现代文明之新；世界文明，从来也不是抽象的孤立的存在，它体现在多元多样的民族文明形态之中，是一个随"世界历史"形成和演进的不断发展更新的过程，一个将各民族文明无声地联系在一起并不断扩大普遍性成分的过程。全球化将文明的民族化和世界化更加紧密地联系在一起，为各民族的文明创新，走向现代文明开辟广阔的前景。

2. 个体文明与类文明的整合

个体的发展与人类的发展在本质上是一致的，"人们的社会历史始终只是他们个体发展的历史，而不管人们是否意识到"①。然而在一定的历史阶段，个体与类又是对立的。马克思曾把历史归纳为三种形态，即"人的依赖关系形态""以物的依赖性为基础的人的独立性形态"以及个人全面发展基础上的"自由人格"联合体形态。在以私有制为基础的第一、第二阶段，个人与社会是对立的，表现为群体对个性的压抑以及以物的形式出现的社会对个性的压抑。只有在第三个阶段，个人的全面发展与人类的整体发展才能获得和谐的统一。

资本的全球流动产生了一种大众传播文化，它以现代传播工具为媒介，以广大青少年为对象，以通俗和流行为特征而存在。它使文化的生产和消费服从于市场机制和价值规律，否定了文化艺术的自主性和批判性；它崇尚模仿和复制，在流水线般制造千千万万文化商品的同时，把统一的大众审美标准推销到每个角落的人群中去。显然，这种文化限制了人的个性发展，以个人中心主义为核心内容的后现代文化思潮正是对这种大众消费文化的反叛。

自由自觉的存在是人的根本特性，个体文明和类文明的矛盾只有在

---

① 《马克思恩格斯全集》（第27卷），人民出版社1972年版，第478页。

自由自觉的实践活动中才能得到解决。全球化一方面把工业文明制造出来的大众消费文化和异化劳动带到全世界，而另一方面又创造着消灭异化劳动和文化压抑，提高人的自由自觉程度的社会条件。全球化从本质上是工业文明的超越，代表了新的生产方式和社会关系，以及新的文明观念。生产的信息化、自动化是全球化时代的一个显著特征。多媒体的产生和广泛应用是生产信息化、自动化的杠杆，它以高度的综合性（将计算机、声像、通信技术融为一体）和充分的互动性（人与机器、人与人、机器与机器的互动）深刻和全面地改变了已有的劳动方式。以多媒体为主要工具的劳动不仅仅要求体力脑力的支出，而且要求智慧的创造，从而增强个人发展的主导性；自动化生产方式打破了原有的产业界限和鸿沟，在消灭工业时代的旧产业、旧工种的同时，创造出一大批新的产业群和新的工作岗位，造成了产业大军不断从一个领域向另一个领域转移，从技术含量低的工种向技术含量高的工种转移，促进了个人发展的全面性；与新的生产力相适应的新的生产关系也在生长，资本的股份化、社会化、国际化，使私有制发生革命性的变革，许多白领阶层、工薪阶层成为股份公司所有者，加上高福利的分配制度普遍推行，使所有者和非所有者的界限在模糊；在世界范围各种文化相互激荡中催生了一种类文明，其内核是以各民族文明中抽象出来而又普遍影响民族文明发展进程的观念文化，这种观念文化的核心是人。人是社会历史的主体，是最高的价值所在，追求幸福、追求个性发展、追求本质力量的表现是人不可剥夺的权利；人是平等的，一切民族、阶层、个人都没有高低、贵贱之分，任何剥夺人的经济、政治、文化的平等权利的社会行为、社会制度都是不合理的；人是有责任的，既有选择的权利，也有为自己的选择负责的义务。个人与社会、人类与自然的相互依存是人的责任意识的底蕴。显然，这种类文明的文化观念作为一种时代精神的精华，是超越政治模式、宗教信仰、文化习俗差异的不可遏止的人类共同的追求，它为个体文明的发展开阔了无限的空间。"个人只有在集体中才能自由发展"与"个人的自由发展是一切人自由发展的前提"的二律背反，只有在社会全面进步中才得到合理的解决。

3. 东方文明与西方文明的整合

文明的发展是一个历史过程。如果说，18世纪前是西方文明学习东方文明，19世纪后是东方文明学习西方文明，那么，在全球化的今天，历史进入了东西方文明平等对话、相互借鉴、共同发展的新阶段。

全球化否定了"西方文明中心论"。全球化造成的资本、信息、文化大流动既为西方发达国家从拉动东方国家发展中获得巨大利益提供了条件，也为东方国家赶追西方先进工业国创造了机遇。20世纪80年代以来，世界经济重心从发达国家转向发展中国家，东亚国家二十年来以两位数的年增长率持续快速发展，大大改变全球的"经济版图"，环太平洋地区的经济实力与环大西洋地区的经济实力趋向平衡，并呈现出蒸蒸日上的态势，以至有人称之为"亚洲神话"。现代化是包括经济、政治、社会、文化在内的系统工程，每一种现代化的成功模式的出现都离不开一种相应的文化发展模式的支持。东方文明中整体主义的价值观、天人合一的发展观在农业时代是导致社会超稳定发展的文化心理，而在反抗个人中心主义，消解信仰危机、生态危机，走可持续发展道路的今天，却焕发出无穷的魅力，成为东亚以跳跃式发展赶超西方发达国家的宝贵精神财富。在现代化的进程中，一般来说都会发生对传统整体性的否定和冲击，造成严重的经济、政治和文化失序。无疑，以整体主义为特征的亚洲价值观对于维系社会转型中的稳定，倡导社会各种力量向社会领导认同，充分调动全社会各种积极因素，形成巨大的向心力、凝聚力，确实具有西方文化无法起到的作用。正是由于亚洲的崛起，打破了现代化即西方化的线性发展模式，动摇了"西方文明中心论"的优越感，难怪一些学者如亨廷顿等惊呼西方文明正在受到东方文明的挑战，预言未来的冲突是西方文明与东方文明的冲突。

全球化的发展也否定了"东方文明中心论"。在看到全球化造成全球均势的同时，必须同时看到全球化发展的非均衡性。资本的全球流动造成了亚洲奇迹，但同样是资本的全球流动引发了亚洲金融风暴，奇迹变成了危机。对亚洲金融危机的反思引起了对"亚洲价值、亚洲精神、亚洲道路"的反思，在西方舆论界关于亚洲神话破灭的幸灾乐祸的言论中，我们不但要看到"西方文明中心论"仍有市场，也确实要深入亚洲价值大厦的深层结构，理性分析"亚洲价值观"与"亚洲金融危机"的内在联系。亚洲价值观主要是指提倡社会第一、家庭至上，提倡节俭、反对奢侈等观念。这个定义上，它与亚洲金融风暴没有必然的联系，然而从历史过程上来看，亚洲国家没有经历典型的西方式道路，封建主义的根基仍未彻底动摇，亚洲价值观中自由、民主、理性、法治的成分发展不足，这就为日后的危机留下了隐患。以个性发育不充分为基础的整体主义，压抑了民主的发展，导致政府、金融机构、大企业结为一体，造成了特权和腐败；以法制精神发展不足为基础的大家庭主义，妨碍了金融运作的规范化和透明性，造成了无人负责的大量呆账、坏账；以理性精神不完善为基础的东方权威主义，有助于在一定时期依靠个人的威望和铁腕暂时取得社会稳定和经济的超常规发展，但终因缺乏决策的民主化和科学化而导致社会的大动荡和经济的大倒退。对亚洲价值、亚洲模式的理性反思，不是像某些西方学者说的对东方文明的完全否定，而是在肯定其合理内核的前提下，摆脱某种"东方文明中心主义"的狭隘眼光，为在更高的水平上重振亚洲经济，复兴东方文明开启新思路。

东西方文明冲突反映了现代化过程中不同模式、不同阶段的差异和矛盾，全球化时代要求个体冲动与整体合力的有机统一，理性精神与人文精神的统一，无论东方文明，还是西方文明，都不能按照其本义独自完成引导现代化的历史使命。在未来，会呈现出一种各种文明互补共生的现象，形成一种与知识时代相适应的人类现代文明的新世纪。

（原载于《广东社会科学》1998 年第 5 期）

哲学、文化与时代

马克思论述鸦片战争的历史辩证法
及其当代启示

2020 年是鸦片战争 180 周年。鸦片战争是中国近代史的开端，也是中华民族觉醒的开端。遥望虎门、南沙鸦片战争古战场，炮台遗址雄风犹在，滔滔珠江汇入大海，粤港澳大湾区现代化建设与日俱新。在神州大地发生了历史巨变的今天，重温鸦片战争以来中华民族不断觉醒砥砺前行的伟大进程，总结历史教训和经验，增强历史自觉和文化自信，有着重大的现实意义。

马克思、恩格斯曾对晚清时期的中国给予特别的关注，主要集中在 19 世纪 60 年代关于第一次鸦片战争、第二次鸦片战争、太平天国革命等事件的评论文章中。马克思在资料有限、通信不畅的条件下对鸦片战争的原因、过程、性质和发展趋势，从经济、政治、军事、文化等多个角度进行了连续的深入的分析，猛烈批判了西方列强侵略中国的行为，深切同情中国人民的苦难，高度评价中国人民的反抗斗争。马克思的论述把历史观和价值观、唯物史观和辩证法有机统一起来，在对中国问题的评论分析中精彩地阐述了战争的本质与现象、东西方冲突的善与恶、市场的开放与封闭、民族的进步与代价等历史辩证法，体现了马克思"世界历史"理论和东方社会理论的科学性和预见性。结合当下全球化发展新态势以及实现中华民族伟大复兴的进程，深入研究马克思历史辩证法，有利于我们更好地总结鸦片战争的历史教训，以科学指导新时代改革开放的伟大事业和伟大斗争。

一、野蛮与正义

马克思在分析第一次鸦片战争和第二次鸦片战争的原因、过程和后果中，明确指出鸦片战争是帝国主义对中国蓄意发动的野蛮侵略战争。当时，英国资产阶级政客颠倒黑白，妄图掩盖歪曲战争真相，把发动战争的责任强加给中国。马克思用大量的外交公函、政府文件、文献资料以及无可辩驳的历史事实揭露了英国政府发动战争的真相。

马克思认为，鸦片战争是英国为保护鸦片走私而发动的"极端不义的战争"，是"海盗式"的侵略战争。英国资产阶级为了攫取超额利润而大量推销走私鸦片是战争的动因，"在1830年之前，中国人在对外贸易上经常是出超，白银不断地从印度、英国和美国向中国输出。可是从1833年，特别是1840年以来，由中国向印度输出的白银，几乎使天朝帝国的银源有枯竭的危险"①。

当时英国政府包括其治下的印度的财政，不仅要依靠对中国的鸦片贸易，而且还要依靠这种贸易的不合法性。林则徐主导的禁烟运动，无论是从救国救民的动机看，还是从国际贸易规则看，完全是正义之举。"中国政府在1837年、1838年和1839年采取的非常措施——这些措施的最高潮是钦差大臣林则徐到达广州和按照他的命令没收、销毁走私的鸦片——提供了第一次英中战争的借口。"②

为了把发动战争的英国政府和英军的残忍性和欺骗性向全世界揭露出来，马克思写下了《英人在华的残暴行动》一文发表在《纽约每日论坛报》，他用了较长篇幅论述了停泊在广州城外的"亚罗号"划艇事件，指出了英方蛮横恫吓、无理取闹、挑衅寻事的行径，赞扬了中国官员的心平气和、冷静沉着、彬彬有礼，揭露英方千方百计歪曲事实以寻找"足以构成开战的理由"③。马克思还详细评述了天津白河事件，指出英法派遣舰队强闯白河是为了寻衅，破坏条约的不是中国人而是英国人。

---

① 《马克思恩格斯选集》（第1卷），人民出版社2012年版，第691页。
② 《马克思恩格斯选集》（第1卷），人民出版社2012年版，第718页。
③ 《马克思恩格斯选集》（第1卷），人民出版社2012年版，第704页。

马克思在痛陈英军入侵造成"广州城的无辜居民和安居乐业的商人惨遭屠杀,他们的住宅被炮火夷为平地,人权横遭侵犯"的同时,无情地揭露英国及西方媒体和舆论掩盖真相、为侵略者辩护的手法和行为,"英国报纸对于旅居中国的外国人在英国的庇护下每天所干的破坏条约的可悲行为真是讳莫如深!非法的鸦片贸易年年靠摧残人命和败坏道德来填满英国国库的事情,我们一点也听不到⋯⋯"① 在东方被压迫民族面前,西方媒体与政府、商人的殖民利益是一致的,所谓客观性、中立性荡然无存。

马克思反复揭露西方舆论的欺骗性,是为了向世界公开地、鲜明地伸张中国人民抗英斗争的正义性和必然性。恩格斯也指出:"我们不要像道貌岸然的英国报刊那样从道德方面指责中国人的可怕暴行,最好承认这是保卫社稷和家园的战争,这是保存中华民族的人民战争。"②

二、利益与道德

鸦片战争以清政府与西方列强缔结一系列丧权辱国的不平等条约,中国沦为半殖民地半封建社会而告终。这场围绕鸦片贸易为轴心开展的长达上百年的斗争,关系到清帝国的生死存亡,关系到新兴的西方资产阶级能否征服东方,双方动用了巨大的军力、财力和文化力。马克思称之为"殊死的决斗",回顾和深入探讨了双方投入"决斗"的内驱力,指出:中国人坚持道德原则,而西方人却以自私自利的原则相对抗。"一个人口几乎占人类三分之一的大帝国,不顾时势,安于现状,人为地隔绝于世并因此竭力以天朝尽善尽美的幻想自欺。这样一个帝国注定最后要在一场殊死的决斗中被打垮:在这场决斗中,陈腐世界的代表是激于道义,而最现代的社会的代表却是为了获得贱买贵卖的特权——这真是任何诗人想都不敢想的一种奇异的对联式悲歌。"③

马克思用"对联式悲歌"来形容鸦片战争前后的这场世纪"决斗",一个是为了维持天朝尽善尽美的威严,一个是为了获得贱买贵卖

---

① 《马克思恩格斯选集》(第1卷),人民出版社2012年版,第704—705页。
② 《马克思恩格斯选集》(第1卷),人民出版社2012年版,第710页。
③ 《马克思恩格斯选集》(第1卷),人民出版社2012年版,第716页。

的特权，一个是激于道义的高尚原则，一个是追求赤裸裸的经济利益，然而道德的屏障却在利益的利剑下轰然倒下，这不能不令人悲愤和叹息！

为了维护大一统的帝国，中国历代统治者自汉代起就尊崇"独尊儒术"。儒家学说以伦理为本，在中国社会根深蒂固，明清时期更是把主张"存天理，灭人欲"的程朱理学抬举到至高无上的地位，这里的天理不是黑格尔讲的客观精神，而是"君臣父子"等纲常伦理，当时清廷"引导知识分子只钻研儒家经典，科举、考试，要以朱子的注释为准则，'言不合朱子，率鼓而攻之'"①。在对外贸易和对外交往上，也以道义为准则，乾隆皇帝曾谕令两广总督："国家四海之大，何所不有，所以准洋船者，特系怀柔远人之道。"② 持"天朝上国"意识和"不宝远物，则远人格"之类的儒家格言，贸易变成了怀柔安抚外夷的恩惠之举。"既不考虑交往的平等性，拘泥于三跪九叩之类礼仪末节；也不考虑经济利益，用朝贡代替国际贸易。"③

反之，无论如何号称维护对华贸易公平，无论怎样打着启蒙和宗教的幌子，英国及西方列强发动对华侵略战争都首先是为了经济利益。资本主义撕破了笼罩在家庭和社会的温情脉脉的虚伪的面纱，它使人和人之间除了赤裸裸的利害关系，除了冷酷无情的交易，就没有任何别的关系了，这是由资本的本性所决定的。"一旦有适当的利润，资本就大胆起来——有50%，它就铤而走险；为了100%的利润，它就敢践踏一切人间法律；有300%的利润，它就敢犯任何罪行，甚至冒绞首的危险。"④ 不可否认，资本的求利本性和资本家的贪婪特征，推动了社会生产力的发展和社会变革，在这个意义上，恩格斯说过，黑格尔认为恶是历史发展动力的表现形式，由此比空谈道德的费尔巴哈更接近真理。马克思在《鸦片贸易史》一文中，详尽地考察了18、19世纪鸦片贸易斗争的不同的特点，考察了第一次鸦片战争前后鸦片输入中国的不断增加及其对英印政府财政收入的重要性，一针见血地指出，正是英国为鸦

① 《学习时报》编辑部：《落日的辉煌——17、18世纪全球变局成的"康乾盛世"》，中央党校出版社2001年版，第16—17页。

② 《清高宗实录》卷六四九，华文书局股份有限公司1969年版。

③ 《学习时报》编辑部：《落日的辉煌——17、18世纪全球变局成的"康乾盛世"》，中央党校出版社2001年版，第14—15页。

④ 《马克思恩格斯全集》（第23卷），人民出版社1972年版，第829页。

片走私的利益而发动了第一次对华战争。

由于经济科技的落后和文化的狭隘性，落后国家和民族在国际交往中为道义而战，其结果往往是软弱无力的，甚至造成更大的社会道德的崩溃。马克思考察到，清政府用最严厉的手段禁烟，结果都不起作用，"中国人的道义抵制的直接后果就是，帝国当局、海关人员和所有的官吏都被英国人弄得道德堕落。侵蚀到天朝官僚体系之心脏、摧毁了宗法制度之堡垒的腐败作风，就是同鸦片烟箱一起从停泊在黄埔的英国船上被偷偷带进这个帝国的"①。

三、开放与封闭

如果把鸦片战争的失败归咎于清政府昏庸的治国理念，那是肤浅的，或者归咎于经济落后国力不济，也是片面的，因为从康乾盛世时期一直到18世纪初期，中国的人口和经济总量居世界第一位。马克思从世界进入"世界历史"时代即经济全球化时代的高度，指出中国与西方的差别，是开放和封闭的差别，中国与西方的对立，是工业文明与小农经济的对立。

从明朝中期开始，收缩海防成为一种趋势，而由于政治和文化原因，清朝更是长期实行闭关锁国的政策。"仇视外国人，把他们排除在帝国之外，这在过去仅仅是由于中国地理上、人种上的原因，只是在满族鞑靼人征服了全国以后才成为一种政治原则。毫无疑问，17世纪末竞相与中国通商的欧洲各国彼此间的剧烈纷争，有力地助长了满族人实行排外的政策——它那时禁止外国人同中国人有任何来往，要来往只有离开产茶区很远的一个城市广州。"②

几乎是在清政府实行闭关锁国政策的同时，在地球的另一边，全球化和工业化运动正在兴起，从西方到东方，世界的开放和相互紧密联系成为时代潮流。马克思、恩格斯在1848年发表的《共产党宣言》中指出，美洲的发现、绕过非洲的航行，给新兴的资产者开辟了新天地；亚洲的市场、美洲的殖民化、交换手段和一般商品的增加，使商业、航海

① 《马克思恩格斯选集》（第1卷），人民出版社2012年版，第717页。
② 《马克思恩格斯选集》（第1卷），人民出版社2012年版，第696页。

工业空前高涨；蒸汽机的出现掀起工业革命，现代大工业代替了工场手工业，大工业建立了世界市场；世界市场又促进交换和大生产，过去那种地方的和民族的自给自足、闭关自守状态，被各民族的互相往来和相互依赖所代替。"资产阶级，由于一切生产工具的迅速改进，由于交通的极其便利，把一切民族甚至最野蛮的民族都卷到文明中来了。它的商品的低廉价格，是它用来摧毁一切万里长城、征服野蛮人的最顽强的仇外心理的重炮——正像它使农村从属于城市一样，它使未开化和半开化的国家从属于文明的国家，使农民的民族从属于资产阶级的民族，使东方从属于西方。"①

很不幸，中华民族是以被动的方式卷入全球化浪潮的，是以战败国的不平等身份被撬开国门的，是带着半殖民地和沉重赔款的血腥镣铐步入世界的，其闭关锁国付出的代价是世所罕见的，其近代社会转型的动荡曲折也是世所罕见的。马克思指出，中国在 1840 年战争失败以后被迫付给英国的赔款、大量的非生产性的鸦片消费、鸦片贸易引起的金银外流、外国竞争对本国工业的破坏性影响、国家行政机关的腐败、旧税之外又加新税，"所有这些同时影响着中国的财政、社会风尚、工业和政治结构的破坏性因素，到 1840 年在英国大炮的轰击之下得到了充分的发展；英国的大炮破坏了皇帝的权威，迫使天朝帝国与地上的世界接触"②。

邓小平在 20 世纪 80 年代初论述改革开放政策时，举了近代中国不开放的教训为例，"现在任何国家要发达起来，闭关自守都不可能。我们吃过这个苦头，我们的老祖宗吃过这个苦头——如果从明朝中叶算起，到鸦片战争，有三百多年的闭关自守，如果从康熙算起，也有近二百年。长期闭关自守，把中国搞得贫困落后，愚昧无知"③。封闭导致落后，落后就要挨打，这个历史教训是极其深刻的。

四、战争与觉醒

马克思的历史辩证法是批判的革命的辩证法，他总是在历史表象中

① 《马克思恩格斯选集》（第 1 卷），人民出版社 2012 年版，第 276—277 页。
② 《马克思恩格斯选集》（第 1 卷），人民出版社 2012 年版，第 692 页。
③ 《邓小平文选》（第 3 卷），人民出版社 1993 年版，第 90 页。

看到历史本质，在道德评价中进行历史评价，在对资本主义的批判中不失对封建专制的批判，在深切同情中国人民的苦难中预见中华民族的新生再造。马克思在揭露鸦片战争对中国社会的危害后指出："历史好像是首先要麻醉这个国家的人民，然后才把他们从世代相传的愚昧状态中唤醒似的。"① 马克思从三方面深刻论述了鸦片战争对中华民族觉醒的巨大影响。

首先，鸦片战争打破了清王朝的迷梦，使中国人从自我封闭中觉醒。"满族王朝的声威一遇到英国的枪炮就扫地以尽，天朝帝国万古长存的迷信破了产，野蛮的、闭关自守的、与文明世界隔绝的状态被打破，开始同外界发生联系。"② 鸦片战争中，一个有几千年历史的大国被一个西方岛国打得如此狼狈，促使清朝统治阶层和知识分子中的有识之士开始正视中国与世界的关系，开始学习西方寻找救国图强之道。从林则徐、魏源等提出"开眼看世界""师夷长技以制夷"，到康有为、梁启超等主张"变法维新"，到孙中山提出"民主共和"，作为鸦片战争主战场之一的广东成为引领中国近代思想解放和社会变革的前沿。

其次，鸦片战争动摇了清王朝的根基，使广大民众从封建专制下觉醒。马克思指出："与外界完全隔绝曾是保存旧中国的首要条件，而当这种隔绝状态通过英国而为暴力所打破的时候，接踵而来的必然是解体的过程，正如小心保存在密闭棺材里的木乃伊一接触新鲜空气便必然要解体一样。"③ "随着鸦片日益成为中国人的统治者，皇帝及其周围墨守成规的大官们也就日益丧失自己的统治权。"④ 鸦片战争的失败，打破了天朝君权神授的正统性，削弱了封建皇权的统治力，暴露了封建君主对外软弱、对内镇压的两面性。在西方列强侵略的四面楚歌中，统治者和人民群众都不能按原来的方式生活下去了，以太平天国为主要力量的农民起义此起彼伏，"这次战争带来的后果就是：中国发生了起义"⑤。

最后，鸦片战争给中国带来了深重苦难和屈辱，催生了中国民族精神的觉醒。封建专制和小农经济使东方民族缺乏主体意识、群体意识和反抗精神。马克思在评论英国统治下的印度民众的精神状态时说到，他

① 《马克思恩格斯选集》（第1卷），人民出版社2012年版，第691页。
② 《马克思恩格斯选集》（第1卷），人民出版社2012年版，第691页。
③ 《马克思恩格斯选集》（第1卷），人民出版社2012年版，第692页。
④ 《马克思恩格斯选集》（第1卷），人民出版社2012年版，第691页。
⑤ 《马克思恩格斯选集》（第1卷），人民出版社2012年版，第718页。

们把全部注意力集中在一块小得可怜的土地上，静静地看着一个个帝国的崩溃、各种难以形容的残暴行为和大城市居民的被屠杀，就像观看自然现象那样无动于衷。而在中国，当西方殖民地发动鸦片战争，使中华民族陷入灭国灭种危机的时候，各阶层民众从麻木中警醒过来，迸发出强烈的爱国意识和民族精神。马克思指出："与此同时在中国，压抑着的、鸦片战争时燃起的仇英火种，爆发成了任何和平友好的表示都未必能扑灭的愤怒烈火。"① 恩格斯也预言："中国的南方人在反对外国人斗争中所表现的那种狂热本身，似乎表明他们已觉悟到旧中国遇到极大的危险；过不了多少年，我们就会亲眼看到世界上最古老帝国的垂死挣扎，看到整个亚洲新纪元的曙光。"②

五、启示

在纪念马克思诞辰 200 周年大会上，习近平同志在深切缅怀马克思的历史功绩和科学思想时特别说道："帝国主义的野蛮侵略和中国人民的深重苦难引起了马克思的高度关注。在第二次鸦片战争期间，马克思撰写了十几篇关于中国的报道，向世界揭露西方列强侵略中国的真相，为中国人民伸张正义。马克思、恩格斯高度肯定中华文明对人类文明进步的贡献，科学预见了'中国社会主义'的出现，甚至为他们心中的新中国取了靓丽的名字：'中华共和国'。"③

可以告慰马克思、恩格斯的是，中国人民没有辜负他们的期待，社会主义中国已经屹立在世界东方。鸦片战争以来的历史，就是中国人民在外忧内患中不断探索不断觉醒，从站起来到富起来再到强起来的历史。鸦片战争是觉醒的起点，自那时起，先进的中国人，经过千辛万苦，向西方寻找真理；五四运动是第二次觉醒，中国先进分子在屡受挫折中找到马克思列宁主义，建立了中国共产党，探索出了适合国情的中国革命的道路，开启了建立和建设新中国的新纪元；改革开放是第三次

① 《马克思恩格斯选集》（第1卷），人民出版社 2012 年版，第 705 页。
② 《马克思恩格斯选集》（第1卷），人民出版社 2012 年版，第 712 页。
③ 习近平：《在纪念马克思诞辰 200 周年大会上的讲话》，《人民日报》2018 年 5 月 5 日。

觉醒，使党和国家从"文化大革命"的危难中重新奋起，开辟了中国特色社会主义道路，引领中华民族复兴大业进入新时代。习近平同志指出："改革开放是我们党的一次伟大觉醒，正是这个觉醒孕育了我们党从理论到实践的伟大创造。改革开放是中华民族发展史上一次伟大革命，正是这个革命推动了中国特色社会主义的伟大飞跃!"① 第三次觉醒是我们党把握世界潮流和时代要求，科学运用马克思主义于中国革命和建设的自觉的觉醒，体现了可贵的历史主动精神和创造精神。而马克思、恩格斯当年笔下反复提及的广东，以敢闯敢试、敢为人先的精神，成为改革开放的前沿地和先行者，为发展社会主义市场经济"杀出一条血路"作出了贡献，提供了经验。

经济全球化和社会现代化是人类文明进步的自然历史过程，马克思借用黑格尔的"历史目的论"的说法，认为西方的殖民战争充当了东方革命的"历史的不自觉的工具"，罪恶的鸦片对中华民族也从麻醉剂变成了催醒剂。在这个意义上，马克思一方面肯定资本和资产阶级的历史作用，"一方面要造成以全人类互相依赖为基础的普遍交往，以及进行这种交往的工具；另一方面要发展人的生产力，把物质生产变成对自然力的科学统治"；另一方面提出必须自觉地合理地支配和监管这些成果，"只有在伟大的社会革命支配了资产阶级时代的成果，支配了世界市场和现代生产力，并且使这一切都服从于最先进的民族的共同监督的时候，人类的进步才会不再像可怕的异教神怪那样，只有用被杀害者的头颅才能喝下甜美的酒浆"②。

回顾鸦片战争以来的中国近代史，展望世界百年未有之大变局，结合实现中华民族伟大复兴的历史使命，重温马克思论述鸦片战争的历史辩证法，可以得出三点启示。

第一，坚持全球化和中国化的统一。当代的世界是开放的世界，全球化不仅是现代经济、科技、文化相互流动和联系的必然趋向，也是人类普遍交往本质的内在要求。我国改革开放以来的迅速发展，就是通过创办特区打开国门，主动与国际产业链、价值链、信息链联为一体。当前，由于利益分配和利益格局的变化，民族保护主义和民粹主义泛起，

① 习近平:《在庆祝改革开放 40 周年大会上的讲话》，求是网，2018 年 12 月 18 日。

② 《马克思恩格斯选集》（第 1 卷），人民出版社 2012 年版，第 773 页。

时代与哲学

反全球化暗流涌动，我国开放发展的国际环境压力骤然加大。面对新情况新挑战，适时调整发展战略，推动国际大循环与国内大循环相互结合是完全必要的，而扩大开放是两个循环相互贯通的纽带。正如习近平同志指出的："古往今来，人类从闭塞走向开放、从隔绝走向融合是不可阻挡的时代潮流。"① 中国开放的大门不会关闭，只会越开越大，中国推动构建人类命运共同体的脚步不会停滞。

坚定不移对外开放与坚定不移走中国道路是一致的。鸦片战争的教训刺激了先进的中国人纷纷向西方学习和寻找救国之道，但都失败了，只有中国共产党人把马克思主义与中国国情结合起来，领导人民群众走中国特色的革命道路，才取得了成功。改革开放历程也充分证明了这一点。越是深度参与全球化进程，越是要坚持中国特色社会主义的道路、理论、制度和文化，这是马克思历史辩证法告诉我们的科学真理。

第二，坚持经济建设为中心与社会全面进步的统一。马克思的历史辩证法认为，在生产力与生产关系、经济基础与上层建筑这对社会基本矛盾中，生产力是最活跃、最革命的要素，人类社会就是随着生产力发展而变革的"自然历史过程"。改革开放以来我们谨记"落后就要挨打"，认清"贫穷不是社会主义"，始终坚持生产力标准，以经济建设为中心，一心一意抓发展，不断推动科技创新和体制机制创新，使综合国力和国际竞争力迅速跃升。在实现中华民族伟大复兴的新征程上，我们仍要以"咬定青山不放松"的定力，把解放和发展生产力作为改革发展的立脚点，持续提高现代生产力水平和人民生活水平。

现代化是一个整体，是经济、政治、文化协同发展的系统过程。鸦片战争以后出现的"洋务运动"，本着"中学西用""师夷长技以自强"的目的，着重从"器物"层面学习西方，企图在不触动旧制度旧文化的前提下引进西方先进设备和技术以强国，结果失败了。马克思认为东方国家在进入现代社会时，不仅要继承和发展物质生产力，而且要通过社会革命发展人的生产力，形成对自然生产力的"科学统治"。中国特色社会主义进入新时代，人民对美好生活的向往与发展不充分不平衡的矛盾成为社会主要矛盾，为了满足人民群众日益增长的经济、政治、文化、社会、生态权益，我们要坚持现代化建设的全面性和协同性，推进

① 习近平：《习近平谈治国理政》（第三卷），外文出版社 2020 年版，第 473 页。

"五位一体"整体布局，推动经济社会高质量发展，促进人的全面和自由发展。

第三，坚持历史自觉与文化自信的统一。我国近代以来的进步发展，是一个从被动对外开放到主动对外开放的过程，一个从"历史不自觉"到"历史自觉"的过程，而思想自觉和文化觉醒是关键。从"开眼看世界"，到追求"民主和科学"，再到探索"什么是社会主义，怎样建设社会主义"，就是思想观念不断破除迷信和封闭，用世界眼光、发展观点看待中国和世界的关系，不断赶上时代发展潮流的过程。民族复兴任重道远，不是轻轻松松敲锣打鼓就能完成的，改革开放永无止境，思想解放永无止境。要以自觉的辩证的思维，一切从实际出发，把思想认识从那些不合时宜的观念、做法和体制中解放出来，从对马克思主义的错误和教条式理解中解放出来，从主观主义和形而上学的桎梏中解放出来，用改革的观点看待改革，用开放的观点看待开放，不断开辟改革开放和马克思主义中国化的新境界。

历史自觉离不开文化自信。深厚的文化传统是民族认同和发展的内驱力。中华民族生生不息，近代以来更是经历了战胜外忧内患的磨难和辉煌，为博大精深的中华文化注入了时代精神，谱写了中华民族发展史上光辉的一页，正如习近平同志说的："千百年来，中华民族历经苦难，但没有任何一次苦难能够打垮我们，最后都推动了我们民族精神、意志、力量的一次次升华。"① 在实现民族复兴的道路上，我们要面对全球经济政治的大调整大变局，要继续进行具有许多新的历史特点的伟大斗争，我们要自觉地从历史汲取智慧和力量，继承和创新民族文化，承传和弘扬民族精神，为实现中华民族伟大复兴中国梦提供强大的文化支撑和精神力量。

（原载于《学术研究》2021 年第 1 期）

---

① 习近平：《习近平谈治国理政》（第三卷），外文出版社 2020 年版，第 335 页。

恩格斯对马克思主义认识论
体系形成的贡献

    1888 年，恩格斯在回顾马克思主义理论体系的创立过程时说过："我和马克思共同工作四十年，在这以前和这个期间，我在一定程度上独立地参加了这一理论的创立，特别是对这一理论的阐发。"① 恩格斯对马克思主义理论的阐发是多方面的，本文仅从恩格斯对马克思主义认识论加以系统阐发，使马克思主义认识论体系得以基本形成方面进行初步探讨。

一、马克思主义认识论体系形成的客观必然性

    19 世纪 70—80 年代，恩格斯写下了《反杜林论》《自然辩证法》《费尔巴哈论》等著作。在这些著作中，马克思主义认识论原理得到全面的阐发，标志着马克思主义认识论体系的基本形成。恩格斯对马克思主义认识论原理的全面阐发是由新的历史条件下捍卫和发展马克思主义的必然要求所决定的。

    首先，把马克思主义认识论系统化，是当时思想理论斗争的需要。19 世纪 70—80 年代，马克思主义认识论面临着来自各方面的挑战。当时，唯物史观已经受到欧洲 1848 年革命、巴黎公社起义等革命运动的检验，在刚发表的《资本论》中又得到进一步的验证，愈益显示出颠扑不灭的真理性，资产阶级于是把目光转向马克思主义哲学的"下半

① 《马克思恩格斯选集》（第 4 卷），人民出版社 1972 年版，第 238 页。

截"，向马克思主义认识论进攻。他们打着最新自然科学成就的旗号，兜售新康德主义和新黑格尔主义，复活和发挥康德哲学和黑格尔哲学中的不可知论和唯心主义，对抗马克思主义认识论。与此同时，工人运动中的机会主义者杜林开始攻击马克思主义。他在认识论上鼓吹唯心主义的先验论，把主观的原则作为臆造体系的圣方；鼓吹形而上学的"永恒真理论"，无限夸大个人的认识能力，宣称在他那里已达到"最后的终极的真理"。从这种形而上学和唯心主义的先验论出发，杜林构造了一个庞杂的折衷主义体系，企图取代马克思主义在工人运动中的指导地位。这样，认识论问题上的理论斗争日益突出。为了捍卫马克思主义，必须全面论述马克思主义认识论原理。

其次，把马克思主义认识论系统化，是总结当时自然科学新成果，推进科学的方法论的客观要求。从 19 世纪初到中期，自然科学取得了一系列重大发展，特别是细胞学说、能量守恒和转化原理及达尔文的生物进化论的创立，具有划时代的意义。与 18 世纪主要是搜集材料的科学相反，19 世纪的科学本质上是整理材料的科学，是关于过程、关于事物的发生和发展以及把自然过程结合为一个伟大整体的联系的科学。自然科学的这种划时代的发展要求马克思主义认识论从各方面进行概括和总结，以推进科学认识的方法论。同时，当自然科学迅速发展的时候，不少自然科学家囿于形而上学的思维方法，片面重视感性经验，贬低理论思维的作用，缺乏认识的辩证法，因而对自然科学迅速发展所揭示出来的辩证性质疑惑不解，甚至对自己的科学成果作出错误的哲学概括。在资产阶级反动哲学的影响下，自然科学领域产生了各种唯心主义和不可知论的流派，如"热力学唯心主义""数学唯心主义"，等等。为了给自然科学研究指明方向，有必要全面系统地阐发马克思主义认识论。

再次，把马克思主义认识论系统化，是马克思主义发展的内在要求。在马克思主义创立的初期，马克思、恩格斯在《关于费尔巴哈的提纲》和《德意志意识形态》中，科学地分析现实的生产劳动的内在矛盾，在此基础上把实践的含义和作用科学化，明确实践是认识的基础和真理的标准，创立了科学的实践观。从科学实践观出发，他们阐明了主体和客体的相互制约、相互作用，奠定了辩证唯物主义认识论的基础。然而，他们早期面临的主要理论任务是把实践观点运用到社会历史领域。"他们所特别注意的是使唯物主义哲学向上发展，也就是说，他们所特别注意的不是唯物主义认识论，而是唯物主义历史观。"① 所以，他们还来不及对马克思主义认识论进行全面的阐发。

马克思主义是由其各种观点、原理、学说所构成的十分完备而严整的科学体系，尽管由于历史条件的制约，它的各个不同方面不能不分别提到首要的地位，但从总体上看，它们是相互依存、相互促进、共同发展的。偏废任何一方面都会破坏这个世界观的完整性，削弱它的战斗作用。因此，在马克思主义创立二十多年以后，根据工人运动和自然科学发展的需要，总结思想理论斗争的经验和自然科学发展的新成果，把这一理论系统化，是马克思、恩格斯面临的重大课题。所以，从各方面阐发马克思主义认识论原理，使之形成体系，是马克思主义发展的内在要求，由于当时马克思忙于《资本论》的写作，这一任务就历史地落在恩格斯的肩上。

二、恩格斯对马克思主义认识论体系的阐述

恩格斯在这一时期的有关著作中全面阐发了马克思主义认识论。这种阐发一方面是对马克思主义认识论原有观点的深化，另一方面是揭示出新观点和新原理，使马克思主义认识论多方面展开，成为内容丰富而且具有内在联系的科学体系。

针对当时各派认识论观点斗争极其复杂的状况，恩格斯通过总结哲学史和马克思主义哲学产生以来哲学斗争的经验，第一次明确地提出了哲学基本问题，指出"全部哲学，特别是近代哲学的重大的基本问题，是思维和存在的关系问题"②。并且进一步把哲学基本问题规定为两个方面：第一方面是思维与存在、精神与自然界何者为本原的问题；第二方面是思维与存在的同一性问题。恩格斯对哲学基本问题的揭示及唯物辩证的解决，为马克思主义认识论体系提供了总纲，我们只有抓住这个总纲，才能深刻理解恩格斯对马克思主义认识论各个方面的阐发及其相互关系。

首先，哲学基本问题的第一方面的唯物主义的解决，是马克思主义

---

① 《列宁选集》（第 2 卷），人民出版社 1972 年版，第 336 页。
② 《马克思恩格斯选集》（第 4 卷），人民出版社 1972 年版，第 219 页。

认识论的前提。对思维和存在何者为本原问题的不同回答，决定了在认识对象、认识的出发点以及认识沿着什么路线发展等各种认识论问题上的对立。恩格斯指出，世界的统一性在于它的物质性，思维不过是自然界和人脑的产物，鲜明地肯定物质对精神的根源性。

其次，哲学基本问题的第二方面即思维与存在同一性问题是所有认识论必须解答的基本课题。恩格斯认为这个基本课题由三个部分构成：第一部分是关于我们周围世界的思想与这个世界本身的关系问题，恩格斯认为这两者之间的关系是一种决定与被决定、作用与反作用的关系；第二部分是世界能否被认识的问题，也就是客观世界能否进入主观世界以及主体是否具有认识客观世界的器官和能力的问题；第三部分是我们的思维能否正确认识世界的问题，这个问题要求考察人的认识途径、过程、内容和形式，等等。可以看到，这三部分问题是认识论的基本内容，只有正确说明这些问题才能解决思维与存在的同一性问题。恩格斯正是在解决这些问题当中深化、丰富和发展了马克思主义认识论的内容，马克思主义认识论体系也就在阐发这些内容及其相互关系中得以形成。下面我们具体分析恩格斯关于这三部分问题的思想。

在我们的思维与周围世界的关系问题上，恩格斯认为客观世界对认识主体及其思维的决定作用。恩格斯指出，人及其意识是物质世界通过自身运动长期分化的结果。物质在其自我运动中分化出有机界，又从有机界中分化出植物和动物，"从最初的动物中，主要由于进一步的分化而发展出无数的纲、目、科、属、种的动物，最后发展出神经系统获得最充分发展的那种形态，即脊椎动物的形态，而最后在这些脊椎动物中又发展出这样一种脊椎动物，在它身上自然界达到了自我意识，这就是人"①。人既是自然界的产物，又是社会的产物，只有在劳动协作中，猿脑才逐渐变成人脑，人的意识才随之发展。因此，物质世界是人的思维的最深远的基础，思维不过是对客观世界的反映。没有被反映者就没有反映本身。马克思主义认识论首先是唯物主义的反映论，同时又是能动的反映论。恩格斯在肯定客观世界对认识主体及其思维的决定作用的前提下，强调了主体对客体的能动作用。

恩格斯指出："动物也进行生产，但是它们的生产对周围自然界的作用在自然界面前只等于零。只有人才给自然界打上自己的印记，因为

---

① 《马克思恩格斯选集》（第3卷），人民出版社1972年版，第456页。

他们不仅变更了植物和动物的位置，而且也改变了他们所居住的地方的面貌、气候。"① 人的意识具有相对独立性、能动性。外部世界对人的影响反映在人的头脑中，成为感觉、思想、动机、意志，变成"理想的意图"，并且通过这种形态变成"理想的力量"，这种力量推动人们改造客观世界，使其适合自己的需要。

在实践的基础上，既肯定客体对主体的决定作用，又承认主体对客体的能动作用，这就是全部马克思主义认识论的基石。根据这个基本观点，恩格斯阐述了认识的出发点。针对杜林从原则出发的唯心主义先验论，他指出"原则不是研究的出发点，而是它的最终结果"②；认识应该从客观实在出发，从自然界和人类历史概括、抽象出原则来；认识所抽象出来的原则只有在适合于自然界和历史的情况下才是正确的。

在世界能否被认识的问题上，恩格斯以实践为中心，科学地阐明了认识世界的可能性。

首先，恩格斯从客体方面考察世界的可知性。客观世界之所以能够被主体认识，是因为客体和主体之间存在着内部联系和一致性。思维和意识是人脑的产物，而人本身是自然界的产物。因而客体能作用于人们的感官，为人们的感官所感知，为思维所把握，然而客观的东西转化为主观的东西必须依赖于实践。恩格斯指出，对不可知论最令人信服的驳斥是实践，当人们能够制造出某一自然过程，使它按照它的条件产生出来，并为人们的目的服务，这就能证明对这一过程的理解是正确的，这种"自在之物"就变成"为我之物"了。

其次，恩格斯从主体方面考察世界的可知性。他指出主体的认识器官和认识能力随着实践的发展完善和提高。"首先是劳动，然后是语言和劳动一起，成了两个最主要的推动力，在它们的影响下，猿的脑髓就逐渐地变成人的脑髓……在脑髓进一步发展的同时，它的最密切的工具，即感觉器官，也进一步发展起来了。"③ 借助于不断完善的认识器官，人们在劳动过程中不断扩大眼界，在自然对象中不断地发现新的、以往所不知道的属性。他们首先产生对个别实际效益的条件的意识，而后来则由此产生对制约这些效益的自然规律的理解。根据认识主体的生

① 《马克思恩格斯选集》（第3卷），人民出版社1972年版，第457页。
② 《马克思恩格斯选集》（第3卷），人民出版社1972年版，第74页。
③ 《马克思恩格斯选集》（第3卷），人民出版社1972年版，第512页。

成和发展过程，恩格斯阐明了实践在主体认识能力发展中的重要作用，指出："人的思维的最本质和最切近的基础，正是人所引起的自然界的变化，而不单独是自然界本身；人的智力是按照人如何学会改变自然界而发展的。"① 不过，恩格斯并不一概否定"天赋论"。他认为单个主体的认识能力在一定意义上看可以是天赋的，因为个体的经验在某种程度上可以由它的历代祖先的经验的结果来代替。但从人类整体看，其认识能力归根到底是从实践中获取的，如有天赋色彩的运用数学公理的能力，也不过是"长期的以经验为依据的历史发展的结果"②。

再次，恩格斯揭示思维的至上性和非至上性，阐明主体认识能力的辩证法。他认为认识主体是个人与人类的统一，指出无限多的人类思维是由无限多的有限的人脑所组成，它作为无数亿过去、现在和未来的个人思维而存在。与主体本身是有限与无限的统一相一致，主体的思维能力也是有限和无限，至上性与非至上性的统一。就认识的本性、使命、可能和历史的终极目的来说，它是至上的和无限的，但按认识的个别实现和每次的实现来说，它又是不至上的和有限的。由此，恩格斯揭示出人类认识的根本矛盾。从人类思维的至上性看，人们可以毫无遗漏地从所有的联系中去认识世界体系，但从人类思维的非至上性看，这个任务永远不能完成。然而正是这个矛盾是所有智力进步的杠杆，它推动着人们不断实践，使人们的认识不断从有限走向无限，从相对真理走向绝对真理。这个矛盾只有在人类无限的前进发展中得到解决。可以看到，恩格斯坚持用实践观点来考察人的认识能力，揭示人类认识的内在矛盾，从而说明世界是可知的，但又不是一蹴而就的，而是一个充满矛盾的无限过程。

在思维能否正确反映存在的问题上，恩格斯探究了认识的具体过程和形式，阐明了正确认识世界的途径。思维的根本使命和终极目的是获得无限性的认识，这样才能实现对客观存在的正确反映。但是，如何获得对客观对象无限性的认识呢？为了解决这个问题，恩格斯阐明认识的具体过程。他指出："事实上，一切真实的、详尽无遗的认识都只在于我们在思想中把个别的东西从个别性提高到特殊性，然后再从特殊性提高到普遍性；我们从有限中找到无限，从暂时中找到永久，并且使之确

① 《马克思恩格斯选集》（第3卷），人民出版社1972年版，第551页。
② 《马克思恩格斯选集》（第3卷），人民出版社1972年版，第77页。

定起来。"① 个别的具体事物是认识的起点。事物的本质和规律总是体现在个别的具体的现象之中，要把握事物的普遍规律，只能从个别开始。但是，为了深刻清楚地理解对象，就要对对象进行分解，从各个不同角度掌握其规定性，这样就从个别性的认识上升到特殊性的认识。特殊性是个别性与普遍性的中间环节或桥梁，然而特殊性的认识还只是对事物各个规定的孤立的抽象的认识，还停留在有限的范围。必须把各种规定综合起来，融为一个有机整体，才能达到对事物普遍规律的认识。恩格斯认为普遍性认识由于把许多有限的东西综合为无限的东西，因此"规律便获得了自己的最后的表达"②。恩格斯还进一步把认识具体过程与思维形式联系起来考察，指出："从个别到特殊并从特殊到普遍的上升运动，并不是在一种样式中，而是在许多种样式中实现的。"③ 认识的过程中既有归纳，又有演绎，既有分析，又有综合。在这里，已包含着个别——特殊——一般各个认识阶段相互转化、往返流动的思想，后来列宁和毛泽东继承和发挥了这一思想。

为了探讨人类认识如何从有限走向无限，恩格斯还考察了认识的形式。在欧洲哲学史上，把认识形式区分为感性、悟性（或知性）和理性，是一种普遍观点。恩格斯在反对经验论和不可知论的过程中汲取了哲学史上特别是黑格尔的有关思想，指出："悟性和理性。黑格尔所规定的这个区别——依照这个区别，只有辩证的思维才是合理的——是有一定的意思。"④ 恩格斯还深入分析了各种认识形式的作用，指出感性是凭各种感觉器官直观对象，获得对事物直接的、笼统的认识，是全部认识的基础。悟性是运用归纳、演绎、抽象、分析、综合和实验等手段认识事物，而辩证的思维以概念本性的研究为前提，它的特点是统一性、具体性、流动性，因而能达到无限的认识，而感性、悟性只能认识有限。

针对经验论和唯理论片面夸大一种认识形式而贬低其他认识形式的形而上学观点，恩格斯对认识形式各层次的相互关系做了大量的论述。首先，他认为各种认识形式是互为前提的。他既承认悟性思维的局限

① 《马克思恩格斯选集》（第 3 卷），人民出版社 1972 年版，第 554 页。

② 《马克思恩格斯选集》（第 3 卷），人民出版社 1972 年版，第 548 页。

③ 《自然辩证法》，人民出版社 1971 年版，第 204 页。

④ 《马克思恩格斯选集》（第 3 卷），人民出版社 1972 年版，第 545 页。

性，又充分肯定它在认识中的作用，指出它是理性思维的基础，因为只有从完整事物中抽取出细节，从它们的特性、特殊原因和结果等方面逐个研究，才能认识事物的总联系、总画面。其次，他认为各种认识形式是相互渗透的。针对当时自然科学领域中普遍存在的狭隘经验论的倾向，他特别强调辩证思维在感性认识中的渗透。他认为人的感性活动一开始就包含了理性的因素，因而人的感觉能力与动物的感觉能力有根本的区别。如果没有理性因素的加入，感性根本不能提供事物的正确映象。因为没有理性思维，就会连两件自然的事实也联系不起来，或者连二者之间所存在的联系都无法了解。

通过对主体认识的具体过程和一般形式的考察，恩格斯指出："人的全部认识是沿着一条错综复杂的曲线发展的"①，揭示了人类认识发展的规律性。

以上是恩格斯对思维与存在同一性问题，即认识论基本问题三个部分的论述。这三个部分层次清晰，逐步深入，构成一个具有密切联系的有机整体，概括了马克思主义认识论的基本内容。恩格斯关于第一个问题的论述，提出和阐明了马克思主义认识论的基本原则，这是马克思主义认识论的基石。恩格斯关于第二、第三个问题的论述，阐明了马克思主义认识论的具体内容。其中第二部分着重阐明达到思维与存在同一的现实条件，第三部分着重阐明达到思维与存在同一的具体途径。这三部分的论述，前一部分是后一部分的前提，而后一部分则是前一部分的深化和展开，彼此紧密联系而不可分。在每个问题的论述上，恩格斯都坚持唯物和辩证的观点，既反对不可知论，又反对各种唯心主义，也反对形而上学的机械论，而对各个问题的论述和解答，都建立在科学的实践观的基础上。可见，马克思主义认识论的体系正是通过恩格斯的科学论述而得以形成。

三、恩格斯关于马克思主义认识论的方法特点

恩格斯在总结哲学史以及分析《资本论》体系的过程中，揭示出几个方法论原则。他在阐发马克思主义认识论体系时，灵活应用了这些

---

① 《自然辩证法》，人民出版社 1971 年版，第 219 页。

方法论原则，从而使马克思主义认识论体系充满逻辑的力量和科学的内容。恩格斯的方法特点主要体现在三个方面。

第一，坚持历史与逻辑的统一。马克思和恩格斯批判地改造了黑格尔的历史与逻辑相统一的方法，并运用于他们的全部理论中。马克思在《资本论》中成功地应用了这个方法并指出："从最简单上升到复杂这个抽象思维的进程符合现实的历史进程。"①

恩格斯发挥了这一思想且用经典的语言表达出来："逻辑的研究方式是唯一适用的方式。但是，实际上这种方法无非是历史的研究方法，不过是摆脱了历史的形式以及起扰乱作用的偶然性而已。历史从哪里开始，思想进程也应当从哪里开始，而思想进程的进一步发展不过是历史过程在抽象的、理论上前后一贯的形式上的反映；这种反映是经过修正的，然而是按照现实的历史过程本身的规律修正的。"② 在认识论上坚持历史与逻辑的一致，就是使认识论体系的逻辑结构与人类的认识史相一致。所以，从实质上来说，关于认识、思维的科学，也是关于人的思维的历史发展的科学。

根据历史与逻辑相统一的原则，恩格斯正确地规定了马克思主义认识论体系的出发点。逻辑的起点必须与认识史的起点相一致。那么，认识史的起点是什么呢？恩格斯对哲学史即人类认识史进行了细致的考察，指出早在远古人类那里，人们就考虑思维与存在的关系问题，其根源在于蒙昧时代的狭隘而愚昧的观念之中，随着人类智力发展而自然发生的抽象化过程，这个问题越来越清楚地被人们所认识，终于在近代哲学中获得它的全部的意义。但它的正确解决则是在马克思主义认识论中，这是马克思主义认识论产生的根本标志。所以，它是马克思主义认识论体系的出发点。

恩格斯关于认识具体过程的阶段划分，虽然借鉴了黑格尔的判断分类法，但主要是考察人类认识史的结果，他通过考察人类发现运动转化规律的历史来确定认识过程的阶段。人类认识运动规律大约经过这样的过程：在古代，认识到摩擦是热的源泉并做出相应的判断，几千年后，认识到一切机械运动都能借摩擦转化为热，并且做出相应的判断；再后来，认识到在一定条件下任何一种运动都能够而且不得不转变为其他任

① 《马克思恩格斯全集》（第 46 卷上册），人民出版社 1979 年版，第 40 页。
② 《马克思恩格斯选集》（第 2 卷），人民出版社 1972 年版，第 122 页。

何运动形式，并且做出相应的判断。这个过程就是从个别、特殊到普遍的过程。基于这种科学的认识，恩格斯对黑格尔的判断分类法进行了批判改造，指出："表现在黑格尔那里的是判断这一思维形式本身的发展，而在我们这里就成了对运动性质的立足于经验基础的理论认识的发展。"① 可见，由于恩格斯贯彻历史与逻辑一致的原则，使马克思主义认识论体系具有坚实的历史基础，成为首尾一贯的完整的逻辑体系。

第二，坚持唯物论、辩证法和认识论的统一。在马克思主义以前的哲学史上，本体论、认识论和方法论是分别研究的。康德是把这三者割裂的典型代表，黑格尔在《逻辑学》中第一次把三者统一起来，但只是在唯心主义基础上的统一。恩格斯对黑格尔关于三者统一的思想进行唯物主义改造，指出："我们重新唯物地把我们头脑中的概念看作现实事物的反映，而不是把现实事物看作绝对概念的某一阶段的反映。这样，辩证法就归结为关于外部世界和人类思维的一般规律的科学。这两个系列的规律在本质上是同一的，但是在表现上是不同的……这样，概念的辩证法本身就变成只是现实世界的辩证运动的自觉的反映。"② 这里可以清楚地看到，恩格斯认为物质世界是辩证地运动的，反映到人的头脑中来，人的认识也是辩证地运动的，只不过主观辩证法是客观辩证法的自觉的反映。恩格斯把这个方法运用于认识论研究，从而有机地把认识的内容与认识的形式统一起来。客观事物因有个别、特殊和普遍的区别，决定了认识过程是个别——特殊——普遍。与此相应，认识形式也有感性、悟性和理性的区别。客体中个别、特殊和普遍是不可分割、相互包含的，因此认识过程的各阶段、认识形式的各层次也是相互作用相互渗透的。在这里，认识论的唯物论和认识论的辩证法融为一体。

第三，注重对自然科学成果做认识论思考。马克思、恩格斯早期主要是通过对社会历史的研究来概括和阐发他们的认识论思想。然而作为完备的世界观、方法论，决不能缺乏自然科学基础。正如恩格斯所指出的："现代唯物主义，否定的否定，不是单纯地恢复旧唯物主义，而是把两千年来哲学和自然科学发展的全部思想内容以及这两千年的历史本身的全部思想内容加到旧唯物主义的永久性基础上。"③ 就是说，只有

---

① 《马克思恩格斯选集》（第3卷），人民出版社1972年版，第547页。

② 《马克思恩格斯选集》（第4卷），人民出版社1972年版，第239页。

③ 《马克思恩格斯全集》（第20卷），人民出版社1972年版，第151页。

总结自然科学和哲学的发展历史，才能深化和推进唯物主义。恩格斯通过对自然科学发展成果的哲学思考，发展了马克思主义认识论，这表现在两个方面。

一是把马克思主义认识论原有理论放到自然科学中验证。如他们在早期对认识主体——人的生成的论述还比较抽象，而在《自然辩证法》中，恩格斯充分利用了达尔文生物进化论的研究成果，具体阐述了人如何脱离动物界、猿脑如何变为人脑的过程，更深刻地说明了认识主体的实践性、社会性和历史性。

二是总结自然科学发展的成果，概括出认识论新原理。如通过考察数学公理的形成、运用过程，恩格斯概括出认识的个体具有"天赋思维能力"的新观点；又如通过对自然科学发展中各种定理、法则、概念不断变更的思考，总结出相对真理和绝对真理的辩证法。这些新原理进一步完善了马克思主义认识论。

恩格斯注重对自然科学成果进行认识论思考的方法在今天具有特别重要的意义。现代自然科学突飞猛进，向认识论提出了许多新问题，提出了更高的要求。我们必须根据科学技术划时代的变化来发展马克思主义认识论。

恩格斯是在批判论敌、总结哲学史和研究自然科学中阐发认识论思想的。他无意构造体系，相反，他时时刻刻都对杜林之流虚构体系的做法给予无情的抨击和嘲笑。但是这并不妨碍他在与论敌的斗争中全面地阐发马克思主义认识论思想，使它成为一个有内在联系的有机整体。正是因为这样，马克思主义认识论充满了科学性和革命性。当然，我们也要看到，恩格斯对有些认识论原理阐发得还不够充分，如认识的各种形式的内涵等；对认识论各原理间的内在联系论述也较少。然而，马克思主义认识论体系毕竟是基本形成了。它的不完善，正好说明它是一个开放的体系，需要总结现代自然科学、社会科学的新成果，给予丰富和发展。

（与高齐云合作撰写，原载于《马克思主义研究》1986 年第 11 期）

坚持历史观和价值观的统一

——论邓小平理论的一个基本思想

历史观和价值观的统一，是邓小平同志思考问题、处理问题的一个基本思想。这个思想不仅融贯于建设有中国特色社会主义理论的各个部分，而且体现在我党新时期制定的路线、方针、政策之中。深入阐发邓小平同志的这一重要思想，将使我们更深刻认识和自觉遵循建设有中国特色社会主义的基本规律。

一、社会主义是历史选择和价值选择的统一

人类社会进步是历史的选择，也是价值的选择。唯物史观第一次揭示了人类社会是一个由生产力运动发展决定的有规律的自然历史过程，从而使社会主义从空想变为科学。同时，它又指出社会规律是人类活动的规律，社会发展是由有目的、有意志、有激情的人类不同动机的活动形成的合力所推动的，在这个意义上，马克思把人的需要看作是历史的前提："人们为了能够'创造历史'，必须能够生活。但是为了生活，首先就需要衣、食、住以及其他东西。""已经得到满足的第一个需要本身、满足需要的活动和已经获得的为满足需要用的工具又引起新的需要。这种新的需要的产生是第一个历史活动。"① 因此，在唯物史观那里，生产力发展的需要与人的需要是统一的，历史的合规律性和合目的性、人的受动性和主动性是有机统一的。邓小平同志从中国革命和建设

---

① 《马克思恩格斯选集》（第 1 卷），人民出版社 1972 年版，第 32—33 页。

的实践中进一步阐发了这个观点，并指出，按照历史唯物主义的观点来讲，正确的政治领导的成果，归根到底要表现在社会生产力的发展上，人民物质文化生活的改善上。凡是先进的阶级及其政党必须正确地反映社会发展规律，反映生产力发展的要求，为生产力发展开辟广阔的道路，同时反映主体的内在需要和利益，为主体的物质文化生活改善和能力全面发展创造条件，从而推动社会的进步。社会主义是历史的选择，也是价值的选择。唯物史观创始人认为，社会主义革命之所以必要，不仅在于资本主义社会的生产关系已容纳不了在其自身内部发展起来的巨大的生产力，它必然要被更适应社会化大生产的、以公有制为基础的社会主义生产关系所代替，而且还在于资本主义的生产方式造成了人的异化，造成了广大劳动者被奴役、被压迫的悲惨境况，造成了社会道德的沦丧。社会主义就是要使人重新成为自然的主人、社会的主人和他们自身的主人。在唯物史观创立者那里，资本主义不仅受到冷静的历史批判，而且受到愤怒的价值批判。历史发展规律与人的价值取向的一致性，构成了社会主义的必然性和合理性。由于唯物史观的创始人当时的主要任务是拨去笼罩在社会历史领域的用抽象的人性阐释历史的唯心史观的迷雾，因而他们更着重从生产力发展的客观规律来说明社会主义的必然性。邓小平同志则在深刻总结中国社会主义建设的经验教训的基础上，针对"四人帮"对马克思主义的阉割和扭曲阐发社会主义对人民的价值，指出"贫穷不是社会主义"。他表示，"四人帮"提出宁要穷的社会主义，不要富的资本主义，社会主义如果老是穷，它就站不住。1984年，邓小平就指出："什么叫社会主义？什么叫马克思主义？我们过去对这个问题的认识不是完全清醒的……社会主义的优越性，归根到底要体现在它的生产力比资本主义发展得更快一些，更高一些，并且在发展生产力的基础上不断改善人民的物质文化生活。"① 在经济落后的国家搞社会主义，更要重视发展生产力和改善人民生活这两大任务。他说："落后国家建设社会主义，在开始的一段很长时间内生产力水平不如发达的资本主义国家，不可能完全消灭贫穷。所以，社会主义必须大力发展生产力，逐步消灭贫穷，不断提高人民的生活水平。"② 富裕不一定是社会主义，但社会主义一定要以人民富裕为目标，合格的社会主

① 《邓小平文选》（第3卷），人民出版社1994年版，第63页。
② 《邓小平文选》（第3卷），人民出版社1994年版，第10页。

义，应是人民富裕的社会主义。

社会主义改革是历史的选择，也是价值的选择。社会主义社会的建立，标志着生产力的解放和人的解放，但并没有结束这个过程。当已建立起来的生产关系和上层建筑在新的历史条件下不再适应生产力发展，不利于人的积极性发挥的时候，改革经济体制和政治体制就成为第二次革命。邓小平在 1980 年就明确指出，改革党和国家的领导体制及其他制度，是为了充分发挥社会主义制度的优越性，在经济上迅速发展社会生产力，逐步改善人民的物质生活条件；在政治上充分发扬人民民主，调动人民群众的积极性，不但要在经济上赶上发达的资本主义国家，而且在政治上创造比资本主义国家更高更切实的民主，造就更多更优秀的人才。改革越深入，社会主义的多重价值目标越不能偏废。十一届三中全会以来的改革开放的政策方针是正确的，因为"改革促进了生产力的发展，引起了经济生活、社会生活、工作方式和精神状态的一系列深刻变化"[1]。同样，改革开放之所以不可逆转，改革开放的政策之所以保持稳定性和连续性，也在于改革开放把经济发展和人民富裕兼顾起来，适应了强国富民的历史要求。

二、历史观和价值观的统一是建设有中国特色社会主义的根本出发点和归宿

历史观和价值观相统一的思想是邓小平构建有中国特色社会主义理论大厦的基石，是我们理解建设有中国特色社会主义理论体系的一把钥匙。邓小平同志这一思想是他在领导革命和建设的实践过程中逐步形成和发展起来的。

"战争和生产结合论"是邓小平在抗日战争时期关于历史观和价值观统一思想的初步表述。从 1941 年到 1945 年，邓小平同志先后任中共中央太行分局书记、代理中共中央北方局书记等职务，在抗战最艰苦阶段，担负起领导华北敌后抗日根据地党政军的全面工作，提出了要把抗战、生产、教育结合起来的思想，他说："毛泽东同志告诉我们，抗战、生产、教育，是敌后的三大任务。我们一切为着战争的胜利，生产正是

---

① 《邓小平文选》（第 3 卷），人民出版社 1994 年版，第 142 页。

保障战争的胜利，教育则为战争、生产而服务，把三者密切地结合起来，就是不可战胜的力量。""没有正确的政策，就谈不上经济建设；而这些政策的制定，必须以人民福利和抗战需要为出发点。"① 因此，他在抓好对敌战争、军队的思想教育的同时，高度关注减轻人民负担、救灾和粮食、食盐、棉布等生活必需品的生产和供应等问题，在极其残酷艰苦的斗争条件下念念不忘人民群众生活和福利的改善，正如他所说的"凡是于人民有利的事情，无不尽力提倡与实行"②。

"猫论"是邓小平同志在社会主义建设时期对历史观和价值观统一思想深刻而形象的表达。1962年，当许多农村的干部群众要求实行包产到户的时候，他以极大的政治勇气提出了这样一个原则：哪种生产关系的形式在哪个地方比较容易比较快地恢复和发展农业生产，就采取那种形式；群众愿意采取哪种形式，就应该采取那种形式。他还用"不论白猫、黑猫，抓住老鼠就是好猫"的四川方言来表达这个思想。根据发展农业生产的要求选择生产关系的形式，是从生产关系一定要适应生产力发展性质和水平的客观规律出发，根据群众的意愿选择生产组织形式，这是从人民群众的利益、需要的价值取向出发，从客观规律出发与从人民的价值取向出发在根本上是一致的，路线、方针、政策只有体现这种一致性才是正确的，应在实践中推行和贯彻下去。

改革开放新时期是邓小平历史观和价值观统一思想进一步发展并且系统化的时期，作为中国改革开放的总设计师，邓小平同志在确定现代化建设的出发点、发展战略和衡量标准时始终坚持了历史观和价值观的一致性，主要体现在"社会主义本质论""三步走战略""三个有利于标准"等论述中。

在现代化建设的出发点上，坚持从实际出发和从人民利益出发的统一。邓小平认为，无论搞革命还是搞建设，都必须把马克思主义的普遍真理与中国的具体实际结合起来。中国必须走社会主义道路，中国的现代化是社会主义的现代化，这是由马克思主义揭示的历史发展规律所决定的。然而中国底子薄，人口多，社会主义仍处在初级阶段，生产力不发达，人民生活水平仍很低，改变这种落后贫穷的状况，是社会主义的根本任务。因此，他果断提出要抛弃"以阶级斗争为纲"的口号，把

① 《邓小平文选》（第1卷），人民出版社1994年版，第85页。
② 《邓小平文选》（第1卷），人民出版社1994年版，第80页。

全党工作的重点转移到经济建设上来，坚持以经济建设为中心，任何时候都不能动摇，同时提出要通过允许部分人、部分地区先富起来带动全国人民共同富裕。当苏联东欧社会主义国家相继倒台时，邓小平坚持先把经济搞上去，使人民生活水平不断改善。事实证明，中国社会主义现代化建设由于坚持从实际出发和人民利益出发，唤起了广大群众的改革和建设热情，从而成为亿万人民自觉拥护、参与的波澜壮阔的历史运动，为世界范围内社会主义在逆境中奋起提供了宝贵经验。在这个基础上，邓小平在南方谈话中精辟地概括出社会主义的本质："解放生产力，发展生产力，消灭剥削，消除两极分化，最终达到共同富裕。"

在现代化发展战略上，坚持经济发展目标和人民生活改善目标的统一。早在改革开放之初，邓小平就构想了"三步走"的发展战略并在实践过程中不断使之完善。这著名的"三步走"战略就是：第一步，从1981年到1990年，实现人均国民生产总值翻一番，基本上解决温饱问题；第二步，到20世纪末再翻一番，使人民生活达到小康水平；第三步，到21世纪中叶，人均国民生产总值达到中等发达国家水平，人民生活比较富裕，基本上实现现代化。可见，每一步都明确了经济社会发展的目标和人民群众生活水平提高的目标。为了实现"三步走"的宏伟蓝图，邓小平强调在政策措施上要处理好一系列重大关系问题。

第一，改革、发展和稳定的关系。邓小平不仅逐个规定了改革、发展和稳定的方针，而且从整体战略上阐明了三者之间的内在联系：改革是解放生产力，是发展的动力；发展是目的，是改变落后贫穷状态，实现社会进步和人的全面自由发展的基础，因而是硬道理；稳定，包括经济稳定、社会稳定、人心稳定、人民生活稳定是改革和发展的不可或缺的前提，在一定的阶段，"稳定压倒一切"。现代化建设每前进一步都遇到改革、发展、稳定的关系问题，使三者相互协调相互促进，"三步走"的战略就能逐步推进。

第二，速度与效益的关系。正如没有数量就没有质量，没有一定的速度就谈不上效益。特别是在我国现代化建设起步较晚，国民生产总值还比较低的情况下，保持一定的增长速度是追赶发达国家的必要前提，所以邓小平反复强调抓住历史机遇发展自己，"能发展就不要阻挡，有条件的地方要尽可能搞快点"。同时，他又强调加速发展"还是要扎扎实实，讲求效益，稳步协调地发展"①，任何时候都要把效益放在第一位。他总结了新中国成立以来几次违反客观经济规律，急于求成，盲目跃进，造成国民经济严重的供求失衡和比例失调，严重影响人民生活的教训，指出："我们都是搞革命的，搞革命的人最容易犯急性病。我们的用心是好的，想早一点进入共产主义。这往往使我们不能冷静地分析主客观方面的情况，从而违反客观世界发展的规律。"② 把合目的性与合规律性辩证地统一起来，速度和效益才能相辅相成、相得益彰。

第三，生产和生活的关系。社会主义生产的目的是满足人民日益增长的物质文化生活的需要，然而由于"左"的影响，我国经济生活中长期存在为生产而生产的倾向，新中国成立后的很长一段时期，尽管发展速度不低但人民的生活改善不大，生活的需要在"革命"与"政治"的名义下被漠视、被压抑。邓小平严厉批判了"穷过渡""穷革命"的谬论，强调改革开放和经济建设要以提高人民生活水平为目的，每走一步都要给人民看得到、摸得着的实惠。为了使生产和生活相协调，必须安排好经济建设中的各种比例关系，包括农业和工业的比例，农林牧副渔之间的比例，轻工业和重工业的比例，交通能源通讯与其他产业的比例，积累和消费的比例。此外，特别要处理好经济发展和教科文卫事业发展的比例，多年来教科文卫的费用太低，不成比例。在强调搞好人民生活的同时，他又提出要长期提倡艰苦奋斗的精神，反对急于搞福利国家的政策。"我们只能在发展生产的基础上逐步改善生活。发展生产，而不改善生活，是不对的；同样，不发展生产，要改善生活，也是不对的，而且也是不可能的。"③

在衡量改革开放和现代化建设的是非得失上，必须坚持历史标准和价值标准的统一。从实践标准到生产力标准，再到"三个有利于"标准，是真理观向历史观再向价值观的延伸，是邓小平指引我党对现代化规律认识不断深化的进程。20 世纪 70 年代末，为了冲破"两个凡是"对人们思想的束缚，把人们从思想僵化、"个人迷信"的桎梏中解放出来，确立马克思主义的思想路线，邓小平发动和引导了真理标准讨论，在全党确立了实践是检验真理的唯一标准，在实践中运用和发展毛泽东

① 《邓小平文选》（第 3 卷），人民出版社 1999 年版，第 373—375 页。
② 《邓小平文选》（第 3 卷），人民出版社 1999 年版，第 139—140 页。
③ 《邓小平文选》（第 2 卷），人民出版社 1994 年版，第 258 页。

哲学、文化与时代

思想的真理观。进入 80 年代后，改革由农村联产承包责任制的局部改革向包括城乡的经济体制的全面改革深入，为了澄清在改革得失成败看法上的各种困惑，推动改革开放迈开大步，邓小平和党中央在 1984 年关于经济体制改革的决定以及党的十三大文件中提出了生产力标准，指出："是否有利于发展生产力，应当成为我们考察一切问题的出发点和检验一切工作的根本标准。"这个标准反映了实践的客体尺度，是实践标准在历史观领域的体现。80 年代后期和 90 年代初，随着改革向建立"以公有制为主，多种所有制形式并存"的产权制度、"以按劳分配为主，多种分配形式并存"的分配制度的深入，随着公平问题日益成为社会注目的热点，改革的性质是"姓社姓资"议论不绝于耳，这个问题不仅是一个理论问题，更是一个关系到建设有中国特色社会主义事业能否继续推向前进的实践问题。邓小平带着这个问题，以近 90 岁的高龄视察南方，从南方特别是特区翻天覆地的变化中汲取了理论升华的激情和源泉，系统地阐述了建设有中国特色社会主义的理论，提出了"三个有利于"的标准。把是否有利于提高人民的生活水平作为标准中的一项，从而使标准完整地体现了实践和实践标准的本质特点：主客体的统一，反映在社会历史领域就是历史尺度和价值尺度的统一。把价值标准补充到衡量改革是非得失的标准含义中，是邓小平思想发展的逻辑结果。1980 年，他指出："社会主义经济政策对不对，归根到底要看生产力是否发展，人民收入是否增加，这是压倒一切的标准。"[1] 1983 年，他又指出："各项工作都要有助于建设有中国特色的社会主义，都要以是否有助于人民的富裕幸福，是否有助于国家的兴旺发达，作为衡量做得对或不对的标准。"[2] 如果说，生产力标准为深化经济体制改革，启动政治体制改革提供了有力的思想武器，那么"三个有利于"的标准则为全面建立社会主义市场经济体制，开创社会全面协调发展的新阶段提供了强大的精神支柱。

　　"三个有利于"标准对于解放思想的强大作用，不仅在于它是判断、检验改革开放的政策和工作对社会主义事业是否有利的标准，也是判断改革开放对不对亦即姓社姓资的标准。就是说，不仅判断得失，也判断是非。理由在于：首先，邓小平南方谈话提出"三个有利于"是

---

① 《邓小平文选》（第 2 卷），人民出版社 1994 年版，第 314 页。
② 《邓小平文选》（第 3 卷），人民出版社 1994 年版，第 23 页。

为解决这个困惑的，他开宗明义地说："改革开放迈不开步子，不敢闯，说来说去就是怕资本主义的东西多了，走了资本主义道路，要害是姓'资'还是姓'社'的问题。"其次，"三个有利于"的内涵与邓小平阐述的社会主义本质的内涵是一致的。"三个有利于"的论述中提出的"有利于人民的富裕幸福"实质是"消灭剥削，消除两极分化，最终达到共同富裕"的另一种表达方式。最后，"三个有利于"是一个完整的整体，割裂"三个有利于"的内在联系，从中孤立抽取一个方面的标准来衡量事物，既把握不准标准的内涵，也说明不了事物的性质。只有用联系的观点来理解"三个有利于"，才能在当前产权制度改革等难题上走出困境。

三、历史观和价值观统一于人民主体的实践活动

马克思在《关于费尔巴哈的提纲》中指出："从前的一切唯物主义——包括费尔巴哈的唯物主义——的主要缺点是：对事物、现实、感性，只是从客体的或者直观的形式去理解，而不是把它们当作人的感性活动，当作实践去理解，不是从主观方面去理解。所以，结果竟是这样，和唯物主义相反，唯心主义却发展了能动的方面，但只是抽象地发展了，因为唯心主义当然是不知道真正现实的、感性的活动本身的。"[①]不能只从客体方面，而要从主体方面、实践方面去理解事物、现实，这是马克思创立唯物史观，实现哲学伟大变革的奥秘所在。邓小平在领导中国改革开放和现代化建设事业中，继承发展了从马克思到毛泽东的这个唯物史观的基本原则，坚持了实践的观点、人民主体的观点和辩证的观点，实现了历史观和价值观的科学统一。

实践是历史观和价值观统一的基础。列宁说过，生活的观点和实践的观点，是马克思主义认识论的首要的观点。邓小平对马克思主义在当代发展的贡献，首先是恢复和验证了实践的权威；用实践的观点冲破思想迷信，提倡解放思想；用实践的观点总结历史经验和群众经验，创立和发展建设有中国特色社会主义的理论；用实践的观点制定和完善党在

① 《马克思恩格斯选集》（第 1 卷），人民出版社 1972 年版，第 16 页。

新时期的路线、方针、政策，排除各种"左"和右的干扰，使改革开放成为不可逆转的历史潮流。正如他在南方谈话中指出的："我们改革开放的成功，不是靠本本，而是靠实践，靠实事求是。"①

首先，坚持在实践中认识建设有中国特色社会主义的规律和价值。邓小平认为社会主义不是靠本本说出来的，而是干出来的，是通过"试验"不断总结经验形成科学认识的。他把改革开放作为一个"很大的试验"，把广东等地建立特区说成是"杀开一条血路"，提出"看准了的，就大胆地试，大胆地闯"。当然，试验不是蛮干，而是摸着石头过河，要探索前进。在试验中难免有错误，关键是"有错误就赶快改，小错误不要变成大错误"。正是这样，我党对改革开放和现代化建设的规律从知之不多到知之较多，从知之不深到形成理论体系，大大丰富了关于社会主义的认识。邓小平在《中共中央关于经济体制改革的决定》通过之后说道："这次经济体制改革的文件好，就是解释了什么是社会主义，有些是我们老祖宗没有说过的话，有些新话。我看讲清楚了。过去我们不可能写出这样的文件，没有前几年的实践不可能写出这样的文件。写出来，也很不容易通过，会被看作'异端'。我们用自己的实践回答了新情况下出现的一些新问题。"②

其次，坚持在实践中检验理论和政策的真理性和价值性，使之造福国家和人民。认识世界是为了改造世界，建设有中国特色社会主义理论和政策来自实践又必须回到实践，在付诸实践中检验它是否正确，是否有价值以及价值大小，由此修正理论和政策，不对的赶快纠正，该完善的把它完善起来，正确的有效的要坚持下去。"实践是检验真理的唯一标准，实践是检验路线、方针、政策是否正确的唯一标准。"③ 十一届三中全会以来的路线方针政策要长期坚持不动摇，因为它不仅是正确的，而且是有效的。邓小平说："我们现在制定的这些方针、政策、战略，谁也变不了。为什么？因为实践证明现在的政策是正确的，是行之有效的。人民生活确实好起来了，国家兴旺发达起来了，国际信誉高起来了，这是最大的事情。改变现在的政策，国家要受损失，人民要受损

① 《邓小平文选》（第 3 卷），人民出版社 1994 年版，第 382 页。
② 《邓小平文选》（第 3 卷），人民出版社 1994 年版，第 91 页。
③ 《邓小平文选》（第 3 卷），人民出版社 1994 年版，第 28 页。

失，人民不会赞成，首先是八亿农民不会赞成。"①

再次，坚持实践检验的过程性和辩证性。由于实践检验受主客体相互作用的条件、程度的限制，事物的本质和内在规律以及它对主体的效用的显现有一个过程，而主体对它的认识和利用也需要一个过程，因而实践检验具有相对性、不确定性的一面。对于改革实践中一时还看不准的新生事物，邓小平主张不要急忙下结论，更不要因噎废食，而要继续"试验"。比如证券、股市，是不是资本主义的东西，社会主义能不能用？他认为："允许看，但要坚决地试。看对了，搞一两年对了，放开；错了，纠正，关了就是了。关，也可以快点，也可以慢点，也可以留一点尾巴。"为了让"试验"有一个宽松的氛围，邓小平提出了著名的"不争论"的原则："不搞争论，是我的一个发明，不争论，是为了争取时间干。一争论就复杂了，把时间都争掉了，什么也干不成。"② 在这里，邓小平充分展示了他尊重实践，深刻把握实践本质的唯物辩证法的光辉思想。

人民群众是历史观和价值观统一的主体。人是实践的主体，是社会历史运动合规律性和合目的性统一的承担者。邓小平继承和发挥了毛泽东同志的群众观点、群众路线的思想，在领导改革开放和现代化建设过程中认真体察人民的意愿，高度关注人民的利益，充分发挥人民的历史作用，牢固确立人民群众在改革开放和现代化建设中的主体地位。人民的利益既是历史规律的反映，又是历史运动的动因和目的，在这个交汇点上，真理和价值结合起来了。邓小平说："社会主义现代化建设是我们当前最大的政治，因为它代表着人民最大利益，最根本利益。"③ 人民是认识现代化建设客观规律的主体。建设有中国特色社会主义理论之所以正确，就因为它是亿万人民群众创造出来的丰富经验的科学总结。邓小平在谈到他对十四大报告送审稿的意见时指出："改革开放中许许多多的东西，都是由群众在实践中提出来的，报告中讲我的功绩，一定要放在集体领导范围内，绝不是一个人的脑筋就可以钻出什么新东西来，是群众的智慧，集体的智慧。我的功劳是把这些新事物概括起来，

① 《邓小平文选》（第 3 卷），人民出版社 1994 年版，第 83—84 页。
② 《邓小平文选》（第 3 卷），人民出版社 1994 年版，第 374 页。
③ 《邓小平文选》（第 2 卷），人民出版社 1994 年版，第 148—149 页。

加以提倡。"① 人民又是对现代化建设价值判断的主体。改革开放和现代化建设的方针政策，只有反映亿万群众的利益，得到他们的认同，才是好的方针政策，才能坚持下去。江泽民指出，邓小平的鲜明的革命风格就是"把人民拥护不拥护""人民赞成不赞成""人民高兴不高兴""人民答应不答应"作为制定一切政策的出发点和归宿。人民群众这种认识世界和改造世界的主体的地位，决定了党必须坚持实事求是和群众路线。邓小平说："毛泽东同志倡导的作风，群众路线和实事求是这两条是最根本的东西。"② 只有坚持群众路线才能坚持实事求是。在实际工作中坚持实事求是和群众路线，要做到党性与人民性的一致，对上负责和对下负责的一致，引导群众和依靠群众的一致。

历史观和价值观的统一是一个辩证的矛盾运动过程。邓小平从世界的高度、历史的高度把握历史观和价值观的辩证关系，把物质文明和精神文明、效率和公平统一于现代化的发展过程之中，提出以经济建设为中心，两个文明互相促进的发展观，提出部分地区、部分人先富带动全国人民共同富裕的公平观，使中国的现代化建设既以超常规的速度发展，又在总体上避免了西方国家在现代化早期出现的道德危机、两极分化的痛苦过程，使中国终于走上了以生产力迅速发展为基础的共同富裕、文明进步的康庄大道。

（原载于《学术研究》1997 年第 10 期）

---

① 《邓小平关于建设有中国特色社会主义的论述专题摘编》，中央文献出版社 1992 年版，第 21 页。

② 《邓小平文选》（第 2 卷），人民出版社 1994 年版，第 45 页。

统筹兼顾的哲学意蕴

党的十七大报告深刻概括和阐发了科学发展观的科学内涵和精神实质，揭示了科学发展观作为马克思主义关于发展的世界观和方法论集中体现的科学理论的时代价值，开拓了马克思主义中国化的新境界。十七大报告在指出科学发展观第一要义、核心和基本要求的基础上，明确指出统筹兼顾是科学发展观的根本方法，要求把正确认识、处理和统筹各方面发展、各种重大关系、各种利益，充分调动各方面的积极性贯穿于建设中国特色社会主义事业的全局和全过程。对方法的高度重视，构成了科学发展观的一大特色，更加体现了我们党对发展规律的认识和运用达到了可贵的理性自觉和实践自觉，更加体现了科学发展观是中国特色社会主义理论体系的新发展。探讨统筹兼顾方法的哲学意蕴，对于学习领会十七大精神，深入贯彻落实科学发展观具有重大的意义。

一、方法与马克思主义中国化

中国共产党人领导中国革命和现代化建设不断发展取得成功的过程，是不断推进马克思主义中国化的过程，这个过程也是不断丰富发展"方法""方法论"的过程。所谓方法，是指主体认识和改造客体的工具、手段。运用一定规律去认识事物、分析问题的是思想方法，运用一定思维框架去指导工作、解决问题的是工作方法，而方法论则是方法的理论抽象和概括。

马克思主义给予全世界无产阶级以伟大的认识工具，但这一伟大的认识工具不是可以生搬硬套、包治百病的教条，而必须在认识和解决各国革命和建设具体实践问题的过程中加以丰富和发展，必须转化为适应时代变化和具体国情的思想方法、领导方法和工作方法。中国共产党人在运用马克思主义普遍真理于一个地域广大、人口众多、情况复杂的落后的东方大国的革命和建设的实践中，不仅需要推进马克思主义理论观点的创新，而且需要推进方法的创新。高度重视方法问题，是中国共产党人的一大特点和优点，是毛泽东思想和中国特色社会主义理论体系的显著特点。

毛泽东在反对教条主义、机会主义，探索中国革命道路的进程中，首先提出方法问题。在第一次革命战争时期，毛泽东要求红军处理好战争与经济的关系，专门写了《关心群众生活，注意工作方法》一文；在延安整风时期，他大力倡导马克思主义的实事求是的思想方法，总结出个别——一般——个别、群众——领导——群众、民主——集中——民主、团结——批评与自我批评——团结等方法公式，他还总结出"弹钢琴""解剖麻雀""两条腿走路"等工作方法。在冲破"两个凡是"的"左"的束缚，开创改革开放、建设中国特色社会主义道路的进程中，邓小平继承和发展了毛泽东关于方法的理论和原则。他反对思想迷信，提出了解放思想，实事求是的思想方法；反对官僚主义和形式主义，多次发表改进思想方法和工作方法的谈话；反对治国理政中的片面性和简单化，提出了"两手抓""摸着石头过河""共同开发""一国两制"等治国方略和领导方法。在世纪之交，面对经济全球化的大变局和经济社会加快转型的新国情，江泽民提出要运用马克思主义的立场、观点、方法来观察和解决问题，提高辩证思维的能力，防止形而上学，减少工作中的盲目性、片面性、机械性，增强原则性、系统性、预见性、创造性，提出正确处理社会主义现代化建设中的十二对重大关系。十六大以来，以胡锦涛为总书记的中央领导集体把改进方式方法作为加强党的执政能力建设的一个重要方面，提出"要结合中国实际不断探索和遵循共产党执政规律、社会主义建设规律、人类社会发展规律，以科学的思想、科学的制度、科学的方法领导中国特色社会主义事业"[①]。从经济建设、政治建设、文化建设、社会建设、党的建设等各方面方法的探索到科学发展观根本方法的概括，反映了我们党对中国特色社会主

---

① 《中共中央关于加强党的执政能力建设的决定》，《人民日报》2004年9月19日。

义发展规律的认识和把握达到了新高度，标志着我们党思想方法和工作方法正在走向理论化、科学化、系统化。

方法与世界观、历史观、价值观有着内在联系。世界观关于客观事物的存在方式、运动变化方式的观点体现为人们认识和改造客观世界的总体性方法，历史观关于历史主体、历史过程、社会结构的观点体现为人们的社会分析和社会建设方法，价值观关于主体的意义、主体与客体的价值关系的观点体现为人们的主体建构方法。十六大以来，我们党的思想方法、工作方法的进步发展与党的基本理论、执政理念、发展战略、价值取向的与时俱进紧密相连，相互促进。十七大提出的统筹兼顾根本方法是毛泽东思想、邓小平理论、"三个代表"重要思想有关理论观点的继承和发展。新中国成立以后，毛泽东强调统筹兼顾，指出"现在是我们管事了，我们的方针就是统筹兼顾，各得其所"[1]，"我们作计划、办事、想问题，都要从我国有六亿人口这一点出发，千万不要忘记这一点"[2]。邓小平在领导改革开放进程中，针对改革引起社会利益关系的重大调整，提出"我们必须按照统筹兼顾的原则来调节各种利益的相互关系"。在世纪之交，从巩固和扩大党的执政基础出发，江泽民明确指出党的所有政策措施、所有工作，都要认真考虑和兼顾不同阶层、不同方面的群众的利益。十六大以来，以胡锦涛为总书记的党中央为解决改革开放和现代化建设中积累起来的深层次矛盾和问题，针对经济发展与社会发展不够协调、城乡发展不够协调、区域发展不够协调、人与自然不够协调的问题，围绕什么是发展、为谁发展、怎样发展等根本性问题，提出了科学发展观这个科学理论和重大战略思想，在世界观、历史观、价值观、发展观、全球观上形成了新认识、新判断、新取向。党的基本理论的新突破、新发展推动了党的思想方法、领导方法、工作方法的新突破、新发展，党的十七大报告提出的统筹兼顾的根本方法，凝聚着我们党四代中央领导集体的艰辛探索，凝聚着新世纪、新阶段全党全国人民继续解放思想的理论勇气和实践智慧，体现了马克思主义不断创新、不断发展的根本性质和活的灵魂。从哲学的高度看，它是一种强

---

[1] 转引自李君如：《学习毛泽东：在"三个代表"研究中》，《中国人民大学学报》2003 年第 6 期。

[2] 转引自李君如：《学习毛泽东：在"三个代表"研究中》，《中国人民大学学报》2003 年第 6 期。

调普遍联系的系统辩证法，一种着眼全面协调可持续发展的建设思维，一种立足人的全面发展和幸福和谐的人本理念。

二、统筹兼顾体现了系统辩证法

统筹兼顾作为一种根本的思想方法和工作方法，是我们理解把握和贯彻落实科学发展观必须遵循的基本原则，从理论出发点来说，体现了我们党不是用强调矛盾对立的传统思维，而是用强调普遍联系的系统辩证法作为推动科学发展、促进社会和谐的哲学基础。

传统矛盾观是斗争哲学的根基。古希腊哲学家赫拉克利特认为一分为二是事物的根本特征，"统一物是由两个对立面组成的"，和谐产生于对立，"自然也追求对立的东西，它是从对立的东西产生和谐，而不是从相同的东西产生和谐"；斗争是普遍的法则，"正义就是斗争，一切都是通过斗争和必然性而产生"；战争也是普遍的，"战争是万物之父，也是万物之王"。赫拉克利特关于对立面统一的思想达到了那个时代对事物运动变化规律认识的最高峰，因而列宁称他为"辩证法的奠基人之一"。从柏拉图到黑格尔，矛盾学说得到了极大的丰富和深化，而赫拉克利特的这些基本观点在这个发展过程中一再被强调和被发挥。

系统辩证法是对矛盾辩证法的继承和发展，它在近代以来克服形而上学的哲学变革过程中，在概括现代自然科学和社会科学的最新成果中，在总结复杂性科学的方法论的过程中形成和发展。系统辩证法并不否定矛盾的存在及其推动事物运动发展的重要作用，但它把矛盾置于系统的普遍联系之中，强调整体大于部分，整体的质决定部分的质。任何事物都是多种多样关系的总和，任何事物都互为中介相互联结，把"一分为二"的矛盾观作为普遍方法论观察判断万物之间多维的、全面的、活生生的联系，势必把无限丰富和无限生机的世界割裂化、简单化、凝固化。马克思把人类社会看作是一个活的有机体，是一个生产力与生产关系、经济基础与上层建筑、社会存在与社会意识、社会主体与社会客体等矛盾要素互动互生的复杂系统，把社会历史看作是一个由不同动机的人们所创造的合力交互作用过程，体现了系统辩证法的整体性、动态性、过程性原则。列宁指出，马克思的这个方法是与主观社会学完全相反的科学方法，这个科学方法把社会看作处于经常发展中的活的机体，而不是机械地结合起来因而可以把各种社会要素随便配搭起来的东西。① 毛泽东关于矛盾群、矛盾的质的多样性、多层次性的论述也包含了系统辩证法的思想。系统辩证法对传统矛盾辩证法的超越，就在于它强调矛盾与整个社会机体结构的不可分割性，强调矛盾与该结构的存在条件和制约因素的不可分割性。传统矛盾论本质上是形而上学的一种形式，它在不相容的两极对立中思维，尽管在依具体对象的性质而展开的领域中可能是合理的，甚至是必要的，但是它每一次都有一个界限，一旦超过这个界限，它就会变成片面的、狭隘的、抽象的，在方法上和实践上会陷入无法解决的矛盾。

把系统辩证法全面运用于中国现代化建设的实践，是发展中国特色社会主义的需要，也是当今人类化解现代社会困境、建设和谐世界的需要。

从发展中国特色社会主义来看，实现科学发展与社会和谐的有机统一，是新的历史起点上推进中国现代化建设的新使命、新要求。社会和谐是科学社会主义的理想追求，是中国特色社会主义的本质特征。十七大明确指出，构建社会主义和谐社会是贯穿中国特色社会主义事业全过程的长期历史任务，是在发展的基础上正确处理各种社会矛盾的历史过程和社会结果。但是，构建和谐社会是一个充满矛盾的过程，尤其是我国目前的发展正处在矛盾凸显期：经济发展与资源短缺、环境恶化和生态失衡等矛盾突出；伴随利益分化和利益主体多元化而出现的利益矛盾和利益纠纷普遍化；人民内部矛盾出现新的特点，各种社会矛盾错综复杂。因此，在社会主义初级阶段推进科学发展、和谐发展，要从社会主义这个本质属性出发，充分认识实现人与人、人与社会、人与自然整体和谐的历史要求、时代意义和社会基础，摒弃非此即彼的形而上学思维，以系统辩证法为核心重构社会改革发展的哲学基础，用"和为贵""和而不同""万物并育而不相害，道并行而不相悖"的东方智慧统筹好经济社会发展中的各种复杂关系；走出一条经济发达、政治民主、文化繁荣、社会和谐、人民富裕、生态良好的全面协调可持续发展的现代化新路子。

从人类社会发展角度来看，不断克服对科技功能和 GDP 的盲目崇拜，实现现代化的可持续发展，呼唤着思维方式的转换。近代以来，伴

① 《列宁选集》（第 1 卷），人民出版社 1972 年版，第 32 页。

随着工业化、市场化、城市化进程的发展，以西方发达国家为代表的现代文明在有力促进生产力发展的同时，也引发了无数的社会问题和危机。首先，它造成了经济发展与环境污染、自然生态破坏、生物多样性减少等尖锐问题，使得人类社会可持续发展面临着严峻考验；其次，造成了整个社会伦理道德沦落、人际关系物化、人性异化，社会矛盾和社会问题尖锐化。再次，导致国与国之间、地区与地区之间的冲突日益复杂化和多样化。造成这一切的原因，既与西方社会制度的性质有内在的联系，也与西方的主—客、心—物、自我—他人两分的思维模式有内在的联系，是受传统矛盾辩证法思维局限的结果。以系统辩证法为核心的统筹方法论将有力化解现代工业文明的困境，促进人与自然和谐、经济发展与环境保护协调、缓解日趋恶化的生态环境；通过"和而不同"、平等、诚信、互利等价值观化解世界各种冲突和危机，从而促进人类文明走向和谐世界新境界。

三、统筹兼顾是一种建设思维

方法是主体作用于客体的工具，主客体关系的变动、主体社会地位和历史作用的变化必然要求方法的变化与发展。随着时代的转换，我党的思想方法、领导方法和工作方法也必然经历从革命思维到建设思维的过程。

革命思维是传统矛盾分析法的逻辑结论。在传统矛盾分析法看来，矛盾双方的统一、同一是相对的、暂时的、易逝的，而斗争是绝对的、普遍的、常态的，为了达到对立面的转化，对保守方面的否定而达到质的飞跃是不可避免的。因此，新旧所有制的交替是不可避免的，阶级对抗和革命暴力是不可避免的，意识形态和思想观念的对立是不可避免的。在社会主义社会，不断革命也是不可避免的。

不可否认，在阶级斗争或敌我矛盾占据社会主要矛盾背景下，我们以革命思维为指导取得了社会主义政权，取得了社会主义革命的成功。但是，在取得社会主义政权后、在建设社会主义时代背景下，面对建设与发展的和平环境，如果还继续依据这种理论思维治党治国显然就有其局限性了。在这方面我们是有过深刻教训的。改革开放以来，以邓小平为代表的中国共产党人对新中国成立以来在探索社会主义建设道路上的曲折实践进行全面反思，突破了革命思维的桎梏，以建设思维为指导，确立了以经济建设为中心，实现社会主义现代化的政治路线；使我党从原来主要领导无产阶级斗争，为夺取政权而奋斗的党，成为一个领导人民长期执政，带领人民搞建设谋发展的党。而在新的历史条件下，以胡锦涛为总书记的党中央，审时度势，高瞻远瞩，根据时代特点提出构建社会主义和谐社会等一系列重要战略思想和发展目标，这是党在新时期对社会主义本质进一步思考和理论创新，既是对共产党执政规律认识的深化，也是对我国社会主义建设规律、人类社会发展规律认识的深化。为了实现这个伟大的历史使命，就需要以系统辩证法的建设思维为指导，团结和动员一切有利于和谐社会、和谐世界建设的力量和因素，形成最广泛的促进和谐社会、和谐世界建设的国内外统一战线。在建设和谐社会过程中，既要看到社会的内在矛盾以及矛盾各方的差异性、竞争性，又要看到社会各种矛盾的非对抗性及矛盾各方的依存性，促使各种矛盾在和谐社会的系统整体中得到合目的的转化和解决；既要代表工人阶级和人民群众的利益，又要代表各民族不同阶层的利益，促使不同利益群体在公平正义的制度框架内达到利益协调和平衡；既要立足本国利益，提升民族的综合国力和国际竞争力，实现中华民族的伟大复兴，又要以大国心态积极参与国际事务，树立世界眼光，善于从国际形势发展变化中把握发展机遇，促进世界和平发展。为了实现这个伟大历史使命，要吸纳和激活一切有利于和谐社会、和谐世界建设的文化资源和精神价值，形成最广泛地促进和谐社会、和谐世界建设的共同理想和思想共识。既要坚持马克思主义的指导地位，又要承认社会主义初级阶段多种经济成分、多种价值观念、多种意识形态共存的现实，推动马克思主义在与各种思想对话、比较中发挥引领作用；既要立足中国传统文化的土壤，弘扬民族精神，反对文化虚无主义与文化霸权主义，提高民族文化亲和力和竞争力，又要以全球化宽广视野，吸纳过去被贬斥为资本主义文化实际上是体现人类现代化大趋势的先进理念。正如温家宝总理所说："科学、民主、法制、自由、人权，并非资本主义所独有，而是人类在漫长的历史进程中共同追求的价值观和共同创造的文明成果。"①

　　总之，从革命思维转向建设思维，就是要适应我国改革开放的新任

---

① 温家宝：《关于社会主义初级阶段的历史任务和我国对外政策的几个问题》，《人民日报》2007年2月27日。

① 温家宝：《关于社会主义初级阶段的历史任务和我国对外政策的几个问题》，《人民日报》2007年2月27日。

务和全球化的历史潮流，深刻地变革执政理念和执政方式，从依靠人民的政治激情到依靠常态的社会治理，从依靠行政权威到依靠法律权威，从依靠经验决策到依靠科学理性决策，从着眼于所有制的变革转为着眼于制度、技术、文化创新，从重改造、控制自然到重保护、珍惜自然，从社会主义经济建设、政治建设、文化建设三位一体到经济建设、政治建设、文化建设、社会建设四位一体。在思维方式上从重"破"到重"立"，从"一"到"多"，以建设性思维尊重差异、包容多样，尊重劳动、尊重知识、尊重人才、尊重创造，调动一切积极因素，让一切财富的源泉充分涌流，让一切社会潜能充分发挥，让一切思想成果为我所用，创造一个既有统一共识又安定有序的改革、发展、稳定有机统一的社会生态环境。

四、统筹兼顾是一种人本理念

统筹兼顾取代斗争哲学，成为我党领导、推动社会发展的根本方法，是与人本理念的确立紧密联系在一起的。

斗争哲学之所以是错误的思想根源，在于它片面地强调"发展是对立面的斗争"，由此机械地把自然矛盾运动与人类社会运动混为一谈，把社会对立面的斗争作为推动历史进步的固定模式和唯一动力，习惯在经济、政治、思想文化各个领域寻找对立面，习惯用斗争乃至对抗的方式解决人与人之间的矛盾。于是，斗争成为目的，运动成为一切，而人成为革命运动和经济发展的手段和工具。在革命和发展的名义下，人的价值、人的需要、人的享受被漠视，从而使社会进步与人的发展相对立，使人的政治利益与人的经济、文化利益相对立，使每个人的发展与一切人的发展相对立。

唯物史观认为，社会历史运动是合客观规律性和合主体目的性的统一。马克思指出，"历史"并不是把人当作达到自己的工具来利用的某种特殊的人格，不过是追求着自己目的的人的活动而已。与主宰自然界的自发力量不一样，社会历史运动是有目的、有意志、有激情的人的自觉行动，社会矛盾运动是有价值导向的主体性发展过程，一切真正意义上的社会革命，都是为了打破压迫人、奴役人、剥削人的制度和关系，一切真正意义上的社会发展，都是以增进人的幸福快乐和谐为宗旨。因此，坚持以人为本，是贯彻落实科学发展观的核心，也是搞好统筹兼顾的理论前提。统筹科学发展，促进社会和谐，不仅要求从革命思维向建设思维转变，而且要求从斗争哲学向人本理念转变。人本理念坚持人的价值是最高价值的观点，坚持人的价值实现的历史性和过程性。人类进步史无非是一部人在解放和发展生产力进程中达到自我解放的历史，是一部从人性复归到人的自由全面发展，从阶级的解放到全人类的解放，从经济解放到政治、文化解放的历史。社会主义之所以有不可遏止的吸引力和旺盛的生命力，就在于高举每个人自由发展的旗帜，在于克服阶级的利益分立而达到一切人的公平和谐。把人作为发展主体和发展目的，必须从解决人民最关心、最直接、最现实的利益入手，统筹好个人利益和集体利益、局部利益和整体利益、当前利益和长远利益；必须充分尊重全体公民的决策权、管理权、知情权、监督权，不仅尊重多数人的意志，也倾听少数人的意见，保证人民群众在社会政治生活中当家作主的神圣的民主权利；必须在经济公平的基础上实现政治公平、文化公平、教育公平，全面发展人的能力，激发人的创造活力；必须坚持共建共享的原则，让发展的成果惠及全体人民，防止社会特殊利益集团的形成，更多地关怀困难群体，保证正义成为社会主义的最高价值并落实到社会生活的一切方面。胡锦涛指出，构建社会主义和谐社会是艰巨复杂的系统工程，广大人民群众共同参与是使这一宏伟目标变成现实的主体条件，"构建社会主义和谐社会是造福全体人民的伟大事业，只有让广大人民群众不断从中得到实惠，才能使构建社会主义和谐社会成为广大人民群众的自觉行动"①。胡锦涛在这里透彻地论述了和谐社会建设中共建共享的辩证法，共建与共享互为目的、互为动力、互为前提，植根于人民群众的历史主体与价值主体的统一性，贯穿于统筹兼顾社会各方面建设、各方面利益的社会系统运动的全过程。

我国将长期处在社会主义初级阶段，影响社会和谐发展的经济因素和体制性因素仍然长期存在，由每个人发展条件的差异而造成的人与人之间的利益差别和矛盾仍然存在，统筹兼顾方法的运用，并不否认人与社会、人与人之间的矛盾，而是在共建共享社会和谐的大目标下致力于改革和完善社会主义经济体制、政治体制、文化体制、社会体制，形成体现效率与公平相结合的分配机制、健全顺畅的社会流动机制、阶层间

---

① 转引自《共建共享促和谐》，《人民日报》2007 年 3 月 19 日。

合理的利益协调机制、贫困群体救助机制、社会矛盾疏导机制以及宽容谅解的社会心理疏导机制等一系列的制度和机制，从而为化解各种社会矛盾创造经济条件、制度框架和文化氛围，最大限度地发挥主体能动性，促成矛盾各方的合作，在差异性中达到互动、互补、互利，促进社会全体成员各尽所能、各得其所而又和谐相依，实现社会的全面进步。

（原载于《广东社会科学》2008 年第 1 期）

论问题的哲学

"以问题为中心"是马克思主义创新发展的基本出发点。马克思主义中国化的过程，是把马克思主义和中国实际相结合，实事求是地认识和解决革命、建设、改革中的重大理论问题和现实问题的过程。为了切实改变目前不同程度存在的精神懈怠的状态，有效地反对形式主义，进一步推动思想解放、理论创新、战略创新，有必要从哲学的层面来研究问题观，提升理论自觉和方法自觉。

一、问题观与哲学观

问题观是一种世界观。毛泽东在《反对党八股》中指出："什么叫问题，问题就是事物的矛盾。"世界总在运动、变化、发展，其根源在于矛盾，矛盾是客观世界变化发展、生生灭灭的根据和动力，这些矛盾反映到人的意识中来，就产生了问题。自然界的新陈代谢的矛盾，在推动一切生命不断进化的同时，提出了优与劣、生与死、肯定与否定等问题。人类社会生产力与生产关系的矛盾，在推动经济发展和社会进步的同时，提出了个人与社会、效率与公平、革新与保守等问题。矛盾和问题无处不有，无时不在，只要地球转动着，人类生存着，那么问题就永远存在着。一个人想要永远摆脱问题的纠缠，就如同一个人企图扯着自己的头发离开地球一样不可思议。所以，怎样看待问题，关系到怎样看待世界的性质，怎样对待世界的发展。从唯物辩证法的角度看，承认世界的变动性和规律性，就不能不承认矛盾的必然性和永恒性，以及问题的客观性和普遍性。正是问题的不断产生、不断变化、不断解决，构成了世界的动力源泉，推动着世界的演化和人类的进步。正是从自觉的矛盾理念和问题意识出发，形成了马克思主义世界观的基本点，推动我们不断破解革命、建设、改革实践中的重大问题，不断进行理论创新和实践创新。

问题观是一种历史观。马克思说："问题就是公开的、无畏的、左右一切个人的时代声音。问题就是时代的口号，是它表现自己精神状态的最实际的呼声。"[①] 人类历史是由内在规律支配的，还是由偶然事件堆积形成的，是个人意志或强权决定的，还是无数意志冲突的合力所使然的，历史的规律性和历史的目的性能否统一，又是如何统一的，这些问题反映了历史观的重大分歧。在唯物史观看来，生产力和生产关系的矛盾运动推动着人类社会不断从低级向高级演化，而这种矛盾运动是通过时代问题显现出来的，通过历史主体和历史客体的相互作用而实现的。不同的问题反映了不同时代的性质和发展要求。资产阶级革命要求把生产力从土地的束缚中解放出来，为资本和市场开辟道路；而无产阶级革命要求把生产力从资本的异化中解放出来，开启人类解放的新纪元。工业经济时代的竞争主要是资源和技术的竞争，而知识经济时代的竞争主要是创新能力的竞争。无论是解放生产力、解放人，还是科技竞争、创新能力竞争，都是历史发展和时代进步的问题，都反映了生产力和生产关系矛盾运动的现实状态，任何阶级、政党、社会力量要想引领历史潮流，都必须在自己的纲领上对这些问题作出回答，制定策略，提出口号。各种各样的关于人类历史发展的学说和观点，都不能回避对时代问题的判断和分析，以及在对待时代问题上划分不同的流派。

问题观是一种认识论。有一种说法，提出问题比解决问题更重要，或者说具有更为根本的意义。在这里，问题是"视域""视野""眼界"。邓小平在中国改革开放之初指出，什么叫社会主义？什么叫马克思主义？我们过去对这个问题的认识不是完全清醒的。在建设社会主义的过程中，由于对社会主义性质的不清醒，对社会主义发展阶段的不清醒，导致了中国社会主义建设方向、道路、动力等的不清醒，使我国社会主义进程遇到很多挫折，走了很多弯路；而建设社会主义的失误又是与对马克思主义的错误理解和运用联系在一起的。历史表明，问题的产

① 《马克思恩格斯全集》（第 40 卷），人民出版社 1982 年版，第 289—290页。

生往往与认识路线、认识方法密不可分，与思想视角、思维方式的转换密不可分。由于原有思维方式的束缚，人们往往自设思想禁区，习惯于按既有原则、理论来思考和评价，遮蔽了主观世界与客观世界的矛盾、认识和实践的矛盾。在这里，一切都没有问题，甚至谬论被当作真理，错误被当作成就。而一旦人们把思想从牢笼中解放出来，理性恢复权威，真理驱除盲从，人们就会发现一切原则都要重新评估，一切思想都要在实践法庭上受到审判，在内心和外界都展现了广阔的"问题"天地。正如黑格尔兴奋地评价法国资产阶级大革命是一次"壮丽的日出"，是一个"光辉灿烂的黎明"，带来了理性的新时代，是一个用头站立的时代，一切都要在理性面前重新评价。恩格斯认为，由于资本主义社会科学技术和生产力的进步，"传统的中世纪思想方式的千年藩篱，同旧日的狭隘的故乡藩篱一样崩溃了。在人的外在的眼睛和内心的眼睛前面，都展开了无比广大的视野"①。

问题观是一种价值观。问题是主体对客观现象的一种判断。人作为主体，必然依据一定的目的以及一定的利益诉求对待和处理与客体世界的关系，也就是说，价值关系深刻影响着人们对客体世界的认识和把握。不同价值观念的人对问题有不同的理解，并会作出不同的判断。马克思在著名的《关于费尔巴哈的提纲》中提出了一个极其重要的命题："哲学家们只是用不同的方式解释世界，问题在于改变世界。"② 以往的哲学的出发点是解释世界，因而它们研究的主要任务和基本问题是世界的本质、本原及其和思维的关系。即使是包括费尔巴哈在内的唯物主义，对事物、现实、感性，也只是从客体的或者直观的形式去理解，而不是把它们当作人的感性活动，当作实践去理解。而马克思以无产阶级乃至人类解放为历史使命，其哲学的出发点是人的实践，落脚点是改变一切现存的制度，最终实现每个人的自由而全面的发展。马克思的"问题"，实质上是提出哲学的价值所在，哲学家理论研究的价值所在。当哲学家们陶醉于找到世界本原和规律的幻象中，马克思却看到旧哲学存在的问题，看到旧哲学与历史发展和人的价值要求渐行渐远的危机，提出了哲学革命的任务和方向。人们总是从一定的价值观出发提出问题。

判断问题，看待一种理论问题是如此，看待一种社会现实问题也是

---

① 《马克思恩格斯选集》（第 4 卷），人民出版社 1995 年版，第 79 页。
② 《马克思恩格斯选集》（第 1 卷），人民出版社 1995 年版，第 57 页。

如此。如经济全球化是在发达国家制定的游戏规则前提下运作的，具有资本、技术、市场先发优势的国家无疑能捷足先登，获得巨大利益，而后发国家和地区由于先天不足，往往不具有话语权和竞争优势，容易在全球化进程中愈加边缘化，不仅有可能在经济上落入发展"陷阱"，而且有可能在文化上落入无所适从的"失魂"状态。只有从自身的利益和实力出发，洞察全球化带来的新问题和新挑战，在参与全球化中清醒地坚持经济文化安全战略和跨越式发展战略，才能赢得主动，赢得发展。

问题观是一种方法论。认识问题是为了解决问题。问题的解决不仅有赖于对问题性质的正确把握，还有赖于主体的行动方式和方法选择。马克思主义十分重视方法论问题，包括思维方法、思想方法、工作方法等，因为改造世界是认识世界的目的和价值所在。列宁指出，具体情况具体分析是马克思主义的活的灵魂。只有实事求是、具体分析、对症下药，才能增强行动的自觉性、可控性和有效性，找到解决问题的途径和办法。毛泽东说过，过河的任务确定以后，重要的问题就是解决过河的桥和船。这里的"桥"和"船"，就是工具、方法。不正确的方法会导致把问题简单化或复杂化，甚至导致行动失败，古人说的"欲速不达""南辕北辙""过犹不及"，是对错误方法造成的危害的总结。毛泽东在《正确处理人民内部矛盾》中指出，在社会主义所有制改造完成后，急风暴雨式的阶级斗争不再是社会生活的主题，大量存在的是非对抗性的人民内部矛盾，处理这类矛盾和问题，应采取批评和自我批评的方法、说理教育的方法、民主的方法。邓小平提出对思想认识问题采取"不打棍子、不戴帽子、不抓辫子"的"三不"主义，即使是要不要改革开放问题，也是认识问题，不争论，允许看，在探索和实践中逐渐取得共识。善于从本质和现象、必然和偶然、可能和现实的互动中发现问题，从矛盾的普遍性和特殊性的联系中分析问题，从矛盾的既对立又统一的转化中把握问题，具体问题具体分析，便可得到事半功倍的效果。

二、问题的哲学是实践哲学

问题是人的意识对客观存在的反映。大千世界，纷繁复杂，从自然灾害问题到社会冲突问题，从人的生老病死问题到人的心理困扰问题，无时无刻不在拷问人类的智慧和能力。这些问题反映到哲学上，对客观现象、社会现象和精神现象的根源以及人的本质形成了各种各样的看法和观点，特别是在人的意识能不能正确反映和认识客观世界的问题上，即思维与存在的关系问题上，产生了不同甚至对立的学说体系。马克思在分析以往哲学在这个问题上陷入误区的认识根源时指出："关于思维——离开实践的思维——的现实性或非现实性的争论，是一个纯粹经院哲学的问题。"他认为："人的思维是否具有客观的真理性，这不是一个理论的问题，而是一个实践的问题。人应该在实践中证明自己思维的真理性，即自己思维的现实性和力量，自己思维的此岸性。"① 实践是问题产生的根源，是判断问题的根据，是人的思维现实性和思想能动性的确证，因此，问题的哲学实质上是实践哲学，以问题为中心的思想方法体现了马克思主义的实践第一的基本原则。

哲学变革源于人类的新实践。工业革命极大地改变了世界，也改变了人们对人与世界关系问题的认识，在科学技术激发出来的人的精神、意识、能力面前，哲学家陷入了环境改变人还是人改变环境的二律背反之中。旧唯物主义对事物、现实只是从客体或者直观的方面去理解，而不是当作人的感性活动，当作实践去理解，把人的思维和历史的主观能动性丢掉了，陷入了机械论的误区而失去说服力和真理性。如费尔巴哈直观唯物主义的错误根源在于否认实践对人的本质和历史发展的决定性作用，没有看到物质生产实践是整个社会生活以及整个现实历史的基础，正是"这种活动、这种连续不断的感性劳动和创造、这种生产，正是整个现存的感性世界的基础，它哪怕只中断一年，费尔巴哈就会看到，不仅在自然界将发生巨大的变化，而且整个人类世界以及他自己的直观能力，甚至他本身的存在也会很快就没有了"②。而唯心主义较之旧唯物主义"聪明"之处，是发展了主体的能动的方面，因而更接近真理。黑格尔以实践、劳动的对象化和非对象化来解释意识的力量和世界的进步。"黑格尔的《现象学》及其最后成果——作为推动原则和创造原则的否定性的辩证法——的伟大之处首先在于，黑格尔把人的自我产生看作一个过程，把对象化看作失去对象，看作外化和这种外化的扬弃；因而，他抓住了劳动的本质，把对象性的人、现实的因而是真正的

① 《马克思恩格斯选集》（第1卷），人民出版社1995年版，第55页。
② 《马克思恩格斯选集》（第1卷），人民出版社1995年版，第77页。

人理解为他自己的劳动的结果。"① 然而，唯心主义说到底是不理解真正现实的、感性活动本身的，黑格尔"唯一知道并承认的劳动是抽象的精神劳动"，劳动的对象化和非对象化不过是精神在自身内部的不停息的旋转，结果只是抽象地发展了人的能动的方面。马克思在批判地继承黑格尔、费尔巴哈哲学的基础上，提出"环境的改变和人的活动或自我改变的一致，只能被看作是并合理地理解为革命的实践"②。马克思以"革命的实践"，科学地回答了思维与存在的关系问题，开启了哲学史上的伟大革命，既是以存在对思维本原性的唯物主义为基础去解释思维和存在的相互关系的发展，又是以思维对存在的能动性的辩证法为内容去解释思维和存在的历史统一，从而在哲学基本问题上实现了唯物论基础与辩证法内容的统一，成为科学的世界观、认识论和方法论。③

现实实践会产生现实问题，而现实问题又是社会实践的动因，推动实践的生生不息和不断深化，历史的发展和人的自由在问题与实践的相互渗透相互作用中不断前行。作为现实的人，生存问题或生存需要推动着人类实践，实践的任务并不是哲学家们臆想出来的。马克思、恩格斯认为，人们的"第一个历史活动就是生产满足这些需要的资料，即生产物质生活本身"，而"已经得到满足的第一个需要本身、满足需要的活动和已经获得的为满足需要而用的工具又引起新的需要"。④ 作为社会的人，利益问题是实践的直接动力。实践既是连接人与自然的生产实践，也是连接人与人的交往实践，前者形成了生产力，后者形成了生产关系。"每一既定社会的经济关系首先表现为利益。"⑤ 最初的分工导致了个体、家庭利益与共同利益的矛盾，而后阶级的分化和发展导致了不同群体、阶级、国家之间的利益冲突，当前的全球化又带来发达国家与发展中国家之间、不同文化传统的民族之间新的利益博弈。正是利益的对立统一推动着社会关系的变革和社会实践的深化，正如马克思指出的"没有对抗就没有进步，这是文明直到今天所遵循的规律"⑥。既承认实践的中心地位，又承认需要、利益问题与实践互为因果、互为前提，使

---

① 《马克思恩格斯全集》（第42卷），人民出版社1979年版，第163页。
② 《马克思恩格斯选集》（第1卷），人民出版社1995年版，第55页。
③ 孙正聿：《哲学通论》（修订版），复旦大学出版社2005年版，第271页。
④ 《马克思恩格斯选集》（第1卷），人民出版社1995年版，第79页。
⑤ 《马克思恩格斯选集》（第3卷），人民出版社1995年版，第209页。
⑥ 《马克思恩格斯全集》（第4卷），人民出版社1958年版，第104页。

马克思主义实践观具有巨大的现实感、历史感，体现出了深刻的历史辩证法。

认识问题能力的发展与实践的发展是同一过程。劳动实践创造了人的认识器官，实践活动内化为人的思维活动，实践结果证明了人的认识的真理性，在这个意义上，恩格斯指出："人的思维的最本质和最切近的基础，正是人所引起的自然界的变化，而不单独是自然界本身；人的智力是按照人如何学会改变自然界而发展的。"① 每一实践都是具体的、有条件的，人们对某一问题的认识和答案也是具体的、有条件的。实践主体、实践客体、实践结果是有限性和无限性的统一，人的认识和解决问题的能力也是有限性和无限性的统一，这个矛盾推动人类不断提出问题和解决问题，推动着人类不断迈向认识和实践的自由。

作为一种实践哲学，问题哲学与经院哲学划清界限。问题哲学关注现实生活、日常生活，直面工业化、现代化给社会带来的深刻影响，对现实生活的新变化、新矛盾、新问题进行概括和回答；它关注现实的人的命运，致力于分析现代人的生存条件和精神境况，揭示发展人的价值、能力、个性和现实幸福的趋势和规律；它着眼于社会变革，不满足于解释世界，而是要改变世界，为改变不合理的社会现实、社会制度，促进人类解放提供精神动力、指南和方法。

三、问题的哲学是反思哲学

问题是在人的不满足现状的情况下产生的，人永远的不满足在于人的精神本性。人的存在本质上是精神性存在。作为一种社会动物，人有着食、色等本能，但作为或称得上"人"的与动物不同的类，自由自觉是他的本性所在。法国先贤祠里刻着"不自由，毋宁死"，就是强调生命的价值是自由，失去自由，犹如行尸走肉。马克思用人与蜜蜂做比较，指出人有意识有目的的特点，使之成为万物之灵：蜘蛛的活动与织工的活动相似，蜜蜂建筑蜂房的本领使人间的许多建筑师感到惭愧。但是，最蹩脚的建筑师从一开始就比最灵巧的蜜蜂高明的地方，是他在用

① 《马克思恩格斯全集》（第 20 卷），人民出版社 1971 年版，第 573—574 页。

蜂蜡建筑蜂房以前，已经在自己的头脑中把它建成了。劳动过程结束得到的结果，在这个过程开始时已经观念地存在着。他不仅使自然物发生形式变化，同时他还在自然物中实现自己的目的，这个目的是他所知道的，是作为规律决定着他的活动的方式和方法的，他必须使他的意志服从这个目的。① 由于人是有目的的自觉主体，因此人不仅要适应环境，而且要改变环境，使之服从主体的需要，转化为人化自然。在此意义上，马克思指出，"世界不能满足人，人以自己的意志改变世界"，因此，问题总是以不同形式呈现在人们的面前，要求人们在克服问题的过程中实现自己的目的，获得更大的自由空间。

问题意识是主体反思意识，反思是主体的活动方式，是人的自由自觉的根本特征。古罗马神庙上的箴言"认识你自己"，道出了人的永恒的困惑和永恒的使命。人作为主体并不是与生俱来的，而是在实践中随着反思能力的形成发展而从客体中分离开来的。在人类的认识活动和认识发展中，始终伴随着对自己身份、性质、使命和目标的认识，也就是自我认识。马克思用"对象化"和"非对象化"的能力指出人与动物的根本区别，"动物和自己的生命活动是直接同一的。动物不把自己同自己的生命活动区别开来。它就是自己的生命活动。人则使自己的生命活动本身变成自己意志的和自己意识的对象。他具有有意识的生命活动"② 以自己的生命活动和思想活动为对象的意识就是自我意识，其主要形式是"内省"。作为能动的主体，人不仅对自然环境永不满足，而且对自身心智永不满足，在不断拷问头顶上的星空的同时，也在不断拷问心中的道德戒律。为了追求行动自由，人总是希望做到"自知之明"，不断对自己的行为、认知、情感和意志进行调节。可以说，有没有强烈的问题意识和反思精神，取决于有没有完善的自我意识。近代哲学特别是德国古典哲学非常重视自我意识的研究。康德提出了"经验的自我意识"和"先验的自我意识"，前者指个别经验的主体自己意识到自己在思维、感知和想象，后者指先于个体主体而存在的认识形式、能力和功能。黑格尔把自我意识看作是"绝对理性"的一个必要环节，通过自我意识，"绝对理性"达到自我认识、自我实现，成为独立的精神实体和主体。马克思在与"青年黑格尔派"论战中继承和批判了黑

---

① 《马克思恩格斯选集》（第 2 卷），人民出版社 1995 年版，第 178 页。
② 《马克思恩格斯选集》（第 2 卷），人民出版社 1995 年版，第 41 页。

格尔的辩证法，反对到主体外寻找所谓一般的精神，主张把精神还原到人的形式，强调"人的自我意识具有最高的神性。不应该有任何神同人的自我意识相并列"①。同时又指出不应把自我意识的自由本性抽象化、绝对化，而应面向纯粹理论之外的实践，"一个本身自由的理论精神变成实践的力量，并且作为一种意志走出阿门塞斯的阴影王国，转而面向那存在于理论精神之外的世俗的现实——这是一条心理学的规律"②。

　　人类发现和认识问题能力的提升总是与反思活动相结合，实践每前进一步，对行动的反思也深入一步，从而对问题的认识也达到更加全面和深刻。当人类在掌握一定的科学技术、改造自然取得初步甚至重大胜利时，如果盲目自我膨胀起来，过于迷恋意志的力量，蔑视客观规律，就会遭受大自然的报复。恩格斯以西方殖民者在拉丁美洲的掠夺行为为例，指出："当西班牙的种植场主在古巴焚烧山坡上的森林，认为木灰作为能获得最高利润的咖啡树的肥料足够用一个世代时，他们怎么会关心到，以后热带的大雨会冲掉毫无掩护的沃土而只留下赤裸裸的岩石呢？在今天的生产方式中，对自然界和社会，主要只注意到最初的最显著的结果，然后人们又感到惊奇的是：为达到上述结果而采取的行为所产生的比较远的影响，却完全是另外一回事，在大多数情形下甚至是完全相反的。"③ 在这个意义上，恩格斯告诫我们不要过分陶醉于对自然界的胜利，因为对于每一次这样的胜利，自然界都报复了我们。只有不断反思人与自然相和谐、思维与存在相统一的问题，人类才能把握自然规律，正确地改造和利用自然，真正成为自然界的主人。

　　实践是主体的有意识有目的的活动，实践中的问题往往源于思维方式问题，反思实践问题不能不导向思维方式问题。黑格尔认为人之所以成为人，其本质是对思想的思想，只有达到这个境界才能实现精神的自由，他批评过于追求现实利益而远离"精神家园"的潮流，提出世界精神太忙碌于现实，驰骛于外界，而应回到内心，转向自身，徜徉于自己原有的家园。思想的凝结和积淀是思维方式，思维方式是思想的框架和习惯，反映思维活动的本质和规律。如果说，实践决定人们为什么思考，那么思维方式决定人们如何思考。认识问题、认识矛盾，认识的能

　　① 《马克思恩格斯全集》（第40卷），人民出版社1982年版，第190页。
　　② 《马克思恩格斯全集》（第40卷），人民出版社1982年版，第258页。
　　③ 《马克思恩格斯全集》（第20卷），人民出版社1971年版，第522页。

力和特性，认识中的真理和谬误，都与思维方式密切相关。近代以来，哲学逐渐由重在研究客体问题转向重在研究主体问题，重在研究主体的认识、心理、情感问题，这体现了科学技术巨大进步下学科分化的规律，体现了人类追求精神自由的要求，也体现了哲学作为智慧学的本性回归。恩格斯晚年对哲学的这种"反思"本质，对研究思维方式作为哲学反思的使命作了精辟的概括。他在《反杜林论》中指出："一旦对每一门科学都提出要求，要它们弄清它们自己在事物以及关于事物的知识的总联系中的地位，关于总联系的任何特殊科学就是多余的了。于是，在以往的全部哲学中仍然独立存在的，就只有关于思维及其规律的学说——形式逻辑和辩证法。"① 在《费尔巴哈论》中，他又强调："现在无论在哪一个领域，都不再要从头脑中想出联系，而要从事实中发现联系了。这样，对于已经从自然界和历史中被驱逐出去的哲学来说，要是还留下什么的话，那就只留下一个纯粹思想的领域：关于思维过程本身的规律的学说，即逻辑和辩证法。"②

四、问题的哲学是批判哲学

问题的提出源于对现存的不满足，对理论问题和现实问题的剖析，对自身思想观念和方法的反思，这种反思必然导向问题的批判，在批判中总结历史、发现规律，澄清现象、揭示本质，暴露谬误、达致真理，因而问题哲学本质上是批判哲学。著名学者贺麟认为哲学家分为两类："一类是善于发问题的哲学家，一类是善于答问题的哲学家。发问题的哲学家，喜欢批评、怀疑，反对旧传统，提出新方向，大都是开风气、创学派的哲学家。"③

马克思主义哲学是直面社会现实问题，致力于改造世界的哲学，它从来不屑于隐藏自己的"批判"立场，"因为辩证法在对现存事物的肯定的理解中同时包含对现存事物的否定的理解，即对现存事物的必然灭亡的理解；辩证法对每一种既成的形式都是从不断的运动中，因而也是

---

① 《马克思恩格斯选集》（第3卷），人民出版社1995年版，第738页。
② 《马克思恩格斯选集》（第4卷），人民出版社1995年版，第257页。
③ 贺麟：《文化与人生》，商务印书馆1988年版，第275页。

从它的暂时性方面去理解；辩证法不崇拜任何东西，按其本质来说，它是批判的和革命的"①。马克思宣称自己的哲学是"批判的世界观"，认为新哲学的优点不是教条式预料未来，而是"在批判旧世界中发现新世界"，他在评价费尔巴哈宗教批判的贡献和缺陷时指出，这种批判提出了一个连费尔巴哈都没有回答的问题，即人们是怎样把这些幻想"塞进自己头脑"的，正是这个问题为德国理论家开辟了通向唯物主义世界观的道路，"这种世界观没有前提是绝对不行的，它根据经验去研究现实的物质前提，因而最先是真正批判的世界观"②。

问题的提出往往是由于人们感觉到乃至认识到"不合理"，如果说解决问题是把"不合理"转化为"合理"，那么哲学批判就是重建合理性。恩格斯针对黑格尔关于"凡是现实的都是合乎理性的，凡是合乎理性的都是现实的"的论断，评价黑格尔哲学中保守和革命的二重性，引申出如下观点："在发展进程中，以前一切现实的东西都会成为不现实的，都会丧失自己的必然性、自己存在的权利、自己的合理性；一种新的、富有生命力的现实的东西就会代替正在衰亡的现实的东西……这样一来，黑格尔的这个命题，由于黑格尔的辩证法本身，就转化为自己的反面：凡在人类历史领域中是现实的，随着时间的推移，都会成为不合理性的，就是说，注定是不合理性的，一开始就包含着不合理性；凡在人们头脑中是合乎理性的，都注定要成为现实的，不管它同现存的、表面的现实多么矛盾。"③ 恩格斯把合理性与现实性、必然性、革命性、批判性联系起来分析，阐明马克思主义哲学伟大变革是对包括康德、费尔巴哈、黑格尔批判精神的扬弃，指出马克思主义哲学在批判和解构现实中重建合理性的历史使命。马克思主义重建的合理性是历史尺度和主体尺度的统一，也就是生产力标准和人的标准的统一，着眼于解放和发展生产力，着眼于人的自由全面发展，构成了马克思主义清理思想地基，批判资本主义，剖析社会主义运动，揭示人类社会发展规律的出发点。

批判既是意识形态的批判，也是现实社会的批判。反思和批判现存的意识形态，是思想变革的直接前提，是作为时代精神的哲学革命的必

---

① 《马克思恩格斯选集》（第 2 卷），人民出版社 1995 年版，第 112 页。
② 《马克思恩格斯全集》（第 3 卷），人民出版社 1960 年版，第 261 页。
③ 《马克思恩格斯选集》（第 4 卷），人民出版社 1995 年版，第 216 页。

要基础工程。然而任何社会意识都是社会存在的回音，离开社会实践的纯粹批判必然导向理论的不彻底，理论不彻底就不能掌握人。马克思肯定德国当时的宗教批判，"对宗教的批判是其他一切批判的前提"，但是如果企图通过创立一种新宗教代替旧宗教达到人的解放，那是"作为人民的虚幻幸福的宗教"，我们需要从人自我异化批判进入到人自我异化的根源批判。"这种批判撕碎锁链上那些虚构的花朵，不是要人依旧戴上没有幻想没有慰藉的锁链，而是要人扔掉它，采摘新鲜的花朵。对宗教的批判使人不抱幻想，使人能够作为不抱幻想而具有理智的人来思考，来行动，来建立自己的现实；使他能够围绕着自身和自己现实的太阳转动。""因此，真理的彼岸世界消逝以后，历史的任务就是确立此岸世界的真理。人的自我异化的神圣形象被揭穿以后，揭露具有非神圣形象的自我异化，就成了为历史服务的哲学的迫切任务。于是，对天国的批判变成对尘世的批判，对宗教的批判变成对法的批判，对神学的批判变成对政治的批判。"①

批判不仅是对象性批判，而且是主体自我批判。认识和实践、理想和现实的矛盾运动推动着理论创新和发展，凡重大的理论创新，既是思想主体对现存认识水平和理论成果的突破和超越的过程，更是思想主体对自身认识结论和思维方法不断反思和扬弃的过程，是外在对象性批判和内在主体性批判的统一。马克思在早期理论活动中，通过从书斋转向社会斗争和现实研究，从青年黑格尔批判转向唯物史观思想探索，实现了世界观的转变和哲学的变革。他认为进行哲学意识上的斗争和革命，就是要对现存的一切进行无情的批判，所谓无情，就是说，这种批判既不怕自己所作的结论，也不怕同现有各种势力发生冲突。马克思主义经典作家是自我批判的典范，他们从不把自己在一定条件下形成的观点、结论当作万古不变的信条，当作人们"只需张开嘴等着绝对科学这只烤乳鸽掉进来就得了"②，而是需要在历史实践中不断检验和完善的开放的思想体系，因而历经沉浮兴衰，马克思的学说至今仍然具有强大的生命力和指导意义。中国共产党人是马克思自我批判精神的自觉的继承者，在改造客观世界的同时改造主观世界，打破精神迷信和自我封闭，主张一切从实际出发，把思想认识从那些不合时宜的观念、做法和体制

① 《马克思恩格斯选集》（第1卷），人民出版社1995年版，第2页。
② 《马克思恩格斯全集》（第47卷），人民出版社2004年版，第64页。

中解放出来，从对马克思主义的错误和教条式理解中解放出来，从主观主义和形而上学的桎梏中解放出来。马克思主义中国化、时代化、大众化的进程，就是中国共产党人在革命、建设、改革实践中不断从理论上自我批判、自我扬弃的过程，就是不断在实践中解放思想、创新发展的过程。

（原载于《学术研究》2012 年第 11 期）

深化社会主义社会辩证法研究的思考

社会主义社会辩证法由著名哲学家张江明所开创，它植根于广东改革开放的沃土，成长发展于建设中国特色社会主义的伟大时代。在广东哲学界及全国哲学界的积极参与下，社会主义社会辩证法研究走过了30年的历程，取得了丰硕成果，在当今马克思主义哲学体系中占有一席之地，为中国特色社会主义理论创新和实践创新发挥了应有作用，为繁荣发展哲学社会科学做出了应有的贡献。时代的发展变化呼唤着哲学研究的观点、语境和方法创新。当前，我们处在推进"四个全面"战略布局，实现中华民族伟大复兴中国梦的进程中，新时代、新实践向创新社会主义社会辩证法提出了新要求。

一、以问题导向创新研究方法

社会主义社会辩证法的30年是理论创新的30年。多年来，我们重在社会主义社会辩证法学科创新和理论体系构建，结合中国特色社会主义实践深入研究了社会主义社会辩证法的时代特色、基本内涵、基本规律、范畴体系和发展趋势，推进了社会主义社会辩证法的理论体系、理论观点和研究方法创新。

社会主义是不断改革的社会，是在不断发现问题和解决问题中自我完善的社会，在新的历史条件下深化社会主义社会辩证法研究，必须树立强烈的问题意识，形成问题导向型的创新体系和创新方式，才能为坚持和发展中国特色社会主义提供科学世界观，为推进"四个全面"战略布局提供辩证方法论。

问题导向是辩证法的基本方法。"辩证法"这个词源于希腊文，其最初的含义就是对话、论辩，就是揭露对方议论中的矛盾并克服这种矛盾来求得真理的方法。辩证法先驱苏格拉底以讨论问题作为哲学研究的方式，他经常出入公共场所与人们讨论战争、政治、道德、友情、教育、艺术、宗教等问题。他的"精神产婆术"就是通过一问一答，诘难辩疑，使对方陷于矛盾，承认其无知，修正其意见，引出真理性结论。可以说，苏格拉底这种揭露思维矛盾求得真理和通过归纳寻求概念定义的方法，在认识论、辩证法和逻辑学的发展史上产生了深远影响。

　　从唯物辩证法来说，问题导向体现了其根本特点——矛盾对立统一的分析方法。毛泽东在《反对党八股》中提出："什么叫问题，问题就是事物的矛盾。"世界运动、变化、发展的根源在于事物的矛盾，这些矛盾反映到人的意识中来，就产生了问题。怎样看待问题，关系到哲学的基本观点、方法的分野。从唯物辩证法的角度看，承认世界的变动性和规律性，就不能不承认矛盾的必然性和永恒性，就不能不承认问题的客观性和普遍性。正是问题的不断产生、不断变化、不断解决，构成了世界的动力源泉，推动着世界的演化和人类社会的进步。

　　问题导向是实践导向，体现了社会主义社会辩证法的本质要求。从本源和特征来说，唯物辩证法是实践辩证法。马克思指出："人的思维是否具有客观的真理性，这不是一个理论的问题，而是一个实践的问题。人应该在实践中证明自己思维的真理性，即自己思维的现实性和力量，自己思维的此岸性。"① 实践是思维与存在、主体与客体矛盾的根源，是思维与存在、主体与客体相互联结和转化的桥梁，是人的思维现实性和思想能动性的确证，因此，辩证法问题本质上是实践哲学，问题导向的思想方法体现了马克思主义的实践第一的基本原则。中国特色社会主义是在总结反思社会主义实践，并在改革发展实践中开拓前行的。邓小平在中国改革开放之初指出，什么叫社会主义？什么叫马克思主义？我们过去对这个问题的认识并不是完全清醒的。在建设社会主义的过程中，由于对社会主义性质和社会主义发展阶段的不清醒，使我国社会主义进程遇到很多挫折，走了很多弯路；而建设社会主义的失误又是与对马克思主义的错误理解和运用联系在一起的。教条式而不是实事求是地照搬照套马克思主义的某些原理、原则，使党的指导思想"左"

---

① 《马克思恩格斯选集》（第 1 卷），人民出版社 1995 年版，第 55 页。

的倾向越演越烈，难以纠正，在某个时期给国家和人民带来深重灾难。正是由于脱离实践的思想路线和认识方法的错误，使传统社会主义走不出封闭僵化的怪圈。邓小平认为，实践是认识真理、判断真理的根本标准，他以大无畏的实践精神和政治勇气开启了中国社会主义改革开放的全新时期。一直以来，我党坚持实践辩证法，科学提出并正确回答、解决了社会主义的本质和发展路径、党的领导的性质和建设路径、发展的本质和发展路径等重大问题，把巨大的主体积极性和社会生产力召唤出来，不断推进中国特色社会主义的实践创新和理论创新，为世界所瞩目。

实践是在人的认识、人的需要、人的创新能力的无限性和有限性的矛盾运动中不断深化的。社会主义与市场经济的结合、中国道路与世界文明的融合是一个艰辛探索的过程，旧的问题解决了，新的问题又产生了。当前，虽然和平与发展的时代主题没有变，以经济建设为中心的根本任务没有变，生产力发展与人民群众日益增长的物质文化需要这个主要矛盾没有变，然而对外开放的国际环境、现代化建设的内涵以及人的需要已经发生巨大的变化，人与自然、人与人、人与社会矛盾的复杂性、多发性、风险性已不可同日而语，问题的性质以及解决问题的方式也不可同日而语，这种变化反映了社会的进步和改革的深入。当前，我国经济正处于增长速度换挡期、结构调整阵痛期叠加阶段，面临着以发展动力不足、社会分化严重等为特征的"中等收入陷阱"的严峻考验。发展中不平衡、不协调、不可持续的问题依然突出；科技创新能力不强，产业结构不合理，发展方式粗放，生态环境恶化的问题依然存在；教育、医疗、住房、食品药品安全等关系人民群众切身利益等问题还没有从根本上解决；反腐败斗争依然严峻，社会公正公平、社会民主法治、文化软实力等都与社会主义法治国家的要求相差较远。这些问题暴露了国家现代化治理体系、能力和结构上的深层次矛盾，暴露了我国在科技、体制、管理、文化创新上的短板，从而提出了能否顺利跨越"中等收入陷阱"的问题。改革由问题倒逼而产生，又在不断解决问题中得以深化。在经济新常态下推进改革发展，就要有强烈的问题意识，形成问题理性，达致问题自觉。

问题意识的核心是批判意识。问题的提出源于对实践的反思，这种反思必然导向理性批判和实践批判，在批判中扬弃、创新和发展。马克思主义辩证法指出："辩证法在对现存事物的肯定的理解中同时包含对现存事物的否定的理解，即对现存事物的必然灭亡的理解；辩证法对每一种既成的形式都是从不断的运动中，因而也是从它的暂时性方面去理解；辩证法不崇拜任何东西，按其本质来说，它是批判的和革命的。"①辩证法的批判性革命性本质，基于对一切事物肯定和否定对立统一的理解、对一切形式无限性和暂时性对立统一的理解，基于把握这个规律自觉推动社会历史变革和进步。社会主义社会辩证法是马克思批判精神的自觉的继承者，不仅要在批判封闭僵化的传统社会主义中开辟新路，而且要在批判和破解改革开放新问题中进入新境界。当前，我们面临如何实现公平正义发展等更加复杂的矛盾，这些矛盾反映了改革开放以来高速发展中产生的不平衡、不协调、不可持续的一系列重大的理论与现实问题。这些问题不仅存在于经济领域，而且存在于政治、文化、社会、生态等领域，能否正视和破解这些问题，关系到中国特色社会主义的前途命运。社会主义社会辩证法批判精神的时代特征，是坚持实践标准、解放思想、与时俱进，一切从实际出发，实事求是，把思想认识从那些不合时宜的观念、做法和体制中解放出来，从对马克思主义的错误和教条式理解中解放出来，从主观主义和形而上学的桎梏中解放出来。马克思主义中国化、时代化的进程，就是在与革命、建设、改革实践结合过程中不断自我批判、自我超越的进程，就是不断解放思想，推进理论创新和实践创新的进程。

二、深入研究主体发展辩证法

实践是主体和客体的对立统一，作为实践的社会主义社会辩证法，是客体辩证法和主体辩证法的有机统一。在全面深化改革新阶段，我们不但要研究经济、政治、文化、社会和生态文明五位一体改革发展的问题，而且要加强研究作为改革发展主体的人的需要、利益、关系和发展的问题，自觉地把握以促进社会公平正义、增进人民福祉这个出发点和落脚点，使改革发展始终坚持以人为本，以人民为中心，充分发挥人民群众的首创精神，进一步解放和增强社会活力，让一切劳动、知识、技术、管理、资本的活力竞相迸发，让一切创造社会财富的源泉充分涌

① 《马克思恩格斯选集》（第 2 卷），人民出版社 1995 年版，第 112 页。

流，让发展成果更多、更公平地惠及全体人民。

社会历史运动是人的历史实践过程，只有紧紧抓住人作为历史主体的发展过程、实践特点和本质要求，深入研究主体辩证法，才能全面把握社会主义社会发展的辩证法。马克思主义认为，人们所达到的生产力的总和决定着社会状况，因而，必须始终把"人类的历史"同工业和交换的历史联系起来研究和探索。马克思指出："在社会主义的人看来，整个所谓世界历史不外是人通过人的劳动而诞生的过程。"① 马克思充分肯定黑格尔的对象化劳动的能动原则。黑格尔以思辨形式阐述了人通过劳动使自己的本质统摄自然对象，达到主体和客体的同一性，从而把人类历史理解为人的自我创造的能动过程。然而黑格尔"唯一知道并承认的劳动是抽象的精神的劳动"，而马克思所说的劳动是通过实践能动地创造对象又能动地改造自身的活动。因此，马克思表明他的辩证方法不仅和黑格尔的辩证方法不同，并且截然相反。在黑格尔看来，人脑的活动过程，即他以"理念"的名义甚至把它转化成独立主体的思维过程，是现实世界的创造主，而现实世界只是"理念"的外部的现象形式。马克思则认为，观念的东西不外是人的头脑所反映的并变成思维形式的物质世界。可以说，马克思的辩证法是在扬弃黑格尔客观精神辩证法基础上以人的发展为基点的劳动辩证法、主体辩证法。马克思的异化劳动理论，围绕人的发展，全面地阐述了主体与客体、主体与主体、主体与自我的辩证法，揭示了资本主义社会的劳动、资本、人的关系等本质，揭示了无产阶级的历史使命与人类解放的前景。至今，马克思的异化理论对我们研究现阶段社会矛盾问题仍有重大指导意义。社会主义与市场经济的有机结合是深化改革的基本方向，这个结合使社会生产力充分释放出来，同时又产生了一系列新问题和新矛盾，如怎样看待活劳动与物化劳动的关系、精神劳动与物质劳动的关系、效率与公平的关系、社会分化与社会公平的关系、能力差异与机会公平的关系、社会发展与自然生态的关系、主体价值与市场体制的关系，等等。公平是社会主义的基本价值，主体发展是改革发展的出发点和落脚点，只有把公平正义放在更突出的位置，把深化改革与"五位一体"结合起来，真正做到发展为了人民，发展依靠人民，发展成果由人民共享，真正做到协调发展、绿色发展、共享发展，才能防止改革目标异化、人的价值异化，才

---

① 《马克思恩格斯全集》（第 42 卷），人民出版社 1979 年版，第 131 页。

能最大限度地激发人民群众的主体积极性。

　　研究社会主义社会的主体辩证法，根本的是研究人的自由全面发展。辩证法不仅是方法论，也是世界观、认识论、价值论。作为革命的、能动的马克思主义辩证法，其核心是人的自由。马克思以自由为尺度把人类历史划分为三大形态、三个阶段："人的依赖关系（起初完全是自然发生的），是最初的社会形态，在这种形态下，人的生产能力只是在狭窄的范围内和孤立的地点上发展着。以物的依赖性为基础的人的独立性，是第二大形态，在这种形态下，才形成普遍的社会物质变换，全面的关系，多方面的需求以及全面的能力的体系。建立在个人全面发展和他们共同的社会生产能力成为他们的社会财富这一基础上的自由个性，是第三个阶段。"① 从博士论文到《资本论》，从理论斗争到革命实践，马克思毕生都为人的自由而奋斗，既是对德国哲学传统精神的继承发扬，也是对人类社会发展规律的深刻揭示。他的这段关于社会形态的论述集中体现了马克思主义主体辩证法的核心思想。

　　一是主体与客体辩证法。人是主体，是历史发展的依据和目的。自然（人化自然）和社会是客体，是人的本质力量的确证。主体与客体相互联结相互作用，与人的依赖关系相对应的是没有人的独立自由的个人的原始丰富性，与物的依赖关系相对应的是具有人的独立自由的个人的片面性，与人的共同生产、共同占有相对应的是个人全面发展、人的自由个性。主客体互为前提，二者相互连接、相互作用、相互改变的桥梁、途径是劳动生产实践。"在生产中，人客体化，在消费中，物主体化"②；"两者的每一方由于自己的实现才创造对方，把自己当作对方创造出来"③。实践创新推动着主体和客体创新，每一时代的主体通过生产实践改变着劳动对象和自然环境，同时锻造出新的语言、新的品质、新的思维方式。

　　二是自由劳动与异化劳动辩证法。异化是马克思早期运用矛盾辩证法和否定辩证法于社会历史领域的重要概念，异化劳动是分析资本主义社会形态的重要哲学方法，在《资本论》的研究中仍然使用了这个方法（作为哲学抽象方法的一种）。由于资本的私人占有，造成了劳动过

① 《马克思恩格斯全集》（第46卷上册），人民出版社1979年版，第104页。
② 《马克思恩格斯全集》（第46卷上册），人民出版社1979年版，第26页。
③ 《马克思恩格斯全集》（第46卷上册），人民出版社1979年版，第30页。

程、劳动性质、劳动结果、劳动关系的异化，导致人与物到人与人、人与自然再到人自身（包括无产者和资产者）的普遍异化。劳动异化既造成人的片面发展，又为自由劳动的实现创造条件，"这种生产才在产生出个人同自己和同别人的普遍异化的同时，也生产出个人关系和个人能力的普遍性和全面性"①。在继承了异化劳动创造的全部积极成果上的、建立在共同占有、共同劳动和社会化大生产的未来社会，生产劳动将给每一个人提供全面发展的机会，这样，劳动就不再是奴役人的手段，而成了解放人的手段，劳动就从一种负担变成一种快乐。这是异化劳动向自由劳动转变的辩证法，也是人的个性和能力从异化到复归的历史辩证法。

三是个体自由与类自由辩证法。从异化到自由，既是人类社会生产力与生产关系矛盾运动的必然要求，也是人类本性所使然。马克思指出："一个种的全部特性、种的类特性就在于生命活动的性质，而人的类特性恰恰就是自由的自觉的活动。"② 这种自由自觉本性是在实践中生成，在阶级对抗中演变的，因而，从自由的结构性变化来看，个人只有在集体、社会中才能获得发展自己的手段和自由。从自由的本质和最终实现来看，个人的能力和个性的自由全面发展是根本动力和最高尺度。马克思、恩格斯指出，在未来社会，每个人的自由发展是一切人的自由发展的条件。个人的自由和全面的发展，既是个人的目的，又是整个社会的目的，既是人类本性的需要，也是社会生产方式的需要。社会化的人，将不再让人与自然之间的物质变换作为盲目的力量来统治自己，将在最无愧于和最适合于他们的人类本性的条件下来进行这种物质变换。因此，共产主义是"人和自然界之间、人和人之间的矛盾的真正解决，是存在和本质、对象化和自我确证、自由和必然、个体和类之间的斗争的真正解决"③。

三、注重研究和谐发展辩证法

建设社会主义和谐社会，不仅需要确立和谐价值观、和谐发展战

① 《马克思恩格斯全集》（第46卷上册），人民出版社1979年版，第109页。
② 《马克思恩格斯全集》（第42卷），人民出版社1979年版，第96页。
③ 《马克思恩格斯全集》（第42卷），人民出版社1979年版，第120页。

略，而且需要从辩证法的高度上确立和谐发展思维方法。

列宁指出："统一物之分为两个部分以及对它的矛盾着的部分的认识……是辩证法的实质（是辩证法的'本质'之一，是它的基本的特点或特征之一，甚至可说是它的基本的特点或特征）。"① 这说明，对矛盾对立统一关系的认识、研究是辩证法的核心和实质，矛盾的斗争性（矛盾双方相互区别、相互对立、相互排斥）和同一性（矛盾双方相互依存、相互渗透、相互转化）是矛盾的基本属性，统一物在这两种属性的相互作用中存在、运动和发展。在以"阶级斗争为纲"的语境下形成的"斗争哲学"认为，矛盾双方的统一、同一是相对的、暂时的、易逝的，而斗争是绝对的、普遍的、常态的，并引申出同一性是保守的、消极的，斗争性是革命的、积极的形而上学观点。和谐辩证法认为，对立面的统一的矛盾体，是内生的、有机的统一体，作为和谐的统一体是矛盾的同一性和斗争性相互依存、相互作用、相互调和的统一体，从而达到和而不同、斗而不破，充满活力、生生不息的良性发展境界。和谐辩证法视野的同一并不是否定差异、对立、冲突的同一，而是包含着差异、对立、冲突、转化的同一，和谐辩证法并不否定斗争，而认为对立面的斗争是同一的前提，但它不是矛盾运动的目的，不是只有"一方消灭一方、一方吃掉一方"的极端形式，斗争的形式决定于矛盾的性质，它服从事物和谐发展的内在规律。

和谐发展辩证法反映了社会主义建设时期的社会矛盾性质。毛泽东在《关于正确处理人民内部矛盾的问题》一文中指出，在社会主义所有制改造完成后，急风暴雨式的阶级斗争不再是社会生活的主题，大量存在的是非对抗性的人民内部矛盾，处理这类矛盾和问题，应采取批评和自我批评的方法，说理教育的方法，民主的方法。我国将长期处在社会主义初级阶段，影响社会和谐发展的经济因素和体制性因素仍会长期存在，由每个人发展条件的差异而造成的人与人之间的利益差别和矛盾仍然长期存在，和谐辩证法并不否认人与社会、人与人之间的矛盾，而是在共建共享社会和谐的大目标下致力于改革和完善社会主义经济体制、政治体制、文化体制、社会体制，形成体现效率与公平相结合的分配机制、健全顺畅的社会流动机制、阶层间合理的利益协调机制、贫困群体救助机制、社会矛盾疏导机制以及宽容谅解的社会心理疏导机制等

① 《列宁选集》（第 2 卷），人民出版社 1995 年版，第 556 页。

一系列的制度和机制，从而为化解各种社会矛盾创造经济条件、制度框架和文化氛围，最大限度地发挥主体能动性，促成矛盾各方的合作，在差异性中达到互动、互补、互利，促进社会全体成员各尽所能、各得其所而又和谐相依，实现社会的全面进步。

和谐发展辩证法是全球化时代的思维方式。现时代是全球化时代，全球化过程是指工业革命以来各个国家、民族和不同文明体系改变彼此分隔的封闭状态，在生产方式、生活方式和价值观念上走向相互依存的整体化趋势。这个过程经历三个阶段，第一阶段以国际贸易的迅速发展为标志，第二阶段以国际金融体系形成和跨国公司的大量涌现为标志，第三阶段是全球化时代确立、形成、发展时期，它发端于 20 世纪 70 年代，到 80 年代末 90 年代初形成强劲浪潮。它是在新的科技革命特别是信息革命的背景下，以技术创新和制度创新及扩散、资本和产业在全球范围大规模流动、企业经营的国际化、知识产业化以及两大意识形态国际阵营的解构为重要特征。与前两个阶段相比，第三阶段发生质的飞跃，不仅是一体化速度的加快，全球依存度的增加，而且是时代的根本转换，这就是和平与发展的时代。全球化时代已经历了三个小阶段：美苏争霸阶段（二战后至 80 年代末）、美国主导阶段（苏东事件后至国际金融危机前）、从美国主导向多极化转变阶段（国际金融危机以来）。国际金融危机表明世界不能按原来的发展方式发展下去，即不能按西方资本技术单向溢出的产业方式、自由主义市场经济的调节方式、美国霸权主义的政治秩序继续运转下去。美国和西方不能按原有轨道运转下去，发展中国家也不能按原有轨道运转下去。国际金融危机也表明，在全球化背景下，局部经济危机可能迅速形成"蝴蝶效应"蔓延各国，极大地破坏世界生产力和价值链。推动科技创新，推动产业转型升级，加强国际金融监管，加强大国之间的协调合作，提升民族国家综合竞争力和文化软实力成为新趋势。正如党的十七届四中全会所提出的，当今世界正处在大发展、大变革、大调整时期，世界多极化、经济全球化深入发展，科技进步日新月异，国际金融危机影响深远，世界经济格局发生新变化，国际力量对比出现新态势，全球思想文化交流交融交锋呈现新特点。

全球化进程中产生了一系列全球性问题，如生态危机、资源危机、金融危机、核威胁、恐怖主义等，需要全球合作，形成全球协同治理。马克思指出："无产阶级只有在世界历史意义上才能存在，就像共产主义——它的事业——只有作为'世界历史性的'存在才有可能实现一样。"① 19 世纪以来，特别是近半个世纪以来，由科技革命和市场经济驱动的全球化的迅猛发展，把人类的生存和发展问题以十分尖锐的形式暴露出来。全球化推动着现代科技的迅速传播及其向现实生产力的转化，知识经济、网络经济方兴未艾。但高科技的发展并没有自然而然地提升人类的和谐和幸福，在某些方面反而造成人的关系的冷漠化和紧张化，导致人的安全感、归属感的失落；全球化优化了资源的全球配置，带来了财富的涌现和流动，然而它又加剧了区域分化和社会分化，造成了人的关系的异化和心理失衡；全球化促进了各民族的普遍交往，形成了空前的人口流动和文化融合，但文化价值观的差异又给各民族的政治合作、文化认同带来新的矛盾，甚至从宗教矛盾发展到大规模的军事冲突；全球化极大地扩展了人类开发改造自然的能力和范围，"人化自然"从理想变成了现实，但同时带来了对自然资源的过度开发，生态环境的日益恶化已严重威胁到人类自身的生存。因而有人说我们仿佛回到了狄更斯所感叹的，"这是一个最好的时代，也是一个最坏的时代"。当然，超越所谓好坏的价值评价，我们不得不承认，全球化是人类历史的一个必经的时代，是充满矛盾和悖论的时代，是人类印证自己能力和智慧的狂飙突进的时代。在应对和解决困扰人类前途和命运的各种问题中，我们需要深入研究和运用和谐发展辩证法。

（原载于《学术研究》2016 年第 12 期）

---

① 《马克思恩格斯选集》（第 1 卷），人民出版社 1995 年版，第 87 页。

中国生态哲学导论

生态问题是中国现代化建设中的重大问题，也是经济全球化进程中的重大问题，从哲学的高度思考生态问题，是生态文明实践创新的迫切需要，也是当代哲学理论形态创新的内在要求。

一、中国生态哲学是问题导向的实践哲学

问题是时代的口号，马克思主义哲学的特征，就是直面实践提出的问题，以改造世界为己任。社会主义改革由问题倒逼而产生，又在不断解决问题中得以深化。40 年来，我们在改革开放实践中解决了现代化建设和发展中的一系列问题，取得了举世公认的成就。然而实践无止境，旧的问题解决了，新的问题又产生了。当前我国经济社会发展中仍存在不平衡不充分的问题，这些不平衡不充分的问题与人民群众对美好生活的要求的矛盾，成为新的历史条件下的社会主要矛盾，其中自然生态治理问题已成为改革发展的一个突出问题。

当前，我国生态面对严峻的形势，资源约束趋紧，环境污染严重，生态系统退化。以水资源为例，水利部公布的数字惊人：水库水源地水质约11%不达标；湖泊水源地水质约70%不达标；地下水水源地水质约60%不达标；城镇饮用水不安全涉及人口约1.4亿。土地污染与破坏不仅威胁着人类的生活和生命，而且导致大量的生物种类的减缩。我国的黄土高原、渭河流域和太行山脉曾经森林遍布、山清水秀，适宜耕植畜牧，但被毁林开荒严重破坏。湮没了丝绸之路的塔克拉玛干沙漠和衰落的楼兰古城，亦为明证。正是在这种意义上，习近平总书记提出，要

清醒认识加强生态文明建设的重要性和必要性，以对人民群众、对子孙后代高度负责的态度，真正下决心把环境污染治理好，把生态环境建设好。党的十八大明确把生态文明建设纳入"五位一体"之中，强调必须树立尊重自然、顺应自然、保护自然的生态文明理念，把生态文明建设放在突出地位，融入经济建设、政治建设、文化建设、社会建设的各个方面和全过程，努力建设美丽中国，实现中华民族可持续发展。

反思是哲学的思维方式。生态哲学不仅着眼于生态治理的实践方面，而且着眼于反思人们的生态理性，强化生态问题意识，提升认识和运用自然规律的自觉性。当人们在掌握一定的科学技术、改造自然取得初步甚至重大的胜利时，如果盲目自我膨胀起来，过于迷恋意志的力量，蔑视客观规律，破坏生态环境，就会遭受大自然的报复。科技革命改变了历史进程，科学技术和机器设备伸展了人类的肢体，提高了人类改造自然的能力，社会生产力和物质财富神奇地从古老的土地上涌现出来，人的主体能力和地位也无可置疑地确立起来，"人是万物的尺度""人为自然立法"被视为哲学的觉醒。然而，人类在利用科技手段征服客体、向大自然无节制地索取的时候，破坏了人与自然的平衡，同时也造成自身的伤害，因为大自然是人不可分离的"无机身体"，主体和客体是休戚与共的生命共同体。因此，总结人类在生态实践中的历史经验教训，从理论上反思各种发展观念，树立辩证唯物主义和历史唯物主义的生态理念，是生态哲学的题中应有之义。

自然环境是人类生存和发展的前提条件，保护生态环境关系广大人民的切身利益。面向当代中国现代化进程中的生态治理实践，倾听人民群众对美好生态环境的诉求，探索生态文明建设的基本关系、基本规律和方法途径，力求在生态问题的理论研究中实现学术体系、观点和研究方法创新，为建设生态文明的伟大实践提供理论支撑，这是我们开展中国生态哲学研究的出发点和落脚点。

二、中国生态哲学是生态文明时代的哲学

马克思说过，任何真正的哲学都是自己时代精神的精华，是文明的活的灵魂，是人民的呼声。黑格尔也认为，哲学是思想中所把握到的时代。时代性体现哲学的历史必然性和存在合理性。每一时代的实践都处

在不同的历史条件，面临不同的问题和挑战，作为"时代精神的精华"的哲学也必然随着实践的变化而变革。当代世界，在经历了数百年工业文明后，正在步入后工业文明时代，或者说正在走向生态文明时代，而中国生态哲学正是这个时代的哲学。

工业文明是一种割裂人与自然的关系、以破坏自然生态系统的平衡为代价片面追求经济增长的不可持续的文明形态；生态文明则是以人与自然和谐共处为前提、在顺应自然规律的基础上引导人类全面协调可持续发展的新的文明形态。

在远古时期，人类依靠采集渔猎为生，对自然主要是被动的依赖和简单的索取，未能在大地上留下自身活动的能动性印记。农耕经济阶段到来后，人类开始使用工具和牲畜初创了社会生产力，尽管水平仍然低下，但对自然界的开发还是显示了人类的主观能动作用。在绵长的中世纪，人、社会给自然烙下了越来越多的痕迹。

工业文明的发展迄今不过几个世纪，生产力获得巨大的飞跃，人、社会与自然的关系发生了前所未有的变化，在对自然的深度和广度的开发过程中伴有掠夺性、破坏性，造成了土地、水源、空气的污染，导致人类的生活受到严重影响和生物种类的大量灭绝。这种为利润驱动的非理性活动在资本主义原始积累和早期发展阶段特别严重，地球的表面、地下和空间均遭到破坏。世界工厂伦敦在工业化初期把密布的烟筒排放出的黑色烟煤视为社会进步的标志。这种行为带来了社会危机，引发了群众性的抗议运动。此外，20世纪发生的"世界八大公害事件"（洛杉矶光化学烟雾事件、日本水俣病事件等），更是震撼人心。在当代，借助科技进步和全球化，工业文明发展到极致，而它对自然环境的破坏和威胁也无以复加，温室效应、资源枯竭、荒漠化、城市病、核污染等，正如达摩克利斯之剑时刻威胁着人类的安全与生存。

20世纪下半叶，人类终于在生态异化的危害中警醒过来，开展了一系列自我反思和救赎活动（包括相关的著述和实践），环保的理论和践行具有了国际性、全球性，取得了相当好的效果。在我国，对社会主义现代化建设过程不断总结经验与教训，借鉴别国的做法和成果，吸取传统文化中的生态智慧，深化与拓展生态文明的认知，把生态文明建设提升到国家重大战略的层面上来，作为社会主义建设"五位一体"总体布局的重要组成部分，确认了人、社会与自然应有的良性互动关系，以自觉性逐步取代盲目性。

恩格斯指出："随着自然科学领域中每一个划时代的发展，唯物主义也必然要改变自己的形式。"18 世纪末以前，与自然科学中以力学为中心以及多学科处于分门别类搜集整理材料的阶段相适应，片面性、凝固性、对立性的形而上学思维方式占据统治地位，忽视自然规律片面强调人类中心论的工业文明发展观是这种形而上学思维方式的体现。随着19 世纪细胞、能量转化和进化论三大发现的产生，20 世纪相对论、量子力学的相继问世，当代信息技术为代表的高新技术的涌现和发展，以及从康德、黑格尔到马克思的哲学变革，把世界看成是不断运动变化过程的集合体，辩证的思维方式得到确立，人类终于进入了黑格尔所说的用科学理性思考的时代，并冷静地反思和处理人类与自然、主体与客体、发展与代价、异化与复归的关系问题。因此，生态文明是容纳不了现代生产力和人类发展要求的工业文明形态的必然指向，生态哲学是近代以来自然科学和社会科学发展进步的时代精神的理论反映。

三、中国生态哲学的核心问题是人与自然的关系

人与自然的关系，是人类社会最基本的关系。自然界是人类社会产生、存在和发展的基础和前提。人类可以利用自然和改造自然，但在发展过程中不能凌驾于自然之上，必须顺应自然规律，保持平衡。因为人类自身就是自然的一个部分，人因自然而生，人与自然的本质关系，无疑是相互依存和谐共生的关系。

早在农耕经济时期，我国社会已萌发了环保意识。这种认知是直观和粗浅的，主要立足于生物圈、食物链认知的观察和思考。殷商之际已有关于"弃灰于道"的官方处罚规定，因为石矿粉、草木灰"令马落驹"或引发火灾；秦简《田律》禁止早春至 7 月前伐木、捕捉幼兽和毒杀鱼鳖；周代设有虞衡官职管理山林草泽，"衡"有平衡之意，《左传》载有"虞人之箴"劝诫包括帝王在内的狩猎者"德守不扰"。智者们更作了宏观的探索，儒家的"天人合一"、道家的"人法地，地法天，天法道，道法自然"，以及佛学中"众生平等、敬畏生命、善待他物"等理念汇聚成各具特色的生态智慧，共同期望则是一致的，即人类、社会与自然保持和谐共生的关系。

近代西方国家有关环保和生态问题的研究，约可上溯到 19 世纪中期，20 世纪中叶以来则有更多成果问世，大抵以自然科学、社会科学为视角，形式多样化。德国生物学家赫克尔在 1866 年首先提出生态学的概念，当时还只是生物学的分支学科，至今已经形成了系列理念——相互联系原理、多效应原理和无干扰原理，深刻反映了人类对生态的认识深化过程。许多论著揭示了生态危机，确认已经构成威胁人们健康和生命的公害，例如伦敦雾给人体带来严重的损伤，杀虫剂 DDT 的广泛施用造成了大量动物的死亡，等等。20 世纪 70 年代，美国学者提出了生态伦理学，尝试从哲理的层面探究人、社会与自然的关系，推动了生态文化的发展。

马克思主义哲学实现了哲学史上的伟大变革，在人与自然的关系的认识上开创了"自觉"的辩证法。马克思、恩格斯在哲学基本问题上鲜明地肯定了存在对思维、物质、精神的本原性和第一性，在人与自然的关系上也毫不含糊地肯定自然对人的本原性和制约性，同时也阐发了人与自然相互转化、相互作用的辩证关系。他们认为自然界是人类社会生成和发展的前提条件，人类本身是属于自然界并存在于自然界之中的。人类史一开始就与自然史交织在一起，历史本身是自然史的即自然界成为人这一过程的一个现实部分，而历史和自然史的不同，仅仅在于前者是有自我意识的机体的发展过程，然而无论是作为主体的人还是人的意识、精神，都是自然界长期进化的结果，其最切近的来源，是人改造自然的劳动实践。人类创造历史的任何活动一刻也离不开自然界，人的意识、精神只有符合自然界的客观规律才能成为物质力量，只有反映自然界的变化规律才能有效地改造自然。不仅如此，马克思、恩格斯还从本体论、认识论、辩证法、价值观、历史观的结合上，深刻揭示了人与自然关系的丰富内涵，指出了人类解放的历史使命和根本方向，提出了人类最美好的社会——共产主义的伟大理想。

四、中国生态哲学的实践理念

实践是人与自然联系和转化的纽带，是人的一切认识的源头和归宿。马克思认为，人的思维是否具有客观的真理性，这不是一个理论的问题，而是一个实践的问题。人应该在实践中证明自己思维的真理性，即自己思维的现实性和力量，亦即自己思维的此岸性。中国生态哲学是实践的哲学，它既是关于发展本质的世界观，也是关于发展实践的方法论。根据历史的经验和理论的探索，在认识和处理人与自然矛盾关系的实践中，要坚持和弘扬以下四点带有共同价值的理念和原则。

1. 以人为本的理念

以人为本是近代以来人类文明进步的重要思想成果，是马克思主义哲学的核心命题，它意味着"一切在于人，一切为了人"，把人的价值、人的幸福、人的自由全面发展作为根本宗旨。坚持以人为本，就是以全体人民的福祉为根本，坚持发展为了人民，发展依靠人民，发展的成果由人民共享。良好的生态环境是最公平的公共产品，是最普惠的民生福祉。生态文明建设的目的，是为人们留住绿水青山，创造良好生产、生活条件，实现人类的永续发展。在这个意义上，生态价值与人的价值是一致的，自然主义与人本主义是一致的，正如习近平总书记所说的："我们既要绿水青山，也要金山银山。宁要绿水青山，不要金山银山，而且绿水青山就是金山银山。"① 在发展中正确处理好人与自然的关系，处理好经济发展和环境保护的矛盾，实现人与自然和谐共生，才是谓"一切在于人"与"一切为了人"的真谛。唯有如此，全面、协调、可持续的发展才能实现。

2. 尊重自然的理念

自然界有其自身生成的法则，即原生态的自然法则，它是客观存在的，在无数的偶然性中发生作用和开辟道路，因而"道法自然"是人类的安身立命的定理。但自然世界对人来说是并非完满的，人总是以自己的需要去认识自然和改造自然，并在认识自然、改造自然的过程中认识、改造社会和自身。然而人对自然及其法则的认识是一个有限和无限的矛盾过程，是一个实践——认识——再实践——再认识的循环往复的过程，实践永无止境，对自然法则的认识和应用也永无止境。主观辩证法是对客观辩证法的反映，二者在人类的实践中无限地趋向同一，这个过程永远不会终结，"道法自然"永远是人与自然相处的第一法则。因

---

① 中共中央文献研究室：《习近平关于全面建成小康社会论述摘编》，中央文献出版社 2016 年版，第 171 页。

此，人类的认识和改造自然的能动作用与尊重、顺应、保护自然的生态文明理念是一致的，尊重、顺应、保护蕴含着人类对生态更高层面的主观能动作用。事实上，人类正在修复沙漠、绿化环境、改善水质和大气质量、保护濒危的生物品种……这似乎是一种向原始生态的回归，而实质上是在自觉理性的层面上向人的本性回归。

3. 保持平衡的理念

平衡，意味着矛盾对立双方的同一性、协调性处于统治地位，意味着事物之间关系处于相对稳定的良好状态，从生态学视角看，经济社会发展仍处在可循环可持续的合理范围内。发展是硬道理，经济发展是人类社会一切进步所必需，但这种发展必须与生态保持平衡，不应畸轻畸重，牺牲后者以保证前者。失衡，将会给经济与社会的发展造成严重的消极后果乃至灾难。金山银山、绿水青山，是对平衡状态的形象表述。事物的发展导致不平衡状态，需要重新形成平衡。毫无疑义，平衡——不平衡——平衡……构成一个不断的进程。作为矛盾的统一体，经济与社会发展和生态两个方面及其相互关系总是处于发展变化的状态，所以平衡是相对的，不平衡是绝对的。因之，与社会经济的发展一样，生态文明建设也是一个不间断的平衡过程，关键在于经济发展与生态相辅相成、相得益彰。

4. 系统整体的方法

辩证法把世界看作是各种事物和矛盾相互联系、相互作用的有机整体。恩格斯指出："当我们深思熟虑地考察自然界或人类历史或我们自己的精神活动的时候，首先呈现在我们眼前的，是一幅有种种联系和相互作用无穷无尽地交织起来的画面。"马克思主义把社会看作是一个活的有机体，是一个人与自然、主体与客体、生产力与生产关系等矛盾要素运动发展的复杂系统，看作是一个内生的自然历史过程，体现了辩证法的整体性、互动性、过程性原则。大自然是一个相互依存的系统，从人类的生存环境看，人类的命脉在田，田的命脉在水，水的命脉在山，山的命脉在土，土的命脉在树，"山水林田湖"构成一个生意盎然的生命共同体。现代化建设是一个有机整体，随着中国特色社会主义建设的深入，改革发展的深层次矛盾逐步显示出来，我们对现代化建设的系统性、协同性的认识也达到自觉的高度，把经济建设、政治建设、文化建设、社会建设和生态文明建设纳入"五位一体"的总体布局，使之相互促进，协调发展。当今世界的整体性、关联性也日益突出，经济全球化的演进使世界成为一个不可分割的"地球村"，在应对环境危机、安全危机等全球风险中，各个国家和民族相互依存、相互合作的程度空前加深，国际社会日益成为你中有我、我中有你的命运共同体。人类命运共同体与马克思的"自由人的联合体"一脉相承，为不同文明形态、不同发展模式交流互鉴、平等对话明确了思路，指出了一条克服工业文明带来的危机，实现人与自然、人与人、个体与类和谐相处，促进每一个人以及一切人自由全面发展的正确道路，展示了天人合一、世界大同的无限美好的未来。

（与张磊合作撰写，原载于卢瑞华主编：《中国生态哲学》，中央党校出版社 2019 年版）

人类生态认识的必然和自由

处理好人和自然的关系，前提是科学认识人和自然的关系。如何认识人和自然的关系、能否正确认识和处理人和自然的关系是哲学的基本问题，是人类与生俱来不断追问的根本问题。如果说超越必然追求自由是人类的本质和使命，那么科学认识和正确处理人与自然的关系是人走向自由的前提条件。随着现代化的发展，人与自然的矛盾日益凸显，生态问题的认识也存在各种矛盾和冲突，是坚持"人类中心论"还是坚持"生态中心论"，是坚持"生态必然论"还是坚持"生态自由论"，只有把生态认识和生态实践放在人类认识历史过程的必然和自由的矛盾运动中进行考察和研究，才能得到科学的回答。

一、人的自然本体和能动本质

生态哲学的一个重大问题，是如何认识和顺应自然的必然性，提升人认识和改变自然以造福人类的自由度的关系问题，这个问题必然导向深入思考人与自然的关系，本质上是精神和物质、思维和存在的关系问题，马克思主义创始人把这个问题界定为全部哲学的基本问题。

恩格斯在《路德维希·费尔巴哈和德国古典哲学的终结》中提出："全部哲学，特别是近代哲学的重大的基本问题，是思维和存在的关系问题。"① 这是在马克思主义哲学史上，也是在哲学史上对哲学基本问题的确立。

---

① 《马克思恩格斯全集》（第21卷），人民出版社1965年版，第315页。

近代哲学直面精神、意识与自然界的关系，以此作为自己研究的主题，这是哲学史上的重大飞跃。"思维对存在、精神对自然界的关系问题，全部哲学的最高问题，像一切宗教一样，其根源在于蒙昧时代的狭隘而愚昧的观念。但是，这个问题，只是在欧洲人从基督教中世纪的长期冬眠中觉醒以后，才被十分清楚地提了出来，才获得它的完全的意义。"① 古希腊早期哲学，如同恩格斯所说的，是原始的、自发的、直觉的唯物主义。这种哲学往往从某种物质形态中寻找多样性统一的根源，往往把物质对意识的根源性看作是不言而喻的，因而总体上把研究的重点放在客体的规定性和规律性上，没有深究思维和存在的关系及其哲学意义，因而它们那里"包藏着后来分裂的种子"。恩格斯指出："古希腊罗马哲学是原始的自发的唯物主义。作为这样的唯物主义，它不能彻底了解思维对物质的关系。但是，弄清楚这个问题的那种必要性，引出了关于可以和肉体分开的灵魂的学说，然后引出了灵魂不死的论断，最后引出了一神教。"②

随着自然科学的长足发展，随着资本主义对封建主义的反叛，哲学逐渐摆脱神学奴婢的地位，以发现和研究人的能动性和自主性为使命。近代哲学把对神性的崇拜转为对人类意识的崇拜，也把研究的中心从本体论转为认识论，由此产生了经验论和唯理论，标志着人类认识史的伟大进步。然而无论是经验论还是唯理论都局限在主观范围内探究认识问题，无法正确说明人类知识的来源及其客观性，无法说明人和自然的关系，不可知论因此而生。

只有在近代哲学的最高阶段，亦即被恩格斯称之为"自觉"辩证法的德国古典哲学中，思维和存在的关系问题才被自觉地作为哲学特别是认识论研究的中心课题。这一重大突破是从康德开始的，他提出要把认识的客观内容和主观形式联系起来考察，企图从思维和存在、主体和客体的关系入手研究认识论，研究人对自然本体认识如何可能，开辟了一条认识论研究的新道路。比较明确的表达是在"作为康德以来的整个运动的顶峰的哲学"——黑格尔哲学那里。黑格尔说："思维与存在的

① 《马克思恩格斯全集》（第 21 卷），人民出版社 1965 年版，第 316 页。
② 《马克思恩格斯全集》（第 20 卷），人民出版社 1961 年版，第 151 页。

对立是哲学的起点，这个起点构成全部哲学的全部意义。"① 费尔巴哈虽然在思维与存在的理解上和黑格尔相对立，但也接受了黑格尔关于思维与存在对立统一是哲学起点的观点，指出精神对于感性的关系问题，"这是哲学上最重要也是最困难的问题，全部哲学史就是在这个问题上兜圈子"②。

思维和存在的关系问题，是"我们关于我们周围世界的思想对这个世界本身的关系是怎样的"③，亦即思维和存在何者为本原的问题。恩格斯认为："哲学家依照他们如何回答这个问题而分成了两大阵营。凡是断定精神对自然界说来是本原的，从而归根到底以某种方式承认创世说的人（在哲学家那里，例如在黑格尔那里，创世说往往有采取了比在基督教那里还要混乱而荒唐的形式），组成唯心主义阵营。凡是认为自然界是本原的，则属于唯物主义的各种学派。"④

马克思毫不含糊地肯定存在对思维、物质对精神、自然对人的本原性，他认为自然界是人的无机身体，我们连同我们的肉、血和头脑都是属于自然界并存在于自然界之中，他明确指出："在黑格尔看来，思维过程，即他称为观念而甚至把它转化为独立主体的思维过程，是现实事物的创造主，而现实事物只是思维过程的外部表现。我的看法则相反，观念的东西不外是移入人的头脑并在人的头脑中改造过的物质的东西而已。"⑤ 观念的东西源于物质的东西，是移入人的头脑的东西，但不是机械的简单的移入，而是改造过的东西，这里显示了马克思对物质和精神二者关系的回答是唯物的，也是辩证的。

恩格斯也在批判黑格尔的精神本原说的基础上阐发思维和存在关系的观点，他指出，在黑格尔那里，"精神、思想、观念是本原的东西，而现实世界只是观念的摹写"，这种被颠倒的关系必须重新颠倒过来，"我们重新唯物地把我们头脑中的概念看做现实事物的反映，而不是把现实事物看做绝对概念的某一阶段的反映"⑥。恩格斯认为，世界是统

---

① ［德］黑格尔著，贺麟、王太庆译：《哲学史讲演录》（第 3 卷），商务印书馆 2017 年版，第 292 页。

② 《列宁全集》（第 38 卷），人民出版社 1972 年版，第 63 页。

③ 《马克思恩格斯全集》（第 21 卷），人民出版社 1965 年版，第 316 页。

④ 《马克思恩格斯全集》（第 21 卷），人民出版社 1965 年版，第 316 页。

⑤ 《马克思恩格斯选集》（第 2 卷），人民出版社 1995 年版，第 121 页。

⑥ 《马克思恩格斯全集》（第 21 卷），人民出版社 1965 年版，第 337 页。

一的，世界的统一性就在于它的物质性。我们的意识和思维，不论它看起来多么超感觉，总是物质的、肉体的器官即人脑的产物，因此，"物质不是精神的产物，而精神却只是物质的最高产物"①。

为了解开精神、意识产生之奥秘，廓清唯心主义各种关于长期笼罩在人的意识上的迷雾，恩格斯吸收了现代自然科学特别是生物进化论的最新成果，对哲学基本问题的唯物主义观点作出了科学证明。恩格斯指出，精神世界是物质世界长期进化的成果。物质在其生生不息的自我运动中，分化出有机界，又从有机界中分化出植物和动物。从最初的动物中，由于进一步的分化而发展出神经系统获得最充分发展的那种形态，而最后由于劳动的作用，在脊椎动物中产生了人类。在人类身上，自然界达到了自我意识。人类的自我意识和思维的反应能力是从物质的反应特性中发展出来的。在生物界遗传与变异、适应与平衡的相互作用下，它经历了一个从简单的无构造的、但有刺激感应的最低有机体的原生质到复杂的能够思维的人脑的各个发展阶段。它是物质反应特性不断由低级到高级、由简单到复杂的长期演化的结果。恩格斯运用自然辩证法，科学地说明了思维、精神是自然界长期演化的结果，是自然界演化历史过程中生成的最美丽的花朵。

坚持存在对思维、物质对精神的本原论，才能从根本上正确处理人与自然的关系，才能自觉贯彻尊重自然、顺应自然、保护自然的生态文明观。意识、精神把人与自然界区分开来，意识、精神使人具有能动性和创造性，"历史和自然史的不同，仅仅在于前者是有自我意识的机体的发展过程"②。然而意识、精神并不是上帝赋予的，它来源于人与自然互联互动的劳动实践，意识、精神只有符合物质世界的客观规律才能成为物质力量，只有反映自然界的变化特点和内在规律才能有效地改造自然。正如恩格斯所说："原则不是研究的出发点，而是它的最终结果；这些原则不是被应用于自然界和人类历史，而是从它们中抽象出来的；不是自然界和人类去适应原则，而是原则只有在适合于自然界和历史的情况下才是正确的。"③ 进一步来说，承载和发生着思维、意识的人本身也是自然界长期演化的产物，人类任何创造历史的活动一刻也离不开

---

① 《马克思恩格斯全集》（第 21 卷），人民出版社 1965 年版，第 319 页。
② 《马克思恩格斯全集》（第 20 卷），人民出版社 1961 年版，第 580 页。
③ 《马克思恩格斯全集》（第 20 卷），人民出版社 1961 年版，第 38 页。

自然界，"我们统治自然界，决不像征服者统治异民族一样，决不像站在自然界以外的人一样，——相反地，我们连同我们的肉、血和头脑都是属于自然界，存在于自然界的；我们对自然界的整个统治，是在于我们比其他一切动物强，能够认识和正确运用自然规律"①。

就人类及其意识来源于自然界而且一刻也不能脱离自然界而言，人类注定受不可抗拒的必然性的支配，适者生存的法则同样应用到受大自然支配的人类身上。然而，人并不满足自然自在的生存形态，人在适应自然的同时以自己的劳动实践改变自然环境，创造一个体现人类本质的"人化自然"，从这个意义上，人又是生而自由的存在物，是"自由自觉"的存在物，是受动与能动、必然与自由相统一的存在物。

与费尔巴哈的形而上学的直观的"人与自然界的和谐"相反，马克思把人理解为实践的人，把自然界理解为实践作用下不断变化的自然界，指出费尔巴哈没有看到他周围的感性世界绝不是某种开天辟地以来就直接存在的、始终如一的东西，而是工业和社会状况的产物，是历史的产物，是世世代代活动的结果。即使是自然科学本身，也是商业和工业发展起来的产物。正是这种活动，这种连续不断的感性劳动和创造，是整个现存的感性世界的基础。"当然，在这种情况下，外部自然界的优先地位仍然会保持着，而整个这一点当然不适用于原始的、通过自然发生的途径产生的人们。"②

在马克思看来，人和自然的关系必须放到实践过程进行分析，才能理解两者之间相互作用的依存关系，把握人的自由本质。从静态来看，人是自然界的作品，而在动态的实践中，自然转化为人的作品。由于自然界成为人的能动本质外化的对象，"自然界才表现为他的作品和他的现实。因此，劳动的对象是人的类生活的对象化：人不仅像在意识中那样理智地复现自己，而且能动地、现实地复现自己，从而在他所创造的世界中直观自身"③。马克思正是在"工业的历史"和工业显示的人与自然界的"对象性存在"，揭示了实践是"一本打开了的关于人的本质力量的书"，深刻阐发了人与自然关系上必然和自由的辩证法。

① 《马克思恩格斯全集》（第20卷），人民出版社1961年版，第519页。
② 《马克思恩格斯选集》（第1卷），人民出版社1995年版，第77页。
③ 《马克思恩格斯全集》（第42卷），人民出版社1979年版，第97页。

二、人对自然认识的无限性和有限性

思维与存在、人与自然的关系问题除了何者为本原的问题，还有另一方面的问题："我们的思维能不能认识世界？我们能不能在我们关于现实世界的表象和概念中正确地反映现实？"这个问题也就是思维与存在的同一性问题，是认识论的重大问题，如何回答这个问题，是科学认识和把握必然和自由关系的基础。"自由是对自然规律的认识和运用"，如果说唯物地回答思维和存在何者为本原问题，是人类敬畏自然、爱护自然的思想出发点，那么辩证地回答思维何以认识、怎样认识存在，是人类界定自身认识能力，科学把握自然界规律，正确利用和改造自然的方法论基础。

这个问题是恩格斯于19世纪后期提出来的，提出这个问题是为了反对自然科学界、思想界出现的新康德主义不可知论、杜林主义的先验论的需要。康德把认识主体即人的认识能力作为认识论研究的前提，开启了认识论研究的新革命，然而他又把认识对象区分为"现象"和"自在之物"、此岸世界和彼岸世界，认为人们只能认识此岸世界的"现象"，不能把握彼岸世界的"自在之物"，导致对思维和存在关系的割裂，走向不可知论。新康德主义是19世纪自然科学取得划时代重大发现下对康德唯心主义和不可知论的一种复活，一些自然科学家局限于形而上学思维方式，片面重视感性经验，贬低理论思维的作用，对自然科学飞速发展所揭示出来的辩证性质感到困惑，甚至对自身的科学成果做出错误的哲学概括。而杜林主义是当时工人运动中的一种机会主义派别，杜林鼓吹形而上学的"永恒真理论"，以主观性原则臆造一个庞杂的哲学体系，无限夸大个人的认识能力，宣称在他那里已达到"最后的终极的真理"，企图取代马克思主义在工人运动中的指导地位。新康德主义是怀疑论的变种，从强调主体认识的有限性方面割裂人与自然的认识关系，而杜林主义则是独断论的翻版，从夸大主体认识的无限性方面割裂人与自然的认识关系。恩格斯在《自然辩证法》《反杜林论》等著作中，用实践的观点对这两种形而上学的认识论作了详尽的理论批判，深刻论述了人类认识自然能力的至上性和非至上性、有限性和无限性的辩证法。

认识主体是无限和有限的统一。人类主体包括无数多过去、现在和未来的实践着的人，是一个世代更迭的世界历史过程，因此是无限的。然而无限的人类实践主体又是由有限的个人、有限的个人大脑构成的，可见也是有限的。从人类主体的无限性、延续性、能动性、创造性来说，它的认识自然的能力是至上的、无限的、绝对的；从有限的个人主体来看，由于受一定的历史时代、实践水平、智力发展、赋禀差异的局限，它的认识自然的能力又是非至上的、有限的、相对的，比如"什么是光，什么是非光，这取决于眼睛的构造"①，所以，"思想的至上性是在一系列非常不至上地思维着的人们中实现的"②。

实践的结果是无限和有限的统一。恩格斯指出，只要我们制造出某一自然过程，使它按照它的条件产生出来，并使它为我们的目的服务，就能证明我们对这一过程的理解是正确的，这个结论具有普遍的、无限的意义。"我们知道，氯和氢在一定的压力和温度下受到光的作用就会爆炸而化合成氯化氢；而且只要我们知道这一点，我们也就知道：只要具备上述条件，这件事随时随地都可以发生，至于是否只发生过一次或者重复了一百万次，以及在多少天体上发生过，这都是无关紧要的。"③正是在实践的普遍性这个意义上，恩格斯宣告了康德"自在之物"的完结，人类通过实践是可以认识自然的本质和规律的。人的实践能力和水平的状况，决定着人向自然界争得自由的程度。同时，恩格斯也指出了实践结果和结论的有限性的一面。人的每一实践都是具体的、历史的、有条件的，当缺乏有效手段时，就无法使自然界的本质和规律充分显示出来，这样得出的实践结论就不具有普遍有效性，即使某一结果反映了自然规律，也只能适应一定的范围，如氯化氢合成原理，只能以一定压力和温度为前提。因此，人对自然的认识也是有限的、相对的，是一个永无止境的过程。

真理是绝对和相对的统一。在真理是对客观事物本质和规律的反映的一般意义上，恩格斯并不反对真理具有绝对性，但针对杜林的形而上学的思维至上论、永恒真理论，他更强调真理的相对性、局限性的方面。认识和思维的至上性只存在于无限的、总体的人类思维之中，"至

---

① 《马克思恩格斯全集》（第20卷），人民出版社1965年版，第631页。
② 《马克思恩格斯全集》（第20卷），人民出版社1965年版，第94—95页。
③ 《马克思恩格斯全集》（第20卷），人民出版社1965年版，第577页。

于说到每一个人的思维所达到的认识的至上意义，那么我们大家都知道，它是根本说不上的，而且根据到目前为止的一切经验看来，这些认识所包含的需要改善的东西，无例外地总是要比不需要改善的或正确的东西多得多"①。相对于形而上学地夸大人的认识的至上性的陈腐而又相当无聊的空话，认识到人的思维的有限性、相对性更为可贵，"因为最可贵的结果就是使得我们对我们现在的认识极不信任，因为我们还差不多处在人类历史的开端，而将来会纠正我们的错误的后代，大概比我们有可能经常以十分轻蔑的态度纠正其认识错误的前代要多得多"②。

恩格斯分析了认识领域三大部分的发展状况，详尽说明杜林的永恒真理论和终极真理论荒谬。一是从非生物界科学看，由于变数的广泛应用，数学上的一切东西的绝对适用性、不可争辩的确证性的童贞状态一去不复返了，天文学和力学的情况更糟，而在物理学和化学方面，人们就像处在蜂群之中那样处在种种假说之中；二是从活的有机体的科学看，这一领域展现出如此错综复杂的相互关系和因果关系，以致不仅每个已经解决的问题都引起无数的新问题，而且每一个问题也多半需要长期甚至几百年的研究才能解决；三是从历史科学看，永恒真理的情况还更糟，人类历史领域中的科学比在生物学领域中的科学还要落后得多，在这里认识本质上是相对的，因为它只限于了解只存在于一定时代和一定民族中的，而且按其本性来说是暂时的一定社会形式和国家形式的联系和结果。"因此，谁要在这里猎取最后的终极的真理，猎取真正的、根本不变的真理，那么他是不会有什么收获的，除非是一些陈词滥调和老生常谈……"③

对于个人来说，哪怕是在任何专业内成为内行而且进行过极深刻的专门研究的人，由于认识的本性使然，也由于历史材料的不足，如在天体演化学、地质学、历史学等领域一样，其认识永远是有缺陷和不完善的，即使是已被证明的真理，也会因为主观原因和客观条件的变化而转化为谬误。真理和谬误，正如一切在两极对立中运动的逻辑范畴一样，只是在非常有限的领域内才具有绝对的意义；只要我们在上面指出的狭窄的领域之外应用真理和谬误的对立，这种对立就会变成相对的，因而

① 《马克思恩格斯选集》（第 3 卷），人民出版社 1995 年版，第 427 页。
② 《马克思恩格斯选集》（第 3 卷），人民出版社 1995 年版，第 426 页。
③ 《马克思恩格斯选集》（第 3 卷），人民出版社 1995 年版，第 431 页。

哲学、文化与时代

对精确的科学的表达方式来说就是无用的；如果我们企图在这一领域之外把这种对立当作绝对有效的东西来应用，那我们就会完全遭到失败；对立的两极都向自己的对立面转化，真理变成谬误，谬误变成真理。①恩格斯在这里以波义耳定律为例详尽地论述了真理和谬误转化的辩证法。

在人和自然的关系上，形而上学地把人对自然的认识能力、认识成果绝对化，在经济发展中搞唯意志论，必然受到自然规律的惩罚。在人对自然认识和改造能力低下的时候，人类差不多完全受着陌生的、对立的、不明确的外部大自然的支配。就是在科学技术大大发展起来以后，如果自以为掌握了大自然规律而肆意妄为，也会给自然和人类带来难以估量的损害。例如，"当西班牙的种植场主在古巴焚烧山坡上的森林，认为木灰作为能获得最高利润的咖啡树的肥料足够用一个世纪时，他们怎么会关心到，以后热带的大雨会冲掉毫无掩护的沃土而只留下赤裸裸的岩石呢？"② 所以，恩格斯告诫人类不要过分陶醉于自然界的胜利，"对于每一次这样的胜利，自然界都报复了我们。每一次胜利，在第一步都确实取得了我们预期的结果，但是在第二步和第三步却有了完全不同的、出乎意料的影响，常常把第一个结果又取消了"③。

人对自然认识的有限性和无限性的矛盾决定了思维与存在的同一性的存在矛盾。黑格尔以自由为轴心构建起他的哲学体系，极大地张扬了人的主体精神，然而他的自由是绝对精神的自由，是精神外化为自然界和人类，最后在人的自我意识中返回自身达到思维和存在同一性的过程，这种自由"只是概念的自己运动的翻版"，马克思、恩格斯认为，主观辩证法不过是客观辩证法在人的头脑中的反映，这两个系列的规律在本质上是同一的，但是在表现上是不同的，这是因为人的头脑可以自觉地应用这些规律，而在自然界中这些规律是不自觉地、以外部必然性的形式、在无穷无尽的偶然性中为自己开辟道路的，人类的使命就是从有限中探索无限，从现象中透视本质，从偶然中寻找必然。在人类的认识和实践的历史进步中，"思维和存在的同一……就像两条渐近线一样，

① 《马克思恩格斯选集》（第3卷），人民出版社1995年版，第431页。
② 《马克思恩格斯全集》（第20卷），人民出版社1961年版，第522页。
③ 《马克思恩格斯全集》（第20卷），人民出版社1961年版，第519页。

一齐向前延伸，彼此不断接近，但是永远不会相交"①。

因此，人和自然的认识关系和实践关系中永远存在着一个必然和自由的矛盾：从认识能力的至上性来说，人们可以从所有联系中去认识整个自然界和世界体系；但从认识能力的非至上性来说，这个任务是一个没有完结的过程，这个矛盾是所有智力进步的杠杆，推动着人的认识能力在实践中不断变化发展，推动着人类社会不断从必然王国走向自由王国。

三、自然主义和人道主义的统一

马克思主义哲学立足于人的解放和自由，以全人类的解放和每一个人的全面自由发展作为自己的历史使命。人和自然的关系，既是人的自由的起点，也是人的自由的落脚点。而对自然规律的认识和运用，不仅是自然科学的问题，也是哲学社会科学的问题，不仅是生产实践的问题，也是全部社会生活实践的问题。马克思、恩格斯不仅从唯物和辩证的方面研究人和自然的关系，而且更多地从社会历史的方面研究人和自然的关系，开创了生态认识论的新境界，实现了哲学的伟大变革。

马克思认为，人和自然的关系与人和人的关系是交织在一起的，在实践中形成主体和客体的相互作用，造就人的受动性与能动性相统一、生物性与社会性相统一的本质特性。人作为有生命的自然存在物，"一方面具有自然力、生命力，是能动的自然存在物；这些力量作为天赋和才能、作为欲望存在于人身上；另一方面，人作为自然的、肉体的、感性的、对象性的存在物，和动植物一样，是受动的、受制约的和受限制的存在物，也就是说，他的欲望的对象是作为不依赖于他的对象而存在于他之外的；但这些对象是他的需要的对象；是表现和确证他的本质力量所不可缺少的、重要的对象"②。因此，人和自然界的关系与人和人的关系是相互依存不可分割的整体，"在这种自然的、类的关系中，人同自然界的关系直接就是人和人之间的关系，而人和人之间的关系直接

---

① 《马克思恩格斯全集》（第39卷），人民出版社1972年版，第408页。

② 《马克思恩格斯全集》（第42卷），人民出版社1979年版，第167—168页。

就是人同自然界的关系"①。在既矛盾又统一的意义上，"历史本身是自然史的即自然界成为人这一过程的一个现实部分"。

马克思提出，人类解放是在解决人和自然之间的矛盾与人和人之间的矛盾中实现的，这两类矛盾的解决是同一个过程，是扬弃人的异化实现社会伟大变革的过程。"共产主义是私有财产即人的自我异化的积极的扬弃……这种共产主义，作为完成了的自然主义，等于人道主义，而作为完成了的人道主义，等于自然主义，它是人和自然之间，人和人之间的矛盾的真正解决，是存在和本质、对象化和自我确证、自由和必然、个体和类之间的斗争的真正解决。它是历史之谜的解答，而且知道自己就是这种解答。"② 马克思在这里讲的对历史之谜的解答，实质上是"在批判旧世界中发现新世界"的深刻思考，是唯物史观出发点和落脚点的概括，指出了人类解放的历史使命和根本方向，提出了未来社会是人与自然、人与人之间矛盾真正解决的伟大理想。

在人和自然、人和人的两对矛盾中，人和人的矛盾起着主导的作用。人的生命是自然的一个部分，人的活动离不开自然环境和条件，然而人之所以成为人，成为有意识、有目的、有激情能动地改造客观世界的主体，是由于社会性的劳动实践，人的类属性即社会属性统摄人的自然属性。"人不仅仅是自然存在物，而且是人的自然存在物，也就是说，是为自身而存在着的存在物，因而是类存在物。"③ 人的这种区别于动物的社会本质在生产劳动中生成和发展，全面的生产劳动造就了人的全面的社会本质，而且要在实践中占有自己的全面本质。"诚然，动物也生产。它也为自己营造巢穴或住所，如蜜蜂、海狸、蚂蚁等。但是动物只生产它自己或它的幼仔所直接需要的东西；动物的生产是片面的，而人的生产是全面的；动物只是在直接的肉体需要的支配下生产，而人甚至不受肉体的支配也进行生产，并且只有不受这种需要的支配时才进行真正的生产……"④

在这里，马克思继承和批判了费尔巴哈的自然主义，指出人不是被动的、直观的实现达到人与自然的统一，而是在实践劳动中达到对象化

---

① 《马克思恩格斯全集》（第42卷），人民出版社1979年版，第119页。
② 《马克思恩格斯全集》（第42卷），人民出版社1979年版，第120页。
③ 《马克思恩格斯全集》（第42卷），人民出版社1979年版，第169页。
④ 《马克思恩格斯全集》（第42卷），人民出版社1979年版，第96—97页。

的、能动的统一。他也继承和批判了黑格尔的劳动对象化、异化理论，黑格尔认为人通过劳动扬弃了自然界的原始性、异己性，使自己的本质统摄自然对象，达到人与自然、主体与客体的同一性，然而黑格尔所说的劳动是抽象的精神的劳动，是精神形式的自我转换，而真正连接自然界和人类的是客观的、物质性的实践活动，这种实践活动不仅在于对象化，创造一个属于人的自然界，而且在于非对象化，在自我否定中发挥主体力量，全面发展自己的自由个性和潜在能力，只有在这种自由自觉的劳动中，才能实现自然主义和人道主义的辩证统一。但是在资本主义私有制下，生产者的劳动是一种异化劳动，异化劳动扭曲了人与人、人与自然的关系。

马克思通过异化劳动的详尽分析揭示了资本主义生产的对抗性质。首先，异化劳动造成劳动者与其产品相异化。在资本主义社会，劳动所生产的对象即劳动产品，作为一种异己的存在物和外在的力量，同劳动者相对立。"对对象的占有竟如此表现为异化，以致工人生产的对象越多，他能够占有的对象就越少，而且越受他的产品即资本的统治。"① 其次，异化劳动造成劳动者与劳动活动相异化。在私有制条件下，劳动者不能自由地支配自己的自由和劳动，他的劳动是被迫的、痛苦的行为。"他在自己的劳动中不是肯定自己，而是否定自己，不是感到幸福，而是感到不幸，不是自由地发挥自己的体力和智力，而是使自己的肉体受折磨、精神遭摧残。"② 再次，异化劳动造成劳动者与类本质相异化。异化劳动把体现自己社会性、能动性的类本质的劳动本身变成单纯维持个人肉体生存的手段，从而使劳动者个体与人的类本质相对立。强制性、摧残性的劳动，使工人只有在劳动之外觉得自在，在劳动中则感到不自在，他在不劳动时觉得舒畅，在劳动时就觉得不舒畅，劳动的机能变成仅仅维持吃、喝、性行为等动物的机能。即使是科学技术的进步提高了人改造自然的能力，但在异化劳动条件下也成为压抑人的自由个性的手段，"随着人类愈益控制自然，个人却似乎愈益成为别人的奴隶或自身卑劣行为的奴隶，甚至科学的纯洁光辉仿佛也只能在愚昧无知的黑暗背景上闪耀。我们的一切发现和进步，似乎结果是使物质力量成为有

---

① 《马克思恩格斯全集》（第42卷），人民出版社1979年版，第91页。
② 《马克思恩格斯全集》（第42卷），人民出版社1979年版，第93页。

智慧的生命，而人的生命则化为愚钝的物质力量"①。最后，异化劳动造成人与人的异化。人与自然、人与物的关系的背后是人与人的关系，劳动者之所以与自己的劳动产品、劳动对象、劳动活动、劳动本质相异化，是因为他的劳动是生产资料私人占有下的劳动，"通过异化的、外化的劳动，工人生产出一个跟劳动格格不入的、站在劳动之外的人同这个劳动的关系。工人同劳动的关系，产生出资本家（或者不管人们给雇主起个什么别的名字）同这个劳动的关系"②。马克思通过抽丝剥茧地深入剖析异化劳动，从人与自然的关系中看到人与人的关系，从人与人的关系中看到生产关系，从生产关系中看到阶级关系，从阶级关系中看到社会形态关系，以异化劳动为钥匙，辩证地把自然观与历史观连接起来，打开了人类社会在自然历史过程中的奥秘，提出了无产阶级革命和人类解放的伟大使命。

消灭异化劳动是消除个体与类的对立的起点。异化劳动产生了私人占有与生产社会化的根本矛盾，社会化大生产把一切人的劳动、分配、交换、消费联成一个整体，把各个民族国家的经济发展联结成一个世界体系，然而异化劳动使劳动者与他的劳动产品相分离，使生产资料与劳动者相分离，使私有主与无产者相对立，导致生产的无限扩大与有限的自然承载力、社会消费力的矛盾，从而造成自然环境的破坏和生产力的浪费。私有制与劳动社会化的矛盾在大生产条件下尖锐冲突表明，资本主义生产关系和生产方式再也容纳不了社会化生产力的高度发展，异化劳动必然要被联合劳动所代替，资本主义必然要被社会主义、共产主义所代替。"社会化的人，联合起来的生产者，将合理地调节他们和自然之间的物质变换，把它置于他们的共同控制之下，而不让它作为盲目的力量来统治自己；靠消耗最小的的力量，在最无愧于和最适合于他们的人类本性的条件下来进行这种物质变换。"③

消灭异化劳动，实现人道主义和自然主义的统一，是一个从必然到自由的过程。在蒙昧时代和封建时代，人类差不多完全受着陌生的、对立的、不明确的外部大自然的支配。"自然界起初是作为一种完全异己

---

① 《马克思恩格斯选集》（第 1 卷），人民出版社 1995 年版，第 775 页。
② 《马克思恩格斯全集》（第 42 卷），人民出版社 1979 年版，第 100 页。
③ 《马克思恩格斯全集》（第 25 卷下册），人民出版社 1979 年版，第 926—927 页。

的、有无限威力的和不可制服的力量与人们相对立的，人们同自然界的关系完全像动物同自然界的关系一样，人们就像牲畜一样慑服于自然界。"① 为了说明人与自然的关系，产生了关于可以和肉体分开的灵魂学说，引出了灵魂不死的论断，最后引出了一神论。人们对自然界的这种狭隘的关系决定着他们之间的狭隘关系，而他们之间狭隘关系又反过来决定着他们对自然界的狭隘的关系。马克思把人与自然、人与人关系结合起来考察，提出了人类社会从必然走向自由的三个阶段或形态：在人与自然界的狭隘关系基础上的"人的依赖关系（起初完全是自然发生的），是最初的社会形态，在这种形态下，人的生产能力只是在狭窄的范围内和孤立的地点上发展着。以物的依赖性为基础的人的独立性，是第二大形态，在这种形态下，才形成了普遍的社会物质变换，全面的关系，多方面的需求以及全面的能力的体系"②。异化劳动形成以物的依赖性为基础的个人的独立性，它提高了每一个体的历史主动性，但"又在历史领域中造成了一种同没有意识的自然界占统治地位的状况完全相似的状况"，就是说，异化劳动一方面推动人的关系、需求、能力的普遍性发展，一方面又造成人与自然、人与人之间的尖锐对立，这就是历史发展的必然性、客观性和辩证性。当异化劳动和私有制再也容纳不了在其自身中发展起来的生产力的时候，社会主义代替资本主义就成为历史的必然。随着自然规律、社会规律和思维规律被人们正确认识和运用，人与人、人与自然、人与自身终于统一起来，人将"终于成为自己的社会结合的主人，从而也就成为自然界的主人，成为自己本身的主人——自由的人"③。

马克思始终把每个人的自由全面发展作为未来社会的根本标志，而认识和运用自然规律发展物质生产力是不可逾越的基础条件，只有在最无愧于和最适合于他们的人类本性的条件下来进行物质变换，才能发展建立在个人全面发展和他们共同的社会生产能力成为他们的社会财富这一基础上的自由个性。在马克思看来，建立社会主义所有制、合理调节人与自然的物质变换不过是人类解放和自由的新起点，我们将不得不长期处在为物质生产而奋斗的"必然王国"的历史阶段之中，以人的能

---

① 《马克思恩格斯选集》（第 1 卷），人民出版社 1995 年版，第 81—82 页。
② 《马克思恩格斯全集》（第 46 卷上册），人民出版社 1979 年版，第 104 页。
③ 《马克思恩格斯全集》（第 19 卷），人民出版社 1956 年版，第 247 页。

力为目的的"自由王国",是人类解放的神圣使命,而"自由王国"的实现是一个永无止境的必然和自由的矛盾运动过程。因此,人与自然的物质变换"这个领域始终是一个必然王国。在这个必然王国的彼岸,作为目的的本身的人类能力的发挥,真正的自由王国,就开始了。但是,这个自由王国只有建立在必然王国的基础上,才能繁荣起来"①。

（原载于卢瑞华主编:《中国生态哲学》,中央党校出版社 2019 年版）

① ［德］马克思:《资本论》（第 3 卷）,人民出版社 1975 年版,第 927 页。

哲学、文化与时代

Z

HEXUE WENHUA YUSHIDAI

时代与文化

文化进步论纲

一、研究现代化的运动不能不研究文化问题

20 多年来，文化问题始终是学术界历久常新的话题，"文化热"令学术界焕发出极大的理论热情和思想活力，因为文化问题的讨论实质上是对中国社会现代化发展的一种探索。一般认为，现代化是指一个社会在迈向现代工业化社会过程中出现的社会生活各领域变迁的总体性进程，是人类社会从低级向高级发展的必然趋势。每一个民族和国家走向现代化的历程，都是在一定文化背景上的文化选择与文化进步的过程，现代化愈是发展，就愈凸显文化的重要性。这是由于人总是生活在一定的文化之中，文化灌注于特定民族或特定时代人群的心灵深处，历史地积淀、凝结成为稳定的生存方式，进而影响社会的政治经济活动和历史的进程。在这种意义上，任何自然的、经济的、政治的因素，都要通过人的心理结构——文化模式才能发挥作用。文化模式的现代化转型是社会现代化发展的重要制约或支撑因素，必须实现由传统社会的经验的、自在自发的文化模式向现代文明所要求的理性的、自觉创造的文化模式的转换，使人成为"全面而自由"的发展的现代化主体，才能自觉地、有效地推进现代化的历史进程。中国的现代化口号提出已有大半个世纪，但现代化进程却一次次中断，其原因不仅在于外敌的入侵和内乱的困扰，而且在于很多人对现代化的理解仅局限于科技层面，并没有认识到推进文化转型和文化进步的重要性。因此，加强对文化的研究，不断随着现代化发展的步伐进行文化的沉思，则是势在必然的了。

二、对文化的沉思离不开哲学的视野，"文化热"推动了"文化哲学"的兴起

哲学是理论思维的最高形式，是时代精神的精华。以文化为对象，研究文化的性质、内在联系及其运动发展的一般规律，标志着哲学形态划时代的变化。哲学这门古老的科学，在历经本体论哲学、认识论哲学、价值哲学的演化后，又踏进了文化哲学的门槛。哲学的这种流变，不仅是解开人类文化演进中诸种"斯芬克斯"之谜的需要，也是时代发展的需要。如果说文化的演进既需要"源"也需要"流"，那么传统文化是"源"还是"流"？如果说文化是向前进步的，为什么今天西方文化在许多方面尚没有超越古希腊文化，中国文化也很难在诗词艺术方面超越唐诗、宋词、元曲？如果说理性文化是人类社会进步发展的向导，为什么在科学技术日益发达的今天反理性文化思潮大行其道？如果说文化本质上是自由的和流动的，为什么在全球一体化的进程中文化本土化的趋势也在加强？破译这些文化之谜无疑需要从历时性和共时性上对人类文化活动、过程、结果做一番根本性和全景性的哲学"反思"。更值得关注的是，社会形态几千年来在经过狩猎经济、农业经济、工业经济后，正在迈入知识经济时代，作为主体，人类也类似西方学者所说的在心理特征上由经济人、社会人向文化人演进，由此造成形形色色的文化危机、文化冲突。不反映社会和人的如此深刻的变化，对各种文化现象不能作出形而上的回答，对文化演进不能从本质和规律上作出说明和预见，哲学就很难称得上为时代精神的精华。

三、如何理解"文化"的涵义？

这是文化哲学首先要解决的问题。据说全世界见诸于文献的文化定义将近200种，大多是从历史学、人类学、社会学、心理学等方面给予界定的。从哲学上把握"文化"概念，一是要从主体的意义上来理解。文化伴随人类而来，文化是人与动物区别开来的所特有的活动，文化即人化，所谓人性，从其本质上说是文化的特性，文化的进步与人性的丰

富，文化的发展与人性的发展是一致的。二是要从人的能动的方面来理解。马克思认为，人的活动是自由自觉的活动，人的发展是从必然向自由飞跃的过程。费尔巴哈的旧唯物主义由于仅从客体的方面来理解人，结果比唯心主义更远离真理，马克思实现哲学伟大革命的奥秘就在于从能动的方面理解实践，又从实践的意义去说明人，因而把握住了人的科学本质。文化特性就是它的能动性，文化是人超越自然的能动的创造物。三是从人的内化的角度去理解。文化作为人化，既是外化也是内化，即是说既化物也化人，在改造客体的同时改造自我。这两者都是文化的能动性的表现，而后者更突出、更本质。历史无非是人的有目的的活动而已，人没有自我意识、自我反思、自我发展的能力，就谈不上有目的的活动。从人的内化来把握文化，就把"文化"与"实践""历史"的概念较好地区分开来。人的内化是心、智、德的发展，心表现为艺术，智表现为科学，德表现为价值观和信仰。这些方面构成了文化的具体样式。四是从动态的角度来理解。文化与文明既相互重合又相互区别，就其体现人的能动性、自觉性上，两者有着共同点，区别在于文化是人的能动的精神活动及其过程，突出地反映为人的情感、思维能力的状况，价值观念的指向，从社会发展尺度上它有积极与消极之分，而文明是人的能动的精神活动的成果，而且是具有积极意义的成果，主要反映在人化自然及社会制度、社会生活的变迁上。

可见，文化是一个人、一个民族以及整个人类的灵魂，它把人与自然界区分开来，又把人与人区分开来，它永不停泊，永不满足，驱动着人类社会不断从低级形态向高级形态演进。

四、研究文化的目的是推动文化进步，而文化哲学则以探寻文化进步的动力、机制、规律为己任

现代化已经或正在引起人类经济、科技的巨大进步，但是它又在世界的西方和东方、北方和南方引起各种形式的文化危机。那么，什么是文化进步？如何实现文化进步？如何在现代化进程中推动中国文化进步？如何在全球化进程中推动人类文化进步？……解决这些问题，无疑是文化哲学的现实使命。而在说明和回答这些问题之前，首先要说明和

回答的是文化能否进步。这个问题并不是不言自明的，起码有三种文化理论在本质上对文化进步持否定的态度。一是文化倒退论。这种观点从一种设定的完美的人性出发，认为在社会发展过程中人的心智和道德总体上呈堕落的趋向，恶总是战胜善。如卢梭对资本主义生产方式、生活方式的出现并没有抱欢欣鼓舞的感情，而激烈地把人类的文明史批判为人类的疾病史，把文明进步看作是人本身的退化。二是文化相对论。这种观点从否定社会发展的客观规律出发，认为每一民族、每一地域的文化都是独立的价值体系，它们之间没有贯通性，也就没有可比性，没有优与劣、高与低、进步与落后之分，既然文化的发展及其价值没有一种衡量的普遍标准或尺度，那么文化的进步就无从谈起。三是文化冲突论。这种观点从割裂经济与文化的辩证关系出发，认为经济的全球化并没有促进民族文化的融合，反之引起民族文化的冲突，文化的冲突将取代经济冲突、军事冲突而成为未来世界的根本矛盾。只看到冲突而否认相互借鉴和共融，人类文化必然看不到进步的前景。

马克思在吸取法国现代政治思想和德国古典哲学思想的基础上，不仅确认文化进步的观念，而且赋予文化进步观念巨大的历史感和科学的内涵：文化进步的主体是人，社会历史过程是人追求自己目的的活动过程，文化进步在人的有意识有目的的自我优化中得到实现；文化进步是社会客观规律运动的必然结果，人与自然、生产力与生产关系、经济基础与上层建筑的矛盾运动，推动着人类社会经济、政治、文化的由低向高的无限上升；文化进步是在无数个性冲突的偶然性中为自己开辟道路的，冲突与融合、飞跃与渐进、异化与复归始终贯穿于文化进步的全过程，因而这个过程绝不是一直向善、一直向前的过程，而是伴随着停顿、倒退、代价、痛苦的过程。

五、从心、智、德去界定文化的内涵，文化进步表现为三个方面

一是人的自我意识的发展，表现为人的个性、感情、欲望、意志的丰富，表现为反映人的自由个性的、愉悦感性的文学艺术，包括音乐、绘画、小说、诗歌、戏剧等及体育竞技水平的发展；二是人对客体认识的深化，包括人的思维能力的提高和思维内容的丰富，反映为人认识自

然、社会的各类自然科学和社会科学的完善和发展；三是人的德性的提升，也就是"善"的取向和观念的发展，反映为各种关于社会终极理想和宗教信仰的变化，它是一种对主体和客体相互关系的价值判断。判定一种文化或一个时代的文化进步与否，不能只看其自身的发展和变化，因为"进步"概念本身就蕴含着对客体与主体、必然与应然、现实与理想相互关系的价值取向。马克思主义哲学认为，判断文化进步，要坚持历史尺度和价值尺度的统一。历史尺度，就是社会客观规律的尺度。社会发展是一个自然历史过程，由于生产力的驱动，自给自足的小农经济被大工业的商品、货币所摧毁，而今，传统工业又逐渐被现代高科技产业所淘汰。正如孙中山所说："世界潮流，浩浩荡荡，顺之者昌，逆之者亡。"历史过程，也就是人的文化本质的外化过程，人的心、智、德在漫长的历史长河中不断地从简单走向复杂、从低级走向高级。

一种文化的进步，或者说一种进步的文化，首先就是适应社会客观规律，促进历史进步，而不是站在历史进步的对立面。历史主体是有目的有意志有激情的人，历史进步是合规律性与合目的性的统一，因此，价值尺度，也就是反映人的价值、人的需要、人的发展的尺度，也是判断文化进步的不可或缺的标准。"人的根本就是人本身"，"人本身是人的最高本质"。人本身，或者说人之所以为人，在于他的自由本质，即通过实践能动地认识世界和改造世界，认识自身和优化自身。文化的进步或进步的文化，根本是提升人的自由，包括经济自由、政治自由和精神自由，使人一步步从必然王国向自由王国迈进。恩格斯指出："文化上的每一个进步，都是迈向自由的一步。"① 社会生产不仅是物质的生产和再生产，而且是人的生产和再生产；不仅生产出日益增长的物质财富和物质需要，而且生产出日益丰富的精神财富和精神需要；不仅在日益发展的科学技术和先进工具的基础上生产，而且在最无愧于人的本性的生产方式的前提下生产。人的幸福快乐和谐完善，是文化进步的最终目的和最高准则。

---

① 《马克思恩格斯选集》（第3卷），人民出版社1972年版，第154页。

六、判断文化进步，还要坚持个体
尺度、群体尺度和类尺度的统一

　　马克思、恩格斯指出："任何人类历史的第一个前提无疑是有生命的个人的存在。"① 有自我意识、有个性当然是有生命的个人的根本特征，"我思故我在"。现实的精神生产，尤其是它的创新和发展，大部分都是由有生命的个人所承担的，这是它区别于物质生产的显著特点，因此，反映个性、表现个性、发展个性是文化进步的一个基本原则。而有生命的个人总是生活在一定的群众之中，随着交往关系的发展，形成了一定的阶级、民族和国家。阶级性、民族性、地域性对人的个性产生极大的影响，任何文化无不打上阶级、民族、地域的烙印，各民族文化接触、冲突、交融，推动着人类文化的繁荣和进步。是否体现民族特色、地域特色，是一种文化能否生生不息、长盛不衰的内在要求。个体、群体的差异性并不否定人类共性的存在，这种共性是由人得以从自然界分离出来的实践活动的品格所赋予的，它从最抽象的意义上表现为社会性、自觉性、能动性。随着主体对客体认识和改造的不断深入，主体之间交往关系的不断扩展，这种共性必然随之增进、丰富和提升，而这个过程又是伴随着类本质与民族性、个性相互矛盾和相互交融的过程。我们为之奋斗的共产主义正是从本质上消除了这些矛盾的自由人联合体，即以社会成员共同占有社会生产资料和每个人的全面自由发展为基础的自由个性之间自主结合而成的联合体。反映和增进人类共性不仅是文化的功能和使命，而且是文化冲破个体、群体的局限性和地域的狭隘性，融汇为博大精深的世界文化的必要前提。要求个体尺度、群体尺度和类尺度的统一，必然引出文化进步是整体性与多样性统一的结论。否定文化的整体性，必然导向文化相对主义，进而否定文化进步的意义和进步的趋势；否定文化的多样性，必然导向文化专制主义，窒息文化的活力和生机，使文化不是为了人而是压抑人、敌视人。

①《马克思恩格斯全集》（第3卷），人民出版社1960年版，第23页。

七、人的进步与文化进步是同一个东西，同一个过程，是历史地发展的

"不管是人们的'内在本性'，或者是人们对这种本性的'意识'，即他们的'理性'，向来都是历史的产物。"① 与人的历史一样长，文化进步历经了以人依赖关系为基础的生成阶段、以人对物的依赖性为基础的异化阶段，并向以人的自由联合体为基础的全面发展阶段迈进。在第一阶段，也就是古代社会，以血缘关系组成的共同体，是人存在、活动的基础。这种狭隘的活动、交往方式使个人一方面作为生产劳动的主体被共同体再生产出来，另一方面又使他"具有为组成这种共同体所需的相应品质，即狭隘性和自己的生产力的狭隘发展"。人的品质、能力、眼光的狭隘性，是这一阶段文化的基本特征。第二阶段是从近代资本主义产生起开始的。资本主义生产方式打破了地域、民族等各种狭隘性，使社会生产和交往得到日益普遍的发展，以上帝为中心的世界图景转化为以人为中心的世界图景，黑格尔称之为一次"壮丽的日出"。然而，资本主义生产方式的本质是异化劳动，异化劳动一方面导致人的本性的异化、德行的异化，另一方面又创造了人的普遍发展的必要条件。正如马克思所说："这种生产才在产生出个人同自己和同别人的普遍异化的同时，也产生出个人关系和个人能力的普遍性和全面性。"② 文化进步中的这种内在二律背反只有在以人的自由全面发展为目的的未来的自由人联合体社会中才能得到合理的解决。这不仅是由于社会化的人们合理地调节他们与自然以及他们之间的关系，更重要的是随着生产力的高度发展，人终于成为世界图景的真正的中心，文化作为直接体现人的本质的东西终于成为社会生活的最高追求。马克思豪迈地预言，在未来社会的物质生产领域的彼岸，"作为目的本身的人类能力的发展，真正的自由王国，就开始了"③。对文化进步的这种历时性探讨，可以深化我们对人类进步历史的认识，从而构成了认识历史运动的新视角和新途径。

---

① 《马克思恩格斯全集》（第 3 卷），人民出版社 1960 年版，第 567 页。
② 《马克思恩格斯全集》（第 46 卷上册），人民出版社 1979 年版，第 109 页。
③ 《马克思恩格斯全集》（第 25 卷下册），人民出版社 1960 年版，第 927 页。

八、推动着文化进步的根本动力
是主体与客体的矛盾运动

从文化的载体——语言的最初产生到当代人类知识的急剧增长，无不是源于认识自然、改造自然，认识社会和改造社会的实践活动。实践作为主客体相互联系、相互转化的中介和桥梁，规定着一定时代文化的性质、功能和使命。然而，实践对文化的决定作用不是简单的直观的过程，它必须通过主体内部的精神运动起作用，从这个意义上说，主体内部精神的矛盾运动是文化发展进步的直接动力。构成文化进步的内在动力机制是极其复杂的，根据逻辑与历史一致的客观分析方法，一般可包括三个环节或三个阶段。

第一，文化选择和文化批判。文化选择的实质是主体对文化传统、文化环境的价值判断和价值取向，无论个体的成长或群体、民族的发展，文化选择都是不可避免的，区别只在于是自觉地、理性地选择，还是不自觉地、盲目地选择。自觉的文化选择，是主体自我意识唤起的显著标志，合理且科学的文化选择，是主体展现和确证自身本质力量的前提。维护主体文化选择的权利，提高主体文化选择的能力，是马克思主义的一个基本原则。文化选择的核心是文化批判。在自由自觉的主体面前，没有天然合理的、十全十美的、一成不变的文化模式、生活方式。"辩证法对每一种既成的形式都是从不断的运动中，因而也是从它的暂时性方面去理解；辩证法不崇拜任何东西，按其本质来说，它是批判的和革命的。"[1] 作为实践的反思和超越的文化，批判永远是它的活的灵魂，它在对传统文化进行严肃批判的同时进行无情的自我批判，在对现存文化模式、文化思潮的肯定的理解中包含着否定的理解，在批判中选择，在选择中扬弃，在历史和价值的交合点上寻找和开创文化现代化的合理道路。

第二，文化冲突和文化认同。文化批判的过程贯穿着文化冲突与文化认同的双重运动。文化的自我超越、自我完善、自我发展的本质外化为实践的合规律性与合目的性、绝对性与相对性、普遍性与特殊性的矛

---

[1] 《马克思恩格斯选集》（第2卷），人民出版社1972年版，第218页。

盾，这种矛盾又内化为传统文化与现代文化、本土文化与外来文化的冲突。维护或否定一种文化的基本价值、社会地位和存在的合理性是冲突的焦点。文化冲突于个体，表现为个体的深刻的内省和再认识运动；于社会，则表现为残酷的、阶级的和民族的斗争，包括经济的、政治的、军事的斗争。文化冲突必然导致原有文化同一性的解体，形成全新文化的同一性。没有这种文化认同，也就不会有主体的认识构架、价值体系乃至生存方式的存在和发展，没有维系群体、民族内聚力的稳定的精神特征和标志，也就意味着群体、民族的消亡。文化认同以语言、情感和生活方式的认同为中介，以思维方式、思想观念和信仰的认同为核心。现代化运动不仅需要经历渐进式或飞跃式的文化冲突过程，而且需要经历不可逾越的文化认同过程。先进的社会形态对落后的社会形态的取代，发端于文化冲突而完成于文化认同。

第三，文化积累和文化创新。人的生命在有限与无限的矛盾运动中延伸是通过文化积累和创新实现的。文化是人类社会机体的遗传基因，它不会因个人、群体乃至一代人的逝去而消亡，它超越个体、群体和时代的时间和空间的有限性积淀，整合为"传统"与"遗产"，成为新一代人乃至人类的实践活动的土壤，以获得性遗传和人际教化等形式不断推进人的心智的发展，正如一位学者所说："人一代一代地逝去了，而文化还活着；文化以仍然生存着的人的活动而'活着'。"每一时代的人们出于创造本性和终极理想的追求，都会从自己实践的任务出发整理、评价、挖掘、吸纳、弘扬前人的文化成果，从而把每一时代的语言、宗教、艺术、思想、行为方式和思维方式汇入人类文化进步的、无限的历史长河之中。然而，一种文化当其取得支配人们思维方式和行为方式的主导精神体系的地位后，随着时间的流逝，它就形成一种巨大的社会惯性力量，甚至自我膨胀为一种外在于人压抑人的异化物，人成了自己本质异化物的奴隶。当这种文化导致人的心智的扭曲、低下以至不能有效地应对自身发展和外部的挑战时，文化危机就产生了，文化创新就成为历史的"推进器"。这里所说的文化创新不仅是指文化内容的激活，更是指整个系统模式的革命和转型。它是原有价值体系、心理定式、思维方式的解构，也是新的观念、思想、规则的建构；是传统惯性的消解，也是传统精华的重铸；是社会生活的变革，也是人身心的新生。这是文化从异化向其本质复归的历史必然，人、社会、文化就在这种异化与复归的二重运动中不断进步。完全可以说，文化创新是民族的灵魂，文化创新能力的高低，关系到民族的兴亡盛衰。文化只有在世代积累和相传的过程中不断创新和赋予新的内容与形式，才能以经久不衰的魅力扎根于、浸润于不断变迁的社会和不断发展的人。

九、中国正在走向现代化，现代化意味着经济、社会、人的极其深刻的变化，规定着当代中国文化进步的方向、内容、形式和目标

与经济转型、社会转型相适应，当代中国文化也面临着转型的迫切任务。

首先，要建构与现代化相适应的文化精神。文化精神体现了一种文化的本质特征，称之为民族精神，或国魂。中国文化传承数千年而未衰，在于它蕴含着优秀的民族精神，如自强不息、刚健有为的品格，厚德载物、兼容并蓄的情操，威武不能屈、贫穷不能移、富贵不能淫的气节，等等。千百年来，这些精神并没有随岁月的流逝而失去它的价值，反之，它构成了中华民族战胜内乱外患，跨越兴衰沉浮，奋力屹立于世界东方的精神脊梁，是中华文明历经时代更迭而始终维系着、发展着的精神支柱。然而，这些文化精神是在自然经济的社会土壤中形成和流变过来的，面对以社会化大生产为基础的市场经济，它必须在与西方文化的相互激荡中，在与发展市场经济的实践的相互作用中得到拓展、深化和提升，融进近代以来在世界范围内形成的现代精神，如平等精神、竞争精神、民主精神、法治精神等，才能为中华民族实现跨越式跳跃的现代化运动提供强大的精神动力，才能展现出东方泱泱大国既继承传统又反思传统，努力赶追世界大潮的不屈决心和精神风貌。

其次，要建构与现代化相适应的文化价值。文化价值是一个民族的思想观念、行为习惯、交往方式等各方面的评价标准和理想取向，是维系民族的协调性和统一性的深层的无声的力量。中国传统文化以重"善"、重"义"、重"整体"为维度构成了它的价值体系。"善"是内在的德性修养，"义"是外在交往要求，"整体"（或国家、或民族、或家族）是"善"和"义"的指向。反之，不重"真"，即轻视对客体的科学分析，不重"利"，即鄙视人追求利益的行为，不重"个体"，即不尊重个人的价值和创造精神，由此构成了中国传统文化价值的另一方面。如果说，这种传统文化价值造就了中华民族崇德崇美的精神境

哲学、文化与时代

界，那么，它在为社会现代化和人的现代化提供动力和目标上都是力不从心的。为了适应、推动和导引市场经济的发展，必须整合出"善"与"真"交融、"义"与"利"并举、"整体"与"个体"互动的文化价值系统，以形成既有浓厚人文传统又有理性的科学精神，既有个人自由发展又有社会整体合力，既充盈勃勃生机又保持协调稳定的社会氛围。

再次，要构建与现代化相应的文化体制。文化体制是文化价值的外化，包括决策、管理、评判等各个环节。中国传统文化虽然不断变化，但追踪历史的轨迹，不难看到，它是一种以"唯上""唯一"为特征的强调高度一致的体制，这种体制有利于主导文化的认同、民族传统的维护，但却不利于文化的开放和交流，不利于各种文化流派和形式的竞争发展。如何适应当今社会主体利益多元化、价值取向多维度的现实状况，营建一个在马克思主义科学体系指导下多元文化、多层文化共存和争鸣的生动活泼的局面和机制，促进文化决策多层次化、文化管理民主化和法制化，是当代中国文化进步的重大课题。毫无疑问，这种多元、多层文化互补共存的格局的形成必然伴随着各种矛盾的摩擦和冲突，要正确处理好传统文化与现代文化、主流文化与多元文化、大众文化与理性文化、技术文化与人文文化的关系。可以确信，按照社会现代化与人的现代化的方向构建起来的中国文化，将既是现代的，同时又是浸润着历史传统中全部精华成分的；既是大众的，同时又是体现社会思潮的方向的；既是科学的，同时又是给予人慰藉、激情和希望的。

十、全球化是当今世界发展的最显著的特征，不管人们是举起双臂欢呼它还是恐惧地诅咒它，这股大潮正在以加速度从西方向东方，从现代化中心地区向边缘地区席卷而来

离开全球化谈论文化进步，显然没有现实意义。就其发生而言，全球化是随着信息技术的广泛应用，以和平与发展为主题的世界格局的形成而获得迅速推进的，它发端于17世纪以来国际分工的出现，资本主义生产方式的产生和世界市场的形成，正如马克思当时所预见的"历史向世界的转变"；就其内容而言，全球化迄今主要是经济学的概念，意

指金融投资、贸易经营、信息传播等日趋世界一体化，但政治、文化必定不能游离于这股世界潮流之外。有没有文化的全球化？答案是肯定的，马克思就150多年前在《共产党宣言》中就指出："资产阶级，由于开拓了世界市场，使一切国家的生产和消费都成为世界性的了……物质的生产是如此，精神的生产也是如此。各民族的精神产品成了公共的财产。民族的片面性和局限性日益成为不可能，于是由许多种民族的和地方的文学形成了一种世界的文学。"① 全球文化的形成和发展是一个在冲突中走向整合的渐进过程，是一个以个性文化、地域文化、民族文化充分发展为基础的类文化日益丰富的过程。只看到不同文化价值体系的区别和冲突，否认它们的共同性和普遍性，会导致文化相对主义，进而否认文化进步的可能；只看到文化的融合和趋同，无视各种文化价值的相对独立性，会导致人们放弃对文化霸权主义、新干涉主义的应有的警惕。文化冲突是文化整合的必经环节，文化整合是文化冲突的辩证扬弃和合理选择，二者统一于全球化的全过程。从局部和当前看，冲突的倾向强于整合的倾向，从整体和未来看，整合的趋势则强于冲突的趋势。目前全球范围至少存在四种文化的冲突和整合。一是社会主义文化与资本主义文化的冲突和整合。几百年前，社会主义思潮的"幽灵"在欧洲的出现引起了资本主义世界的极大的震撼和恐慌，而二战以后特别是80年代末90年代初以来，资本主义文化又乘着全球化的浪潮对社会主义文化大肆挤压。"资本是天生的国际派"，全球化在把资本主义基本矛盾扩张到世界各地的同时，也促进了社会主义国家的经济、政治、文化的改革和创新，为社会主义作为"自由的联合体"理想境界的实现创造了不可或缺的经济条件、政治条件和文化条件，社会主义价值随着全球一体化越来越显示出它的号召力和无穷的魅力。二是东方文化与西方文化的冲突和整合。全球化的历史过程，是工业化、城市化的过程，是迫使乡村服从城市、东方服从西方的过程。西方文化借助先进的科技和生产方式，推毁了东方的万里长城，对强调人文价值、整体价值的东方文化形成巨大的冲击。然而，全球化也为东方迅速获得工业化的技术手段、管理方式，实现跳跃式发展提供了历史机遇。近二三十年来，亚洲经济强劲持续发展，亚洲价值也得到广泛承认，尽管亚洲金融危机的爆发需要我们对亚洲模式、亚洲价值做一番理性反思，但历史毕

① 《马克思恩格斯选集》（第 1 卷），人民出版社 1972 年版，第 254—255 页。

竟证明了"西方模式万能论""西方文化中心论"的破产。无论西方价值还是东方价值，都不得不在全球化浪潮中接受洗礼，整合出一种与人类可持续协调发展相适应的个体与整体、人类与自然和谐统一的新价值观。三是本土文化与外来文化的冲突和整合。全球化在冲击自我封闭的民族经济体系的同时，也打破了民族文化的自我同一性，后发型发展国家是如此，原生型现代化国家亦如此。对前者来说，参与全球化不仅意味着工业化国家资本、产品的涌进，而且是生活方式、思维观念的渗透，本土文化逐渐失去以往的教化、认同、凝聚的地位和功能，民族价值体系面临分裂的空前危机；对后者而言，在大量输出产品的同时，不得不输入其他国家的产品，在输出它的文化的同时，不得不受到其他民族文化的影响，难怪有些西方学者提出西方文化正在出现认同危机。"我是谁"的问题，不仅困扰着发展中国家，同样也困惑着发达国家。本土文化、民族文化要生存和发展，就必须认清全球化可能带来的利弊，自觉地以历史发展和民族利益为尺度，吸纳外来文化之精华，改造复兴本土文化，使之融汇到人类现代化的滚滚洪流之中。四是个体文化与类文化的冲突和整合。全球化把现代市场经济带到世界各地，但也带去了它的异化现象。大众文化、工业文化似乎是现代市场经济的副产品，它以通俗流行为特点，以青少年为对象，以大众传播渠道、互联网为媒介，昼夜不停地复制并销售到全球每个角落，即使穷乡僻壤也不能例外。不同民族的青少年在追逐、接受同一风格、同一品味的流行文化的过程中，不可避免地失却自身的个性。与此同时，现代市场经济由于以高新科技的应用为基础，以现代产权关系、分配关系、管理方式为载体，又为克服异化现象创造了必要前提。它促进了人在不同产业、岗位的自由流动，拓宽了人跨国度、跨地域相互交往的空间，激发人的自主创造精神的发挥，呼唤着人的平等民主权利。这是以"人、人的价值、人的发展"为核心的人类共识不断增进的过程，也是个人的个性、自由不断丰富的过程。个人的自由发展和人类的自由发展的一致，将不仅仅是一种美好的理想，全球化的历史推进为这二者的统一开辟了广阔的前景。

（原载于《广东社会科学》2000 年第 4 期）

时代与文化

论文化竞争力

马克思主义高度重视文化在社会发展和人的发展中的历史地位，充分肯定文化对经济、政治的巨大能动作用。当今世界，文化与经济和政治相互交融，在综合国力中的地位和作用越来越突出。文化的力量，深深熔铸在民族的生命力、创造力和凝聚力之中。把文化与综合国力紧密联系起来，高度评价文化的地位和作用，这是中国共产党人对时代发展新趋势的新判断和新认识，对马克思主义文化理论的新概括和新发展。

一、文化竞争是国际竞争的新态势，全球化时代是文化创新和文化竞争的时代

当今时代最显著的特征莫过于全球化。20 世纪以来，随着参与主体的扩大和互动，随着知识经济的形成和发展，全球化正在从特殊趋向一般，从单向趋向双向，从单极趋向多极，从经济层面向政治、文化层面深入。尽管文化全球化这个概念还引起异议，但文化全球化的客观现象却是毋庸置疑的，文化整合和文化竞争的并存与互动构成了文化全球化发展的动力和主线，文化全球化在引发了无数的文化矛盾、文化冲突的同时，也推动着文明的融合，推动着经济全球化的发展。可以说，不从文化的高度研究全球化，就不能总体把握全球化的本质特征、历史进程和发展趋势，不联系全球化去研究文化问题，就不能科学说明文化的时代意义和历史使命。

文化竞争是国际竞争全新的发展态势。第二次世界大战以来，国际竞争正在从军事——经济——科技——文化领域演进，发达国家也从谋

求军事霸权、经济霸权到谋求文化霸权，这种变化是世界经济从工业时代向知识经济转型的必然现象。美国学者 Michacle E. Porter、Jrffery D. Dachs 和 John W. Mcarthar 把经济发展阶段划分为 4 个阶段：在低收入水平时，属于"要素驱动"阶段，增长主要依赖于土地、非熟练劳动力、初级产品；在低收入向中等收入水平过渡时，开始进入"投资驱动"阶段，增长主要依赖于资本投资，包括对基础设施的大量投资和吸引外资；在从中等收入向高收入水平过渡时，开始进入"技术驱动"阶段，增长主要依赖于投入，开始从技术进口经济向技术生产经济转变；在高收入阶段，属于"创新驱动"阶段，主要依赖于知识创新和技术创新，包括很高的社会教育水平以及迅速向新技术转移的能力。[①]第四阶段与前三个阶段的根本区别，就在于它的文化意义和主体意义，创新是一种文化知识、文化价值以及思维方式、心理结构的革命性飞跃，是人的自觉性、能动性、创造性的本能特征的充分发挥，从要素竞争、资本竞争、技术竞争到创新能力的竞争，体现了全球化、现代化发展的一般规律，也体现了人类从经济人、社会人向文化人演进的历史进程。

文化竞争首先是文化产业竞争。文化产业是文化的生产、交换、消费进入市场体系，由市场调节的产物，包括从事文化产品生产和提供文化服务的经营性产业，经济管理部门把文化产业定义为"按照工业标准生产、再生产、储存以及分配文化产品和服务的一系列活动"。借助于信息技术网络的全球化，文化产业的浪潮从美国、欧洲向全世界迅速推进，凭借高科技、知识含量高和利润高的优势，文化产业已经成为发达国家的支柱产业，文化贸易已成为国际贸易中的重要领域，许多国家把发展文化产业作为优化产业结构的战略举措和提高综合竞争力的全新增长点。

文化产业竞争的背后是文化价值的竞争。文化价值观是民族文化、民族精神的核心，是民族向心力、凝聚力的支撑点，因而是一个民族生命力、创造力的源泉，同时也是国家、民族、企业之间竞争的合理性根据。美国谋求全球霸权，实质是企图让世界认同其文化价值观。战略利益和文化价值观的高度结合是贯穿美国外交的主线，文化价值观是美国

① 参见胡鞍钢、门洪华主编：《解读美国大战略》，浙江人民出版社 2003 年版，第 71 页。

外交中的永恒主题及富有战略价值的核心变量之一。美国的这种外交战略和竞争战略源于"使命观"。它发轫于清教徒的宗教信仰和欧洲的启蒙运动，根植于美国独特的地理环境和发展历史。美国从立国之日起，就把自己当作"后欧洲社会———一个以民主、自由和社会正义为光辉榜样而站立在旧世界面前的新世界"①。认为自己不仅是一个新世界，而且是新世界的代表。长期以来，特别是二战后，美国外交带有价值观化的显著特征。当前全球文化价值的竞争突出地表现在东方文化价值观与西方文化价值观的竞争和冲突。亚洲特别是东亚、东南亚地区和国家几十年来快速发展，除了善于利用发达国家的先进技术、管理经验以及政府在经济发展中发挥主导作用等因素外，人们发现东方价值如重整体、重伦理、重节俭等观念是一个重要的动力源。西方国家一些人由此把亚洲价值看作是"亚洲奇迹"的文化基础。但是在经过 20 世纪 90 年代的亚洲金融风暴后，人们开始反思亚洲价值的内在不足，认为这是导致金融风暴的深层次原因之一。不仅东西方之间存在价值差异和竞争，即使是东方国家之间和西方国家之间也存在着价值差异和竞争。可见，全球化时代的经济竞争，贯穿了何种文化价值观更适应于现代化，更能激发民族意志，更能取得世界主导地位的竞争过程。文化价值的差异是一种客观存在，它既可能促进交流和融合，又可能引发竞争和冲突。不从经济、政治、军事竞争的现象深入把握文化竞争的底蕴，不把握文化竞争各种复杂的形式和发展的走向，我们就难以合理地解释、说明当代人类经济、政治、精神生活中的种种困惑和矛盾。科学的使命就是要把握文化竞争的时代要求、发展趋势和一般规律，为自觉地参与全球化，大力提升国家、地区、企业综合竞争力提供理论支撑和知识保证。

二、文化竞争力是人的本质力量，是在生产实践和社会交往之中形成和发展起来的

人的能力是文化竞争力的本质。黑格尔把文化的力量归结为神秘的世界精神，马克思把文化的力量归结为人的能力，人是文化活动和文化

① 胡鞍钢、门洪华主编：《解读美国大战略》，浙江人民出版社 2003 年版，第 117、120 页。

哲学、文化与时代

发展的前提。在人之外或在人之前不可能有客观精神或自我意识，文化的本质是人的有意识的活动过程，所谓"历史不过是追求着自己目的的人的活动而已"①。黑格尔看到了精神运动与人的发展的辩证关系，但却是以唯心主义的立场来理解这种关系，他"要求把对象世界归还给人这种对人的本质力量的占有或对这一过程的理解，在黑格尔那里是这样表现的，感性、宗教、国家权力等等是精神的本质，因为只有精神才是人的真正的本质，而精神的真正形式是能动的精神，逻辑的、思辨的精神。自然界的人性和历史所创造的自然界——人的产品——的人性，就表现在它们是抽象精神的产物……"②马克思认为人化自然和人类社会的发展，都是人的能力的对象化的过程，整个历史包括文化史无非是人类本性的不断改变。思想理论只有抓住人，才能转化为物质力量。以人的能力为尺度，马克思划分了人类社会发展的三大形态，其中最高形态为共产主义，是人的自由个性和能力全面发展的社会。

人的实践是文化竞争力的基础。实践的观点是马克思主义认识论和唯物史观的基础，马克思认为唯物史观和唯心史观的根本分歧，在于"是从物质实践出发来解释观念的东西"，还是"从观念出发来解释实践"。精神意识、思想并不能自我实现什么，一切把精神文化导向神秘主义的神秘的东西，都能在人的实践以及对这个实践的理解中找到合理的解决办法。文化活动是人的自觉创造活动，是既"化物"又"化人"的双重过程。人的这种文化特性不是纯粹的精神运动的产物，而是在实践中产生和发展起来，黑格尔把能动原则看作是精神最本质的东西，他认为人通过劳动自我产生，在劳动中扬弃了自然界的原始性、直接性，使自己的本质统摄自然对象，从而达到人与自然、主体与客体的同一性。马克思充分肯定黑格尔揭示出的历史辩证法，但认为黑格尔"唯一知道并承认的劳动是抽象的精神的劳动"。人的文化本质的能动性和创造性首先是客观物质性的活动，人在实践中能动地改造世界，"通过实践创造对象世界，即改造无机界，证明人是有意识的类存在物"③，同时又在实践中能动地改造主观世界，丰富和发展自身。实践的能动性、

① 《马克思恩格斯全集》（第2卷），人民出版社1957年版，第118—119页。

② ［德］马克思：《1844年经济学－哲学手稿》，人民出版社1979年版，第115页。

③ 《马克思恩格斯全集》（第42卷），人民出版社1979年版，第96页。

创造性是对象化和非对象化的统一，即在创造人化自然的自我否定中扬弃客体的原始性和主体的片面性，确证和发展主体的文化力量，创造出新的文化和新的人，从而实现"环境的改变和人的活动或自我改变的一致"。

人的交往是文化竞争力的直接动力。人在本质上是交往的，交往实践是生产实践的前提，也是文化形成和发展的前提。马克思指出："语言也和意识一样，只是由于需要，由于和他人交往的迫切需要才产生的。"① 交往是人与人之间交换其活动、能力及成果的过程，它是人作为社会性存在或"类"存在的根本特征。交往使主体的文化力量成为现实的力量。马克思说："诸多个人的力量，只有在这些个人的交往和相互联系中才是真正的力量。"因为交往使个人的单个人的精神劳动成为社会劳动，使个人的特殊性存在成为社会性存在，交往还使群体和民族文化获得新的活力和发展的动力。因为交往打破各民族、群体文化的封闭性，在相互比较、相互竞争中激活传统因子。文化交往推动各种文化走向更大空间，如同美国著名哲学家罗素所说的："在往昔，不同文化的接触曾是人类进步路标。希腊曾经向埃及学习，罗马曾经向希腊学习，阿拉伯人曾经向罗马帝国学习，中世纪的欧洲曾经向阿拉伯学习，文艺复兴时期的欧洲曾经向拜占庭学习。"②

马克思预言全球时代将出现体现生产消费的一体化、普遍性的世界文化，然而这是一个伴随着文化的竞争和冲突的过程。正如工业革命时代产生了工业文明与农业文明、城市文明与农村文明、西方文明与东方文明的冲突，今天全球化时代又产生了现代化的中心与边缘、现代性与后现代性、普适性与本土性等冲突，后者是前者的逻辑延续。马克思认为，只有在世界性的竞争交往中，各民族创造的财富包括物质财富和精神财富才能得到保存和发展。"只有在交往具有世界性质，并以大工业为基础的时候，只有一切民族都卷入竞争的时候，保存住已创造出来的生产力才有了保障。"③ 也就是说，民族的综合竞争力，包括文化竞争力，与它的交往能力、交往程度密切相关，只有参与世界性的普遍交

---

① 《马克思恩格斯选集》（第1卷），人民出版社1995年版，第81页。

② ［英］罗素著，胡品清译：《一个自由人的崇拜》，时代文艺出版社1988年版，第8页。

③ 《马克思恩格斯全集》（第3卷），人民出版社1960年版，第61—62页。

往，民族文化才能产生世界性的影响，才能融入世界文明发展的长河而生生不息。

三、文化生产力是文化竞争力的基础，造就全面发展的"文化人"是发展文化生产力的根本任务

历史唯物主义认为，生产力构成人类全部历史的基础，生产力的根本要素是有意识、有创造能力的人，因此它内在地包含物质生产力和精神生产力。马克思在《经济学手稿（1857—1858年）》中明确地使用了"物质生产力"和"精神生产力"这对概念。"物质生产力"主要是指人类在适应、改造、调控自然过程中表现出来的能动的物质力量，而"精神生产力"则是指人类创造精神产品、精神价值的实际能力。① 马克思强调要从历史演变来理解物质生产力和精神生产力，指出"如果物质生产本身不从它的特殊的历史的形式来看，那就不可能理解与它相适应的精神生产的特征以及这两种生产的相互作用"②。如果说蒸汽机和电的发明与应用导致了物质生产力发展的第一次飞跃，那么信息技术和生物技术的发明与应用是导致物质生产力的第二次飞跃的重要因素，这种飞跃不仅使物质生产力和精神生产力更紧密地结合起来，而且深刻地改变了精神生产力的功能和形式。一个以物质生产力为基础、以精神生产力为主导的物质生产力和精神生产力相互联系、相互渗透、相互转化的现代生产力系统的形成和发展，推动着人类社会从工业时代进入"知识经济""文化经济"时代。与19世纪相比，精神生产呈现出若干新特点：一是市场化的程度更高，精神产品的生产、交换、消费在更广的范围内与市场和资本相结合；二是走向集中化，现代技术使文化产品和文化服务标准化、集约化，特别是音像制品、报刊、艺术复制品等可以通过流水线大批量生产，以至可以称之

---

① 叶险明：《关于"知识经济"的历史观诠释问题》，《哲学研究》2003年第9期。

② 《马克思恩格斯全集》（第26卷第一册），人民出版社1974年版，第296页。

为"文化工业";三是形成国际化的文化市场,文化贸易在国际贸易中的份额与日俱增;四是精神生产在更大范围内进入物质生产领域,精神文化的创新转化为物质成果的周期大大缩短;五是由于物质生产与精神生产日益交融,两种生产的分工的界线也日渐模糊,广大劳动者正在经历一个从"经济人"向"文化人"转型的过程。

随着精神生产的内容和形式发生的根本性历史变化,传统意义上的"精神生产""精神生产力"已转变为更加体现产业化、社会化、市场化、国际化的内涵更为广泛的"文化生产""文化生产力"。在马克思看来,宗教、法律、道德、科学、艺术等是人类生产的特殊方式,受生产普遍规律的支配,文化、精神生产都是全面的生产。他指出:"动物的生产是片面的,而人的生产是全面的;动物只是在直接的肉体需要的支配下生产,而人甚至不受肉体需要的支配也进行生产,并且只有不受这种需要的支配时才进行真正的生产;动物只生产自身,而人生产整个自然界;动物的产品直接同它的肉体相联系,而人则自由地对待自己的产品。"① 精神、文化生产作为全面性的生产是克服了片面的、外在的、异化的需要的生产,是一种体现了人的自由自觉本质的主体性的生产。

发展文化生产力,必须以人的自由全面发展为根本方向,首先,它是满足人的精神需要的生产。精神生产是人与动物的本质区别,时代愈是进步,人的精神需要愈是趋于多层次、多元化和个性化,文化生产力的发展将使人更多地从狭隘的生存视野,从地域和群体的自我封闭的孤立状态中解放出来。其次,发展文化生产力要以增进人的能力为根本任务。概括和总结人类实践的经验,形成理性科学体系,揭示客观规律,并通过启蒙和教育使人们不断提高认识和改造客观世界和主观世界的自觉意识和实际能力,推动人类社会不断从必然走向自由。再次,发展文化生产力要体现人的价值追求。向"善"向"美"是人的生命意义,提升社会的道德精神,构建人的精神支柱,引导人们克服全球化、现代化过程中产生的种种精神焦虑、失落、异化,重建精神家园,推动人们心、智、德的协调发展,是经济活动和文化活动的价值追求。最后,发展文化生产力的落脚点是"文化人"的生产。人是文化生产力的主体,人的素质的高低,给予文化生产力决定性影响,而造就自由全面发展的"文化人",也正是发展文化生产力的根本目的。在文化生产力发展的

---

① 《马克思恩格斯全集》(第42卷),人民出版社1979年版,第96—97页。

哲学、文化与时代

过程中，生产工具仍然具有十分重要的作用，现代科技的迅速发展使生产工具系统不仅成为劳动者的肢体的延伸，而且成为人脑的延伸，在这个意义上，"科技是第一生产力"。它极大扩展了人进行文化交往的广度和深度，提高了对文化资料积累、分析、使用的效率和质量，推动了文化信息的大众传播和文化娱乐的大众化、市场化。然而文化生产与物质生产的区别在于，前者的对象是精神世界，主要是对精神资源的开发利用和创新，后者的对象是物质世界，主要是对物质资源的开发利用，文化生产过程直接就是人对自身再理解、再创造、再构建的过程，更直接地依赖于人的能动性和创造性，没有一个高素质的"文化人"社会，就不可能有大规模的文化消费和文化生产。人生产社会与社会生产人是一致的，文化人的生产与文化生产力的发展是一致的。

四、文化创造力是文化竞争力的核心，文化创造力源于实践的能动性和思维的能动性

全球化时代是一个大分化、大调整、大转折、大发展的时代，它深刻地改变着每个民族、群体、企业，乃至每个人的生存和发展的条件和方式，它所导致的一系列经济、政治、社会、文化、环境问题，往往是关系到重新选择人类未来生产、交往、思维模式的综合性根本性问题，经典的思想资源和既有的文化模式都不能直接提供现成的答案、说明和导引。面对如此深刻的现实生活的转型，必须把文化创造力的高低看作是每个国家、民族、企业能否适应，能否作出正确选择，能否生存发展的决定性力量来看待。在是否重视和发展文化创造力上，美国和日本的经历值得借鉴。二战后，日本通过模仿、吸收、开发美国先进科技，制造业迅速发展起来，不仅很快恢复了战争中遭到严重破坏的国民经济体系，而且许多产品的国际竞争力大有超过美国之势，日本资本全球扩张，当时就有日本人将买下曼哈顿、夏威夷之说。然而在日本企业陶醉于模仿和制造的同时，美国企业及时适应工业时代转向知识经济时代的发展新趋势，果断放弃一些传统工业领域而投放巨大的财力研发信息技术、生物工程技术等新一代科学技术，大力发展以信息高速公路为龙头的高新科技产业群，结果是日本逐渐由极盛而衰，90 年代以来经济持续下滑，有人称 90 年代为日本"迷失的十年"，而美国顺利地实现了

新旧经济发展模式的转轨，克林顿时期更是创造了连续 8 年高速增长的成绩。

文化创造力充分体现了人的自由、能动的本质特征。文化生产往往是量的规模扩张，是一个标准化的重复性过程，而文化创造是质的产生和发展过程，是文化本性的自觉张扬；文化消费往往是群体性的认同过程，而文化创造往往是个体性的求异过程；文化传播往往是对原有文化的强化，是文化空间的扩展和文化时间的延续，而文化创造是原有文化的否定性环节，是文化时间上的非连续性。然而文化创造又不是孤立的过程，它渗透于文化的生产、消费和传播的各个方面，是文化生产、消费和传播的灵魂和动力。如在文化生产过程中，人把文化作为劳动的对象，体现出人更多地从本能走向自觉；如文化消费过程，是人的审美过程，是价值评价的过程，是文化主体的再生产过程；又如文化传播，是文化的普遍性与不同地域和群体的亚文化的特殊性相结合的过程，是互动整合的过程。

文化创造力源于实践的创造力。人的实践是文化的动力和源泉，实践的经验为思想文化发展和变革提供感性基础，实践的需求激发文化的创造活力。恩格斯说过，需要比十所大学更能推动科学的发展，人的思维的最本质、最切近的基础，是人所引起的自然界和社会的变化，人的智力是按照人如何学会改变自己的环境而发展的。人的社会实践的创造活动不仅增进人的思维能力，而且打破人的思想桎梏，激发文化创新的勇气和活力，如资产阶级革命在把巨大的生产力召唤出来的同时也把人的思想文化创造力极大地解放出来。由于资本主义社会自然科学和生产力的迅速发展，使"传统的中世纪思想方式的千年藩篱，同旧日的狭隘的故乡藩篱一起崩溃了。在人的外界视线和内心视线前面，都展开了无限广大的视野"①。

文化创造渗透于人的文化活动的一切方面，集中体现为知识的创造和价值的创造。知识的创造增进了人对自然规律、社会规律和思维规律的认识，而价值的创造增进了对自身存在和发展意义的认识，文化创造力也就是人在创造新观念、新知识、新价值的活动中所表现出来的观察问题、处理问题、解决问题的各种能力的总和。创造学大师斯坦伯格认为，创造力是由智力、知识、思维风格、人格、动机和环

---

① 《马克思恩格斯全集》（第 21 卷），人民出版社 1965 年版，第 94 页。

境六种因素共同构成的。从个体的创造行为看，人的思维能动性的发挥对文化创造力的增强至关重要。创新主体通过把握归纳和演绎、分析和综合、推理和判断等一系列科学的抽象方法，逼近和揭示客观规律，发现客观真理，不断揭示人的价值世界的新内涵，创新和丰富价值观念。在这里，特别需要思维的预见性和想象力，黑格尔认为："最杰出的艺术本领就是想象力。"恩格斯提出："只要自然科学在思维着，它的发展形式就是假说。"① 这种假说把人们从狭隘经验论和绝对主义中解脱出来，避免把认识凝固化、绝对化。对客体各种相互联系做系统了解的需要，总是一再要求人们在终极真理的周围造起茂密的假说之林；它使人们对未知领域的探索具有明确的目的性、计划性；对假说的证实是对已有认识的完善和深化，而对假说的证伪则是发展正确认识的桥梁和先导。

五、文化持续力是文化竞争力的源泉，它在传统的继承和创新中获得独特性和延续性

文化创造推动着人类的不断进步，每一代人都创造着自己的新文化，文化创造力的勃兴标志着民族、群体的兴旺，文化创造力的衰竭必然导致民族、群体的竞争能力的退化。文化创造力不仅有赖于时代实践的激活，也有赖于历史的积淀，一定的历史环境条件是文化创造和发展的不可或缺的前提。"人们自己创造自己的历史，但是他们并不是随心所欲地创造，并不是在他们自己选定的条件下创造，而是在直接碰到的、既定的、从过去承继下来的条件下创造。"② 这种"直接碰到的、既定的、从过去承继下来的条件"构成了文化的持续力。世界文化的发展是在民族文化、区域文化、群体文化的生生灭灭的运动过程中实现的，能延续到今天并且仍然有影响力的文化，都是以较强的持续力为依托并随着现实条件变化不断使之更新丰富的、在文化冲突和整合中以巨大的生命力保持自身个性特色的"活着"的文化。美国学者亨廷顿认为，迄今只有七或八个文明历经千年沧桑仍能保留下来并影响着世界进

---

① 《马克思恩格斯全集》（第 20 卷），人民出版社 1971 年版，第 583 页。
② 《马克思恩格斯选集》（第 1 卷），人民出版社 1995 年版，第 585 页。

程，如基督教文明、伊斯兰文明、儒家文明等，它们的"独特性和特殊性"是它们的延续性，也正是文化的这种延续性"标志着社会的延续性"。

构成文化的独特性、特殊性从而获得延续性的基本要素是渗透于人们思想行为之中的文化传统，"它是现在的过去，但它又与任何新事物一样，是现在的一部分"①。传统以广泛的价值认同为文化共同体战胜内忧外患提供思想纽带，以深厚的文化底蕴为新文化的生长提供知识资源，以鲜明的个性为文化共同体在全球化时代抵御外来文化的同质化提供精神支撑。对一个民族来说，语言、价值观念、思维方式、行为习惯以及古迹、文物、典籍、名人等都属于文化传统的范畴，对一个企业来说，企业形象、公共关系、核心价值、员工风貌以及品牌、信誉、企业家人格魅力等都是十分宝贵的传统资源。正由于传统是文化创新发展的不可舍弃的基础，它与继承和扬弃、批判和选择不可分割地纠缠在一起，因而对传统的评价总是充满着矛盾和分歧。在社会发展的历史进程中，传统的作用及作用的发挥往往取决于历史主体的价值取向，取决于历史主体创造活动的目的和方式。

传统仅仅是潜在的或可能的文化持续力，它向现实文化持续力的转化在于人的能动的、现实的文化实践和文化生活。真正的文化创新是继承传统和创造传统的同一过程。离开文化创新的实践，任何传统必然失去人的现实关注而式微，在一定的阶段还可能成为历史和文化发展的阻力。如春秋战国时期诸子百家争鸣，创造了生气勃勃的文化时代，也把人类文化推向一个辉煌的高峰，汉代以后独尊儒术，到宋明时期，宋明理学借助行政权力、宗教权力、宗法权力推行道德化的思想，这些文化活动无非是"我注六经"或"六经注我"，"死人"统治着活人，造成了文化创造力的衰退，导致了近代以来我国经济、科技、社会发展的总体落后。在全球化迅速发展、国际竞争日趋激烈的今天，民族文化、区域文化、企业文化要在文化全球化与文化本土化、多元化两种浪潮双重冲击下生存发展，就要更加自觉地珍视自己的文化传统。能否把文化传统的复兴与发展市场经济，民主政治和培养造就全面自由发展的现代人的实践紧密结合起来，与提升与各种外来文化思潮对话的能力的实践结

① ［美］E. 希尔斯著，傅铿、吕乐译：《论传统》，上海人民出版社 1991 年版，第 16 页。

哲学、文化与时代

合起来，决定了它不断回应时代变化发展的新挑战的能力，决定着它不断返本开新的持续发展的能力。

（原载于《马克思主义研究》2006 年第 6 期）

论文化生产力

一、文化生产时代的来临

马克思主义历来重视文化力量对经济社会发展的巨大推动作用，认为文化体现了人的能动性、自觉性的本质特征，不仅不断丰富人们的精神世界，而且能够转化为巨大的物质力量。当代世界，文化与经济、政治日益相互交融，文化在综合国力竞争中的作用日益突出。

1. 文化生产是社会生产体系的重要组成部分

马克思对人类历史之谜的探索，经历了从人的本质到实践的本质再到生产的本质的思想发展过程，从抽象的哲学批判到国家的政治批判再到资本主义生产关系的历史批判的过程。在这个批判的过程中，形成全面的生产理论，从而也完成了历史唯物主义的体系构建。马克思在《1844 年经济学哲学手稿》《德意志意识形态》《资本论》等著作中，从现实的人的存在、活动和发展出发，以分工理论为根据，论述了物质生活资料生产、人的生产、精神生产、社会关系的生产在人类社会生活中的地位作用以及这几种生产的相互关联、相互渗透的关系，揭示了人类社会作为活的有机体的内在结构及其运动变化的历史的和逻辑的发展过程。

物质资料的生产是人类社会生存和发展的前提，因此是"第一个历史活动"[①]。这种连续不断的感性劳动和创造，是整个现存感性世界的

———————————
① 《马克思恩格斯选集》（第 3 卷），人民出版社 1995 年版，第 79 页。

非常深刻的基础。人的生产是人类社会的基础性生产，人的生产既受制于社会需求，也创造新的社会需求，恩格斯把人自身生产与物质生产同称为直接生产和再生产，指出一定的历史时代和社会制度受于这两种生产的制约，因而它们是历史的决定因素。精神生产是人类社会生产体系中的重要组成部分。马克思批判青年黑格尔分子把"精神""自我意识"理解为某种自给自足的、自我发展的历史始源性因素，指出精神生产对物质生产的依赖性，认为人们的精神交往归根到底是人们物质关系的产物，"表现在某一民族的政治、法律、道德、宗教、形而上学等的语言中的精神生产也是这样"①。在肯定精神生产受生产的普遍规律的支配的同时，马克思也肯定了精神生产的特殊性和相对独立性，在论述精神生产中的艺术生产时，他就提出要注意"物质生产的发展例如同艺术生产的不平衡关系"②。

如果说，物质生产是社会有机体与周围环境发生物质变换的转换器，人自身生产是社会有机体存在和活动的前提条件，那么精神生产是社会有机体改造环境、改造自身的调节中枢，三者的相互作用，使历史呈现出自然过程和自觉创造过程的特质。正是在物质、精神、人本身的生产和再生产的过程中，人类社会成为"一切关系在其中同时存在而又互相依存的社会机体"③。

2. 精神生产体现了人的本质和人类社会发展方向

为了拨去笼罩在社会历史领域的各种唯心史观的迷雾，马克思、恩格斯在进行哲学变革，创立唯物史观的进程中，特别着重于对人的历史活动的客观规律、客观关系、客观因素的探索以及三者对人的精神活动和历史发展的决定作用。列宁把这个过程概括为"两个划分""两个归结"，他指出马克思创立唯物史观"所用的方法是从社会生活领域中划分出经济领域来，从一切社会关系中划分出生产关系来，并把它当作决定其余一切关系的原始的关系"④，"只有把社会关系归结于生产关系，把生产关系归结于生产力的高度，才有可靠的根据把社会形态的发展看

---

① 《马克思恩格斯选集》（第3卷），人民出版社第1960年版，第29页。
② 《马克思恩格斯全集》（第46卷上册），人民出版社1979年版，第47页。
③ 《马克思恩格斯选集》（第1卷），人民出版社1995年版，第143页。
④ 《列宁全集》（第1卷），人民出版社1957年版，第118页。

作自然历史过程"①。列宁的这个概括准确地揭示了马克思的思想进程，但并不是对唯物史观的无比丰富的理论体系的总体概括，然而有些人把这"两个划分""两个归结"绝对化，以致把唯物史观蒸发为"生产力决定论"，更有马克思理论上的敌人利用这种机械的理解把唯物史观攻击为"经济决定论"。恩格斯晚年在回顾和马克思进行哲学变革中创立了科学社会主义理论体系的心路历程时，曾提及为了反对历史唯心主义，他们不得不特别注重强调经济因素在历史活动中的基础性作用，然而这并不意味着可以忽视国家机器、精神文化等各种上层建筑的反作用。他指出："根据唯物史观，历史过程中的决定性因素归根到底是现实生活的生产和再生产。无论是马克思或我都从来没有肯定过比这更多的东西。如果有人在这里加以歪曲，说经济因素是唯一决定性的因素，那么他就是把这个命题变成毫无内容的、抽象的、荒诞无稽的空话。"②对精神生产的意义，马克思从主体的价值和历史的规律两个向度做了大量的深刻阐述。

　　人的活动是有目的有意识的自觉的活动，因而生产的精神性或精神性的生产是人的生产活动的本质特征。在《1844年经济学哲学手稿》中，马克思主要从人的本质特征、人的价值上论述精神文化因素对于劳动生产的意义，他指出："一个种的全部特性、种的类特性就在于生命活动的性质，而人的类特性恰恰就是自由的自觉的活动。"③作为人的生产劳动，是劳动者的自由的生命表现，是其精神目的的实现。人在劳动中创造了对象世界，人在创造对象世界的过程中不是靠简单的、本能的运用，而是使生命活动本身变成自己的意志和意识的对象，创造一个人化自然，因而劳动的过程本质上是人的自由天性发挥的过程；人的劳动不是动物的仅仅是维持个体生存的手段，而是确证自己作为有意识的类存在物的本质，能够自由地对待劳动的对象和产品，因而人懂得"按照任何一个种的尺度来生产，并且懂得怎样处处都把内在的尺度运用到对象上；因此，人也按照美的规律来建造"④。正是这种自由自觉的劳动生产，反映了并不断丰富着人的创造的本质和社会联系的本质。基于

① 《列宁全集》（第1卷），人民出版社1957年版，第120页。
② 《马克思恩格斯选集》（第4卷），人民出版社1995年版，第695—696页。
③ 《马克思恩格斯全集》（第42卷），人民出版社1979年版，第96页。
④ 《马克思恩格斯全集》（第42卷），人民出版社1979年版，第96—97页。

此，马克思对资本主义生产方式中的工人劳动的非主体性、非精神性展开了猛烈的批判，指出工人在资本雇佣劳动中，只有在运用自己的动物机能——吃、喝、性行为的时候，才觉得自己是自由的，而在体现人的机能的社会生产时，却觉得自己不过是动物。动物的东西成为人的东西，而人的东西成为动物的东西。他在劳动中不是肯定自己，而是否定自己，不是感到幸福，而是感到不幸，不是自由地发挥自己的体力和智力，而是使自己的肉体受折磨，精神受摧残。他的内部世界愚昧、贫乏正是他所创造的巨大的社会财富所造成的。因而，压抑人的创造天性，造成人的物质精神双重贫困的异化劳动是与人的自由自觉的类本质格格不入的，是要连同造成异化劳动的资本主义剥削制度一起被消除的。

马克思对精神生产的分析并没有停留在人的价值层面上，为了探讨历史的动力和规律，他深入资本主义经济形态的内部联系，揭示了精神生产的历史起源、发展过程和未来前景。精神生产是人的历史活动的本质特征，但是精神生产绝不是在人的实践和物质生产之外的预成物，"思想、观念、意识的生产最初是直接与人们的物质活动，与人们的物质交往，与现实生活的语言交织在一起的"[①]。无论是意识活动或是道德、宗教的产生，乃至政治、法律等概莫例外。原始阶段的人是低水平全面发展的人，他们的意识仅是与缺乏分工相适应的尚未分化的"畜群意识"或"部落意识"。随着分工的产生和发展，导致了精神生产与物质生产的分离。"分工只是从物质劳动和精神劳动分离的时候起才真正成为分工"，而分工不仅使精神活动和物质活动、享受和劳动、生产和消费由不同的个人来分担这种情况成为可能，而且成为现实。[②] 分工造成了劳动阶级的异化，造成了人的片面发展，"生产过程的智力同体力劳动相分离，智力变成资本支配劳动的权力，是在以机器为基础的大工业中完成的"[③]。然而，资本主义条件下的分工造成的物质生产力的空前发展创造了剩余劳动，创造了自由时间，从而为精神生产的大发展提供了前提和基础。"这种剩余劳动一方面是社会的自由时间的基础，从而另一方面是整个社会发展和全部文化的物质基础……所以资本创造文

---

① 《马克思恩格斯选集》（第 1 卷），人民出版社 1995 年版，第 72 页。
② 《马克思恩格斯选集》（第 1 卷），人民出版社 1995 年版，第 82—83 页。
③ 《马克思恩格斯全集》（第 23 卷），人民出版社 1972 年版，第 464 页。

化，执行一定的历史的社会的职能。"① 从整个社会来说，创造可以自由支配的时间，也就是创造了生产科学、艺术等的时间。

资本主义生产方式推动了科学技术的迅速发展及其应用，为精神文化生产创造主体条件。资本主义的工业革命产生了机车、铁路、电报、走锭精纺机等等先进的技术设备，"它们是人类的手创造出来的人类头脑的器官；是物化的知识力量。固定资本的发展表明，一般社会知识，已经在多么大的程度上变成了直接的生产力，从而社会生活过程的条件本身在多么大的程度上受到一般智力的控制并按照这种智力得到改造。它表明，社会生产力已经在多么大的程度上，不仅以知识的形式，而且作为社会实践的直接器官，作为直接生活过程的直接器官被生产出来"②。资本主义生产方式第一次使自然科学为直接的生产过程服务成为必要和可能，第一次大规模地为自然科学创造研究、实验的物质手段，第一次使生产过程具有科学理性的性质。资本主义大工业促进了劳动者的社会交往，改变着劳动者的精神面貌。资本主义大工业改变了劳动者与劳动资料的关系，提升了人的能动性。随着大工业向自动化阶段迈进，"劳动者表现为不再像以前那样被包括在生产过程中，相反地，表现为人以生产过程的监督者和调节者的身份同生产过程本身发生关系"③。马克思预见了劳动资料变革的两个趋势，一是人控制的动力越来越多地代替人的体力，二是生产资料自动化越来越使人从直接生产过程中解放出来，从而增加人的精神活动所需的自由时间。最后，资本主义大工业开创了"世界历史"，使劳动者形成全面生产包括精神生产的能力。"各个单独的个人才能摆脱各种不同的民族局限和地域局限，而同整个世界的生产（也包括精神生产）发生实际联系，并且可能有力量来利用全球的这种全面生产（人们所创造的一切）。"④ 正是在这个意义上，马克思指出，资本主义生产在产生出个人同自己同别人的普遍异化的同时，也产生出个人关系和个人能力的普遍性和全面性。未来共产主义社会，由于物质生产力的高度发展，由于这种高度发达的物质生产力成为人们共同财富而形成的每个人的自由全面发展，异化劳动将被以

---

① 《马克思恩格斯全集》（第 47 卷），人民出版社 1979 年版，第 257 页。
② 《马克思恩格斯全集》（第 46 卷上册），人民出版社 1979 年版，第 219—220 页。
③ 《马克思恩格斯全集》（第 46 卷上册），人民出版社 1979 年版，第 218 页。
④ 《马克思恩格斯全集》（第 3 卷），人民出版社 1960 年版，第 42 页。

发展人的能力为目的的全面生产所代替，人类将从物质生产为主导的必然王国向精神生产为主导的自由王国进军，"自由王国只是在物质生产劳动终止的地方才开始，因而按照事物的本性来说，它存在于真正物质生产领域的彼岸"①，到那时，"财富尺度决不再是劳动时间，而是可以自由支配的时间"②。自由创造的精神生产，自由全面发展的人，自由劳动时间，从主体尺度、活动方式尺度、财富尺度三个方面颠覆了以异化劳动为尺度的资本主义，展示了未来共产主义美好社会的基本特征。

3. 文化竞争成为当今时代国际竞争的新态势

随着精神生产逐渐成为经济社会发展的强大推动力和社会财富的主要增长方式，二战以来国际竞争正在经历从军事——经济——文化的演进过程。美国学者 Michael E. Porter，Jeffery D. Sachs 和 John W. Mcarthar 把现代化进程中的经济发展划分为四个阶段："要素驱动"阶段，"投资驱动"阶段，"技术驱动"阶段，"创新驱动"阶段。③ 这四个阶段的演化反映了现代化发展的一般规律，也反映了综合国力竞争模式的新态势，当代世界已进入了文化竞争时代。

知识竞争是文化竞争的关键。其中包括自然科学和社会科学在内的知识体系是人类认识世界的理性工具，是一切文化的基础。近代以来，特别是信息技术革命兴起以来，知识的内容和形式不断取得革命性突破，人类对自然规律、社会历史规律及思维规律的认识取得了长足的进步，人类影响和改造客观世界的能力也几乎达到"梦想成真"的境界，培根的"知识就是力量"的名言得到了实践的有力印证，"知识经济时代"的提法已得到普遍认同。由于经济增长模式的转型，资本与知识的关系发生了重大变化，如果说，工业经济时代，资本决定知识的价值，那么在知识经济时代，则是知识决定资本的价值，知识成为生产和管理的稀缺性的要素，美国著名学者托夫勒在《权力的转移》一书中指出，随着西方社会进入信息社会，社会主宰的力量将由金钱转移到知识。哈佛大学教授丹尼尔·贝尔在《后工业社会的来临》一书也指出，与工

① ［德］马克思：《资本论》（第 3 卷），人民出版社 1975 年版，第 926 页。
② 《马克思恩格斯全集》（第 46 卷上册），人民出版社 1979 年版，第 222 页。
③ 转引自胡鞍钢、门洪华主编：《解读美国大战略》，浙江人民出版社 2003 年版，第 71 页。

业社会围绕生产与机器这个轴心而旋转相反，后工业社会围绕知识组织起来，进行生产与管理，向前推动新的社会关系和新的社会结构的产生。

文化产业竞争是当前文化竞争的热点。应该说，精神生产从物质生产中分离出来的过程，即文化走向产业化的过程。然而，文化生产与文化服务成为专业化、市场化、规模化的产业并对民族经济乃至世界经济产生重大影响，是与资本和市场的全球化、高新科技在社会生活中的广泛应用、文化消费成为拉动国民经济发展的重要杠杆等紧密联系的。西方国家在 20 世纪 80 年代以来已形成了庞大的文化产业体系。对于走向全球化的东方国家和地区来说，文化全球化既是机遇，又是挑战，如果不迅速制定发展文化产业的战略，不仅将影响本国经济结构的优化升级，而且将陷于"失语"的被动状态，危及自身的文化安全。

文化竞争的核心是文化价值的竞争。价值是在人改造客体和自身中产生的，突出地体现了人的目的性和自觉性，因而构成了文化的核心，它是民族文化、群体文化乃至个体文化的灵魂和魅力所在。在全球化过程中，民族文化身份的区别，意识形态的差异是不可否认的事实，各种文化价值既不断融合、趋同，又不断冲突、对抗、分化，因而文化价值的竞争始终是渗透于民族国家之间经济、政治、文化交往的深层动因。

二、文化生产力的内涵和结构

1. 文化生产力的内涵

马克思曾在不同的语境中用了"精神生产力""主观生产力""个人生产力""联合生产力"等与物质生产力既联系又相区别的、反映人的文化力量的生产力的概念。总起来讲，文化生产力就是人类在现实的文化实践中进行文化生产和文化服务的能力。

作为现实的生产力，文化生产力首先是一种对象性的力量。生产力是在主体与客体的相互作用的实践中形成和发展起来的，"劳动的实现就是劳动的对象化"①。人以自身的精神活动引起，调整和控制人与自

① 《马克思恩格斯全集》（第 42 卷），人民出版社 1979 年版，第 91 页。

然之间的物质变换以及人与人之间的精神变换，创造出人化自然和文化世界，从而达到在人化自然和文化世界中能动地、现实地呈现自身。文化生产力在这种对象性的活动中创造出"物化"的物质存在和文化存在。生产不仅为主体生产对象，而且也为对象生产主体。对象化实践包含了非对象性的过程，亦即客体向主体转化的过程。正如当人通过物质生产劳动这种活动"作用于他身外的自然并改变自然时，也就同时改变他自身的自然"① 一样，在创造人化自然和文化世界的过程中，主体也改变和发展着自身的思维能力和思维方式，丰富着自身的语言、智力、价值和情感。

其次，文化生产力是一种社会化的力量。人是社会关系的总和，社会化的交往实践是物质生产活动的前提，也是文化生产的前提，文化生产力发展的过程，紧紧地与人的社会化程度相联系，与社会化大生产的发展相联系。马克思指出："语言和意识一样，只是由于需要，由于和他人交往的迫切需要才产生的。"② 交往是人与人之间交换其活动、能力及成果的过程，它是人作为社会性存在或"类"存在的根本特征。交往使单个人的劳动成为社会劳动，使单个人的特殊性存在成为社会性存在，从而使主体的潜在的文化力量成为现实的力量，从狭隘的地域性力量成为普遍性力量。正如马克思所说，诸多个人的力量，只有在这些个人的交往和相互联系中才是真正的力量。在全球化浪潮汹涌而至的现时代，社会化交往不但是各民族借鉴外来文化激活自身文化基因的必然选择，而且是民族文化在融入世界体系的过程中获得保存和发展的必然要求。"只有交往具有世界性质，并以工业为基础的时候，只有一切民族都卷入竞争的时候，保存已创造出来的生产力才有了保障。"③

再次，文化生产力是一种产业化的力量。精神生产从物质生产中分离造成了文化生产力的第一次飞跃，而精神生产与物质生产在新的条件下的结合造成了文化生产力的第二次飞跃。经济文化化和文化经济化的相互作用，推动着文化生产走向专业化、标准化、批量化和联合化，形成了文化产业，西方一些学者称为"文化工业"。这种产业化的文化生产力以市场为导向、以创意为动力、以科技为支撑、以人才为基础，集

---

① 《马克思恩格斯全集》（第 23 卷），人民出版社 1972 年版，第 262 页。

② 《马克思恩格斯选集》（第 1 卷），人民出版社 1995 年版，第 81 页。

③ 《马克思恩格斯全集》（第 3 卷），人民出版社 1960 年版，第 61—62 页。

中体现为经营文化生产和文化服务的文化企业大量涌现并不断走向集团化经营。文化的产业化必然打破行业壁垒、地域壁垒以及意识形态的壁垒，使文化产品和文化服务的生产、交换、分配相互联结，摆脱封闭运行、自我循环发展的状态，形成不断扩展的文化产业链条和不断优化的文化产业结构，实现集约化发展。文化生产力的产业化在大大扩张文化发展空间，增强文化对其他产业乃至全社会辐射力、影响力的同时，又将引起文化生产与物质生产的不断分化、不断转化、不断重构，引起对精神价值和物质价值乃至人的价值的重新评判和重新理解，引起经济增长方式和人的活动方式新的转变。

2. 文化生产力的结构

文化生产是主体作用于客体引起精神、信息、物质变换的过程，因而文化生产力包含着主体性要素、客体性要素和中介性要素。

人是文化生产力的主体性要素。苏联哲学家斯比尔金说过："在人之外或在人之前不可能有文化，同样，在文化之外或在文化之前也不可能有人。"[1] 文化是使人与动物区别开来的能动的精神活动及其成果，知识、艺术、意志、情感等构成了主体的文化生产力要素的重要内容。在不同的历史阶段，不同的实践活动中，主体性要素具有不同的外化形式和功能。在物质生产中，这些主体性要素只是渗透、附着于体力劳动之中，起着延伸人的肢体，提高劳动效率的作用，而在精神生产中，这些要素成为生产的前提和基础，成为资本和核心竞争力。马克思认为，生产劳动是"人以自身的活动来引起、调整和控制人和自然之间物质变换的过程"[2]。人对自然的能动关系，或者说，人作为生产力的能动方面，随着科学技术的发展而更加突出地表现出来，社会知识将越来越成为直接的生产力，社会生活的条件将越来越受到人的控制并按照人的智力得到改造。因此，马克思把科学看成历史的有力杠杆，看成是最高意义的革命力量。在知识经济条件下，掌握现代科学知识和技能，具有艺术审美修养的"文化人"是社会发展的积极的创造性的要素，是最活跃的最革命的要素，培养和造就心、智、德全面发展的"文化人"，是

---

① ［苏］斯比尔金著，徐小英等译：《哲学原理》，求实出版社 1990 年版，第 533 页。

② 《马克思恩格斯全集》（第 23 卷），人民出版社 1972 年版，第 201 页。

发展文化生产力的中心环节。

文化资源是文化生产力的客体性要素。现实的文化生产是在文化主体与文化资源的结合中实现的，通过主体的创造性劳动，文化资源转化为新的形态，形成新的使用价值和交换价值。文化资源是主体外化、对象化的产物，随着主体能力的发展不断扩大，呈现出日益丰富的形态。

文化资源的形成是一个不断从"自在之物"转化为"为我之物"的过程。大自然对人类来说，始终具有始源性，无论人类认识手段如何飞速发展，大自然仍然存在着尚未为人所认识的广阔领域，正是这些"自在之物"为人类的文化活动提供了基础，也为人类的想象力的发展和认识世界的热情提供不竭的动力，大至我们不可穷尽的浩瀚的星空，小至我们周边环境的微观世界，始终是人类进行科学探索和艺术创造的可能对象。然而构成人类现实的文化活动对象的是人本身历史活动的产物，是"文化"了的"为我之物"。这些"为我之物"凝结着主体目的、实践经验，影响着未来发展的方向，因而是人们文化实践的现实客体。马克思在批评费尔巴哈的直观性、机械性时指出："他周围的感性世界决不是某种开天辟地以来就已存在的，始终如一的东西，而是工业和社会状况的产物，是历史的产物，是世世代代活动的结果，其中每一代都在前一代所达到的基础上继续发展前一代的工业和交往方式，并随着需要的改变而改变它的社会制度。甚至连最简单的'可靠的感性'的对象也只是由于社会发展、由于工业和商业往来才提供给他的。"①

文化资源的形成也是一个不断从物态形式向活态形式转化的过程。人们的生活世界首先是一个物态的感性世界，人类的生存发展包括精神文化的存在和发展离不开物质世界，研究和反映这个物态世界无疑是知识生产的首要使命。马克思指出："从理论领域说来，植物、动物、石头、空气、光等等，一方面作为自然科学的对象，一方面作为艺术的对象，都是人的意识的一部分，是人的精神的无机界，是人必须事先进行加工以便享用和消化的精神食粮；同样，从实践领域说来，这些东西也是人的生活和人的活动的一部分。人在肉体上只有靠这些自然产品才能生活，不管这些产品是以食物、燃料、衣着的形式还是以住房等等的形

---

① 《马克思恩格斯全集》（第3卷），人民出版社1960年版，第48—49页。

式表现出来。"① 然而，物态世界进入人的文化视野，也离不开文化生活实践，"实践是人的思维的最切近的基础"，各种各样的创造了物态世界的文化生活实践，既是主观世界与客观世界矛盾的结合点，又是主体间思维方式、价值观念、情感矛盾的结合点，因而是人的文化精神生产的直接源泉。人们日常生活中的习俗、礼仪、交往方式等都是活态文化的重要方式，随着人的文化的积累和发展，人的精神世界的内容和形式越来越博大精深，呈现出巨大的预见和能动作用，对精神、思想的"反思"成为文化生活、精神生产的重要方式，人类创造的知识、思想、观念成为主体进行文化再创造的主要对象。黑格尔认为人之所以成为人，其本质是对思想的思想，只有达到这个境界才能实现精神的自由，他批评当时的人们过于追求现实物质利益而远离"精神家园"，认为"世界精神太忙碌于现实，太驰骛于外界，而不遑回到内心，转向自身，以徜徉自始于自己原有的家园中"②。

文化资源的形成还是一个不断超越民族化走向世界化的过程。近代以来，民族成为普遍的文化共同体，不同民族由于不同的历史传统、实践环境、实践模式形成了不同的语言、思维方式和价值体系，文化认同的民族化创造了各有特色的多样多元的文化客体。由英国工业革命开启的全球化"把一切民族甚至最野蛮的民族都卷到文明中来"，它使乡村服从于城市，使农业民族服从于工业民族，使东方从属于西方，随着生产、分配、消费的全球化，文化也日益打破民族的封闭性和局限性，成为世界性的文化，"各民族的精神产品成了公共的财产"③。互联网的出现加速了文化资源世界化的进程，文化资源在民族化与世界化的双向运动中显示出新的价值和新的形式。

思维方式是文化生产力的中介性要素。思维方式是文化主体在无数的反复的实践活动中形成的，它是反映、释阐、改造文化客体的工具，是梳理各种思想内容的"格""框架"，在精神活动中发挥着主导性的机制功能。在人的各种各样的文化行为中，那些经常地广泛地起作用的思维方法、思维习惯，对待事物的审视趋向、思维定式，构成了人的思维方式。张岱年指出："哲学家运用一些思维方法，形成一定的习惯，

---

① 《马克思恩格斯全集》（第 42 卷），人民出版社 1997 年版，第 95 页。
② ［德］黑格尔：《小逻辑》，商务印书馆 1981 年版，第 31 页。
③ 《马克思恩格斯全集》（第 23 卷），人民出版社 1972 年版，第 225 页。

自觉地或不自觉地运用的种种思维方法，谓之思维方式。所谓思维方式包括一些不自觉地经常运用的思维模式。"①

在文化主客体之间的对象化和非对象化的双向互动中，思维方式起着不可或缺的桥梁和转换器的作用，是主体外化或内化的认识、评价工具。语言、符号、信息技术设备等都是文化生产力的中介要素，但作为创造性的动因，思维方式无疑是内在的和根本的要素。我国文化哲学学者刘进田指出："思维方式是主客体之间的中间变量，它中介着文化主体对客体的认识和客体对主体的作用。"② 蔡培元指出："思维方式是文化的最高凝聚或内核。换句话说，思维方式是一切文化的主体设计者和承担者。"③ 主体对客体的认识并不是"照相"式的机械反映，而是通过思维方式对信息进行过滤、选择、分析、综合的一系列由表及里、由现象到本质的能动过程。人的感性思维是思维方式的基础，它达到对客体的印象的把握和情感的选择倾向；知性思维是思维方式的深化环节，它深入到客体的各方面的规定性，形成概念和范畴；理性思维是思维方式的最高形式，它达到对事物客体的各种规定性之间的普遍联系，亦即事物规律性的认识。在日常文化生活中，思维方式往往以感性的、习惯的形式发生作用，而在科学研究等自觉的文化生活中，理性思维占据主导地位。人类的科学发展史，是一部人的思维方式转型变革的历史。形而上学思维方式与17、18世纪自然科学的蓬勃发展并着重分门别类研究的方式相联系，系统思维方式与20世纪以来的现代高新科技的快速发展以及信息论、系统论、控制论的产生相联系。马克思从生产力决定社会生产关系乃至社会经济形态的变革的意义上指出，判断一个时代，主要的不是看它生产什么，而是看它如何生产，与手推磨相应的是封建主义社会，与蒸汽机相应的是资产者社会。在文化生产力的发展上，思维方式的创新是一个重要的变量。如果说，知识是认识世界的工具，那么思维方式是驾驭和整合知识等文化要素的工具。认识工具的创新是文化模式创新的切入口。

思维方式并不是客体精神的自我创造，它是人类实践的产物。人们

---

① 参见张岱年、成中英等：《中国思维偏向》，中国社会科学出版社1991年版。

② 刘进田：《文化哲学导论》，北京法律出版社1999年版，第276页。

③ 转引自刘进田：《文化哲学导论》，北京法律出版社1999年版，第276—277页。

世代相继的实践的无限性赋予了人的思维方式的遗传性。实践具有客观性和普遍性的品格，在实践中形成并经受实践的反复验证的思维方式超越了个人的体验，成为一种带有时代性和类特性的思维方法。此外，实践的差异性赋予思维方式的民族性。自然环境、历史传统、宗教信仰、生产方式等差异造成了不同民族的实践的差异性，从而形成了文化的民族性。有学者概括过东西方思维方式的差异，如"西方文化重分析，东方文化重整体"，"西方文化重认知，东方文化重人伦"，等等。实践的无限性和有限性、普遍性和差异性的矛盾运动推动着思维方式的变化发展，人类在这种实践方式和思维方式的矛盾运动中不断实现着自我完善、自我优化。

三、现代文化生产力的特点

与物质生产力相比较，文化生产力的内涵、要素有着显著的区别，这就使文化生产力的形成与发展显现出许多不同的特征，这些特征在知识经济时代、全球化时代表现得更加突出，主要表现在以下四个方面。

特征之一：文化生产力以文化人的生产为前提，发展文化生产力要体现人发展的全面性和自由性。文化生产与物质生产都是人的改造客观世界的实践活动，因而都要遵循实践的普遍规律，正如马克思所说，宗教、法律、道德、科学、艺术等是人类生产的特殊方式，不能不受生产的普遍规律所支配。作为一种对象化的过程，思想如果不与物质力量相结合，仅仅在内部旋转，不可能转化为现实的生产力；作为一种社会交往过程，思想如果不与一定的生产关系相结合，比如在资本主义生产方式中不与市场、资本相结合，也不可能成为现实的生产力。然而，思想文化与物质力量、社会关系的结合既是受动的过程，也是能动的过程。

在市场、资本的支配下，文化生产必然受利润法则的影响，尤其是大众文化，更是以追逐利润为目的。然而，人的生产具有自由性和全面性，这种特质在精神生产中更加鲜明地表现出来，成为非对象化、克服异化的内在强大力量。马克思指出："动物的生产是片面的，而人的生产是全面的；动物只是在直接以肉体需要的支配下生产，而人甚至不受肉体需要的支配也能生产，并且只有不受这种需要的支配时才进行真正的生产；动物只生产自身，而人生产整个自然界；动物的产品直接同它的肉体相联系，而人则自由地对待自己的产品。"① 从精神生产的全面性和自由性出发，发展文化生产力要以满足人的多层次精神需求为基本任务，以增进人的认识能力为基础，以丰富人的价值追求为核心，以促进人的自由全面发展为最终目的。在市场经济条件下，为了保持文化生产的自由、全面的本性，必须高扬文化的批判精神，努力避免文化生产的物化过程走向异化。

文化生产与物质生产的根本不同在于，前者以物质世界为主要对象，主要是对物质资源的开发利用，后者以精神世界为主要对象，主要是对精神世界的创新和利用，文化生产过程直接就是人对自身再理解、再创造、再构建的过程，就是人的自由个性的发挥过程，没有一个高素质的"文化人"社会的形成，就不可能有大规模的文化消费和文化生产，人生产社会与社会生产人是同一的，文化人的生产与文化生产力的发展是同一的。

特征之二：文化生产力与文化消费力具有同一性，发展文化生产力要以扩大文化消费为前提。在现代市场经济条件下，生产决定消费的传统发展模式正在被消费决定生产的模式所代替。与物质消费相比，文化消费具有三个不同的特点：一是与生产过程的同一性。人在欣赏一首曲、一幅画、一部电影的同时，也就是在挖掘和丰富这些文化产品的内涵，在增进人的审美能力，因而，文化消费过程往往是文化增值的过程，是提高人的素质的过程。二是效用的多样性。不同价值观念的人对同样的文化品消费有不同的评价和选择，在文化消费中找不到固定的规律。三是价值的无限性。文化消费品一般来说具有文化积累的意义，没有文化积累就没有人类的历史，因而它的价值不因时间的流逝和空间的转换而贬损，反而随着社会生产力的发展、人们自由支配时间的增加和交往范围的扩大而不断增长。至于一些具有代表性的经典的文化品，其价值更是不可估量的。

在市场经济条件下，生产的无限性与消费的有限性是一对矛盾，无限扩大的生产必须由无限的消费来充当引擎，文化消费力的扩张无疑是这对矛盾运动的内在要求。西方现代化国家，城市由生产的中心变成消费的中心。从生活用品消费到符号性消费，从享受型消费到炫耀型消

---

① 《马克思恩格斯全集》（第 42 卷），人民出版社 1979 年版，第 96—99 页。

费，奔腾不息的商品洪流主导着人们的生活需求和文化价值。按照西方现代化发展的一般进程，人均 3000 美元（折合人民币约 21000 元）将带来汽车消费时代，文化消费时代也会接踵而来。从生产决定消费到消费决定生产，从追求物质消费到追求文化消费，反映了社会现代化的客观趋势。

特征之三：文化的生命力在于交往，发展文化生产力以增强文化的传播力为基础。文化起源于交流和传播，文化传播是文化生产和文化消费相互转化的中介，如书报出版发行，既促进了文化生产，也促进了文化消费。在文化传播中，一定的文化体通过与异质文化的接触、互动、融合，不断打破民族、群体和地域的狭隘性、局限性，不断扩大文化的认同圈，这个外化过程也是不断激活、创新自身的结构和内容，生产出新的文化主体和文化精神的过程。在全球化加速发展的现时代，各种文化在全球范围内为夺取价值、话语的主导权展开剧烈的竞争，而传播力的强弱与否区分出这个竞争过程中的强势文化和弱势文化。

经济全球化与文化传播形式的变革互为因果，文化传播工具、形式的变革推动了经济全球化，而经济全球化又为文化传播工具、形式的变革提供了需求和条件。人际传播与人类的历史一样久远，由于交通、通信和全球交往关系的发展，当代人际传播的形式和内容发生了根本的变化，不仅旅游业、教育业、会展业成为文化传播的有效载体，而且由于发展的不平衡性等原因造成了不同国家、地区不同种族人口的世界范围的迁移，这种世界性大规模的人口迁移造成了不同宗教、不同文明的冲突和融合。贸易传播是随世界市场体系形成而产生的重要文化传播渠道，如今随着文化全球化的发展，文化产品贸易在国际贸易中所占份额急剧增长，贸易传播中的文化含量大大增加。互联网传播是当今最具影响力、最有发展前景的文化传播形式，它正在深刻改变着人类的生产方式、生活方式和思维方式。吉登斯认为，全球化的本质就是流动的现代性，流动指的是物质产品、人口、标志、符号以及信息的跨空间和时间的运动。互联网传播无疑是这种全球即时互动的主要杠杆。

大众传播带来大众文化的生产方式。大众文化以复制加工为基本生产手段，各种文化产品通过现代传播技术像流水线一般制造出来，倾销到世界的每个角落，它在迎合大众感官娱乐趣味性刺激的同时又制造出更多的文化商品消费群体，以时尚、反叛的后现代审美观念吸引广大青少年。大众文化是现代社会的必然产物，它的发展有助于促进文化的多元化、民主化、平民化和产业化，有助于消解现代化带来的焦虑和紧张，但也冲击着高雅文化、精英文化，任由大众文化无节制蔓延，可能导致社会人文价值的流失，导致民族文化认同的解构，如何在大众文化与精英文化之间保持平衡，是守护文化价值，保持文化活力的不可回避的普遍性问题。

特征之四：创新是人类文化进步的灵魂，文化创造力是文化生产力的核心，为文化生产提供不竭的动力源泉。文化创造力充分体现了人作为主体的自由能动的本质特征。文化创造与狭义的文化生产不同，狭义的文化生产是量的规模扩张，而文化创造是新质的产生和发展；与文化消费不同，文化消费往往是群体性的认同过程，而文化创造是发挥自由个性的过程，是求异的过程；与文化传播不同，文化传播是原有文化在空间的扩张和时间上的延续，而文化创造是原有文化的否定性环节，是扬弃和飞跃。然而，文化创造又不能游离于文化的实践过程，它作为能动的、否定的力量渗透于文化传播、消费、交往、承传的各环节之中。是否重视和培育文化创新能力，决定了每一民族、国家在全球化时代的生存发展能力。如同美国和日本在 20 世纪 80 年代以来展开的激烈经济竞争，美国重视创造力的提升，及时转向发展知识产业而重现强劲的领先势头，日本由于沉醉于模仿制造而经历了"迷失的十年"，这个案例便可充分显示出创造力对于提高国家综合竞争力的极端重要性。

（原载于《广东社会科学》2007 年第 5 期）

时代与文化

论文化创新的基本内涵与实现途径

任何民族文化的生命力、延续力都有赖于其自身不断创新、丰富和发展。文化创新是文化建设和文化体制改革的灵魂，是中国共产党在新世纪新阶段根据当代世界和中国发展的新特点新要求，为加快社会主义现代化，全面建设小康社会，实现中华民族伟大复兴而提出的重大战略任务。联系新世纪新阶段党的历史方位、时代使命和奋斗目标，阐明文化创新的内涵和途径，是当前文化研究以及社会科学研究的一项重大课题。

一、文化创新的基本内涵

文化本质上是人的自由自觉的创造活动，它表现为心、智、德的进步。一是人的自我意识的发展，表现为人的个性、感情、欲望、意志的丰富，表现为反映人的自由个性的、愉悦感性的文学艺术包括音乐、绘画、小说、诗歌、戏剧及体育竞技水平等的发展；二是人对客体认识的深化，包括人的思维能力的提高和思维内容的丰富，反映为人认识自然、社会以及思维的各类自然科学和社会科学的完善和发展；三是人的德性的提升，也就是"善"的取向和观念的发展，反映为各种关于社会终极理想和宗教信仰的变化。

创新是量变的中断，是质变，是飞跃，是扬弃。文化创新是原有价值体系、心理定式、思维方式的解构，也是新的观念、知识、体制的建构；是传统惯性的消解，也是传统精华的重铸；是社会生活的变革，也是一代新人的涌现。从这个意义上讲，文化创新不仅是文化内容的激活，更应当是文化模式或文化范式的革命性转型。从近代中国封建文化——半封建半殖民地文化——新民主主义文化——社会主义文化到今天中国特色社会主义文化的发展，就是一次次革命性转型的过程。这种模式的转型，要求文化创新必须坚持时代性、整体性、系统性和前瞻性。具体来说，文化创新包括以下四个方面。

1. 文化价值观念创新

文化价值是一个民族的思想观念、行为习惯、交往方式等各方面的评价标准和理想取向，是维系民族的协调性和统一性的深层且无声的力量。文化价值是文化精神的体现，同时又是文化制度或体制的根据，是人的精神观念客体化以及客体世界主体化的纽带和桥梁。文化的差异在很大程度上来自于文化价值体系的差异，而各种文化价值体系的差异来自于结构的差异。一个民族文化主体，其价值系统是各个价值领域的结合和统一。任何文化的价值体系中都包含了政治、法律、文学、艺术、宗教等方面，但是由于各个价值领域以及价值领域内各价值相互之间的连接方式、作用方式、结构秩序不同，从而形成不同价值系统的整体文化特征及功能，而正是这种结构性的差异规定、制约着其构成要素的存在及其发展变化的方向。不同历史阶段和条件下的社会实践形成不同的社会关系体系和结构，要求着不同特质和功能的价值系统。一定价值系统的转型和重构是社会实践的转型发展所要求的，新的社会实践也规定着新的价值系统的发展方向。中国一百多年来的现代化进程表明，民族文化价值体系的转型和更新，是中国现代化的关键和标志。从社会的横向来说，这种转型是从与经济体制和政治体制改革实践的相互作用中进行的；从历史的纵向来说，是在既定的传统价值体系的基础上进行改造和整合，使新文化建构形式在保持时代性的同时也保持了民族性和连续性。

2. 文化知识体系创新

如果说，价值观念是文化的核心，那么知识便是文化的基础，是人认识世界、改造世界的工具。作为一种理性认识的形式，知识的本质是对客观世界及其规律的把握，包括自然规律、社会规律和思维规律，或者说，它反映了文化"求真"的内涵。正是知识使人类从愚昧走向文明，特别是近代以来为征服和改造大自然提供了思维能力前提，可以说，没有近代以来的知识发展，就没有工业文明对农业文明的改变，没有资本主义对封建主义的变革。从 20 世纪下半叶开始，由信息技术等高新科技发动的知识革命，引领着人类社会从工业文明时代跨进知识经济文明时代的门槛。知识化与全球化相互作用，猛烈地冲击着民族文化的根基，能否追赶知识革命的大潮，创新知识体系，建立起与现代化相适应的科学知识体系和人文知识体系，能否为现代化发展提供智力支持和精神支撑，是对民族文化生命力和持续力的严峻考验。

3. 文化思维方式创新

思维方式是人们在无数的实践活动中形成的反映思维对象和整理思维内容的"格"，是民族文化体系中的骨架或框架。在民族的文化行为中，那些经常广泛地起作用的思维方法、思维习惯、对待事物的审视趋向，都是该民族的思维方式。它具有稳定性、普遍性、持久性的特点，是民族在历史发展过程中长期沉淀下来的文化心理结构。然而，文化思维方式归根到底要适应于实践，随着实践方式的变化或快或慢地发生变化。在全球化时代，人们的生产、交往实践正在发生革命性转型，从而引起文化、思维方式的变化，这种变化呈现出以下三个特点。

第一，反思和超越"自我中心论"，形成开放整体思维。"中心论"是一种以自我价值为最高价值，忽视、否定和排斥相关联事物价值的封闭性思维，它与全球化的整体性、依存性相悖。这种思维的表现形式之一是"民族中心论"，它本质上坚持自己民族国家的价值优于其他民族国家的价值，现代化和全球化早期的"西方中心论"是这种"中心论"的典型。全球化的思维方式应是全方位开放的，向人类的一切优秀文化遗产和成果开放，既向西方开放，也向东方开放，既向现代化中心地区开放，也向边缘地区开放，既向过去开放，也向未来开放。

第二，反思和超越"两极对立论"，形成共存互补思维。对立统一是自然界的普遍规律，也是社会历史发展的普遍规律，然而，社会活动是有意识、有意志、有目的的人的活动，因此，同样的规律在社会领域与在自然领域的作用以及发生作用的形式都会有很大的差别。在很长时间内，这个规律被机械地应用于社会历史领域，两极分析、两极对立、两极相争成为社会政治斗争的理论依据和思维定式。在全球化背景下，面对不同群体、集团、民族、国家生存和发展上的高度相互依存，这种不分具体时代和情况片面强调对立、对抗，一方战胜另一方、一方吃掉另一方的思维方式显得不合时宜了，反之，一种主张存异求同的双赢思维越来越为人们所接受。

第三，反思和超越"线性发展"论，形成多元发展思维。与近代形而上学的自然观相应，社会历史领域也出现了机械决定论历史观，它把历史发展动力归结为个别因素，把历史发展的形式绝对化，舍弃历史运动中主体精神和意志的一切选择性，否定历史发展中的一切偶然性，无视历史发展中的跳跃性和曲折性。全球化进程否定了这种机械决定论的线性发展观，显示了社会进步是经济、政治、文化、人、环境等各种要素相互依赖、相互作用的结果，是各种社会制度、意识形态、文化价值长期共存多元发展的结果，是各种政治军事联盟、经济联合体、文化共同体多极竞争和多极合作的结果。反对把一种制度、一种模式强加给一切民族，把全球化看作是同质化，主张尊重民族和个体的政治、文化选择的多样性，做到异中求同，即在承认差异的前提下努力扩大共同点，同时又做到和而不同，即在扩大文化价值共识和政治经济合作领域的同时又容许发展形式的特殊性。这种多元发展观已得到世界上多数国家和民族的认同。

4. 文化体制创新

文化体制是文化价值的外化，包括决策、管理、评判、监督等各个环节。文化体制转型是社会现代化以及文化精神、文化价值转型的结果，反过来又给予文化精神、文化价值的转型以及经济、政治、社会、人的现代化极大的能动作用。与现代化相适应的文化体制为文化的发展和进步奠定制度的保障和支撑，营造一个良好的文化生态环境。中国传统文化体制虽然不断变化，但追踪历史的轨迹，不难看到，与政治上的封建专制相适应，中国传统文化体制是高度集中的文化专制体制。尽管19世纪以来的近代化、现代化运动彻底打碎了封建专制制度，但几千年来形成的传统文化体制的影响仍深深地渗透在现代政治、经济和文化生活中，从决策、管理、用人、投资、经营等方面改革现有文化体制，构建一个与社会主义现代民主政治和市场经济相适应的文化体制，是当代中国文化创新和文化建设的突破口。

二、当代中国文化创新的途径和规律

中国文化创新的途径和规律，就如党的十六大报告中指出的："立足于改革开放和现代化建设的实践，着眼于世界文化发展的前沿，发扬民族文化的优秀传统，吸取世界各民族的长处，在内容上和形式上积极创新。"具体来说，主要有以下五个方面。

1. 坚持解放思想、实事求是、与时俱进的思想路线，在不断发展变化的实践中创新文化

如果说，解放思想是经济转型和经济体制改革的前提，那么在文化建设和文化创新上，解放思想的任务更重更紧迫。当前，文化创新上的解放思想，在指导思想上要坚持三个"着眼于"：

第一，着眼于实践。实践的观点，是马克思主义认识论首要的观点。人类改造客观世界和主观世界的实践，是文化的源泉，也是文化创新的源泉。实践是一个历史的过程，不同历史时期向文化创新提出不同的要求，当代中国，现代化建设是最大的实践课题，也是最大的文化课题。要从改革开放和现代化建设的实践中吸取文化创新的源泉，并以文化创新的成果指导新的实践，为现代化实践开辟道路，提供价值辩护和智力支持，并以实践为标准检验文化创新的科学性和成效。

第二，着眼于发展。社会实践不会停顿，总在不断变化发展，发展是党执政兴国的第一要务。不仅经济社会发展是第一要务，而且文化发展也是第一要务。从马克思的历史辩证法来看，经济社会发展与文化发展互为前提、互相促进，不能以经济发展牺牲文化的进步。先进的文化必然是发展的文化，窒息文化生命力和自由个性的文化根本谈不上先进性和创新性。也就是说，文化的先进性或创新性是具体的历史的，必须放到文化发展的历史运动和人的历史发展中去考察，一切妨碍发展的思想观念都要坚决冲破，束缚发展的做法和规定都要坚决改变，影响发展的体制弊端都要坚决革除。

第三，着眼于人的需要。发展不能离开人，人的标准是文化创新和发展的最高标准。首先，文化创新是解放人思想的过程。打破人狭隘的生存视野，狭隘的地域和民族自我封闭的孤立状态，以及一切禁锢人思

想发展的观念教条是文化创新的崇高使命。其次，它是满足人的精神需要的过程。人总是要有一点精神的，精神生活是人与动物的本质区别，时代越前进，精神越需要丰富和发展。这种需要不仅是文化活动的社会基础，而且是文化薪火世代相传的动力。再次，它是增进人的能力的过程。概括和总结人类实践的经验，揭示客观世界发展规律、社会历史进步规律以及人自身思维规律，形成理性科学体系，使人不断提高改造客观世界和主观世界的自由度和自觉性。正如恩格斯所说的文化上的每一个进步，都是迈向自由的一步。最后，它是给人以终极关怀的过程。向"善"和向"美"是人的生命意义和社会理想价值，也是人类文化活动的最高境界，引导人们克服全球化、现代化中产生的各种精神的异化、焦虑、紧张、失落，重建精神家园，重构价值体系，是文化创新不可推卸的重任。

2. 弘扬民族文化的优秀传统，在培育和弘扬民族精神中创新文化

民族精神是一个民族在历史的文化实践活动中内化在民族主体中的，经由历史凝聚而延传着的稳定的、特殊的精神气质或总体精神风貌。它是渗透到民族文化的多样性之中的主色调，是一个民族赖以生存和发展的精神支撑，也称国魂。在全球化时代，在现代化进程中，面对社会生活的剧烈转型，面对世界范围各种思想文化的相互激荡，能否保持并弘扬民族精神，能否保留并发展民族优秀文化传统，关系到在全球竞争中能否以独特的精神价值自立于世界民族之林，关系到民族现代化成功与否。一些东方国家和后发展国家在赶追西方的现代化浪潮中盲目照套西方模式；其中也包括文化模式，使本土民族文化衰落，或者没有使民族文化与现代化对接转型，陷于现代化的陷阱，内乱不已，发展缓慢，付出高昂的代价。亨廷顿在《文明的冲突与世界秩序的重建》一书中对此做过准确的评价："有些国家领导人有时企图抛弃本国的文化遗产，使自己国家的认同从一种文明转向另一种文明，然而迄今为止，他们非但没有成功，反而使自己的国家成为精神分裂的无所适从的国家。"[①] 因此，文化创新必须立足于民族精神和优秀文化传统的保护、培育、丰富和发展上。中华民族在五千年发展中形成了以爱国主义为核心的民族精神。中国共产党领导人民在革命、建设和改革实践中丰富着

① ［美］塞缪尔·亨廷顿著，周琪等译：《文明的冲突与世界秩序的重建》，新华出版社 1998 年版，第 353 页。

这个精神。总起来看，中华民族几千年形成的民族精神包括：自强不息、刚健有为的进取精神；厚德载物、和而不同的宽容精神；崇德重义、修身为本的人文精神；刻苦勤劳、艰苦奋斗的创业精神，等等。这是现代中国文化创新和发展的弥足珍贵的精神资源。

民族精神是民族的活的灵魂，它与民族回应时代的挑战，寻找生存和发展的空间、机遇的历史活动密切相联。今天，我们要在现代化新的实践中创新民族精神和民族文化，以民族精神创新带动文化体系的创新，并提出了新的发展方向。首先，在民族文化精神上，培育和丰富适应从封闭的自然经济、计划经济向开放的市场经济转变的平等、竞争、创新、诚信、民主、法治等精神；其次，在民族文化价值上，从整体价值为本位向个体价值为本位转变；最后，在民族文化体制上，从缺乏活力的高度统一的模式向多元化模式转变，从人治向法治转变。

3. 营造良好的社会环境，在发展社会主义市场经济、社会主义民主政治和社会主义先进文化，实现三个文明协调发展和互动中创新文化

经济是文化的基础，政治是文化的集中表现，发展社会主义市场经济和民主政治，推进物质文明和政治文明，必然推动文化的经济化、大众化和多元化。

在市场经济条件下，文化不仅具有教化、娱悦的功能，而且具有更多的经济功能。文化的生产、交换、传播、消费等都不可避免地以商品为主要的形态进行。文化生产和文化服务已成为一个产业。目前，文化产业在国民经济体系中越来越占据重要的地位，不仅如此，文化因素已融入经济活动的全过程，成为提升国家、地区及企业经济竞争力的决定性的因素之一。文化的经济化、市场化为文化发展注入强大的动力，它把文化的生产力、消费力魔幻般地召唤出来，使文化市场打破一切民族壁垒向世界各地无限扩张。诚然，文化的经济化给传统的人文价值观带来了冲击，以致有人担心它可能导致出现马克思所批判的"异化"倾向。然而从人类精神生产的发展过程看，这是一条历史的必经之路，必须积极主动地促进文化与经济的有机结合，并在发挥文化的经济功能的同时坚持科学精神和人文精神的有机统一，经济效益与社会效益的有机统一，既利用市场杠杆因势利导促进文化体制的转型，解放和发展文化生产力，又时时注意对优秀传统文化、高雅文化加以扶持，以先进文化引导文化产业、文化事业朝着利国利民的方向发展。

文化市场的形成和发展为丰富人民大众的文化生活提供了物质基础，而政治文明的发展则为人民大众的文化创造精神的充分释放提供了前提和动力，文化的大众化正在成为潮流。文化本来就是人民大众创造的，它深刻地扎根于人民大众的历史活动和日常生活之中。然而，在高度集中的政治体制下，文化被作为政治的工具，成为政治家或者政客的专利，人民大众只能被动地接受少数人制造出来的文化理念、文化"精品"。发展市场经济，推进政治民主，必然把文化的生产权、消费权、评判权交给人民大众，文化必然从象牙塔走向市民社会，从计划经济走向市场，必然出现一个大众文化蓬勃发展的时期。当然，在这个过程中精英文化与大众文化的矛盾会随之而来，我们既要顺应社会发展趋势大力发展大众文化，不断满足人民大众的文化权利和文化需求，又要清醒地在精英文化与大众文化之间保持必要的张力，用发展科学与教育等手段提高大众的文化审美情趣和判断能力，培养一代又一代的文化新人，促进大众文化的不断发展。

　　人类文化犹如一条由千万条涓涓细流汇集而成的奔流不息的历史长河，融会了世界各民族、群体、个体的文化创造成果，从远古走到今天。没有多元文化的互动和发展，就没有人类文明的与时俱进、生生不息。当代世界，全球化的趋势不可逆挡，任何民族的文化如不能与其他民族相容共生，就会被拒斥于世界经济、政治体系之外，被世界进步潮流所抛弃。中国文化之所以历经沧桑而始终维系同一性，并且在回应时代挑战中顽强前行，不仅是由于其历史积淀的深厚，更由于其主动或被动地吸纳了外来文化，不断进行综合创新的结果。中国社会在走向现代化的进程中，随着经济、政治的现代转型，大一统的社会结构正在发生分化，群体、个体的差异在扩大，由人们利益的多元化产生了文化价值、文化需求的多元化，由经济成分的多元化产生了文化资本、文化经营的多元化，这就要求我们积极创新文化观念，形成与市场经济、民主政治相适应的法制健全的文化管理体制，在坚持马克思主义为指导，社会主义先进文化为主旋律的基础上，以海纳百川、有容乃大的广阔胸怀，营造一个"和而不同"的丰富多彩的社会文化系统，激发各类文化主体的创造精神，放手让一切知识资本的活力竞相迸发，让一切创造文化财富的源泉充分涌流。

4. 遵循文化发展的一般规律，在文化交往与文化选择、文化批判与文化兼容、文化积累与文化创造的相互联结相互作用中创新文化

（1）文化交往与文化选择

文化交往，即个人、群体、民族之间精神文化活动、能力及其成果的相互变换。全球化在促进经济交往的同时，推动着文化交往不断扩大和发展，显示出新的形式、作用和特点。个人的力量，只有在这些个人的交往和相互联系中才是真正的力量，正是交往创造了人类积累、交换、传承和发展自己本质力量的特殊社会机制。交往使单个人的精神劳动成为社会劳动，使个人的特殊性存在成为社会性的存在，同时，交往又使个人文化活动从群体文化活动中享受人类总体精神活动的一般成果，使人类知识、思维方式、公共道德转化为个体、群体的智慧和思想行为规范，内化为具体的、历史的、鲜活的个性和人格，使个体、群体打破自我积累、自我演化的时间和空间的局限，获得跳跃式的发展。因而，文化交往这种个体性与社会性、普遍性与特殊性的双向运动，推动着文化冲破任何封闭和束缚，走向愈益开放的状态。

作为具有自由意志的人的文化交往，是一个择其善者而从之的选取过程。露丝·本尼迪克特说："在文化生活中和在语言中一样，选择都是首要的必然现象。"① 文化选择的实质和目的是主体对变更着的新环境的主动适应。历史的发展、时代的变化、实践的需要，是文化选择的外在要求；人类不断优化自身的努力是文化选择的内在驱力。从人的总体行为看，文化的选择有三个向度：一是主体对传统文化的选择，指的是在前人的文化遗产的基础上，根据其对新环境的适应能力决定的取舍行为，从而使传统文化中的积极因素成为新文化的重要组成部分，焕发出新的活力；二是对外来文化的选择，指的是在不同文化的相互接触、交流中，文化主体的排拒与吸纳的选择行为；三是对未来文化的选择，指的是在对已有各种文化的筛选、取舍的基础上对未来文化发展的设想及追求。在现实的历史活动中，这三个向度的文化选择往往是交织在一起的。每一个民族和国家走向现代化、融入全球化的历程，都是在一定文化背景下的文化选择、文化适应的过程。它立足于文化现代化、民族

---

① ［美］露丝·本尼迪克特著，王炜等译：《文化模式》，生活·读书·新知三联书店 1988 年版，第 25 页。

化和文化的进步，对民族文化发展的方向、目标、道路、模式进行重新定位、定向、选择，从而为民族的现代化提供价值目标、精神动力、价值观念等，进而影响社会政治经济活动的历史进程和走向。自觉、合理的文化选择可以促进文化创新的步伐，加快人类社会发展和现代化的进程；而不自觉的盲目的文化选择则会加剧文化的冲突和矛盾，甚至导致社会结构的巨大震荡和社会发展的停滞乃至民族文化的倒退和消亡。

（2）文化批判与文化兼容

文化选择的核心是文化批判。任何文化选择都要经过一个价值判断和价值取舍的过程，一个认同和批判的过程。"辩证法对每一种既成的形式都是从不断的运动中，因而也是从它的暂时性方面去理解；辩证法不崇拜任何东西，按其本质来说，它是批判的和革命的。"① 作为实践的反思和超越的文化，批判永远是它的活的灵魂。文化批判是站在文化发展进步的基点上，对民族文化和外来文化的理性审视和反思，它在对传统文化的清理批判的同时也对现代文化进行理性的自我批判，在对现存文化模式、文化体制的肯定性理解中包含着否定性理解，在历史和价值的交合点上寻找文化现代化的合理道路。

批判是扬弃，是兼容。文化兼容是世界上所有的国家和民族丰富自己不同层次的文化占有、提高文化水平的必由之路。正是通过以共性和个性为矛盾核心的交融、兼容和整合过程，让每一种文化逐渐克服自己的狭隘性和片面性，逐步走向自觉、全面和厚重。这是文化共性在对种种特殊性的扬弃、差异性的消除中不断拓展和丰富自身的过程，也是民族文化与时俱进、高扬个性的过程。文化兼容是今天的网络时代文化创新与发展的重要契机。在新技术革命带来的互联网上不同信息和文化的传播与交流，使任何国家都难以筑起壁垒，将本国文化隔绝于世界文化和信息大潮之外。各种文化将由其吸收他种文化和更新自身能力的强弱来决定自己的命运。民族文化要主动应对，采取更为开放的姿态积极吸纳、兼容各种优秀文化，赢得竞争优势，为自己的文化真正走向世界开辟更大的发展空间。

（3）文化积累与文化创造

文化积累是人类文化发展的基本特征。克罗伯认为："文化发展的

① 《马克思恩格斯选集》（第2卷），人民出版社1972年版，第218页。

过程是增加的，因此也是积累的，而生物进化的过程是代替的过程。"①
文化积累提高了人的文化创造能力。人不但能通过习得遗传获得上一代进化的成果和先天优势，而且可以通过后天的学习继承人类的文化成果，并将其积累下来作为参与文化创造的基础，这样人一代代变得更加聪明能干，人类文化创造的基础也越来越丰富。而且，文化积累使文化的发展进步呈现加速度的趋势。人类发展史表明，人类从蒙昧时期到文明时代花了几百万年的时间，而从进入文明时代后，人类只用了几千年时间就发展到现在高度文明、繁荣的文化，特别是从17、18世纪以后，人类在短短的几百年之间所取得的文化发展成果，连人类自己也感到瞠目结舌。全球化改变了文化积累的方式和途径，使之不仅是一个民族内部的纵向积累，同时表现为由不同民族之间互相交流而形成的横向积累。这种横向的传承、积累，减少了文化创造、发明的重复性，加快了文化积累的步伐。在全球化时代，一个国家完全可以通过向其他国家、民族学习直接吸收新的文明成果和文化特质，从而站在一个较高的起点上创新和发展自身的文化。

文化积累是民族文化生存和发展的前提，然而，只有量的增加的积累不可能满足实践发展的要求，实践的发展特别是其划时代的变化必然要求民族文化不断创造出新的形式和内容。从一定意义上说，没有文化创造性的变革，文化积累就失去动力和方向，甚至可能反过来成为民族进步的精神包袱。因此，文化创造是文化积累的意义和目的。当今我们所面临的这个全球化的新时代，是一个大分化、大调整、大发展、大转折的时代，它深刻地改变着每个人乃至全人类生存和发展的条件。当前全球化所导致的一系列社会、经济、政治、文化问题，以及全球化本身的变化发展的趋势和规律，经典的思想理论、既有的文化模式都不能提供现成的说明、规范和导引。不仅基督教文明、儒家文明、伊斯兰教文明等面临着文化的创新，每一个民族、国家也都面临着文化创新的重大挑战。全球化所导致的文化竞争的加剧，使得创新意识和创新能力日益成为一个国家能否在这场竞争中掌握主动权的关键因素。可以说，文化创新是民族进步的灵魂，文化创新能力的高低，关系到民族的兴亡盛衰。世界上民族国家之间的竞

---

① 转引自覃光广等主编：《文化学辞典》，中央民族学院出版社1988年版，第145页。

争，首先是创新意识、创新能力、创新机制的竞争。各种文明、各种民族文化只有在世代积累和相传的过程中不断创新和赋予时代的内容与形式，才能经久不衰地扎根于、浸润于不断变迁的社会和不断发展的人之中，才能永葆其发展进步的内在活力。

5. 尊重知识，尊重人才，充分发挥知识分子的创造精神

如果说人民群众是文化创新的主体，那么知识分子则是主体中的主力军，在文化创新中发挥导向作用：观念权威导向、知识权威导向和话语权威导向。在西方国家中有人把知识精英与政界、舆论界并列为一种权力中心，甚至认为知识权威决定其他权威的存在的合理性。不管如何评述知识分子的社会功能，一个缺乏知识和人才，或者不能调动起知识分子积极性的国家和民族，是不可能走向文化的现代化和经济社会的现代化的。文化创新是一个复杂的社会系统工程，必须尽快建立一个符合社会主义市场经济规律、文化发展规律和人的创造活动规律，并能体现社会主义精神文明和政治文明要求的科学的文化创新机制，这些机制具体包括：（1）规划决策机制；（2）动态管理机制；（3）评估激励机制；（4）成果转化机制；（5）条件保障机制；（6）知识产权保护机制；（7）人才培养机制；（8）传播交流机制；等等。

知识分子要立足实践，不断完善和超越自我，才能不辱使命，不负重托，做到有为有位。为此要树立三种意识：（1）责任意识，作为精神家园的守护人和建设者，人类灵魂的引导者和工程师，要胸怀中国传统知识分子"为天地立心，为生民立命，为往圣继绝学，为万世开太平"的历史抱负，以追求真理，揭示规律，创新和发展知识体系和价值体系，服务现代化建设，推动中华民族伟大复兴为己任；（2）前沿意识，努力赶追世界学术文化的发展潮流，保持与国际大师名家对话交流，增强与发达国家同行沟通互动的能力，在对外开放和国际竞争中创造一流的学术文化精品；（3）原创意识，不迷信、不抄袭，从现代化建设实践的问题出发，从学术文化发展中的前沿问题出发，以扎实深入的优良学风，以学贯中西的厚实功底，拿出原创性成果为丰富中国文化和人类文化宝库奉献新的东西。

文化创新是利在当代、功在千秋的伟大事业，它为知识分子施展才华提供了大好机遇，向知识分子的创造能力提出了更高的要求，也向执政党维护好、发展好知识分子的利益和发挥好他们的积极性提出了新的

坐标。随着广大知识分子的自觉意识和创造精神的激情迸发，一个文化创新、文化建设的新高潮即将到来！

（原载于《学术研究》2004 年第 2 期）

在批判与建构中探索城市文化新路径

　　如果说工业化是人类文明进步的必然阶段，那么城市化就是工业化的必然产物。最初的城市是随着人类从野蛮时代进入文明时代出现的，奴隶制时代，无论东方或西方都开始建造城市，但城市化却是随着工业革命时代的到来而兴起的。当前的全球化运动比过去任何时候都强劲地推动着城市化的步伐，著名的美国建筑历史学家和城市计划设计者 Lewis Mumford 早在 20 世纪 60 年代就说过："从前，城市是整个世界的一个象征；今天，世界自身正在变成一个城市。"① 在这个过程中，城市文化逐步以一种独特的性质和形态发展起来，它对人们的生活方式、交往方式、价值观念的影响与时俱增，甚至可以说是无处不在，以至今天许多文化流派都是围绕城市文化的批判与构建而形成和发展起来的。从大众文化、社区文化、文化工业、文化产业等文化样式到文化异化、文化霸权、文化冲突等文化话语，无不是从城市文化的发展和内在矛盾中派生出来的。我国正处在大规模推进城市化的现代化建设时期，城市文化建设不仅关系到城市综合竞争力的提升，而且关系到建设中国特色社会主义文化的战略选择。

　　城市文化的产生以及它对乡村文化的胜利，是人类文明发展史上的重大飞跃。斯宾格勒说过："一切伟大的文化都是市镇文化，这是一个结论性的事实。但此前谁也没有认识到。世界历史是市民的历史，这就是世界历史的真正标准，这种标准把它非常鲜明地同人的历史区分开来了。民族、国家、政治、宗教、各种艺术以及各种科学都以人类的一种

---

① 转引自吴贺乐在 2003 年广东经济发展国际咨询会的发言：《在城市化进程中城市的可持续发展》，第 119—200 页。

重要现象，市镇，为基础。"① 他还说："城市是才智。大城市是'自由的'才智。"② 斯宾格勒对城市文化、城市文明的评价是复杂的，有许多方面是相互矛盾的，但他看到了城市发展与文化发展的内在联系。现代城市的兴起与资本主义大工业的出现，以及资产阶级的崛起是同一个过程。工业革命通过资本和市场，无情地撕破了以土地为依托的乡村的人身依附关系、血缘关系、宗法关系，把人口、财富、权力吸纳到城市中来，城市不仅成为经济、政治中心，而且成为文化中心。相对于乡村文化，城市文化表现出鲜明的特征：与工业文明对农业文明的胜利相适应，城市文化是一种生气勃勃的文化，它打破一切陈规倡导创新，它摧毁一切民族的、地域的狭隘性走向世界，它不断变化甚至每天都在变化，为工业化运动提供智力和价值的支持；与人的平等关系取代人的等级关系相适应，城市文化是张扬人的自由个性的文化，人的能力在职业的多样性、流动性状态中获得提升和发挥的广阔空间，人的价值也从神的光环和封建主的权威中解放出来成为万物的尺度。人的最高价值在于人的自身，文艺复兴所彰显的人文精神始终是城市文化的灵魂；与科学对神学的胜利相适应，城市文化是理性精神充分发展并主导人类文明进步的文化，正如黑格尔所说的资产阶级革命开辟了人类用头立地的时代即用理性而不是用臆想统治世界的时代。近代以来自然科学所取得的伟大成就，极大地增强了人类改造和征服自然界的能力，也使人类深信科学技术的力量，崇尚科学理性精神；与平民对君主的胜利，市场经济对自然经济的胜利相适应，城市文化是大众文化蓬勃发展的文化。如果说，政治民主宣布了普罗大众的文化享有权的合理性，那么市场则是文化走出高墙深宫回归普罗大众的驱动器。教育、传媒、文学艺术的大众化不仅是劳动者再生产的需要，而且是资本增值的需要，不仅是市民宣泄的需要，而且是社会控制的需要。总之，从乡村文化到城市文化，人类的精神生产如同大工业生产一样，成为社会化、全球化的生产，它把巨大的文化创造力召唤出来，把人的精神从思想的禁锢中解放出来，城市以不断涌现的思想家、科学家、艺术家等文化巨匠，不断增加的大

---

① ［德］奥斯瓦尔德·斯宾格勒著，齐世荣等译：《西方的没落》，商务印书馆1963年版，第209页。

② ［德］奥斯瓦尔德·斯宾格勒著，齐世荣等译：《西方的没落》，商务印书馆1963年版，第56页。

学、大剧院、博物馆等文化机构，不断伸延的建筑群、大广场、交通网等文化象征，开辟了一个文化飞跃发展的全新时代，昭示着人类文明的巨大进步。

充分肯定城市文化的历史地位和作用，就是用历史的、发展的观点去看待工业化、城市化，就是用人是一个未完成的过程的方法去评价工业文明、城市文明。马克思指出，工业是一本打开了的人的本质的书本。他的实践观、异化观以及世界历史的理论，为我们全面地理解城市文化提供了科学的辩证方法。

近代世界历史的形成过程是农业从属于工业、农村从属于城市、东方从属于西方的过程。工业和城市的发展为人的自由全面发展提供了物质力量和交往前提，然而推动着工业和城市在全球扩展的是资本和市场，资本和市场的统治又造成了人的本性、人的关系和人的社会的异化。随着工业化、市场化运动席卷全球，城市越来越广泛地控制社会的经济、政治、文化，城市文化的异化特征日益显现出来。

城市文化是一种消费文化，它造成了现代人的"物化"。资本的本质是增值，无限扩大的生产必须由无限的消费来充当动力和引擎，现代城市由生产的中心转变成消费的中心。从19世纪中期出现的百货商店、商业广场到20世纪盛行的商品交易会、主题乐园，从冰箱、汽车、音响设备等享受型消费到名牌、狂欢、礼品等炫耀型消费，奔涌不息的商品洪流主导着人们的生活需求和文化价值，正如英国学者迈克·费瑟斯通所指出的："资本主义商品生产的扩张，引起了消费商品、为购买及消费而设的场所等物质文化的大量积累。其结果便是当代西方社会中闲暇及消费活动的显著增长。"[1] 城市文化通过各种媒体、广告、交易会把大众培养成为消费者，"为获得地位性商品（positionalgoods）、为获得表明步入上流社会的商品而展开的斗争，使得新商品的生产率不断提高。而这使人们通过标志性商品获得上层社会的意义，反而变得只具有相对性了。经常地供应新的、时髦得令人垂涎的商品，或者下层群体僭用标志上层社会的商品，便产生了一种'犬兔'越野追逐式的游戏"[2]。

① ［英］迈克·费瑟斯通著，刘精明译：《消费文化与后现代主义》，译林出版社2000年版，第18页。

② ［英］迈克·费瑟斯通著，刘精明译：《消费文化与后现代主义》，译林出版社2000年版，第26—27页。

城市文化也是一种大众文化，它造成了现代人的同质化。文化一旦进入市场，就必须服从市场的规律，无论文化的生产和消费，都以利润为目的，作为城市的支柱产业的文化工业，以高科技现代传播工具为媒介，以青少年为对象，以通俗和娱乐为特征，把知识、信息、艺术、观念等流水线地复制出来并向全球传播，它在传播类文化的同时又扭曲了文化的类本质。① 大批量的生产，大批量的传播，大批量的消费，文化艺术品越来越表现出形式和内容的趋同，标准化、数量化、模式化和单一性的非个性化颠覆了文化艺术的唯一性、创造性及自由个性。德国哲学家霍克海默、阿多尔诺形象地指出："现在一切文化都是相似的。电影、收音机、书报杂志等是一个系统。每一系统是独立的，但所有领域又是相互联系的。甚至政治上的对手，他们的美学活动也都同样地颂扬铁的韵律。"② 同质化的大众文化只能造就丧失个性特征的"单向度"的人，它是现代城市人"物化"的精神催化器。城市文化还是一种变动不居的文化，它导致了人的文化认同的冷漠化、淡化。资本摧毁了传统的血缘关系，使利益关系成为交往活动中的唯一关系，资本的不安宁造成了利益关系的不断变动，从而造成了人与人的关系的不断消解分化，人们在城市中普遍感到陌生、孤独和无助。"生产的不断变革，一切社会状况的不停地动荡，永远的不安定和变动，这就是资产阶级时代不同于过去一切时代的地方。一切固定的僵化的关系以及与之相适应的素被尊崇的观念和见解都消除了，一切新形成的东西都烟消云散了，一切神圣的东西都被亵渎了。"③ 人的文化本质是在杂多流动的现象世界中追求终极关怀，在有限短暂的生命之旅中发现永恒价值，而当周围的一切包括温情脉脉的家庭关系、素被敬畏的良心和道义都被无情地亵渎的时候，当人置身其中的文化内容和形式都不停息地旋转而变得如此陌生的时候，处于这种城市文化环境的人们不可能拥有认同感、归属感和安全感。

批判不是目的，人类的使命是在批判旧世界中发现和建设新世界。在对城市文化的批判方面，斯宾格勒与马克思有惊人的相似之处，甚至

---

① 田丰：《文化进步论》，广东高等教育出版社 2002 年版，第 63—64 页。

② ［德］马克斯·霍克海默、［德］特奥多·阿多尔诺著，洪佩郁、蔺月峰译：《启蒙辩证法（哲学片断）》，重庆出版社 1990 年版，第 138 页。

③ 《马克思恩格斯选集》（第 1 卷），人民出版社 1995 年版，第 275 页。

可以说斯宾格勒对城市文化的没落的描写和分析在许多方面更为具体和生动。他认为城市统治的阶段——"文明阶段"是人类文化的最高阶段，但却是走向死亡的开始。世界城市的形成标志着文化发展到最高也是最终的阶段。"世界城市意味着世界主义代替了'家'，冷酷的'事所当然'代替了对于传统与时代的尊敬，科学的非宗教变成了古老的、精神宗教的僵死代表"①，城市制约了人们的创造个性，也消解了人们的精神理想。"城市在经济史中属于首位并控制了经济史，以不同于物品的金钱的绝对观念代替了和农村生活、思想永远分不开的土地的原始价值。"②"从此以后，任何远大的生活理想就大部分变成了一个金钱问题。"③ 更骇人听闻的是由于城市对传统、血统、家族观念的抛弃，导致性、家庭与生育相分离，"当存在失去根柢，醒觉的存在充分地紧张起来的时候，一种现象突然在历史的光辉中出现了，这种现象早已秘密酝酿成熟，现在出来结束这出戏剧——这就是文明人类的不育状态"④。这一切都决定了人类文化必然要在西方文明的阶段走向终结，回到无历史的自然状态。这是不可抗拒的"宿命"与"周期"。而马克思理论的深刻之处就在于把城市文明置于世界历史的发展进程中，在无情地批判城市文明所造成的人的"异化"状态的同时充分肯定工业和城市发展对于创造人的自由而全面发展的物质基础、交往条件的历史意义，并深入分析造成人的"异化"状态的根源，提出了在资本主义文明基础上建立"自由人的联合体"，实现人类解放的伟大理想，从而揭示了人类文化和文明发展的历史辩证法，也为人类今天在推进工业化、城市化的同时大力发展以人为本的可持续发展的城市文化，克服人与人、人与社会、城市与乡村、人类与自然、自由与必然之间的抗争和矛盾指出了方向。

从市民社会的内在要求出发建设城市文化。文化是交往的产物，一定的交往形式决定着一定文化的性质和发展趋势。"在过去一切历史阶

---

① ［德］奥斯瓦尔德·斯宾格勒著，齐世荣等译：《西方的没落》，商务印书馆1963年版，第209页。

② ［德］奥斯瓦尔德·斯宾格勒著，齐世荣等译：《西方的没落》，商务印书馆1963年版，第56页。

③ ［德］奥斯瓦尔德·斯宾格勒著，齐世荣等译：《西方的没落》，商务印书馆1963年版，第219页。

④ ［德］奥斯瓦尔德·斯宾格勒著，齐世荣等译：《西方的没落》，商务印书馆1963年版，第219页。

段上受生产力所制约、同时也制约生产力的交往形式，就是市民社会。"① 如同法律等上层建筑一样，文化不能从国家或从它自身来理解，也不能从所谓人类精神的一般发展来理解，而要从它赖以产生和发展的物质的生活关系来理解，也就是从"市民社会"来理解。马克思、恩格斯主要从国家与经济基础的关系来理解"市民社会"，把它看作是个人在生产力发展的一定阶段上的一切物质交往，包括该阶段上的整个工业生活和商业生活，也包括从生产和交往中发展起来的社会组织形式，是一个变动着的历史范畴。哈贝马斯等西方学者根据当代资本主义社会新发展，从现代国家批判的角度反对国家对市民社会的压迫，称市民社会为"私人自治领域"，或者叫"非政治领域"，强调城市和社区文化的个体性、自由性和平等性。人类要在推动政治民主化，建设人民当家作主的法治的"市民社会"的基础上，适应现代社会结构转型的趋势和人的全面发展要求，营造一个充满活力的多元多样文化竞相发展的良性文化生态环境，激发每个人的文化个性，促进市民主体意识和主体地位的回归，让城市化运动始终不偏离人的价值目标，让城市真正成为人的生活乐园和精神家园。

从文化全球化的时代要求出发建设城市文化，经济的全球化推动着文化的全球化。如果说，资本和市场是经济全球化的动力，那么，文化全球化也不可避免服从于资本和市场的共同规律。在这个意义上，建设城市文化，提升城市文化竞争力必须纳入世界文化市场体系，推动文化的经济化、市场化、产业化和国际化。然而，文化的全球化并不是同质化，在全球意识的观照下打破民族、地域的狭隘性，在与他种文化相互激荡、相互交往中实现兼容式发展，是任何民族、地域文化在全球化语境中生存和发展的必由之路。抹杀文化特殊性的文化全球化只能是一种文化霸权主义的全球化；而离开文化普遍性的文化特殊性只能是游离于世界文明大道之外的偶然现象。城市化与全球化实质上是同一过程的两个侧面。任何城市要保持自身的特色和魅力，就要保持文化的民族和地域个性，形成富有特色的文化精神、文化产业和文化环境。植根于民族文化传统的厚实土壤上的城市文化，是城市在全球化浪潮中实现可持续发展的不可替代的宝贵资本。

从提升城市竞争力的客观要求出发建设城市文化。当今世界，国家

---

① 《马克思恩格斯全集》（第 3 卷），人民出版社 1965 年版，第 40 页。

与国家之间的竞争往往表现为区域和城市之间的竞争，进入知识经济时代，城市综合竞争力的主导因素正在发生变化，从以资本、管理、科技竞争力为主导到以文化竞争力为主导，反映了现代化发展的一般规律。文化竞争力亦即文化对经济的推动力，对社会的影响力和对人的感召力。在观念层面上，文化竞争力表现为是否适应人的价值追求、解放人的思想、提升人的能力，以及激发人的意志和理想；在实践的层面上，文化竞争力表现为文化生产力、文化消费力、文化传播力、文化创造力和文化持续力，等等。归结起来，有竞争力的城市文化或文化城市必须以文明进步的文化精神为灵魂，以先进发达的文化产业为基础，以优秀的文化人才为根本，以法治的文化制度为载体。文化精神是城市人认同的纽带和创新的动力，是城市相互区别的文化标志，缺乏精神的城市是死寂的城市；文化产业不仅是满足市民精神文化需求的基础性产业，而且已成为新经济的支柱性产业；文化人是城市的文化资本和可持续发展的根本条件，文化人才的流动和积聚往往反映一个城市的兴衰；文化制度是人的文化活动的政治安排，制度的合理性关系到文化生产和文化创造的活力程度。文化竞争力并不仅仅是这几种要素的简单组合，而是以这几种要素为基础的行政、社会、环境各种因素构成的有机的、开放的系统。

改革开放以来，我国城市化运动在工业化、信息化和市场化推动下蓬勃发展，以京津唐地区城市群、长江三角洲城市群、珠江三角洲城市群的崛起为标志，我国进入了全面城市化的新时代。与此同时，随着人口的大规模流动及人们文化需求的高涨，城市文化问题已日益凸现出来。如何从批判和建构、普遍与特殊、理论与现实的结合上进行学理探讨，是落实科学发展观，繁荣发展中国特色社会主义文化的一项重要任务，也是文化研究的一项重要任务。可以预期，在民族文化积淀深厚的辽阔的神州大地上，必将掀起一个城市文化建设的新高潮。

（原载于《广东社会科学》2004 年第 4 期）

时代与文化

文化的共性与个性

当今世界的文化进步，不管形式如何，都根源于文化中共性与个性的矛盾运动，文化进步的过程是一个文化共性不断拓展和丰富的过程，同时，也是一个不断个性化的过程，文化共性与文化个性的联系、冲突、转化、融合，构成了文化发展的主线，推动着文化和人的历史进步。

一、文化的共性

所谓文化共性，即文化的本质，它存在于一切时代、一切民族、一切个体的特殊的文化之中，它是世界上不同文化得以相互交流、交融的内在基础，是人类认识和评价不同文化的共同尺度，对文化共性的探讨，反映了人类自我认识的水平的提升，随着经济全球化趋势的发展，寻找文化共性以及如何界定文化共性成为一个突出的问题。从文化的发生、发展和目的来说，它的共性表现在以下三个方面。

1. 主体自觉性

文化即人化，是人区别于动物的特有的现象和活动。在人之外或在人之前不可能有文化，同样，在文化之外或在文化之前也不可能有人。"文"是一个打记号的动作，它包含多种含义，概括起来就是人有意识地改造自然世界和改造自身的活动，动物也能给自然打记号，然而它是本能的活动，而人在打记号前已具有自觉的目的性。马克思在《资本论》中写道："蜘蛛的活动与织工的活动相似，蜜蜂建筑蜂房的本领使人间的许多建筑师感到惭愧，但是，最蹩脚的建筑师从一开始就比最灵巧的蜜蜂高明的地方，是他在用蜂蜡建筑蜂房以前，已经在自己的头脑中把它建成了。劳动过程结束得到的结果，在这个过程开始时就已经在劳动者的表象中存在着，即已经观念地存在着。他不仅使自然物发生形式变化，同时他还在自然物中实现自己的目的，这个目的是他所知道的，是作为规律决定着他的活动的方式和方法的。他必须使他的意志服从这个目的。"① "人"在进行"文化"活动以前，还不能说他是人，而只是仍然从属于自然世界的物种；而文化活动作为主体的活动，或者说它的主体性，不仅要在自然物上打上人的印记，使之成为"属人的"世界，更为突出的是能够对自己的精神、思想加以反思、提升的活动。黑格尔说："人之所以比禽兽高尚的地方，在于他有思想，由此看来，人的一切文化之所以是人的文化，乃是由于思想在里面活动并曾经活动。但是思想虽说是那样基本的、实质的和有实效的东西，它都具有多方面的活动。我们必须认为，唯有当思想不去追寻别的东西而只是以它自己——也就是最高尚的东西——为思考的对象时，即当它寻求并发现它自身时，那才是它的最优秀的活动。"② 黑格尔虽说是从客观唯心主义的角度来阐述文化与人的关系，但突出了人的思想是文化的本质，以自身为对象是思想的使命，强调了文化的自觉性，充分继承和发挥了康德的主体性精神。

马克思揭去了黑格尔关于文化主体性的客观唯心主义的雾纱，对此作了唯物辩证的改造，他指出人是文化的前提，"任何人类历史的第一个前提无疑是有生命的个人的存在"③。文化活动的本质是人的有意识的活动，所谓"历史不过是追求着自己目的的人的活动而已"④。文化活动既是对象化活动，更是主体化活动，即提高人的能力，提升人的自由自觉的境界，这是文化活动的终极价值和目的。他把奴役人、物役人的资本主义条件下的劳动称为"异化劳动"，是因为在这种劳动中人是经济的动物，而不是文化的创造者。他指出，由于劳动的异化，人的感性和精神感觉变成了简单的拥有感，感觉和认识的丰富性被狭隘的占有

① ［德］马克思：《资本论》（第1卷），人民出版社1975年版，第202页。

② ［德］黑格尔著，贺麟、王太庆译：《哲学史讲演录》（第1卷），商务印书馆1959年版，第10页。

③ 《马克思恩格斯全集》（第3卷），人民出版社1960年版，第23页。

④ 《马克思恩格斯全集》（第2卷），人民出版社1960年版，第118—119页。

欲所代替，"忧心忡忡的穷人甚至对最美丽的景色都没有什么感觉；贩卖矿物的商人只看到矿物的商业价值，而看不到矿物的美和特性；他没有矿物学的感觉"①。他认为，只有消除劳动的异化，实现共产主义，才能使人的活动包括文化活动充分展现人的本质，达到为了人、发展人的目的。劳动异化性质的消除，不仅是劳动者被奴役状况的推翻，而且是劳动从物质劳动向精神劳动的跃升，到达物质生产领域的彼岸，只有在这个时候，"作为目的本身的人类能力的发展，真正的自由王国，就开始了"②。

2. 实践能动性

文化的共性来自于人性的共性，而人性的共性来自于实践的普遍性。人在本质上是实践的。如上所说，文化的根本特征是自觉性和能动性，文化活动是人的自觉创造活动，是既"化物"又"化人"的过程。

人的这种文化特性绝不是纯粹的精神运动的产物，而是在实践中产生和发展起来的。黑格尔把能动原则看作是精神的最本质的东西，正如马克思所说："要求把对象世界归还给人……这种对人的本质力量的占有或对这一过程的理解，在黑格尔那里是这样表现的：感性、宗教、国家权力等等是精神的本质，而精神的真正形式则是能动的精神，逻辑的、思辨的精神。"③而精神的能动原则表现在它的自我创造和自我发展，把自我的力量和本质对象化、外化。

马克思充分肯定黑格尔对象化的能动原则，肯定他的思辨形式阐述了人通过劳动自我产生，把人类历史理解为人通过对自然界的改造而自我创造的过程，他认为人通过劳动扬弃了自然界的原始性、直接性，使自己的本质统摄自然对象，从而达到人与自然、主体与客体的同一性，然而，黑格尔"唯一知道并承认的劳动是抽象的精神的劳动"。劳动的对象实际上是精神的、形式的自我转换，是自我意识在自身内部的纯粹的、不停息的旋转。马克思把人的文化本质对象化首先看成是客观物质性的活动，人在实践中能动地改造自然世界，同时又能动地改造自身，

---

① 《马克思恩格斯全集》（第 42 卷），人民出版社 1979 年版，第 126 页。
② 《马克思恩格斯全集》（第 25 卷下册），人民出版社 1974 年版，第 927 页。
③ ［德］马克思：《1844 年经济学－哲学手稿》，人民出版社 1985 年版，第 119 页。

丰富和发展自身。人通过实践创造世界，即改造无机界，证明人是有意识的类存在物。实践的能动性不仅在于对象化，而且在于非对象化，即在自我否定中重新占有对象，确证和发展主体力量。"黑格尔的《现象学》及其最后成果——作为推动原则和创造原则的否定性的辩证法——的伟大之处首先在于，黑格尔把人的自我产生看作一个过程，把对象化看作非对象化，看作外化和对这种外化的扬弃；因而，他抓住了劳动的本质，把对象性的人、现实的因而是真正的人理解为他自己的劳动的结果。人同作为类存在物的自身发生现实的、能动的关系，或者说，人使自身作为类存在物即作为人的存在物实际表现出来，只有通过下述途径才是可能的：人实际上把自己的类的力量统统发挥出来（这又是只有通过人类的全部活动。只有作为历史的结果才有可能），并且把这些力量当作对象来对待，而这又是只有通过异化的形式才可能。"①

通过这种否定之否定的能动过程，文化的人或人的文化不但创造出一个"人化自然"，而且创造出新的文化和新人。正如马克思说的，人在改造客观世界的劳动实践中锤炼出新的观念、新的品格、新的语言。

3. 历史进步性

文化的进步性根源于人的有意识、有目的的历史活动。"进步"概念本身蕴含着对客体与主体、必然与应然、理想与现实相互关系的事实判断和价值判断。这种判断力的形成和发展是人的文化活动的基本特点和目的。文化进步的根本动力在于主体与客体的矛盾运动，而直接动力在于主体内部的精神运动。在这诸矛盾运动中产生了文化的历史。"不管是人们的'内在本性'，或者是人们对这种本性的'意识'，即他们的'理性'，向来都是历史的产物。"②

马克思把人的历史实际上也是文化的历史划分为三个阶段：第一阶段是以人的依赖关系为基础的文化生成阶段，在这个阶段，以血缘关系组成的共同体，是人存在、活动的前提和基础，在这种情况下的个人，一方面，作为生产劳动的主体被共同体再生产出来，另一方面，他被生产成具有组成这种共同体所需的相应品质，即狭隘性和自己的生产力的

---

① ［德］马克思：《1844 年经济学——哲学手稿》，人民出版社 1979 年版，第 115 页。

② 《马克思恩格斯选集》（第 3 卷），人民出版社 1972 年版，第 567 页。

狭隘发展。第二阶段是以人对物的依赖性为基础的异化阶段。在这个阶段，资本主义生产方式打破了地域、民族等各种狭隘性，使社会生产和社会交往得到日益普遍、全面的发展。一方面，这种发展使人的文化本质发生异化；另一方面，则为人向自由和全面发展创造条件。马克思指出："这种生产才在产生出个人同自己同别人的普遍异化的同时，也产生出个人关系和个人能力的普遍性和全面性。"① 第三阶段是人的自由全面发展的阶段，即马克思所说的："建立在个人全面发展和他们共同的社会生产能力成为他们的社会财富这一基础上的自由个性，是第三个阶段。"② 这个阶段，"社会化的人，联合起来的生产者，将合理地调节他们和自然之间的物质变换，把它置于他们的共同控制之下，而不让它作为盲目的力量来统治自己；靠消耗最小的力量，在最无愧于和适合于他们的人类本性的条件下进行这种物质变换"③。人的自身的个性和能力的自由发展终于成为最终目的。

马克思关于人类发展的三个阶段论述启示我们，人的历史是人的文化个性和能力发展的历史，人的文化个性和能力的发展以生产力和交往关系的发展为前提；与人的历史发展一样，人的文化个性和能力的发展是一个不断从贫乏走向丰富，从狭隘走向普遍，从低级走向高级的进步过程；人的文化进步是在人与人、人与自然的对立中，以一定阶段上牺牲部分人的发展，牺牲个人的全面发展为代价实现的，它伴随着异化与复归，否定与肯定的辩证运动；文化进步的标准，是合规律性和合目的性的统一，既要看它是否适应和推动社会生产力的发展，更要看它是否解放和发展人的个性和能力，增进人的自由。正如恩格斯所说的，"文化上的每一个进步，都是迈向自由的一步"。马克思的文化进步观不仅是与他的唯物史观相一致的，而且是他唯物史观的精髓。这样，社会进步过程不仅是物质的生产和再生产，而且是人的生产和再生产；不仅生产出日益增长的物质需要和物质财富，而且生产出日益增长的精神需要和精神财富；不仅要在不断发展的科学技术和工具设备的基础上生产，而且要在最无愧于人的本性的前提条件下生产。

---

① 《马克思恩格斯全集》（第46卷上册），人民出版社1979年版，第109页。
② 《马克思恩格斯全集》（第46卷上册），人民出版社1979年版，第104页。
③ 《马克思恩格斯全集》（第25卷），人民出版社1974年版，第926—927页。

哲学、文化与时代

二、文化的个性

实践的普遍性产生了人类文化的共性，然而，不同的民族、群体在不同的地域、时代和社会条件下从事实践活动，由此产生了文化的民族性、群体性，即使是同民族、群体中的个人，也会由于不同的价值取向形成不同的文化品格，这种文化的民族性、群体性、个体性相对于文化共性来说便是文化个性。文化共性存在于文化个性之中，而每一种文化个性都必然与文化共性相联系。不把握文化共性，就难以把握文化比较和评价的客观标准和尺度；不了解文化个性，就难以准确概括文化发展的一般趋势和一般规律。如果说文化发展贯穿着共性与个性的矛盾，那么文化共性与文化个性矛盾的解决是以个性的丰富、创新、超越、扬弃、融合而实现。"普遍性、共通性不是一开始就已存在或已经完善的东西，而是作为种种特殊性的扬弃，差异性的消除中不断实现和完成着的东西而被把握的。"① 所谓文化个性，相对文化共性，它是一定阶段上局部的和具体的现象，主要有以下三个方面。

1. 民族特殊性

不同的实践环境赋予了文化的民族差异性。恩格斯曾指出，人类为能够求得生存和发展，首先必须能够适应他的生存环境。一个民族就是一个文化共同体。在特定的自然条件和社会历史条件下，随着分工的产生和扩大，随着交往关系的发展，文化共同体逐渐形成，迄今为止，民族是文化体发展的最高形式。与其形成的历史相联系，民族文化不能不受气候、地理、资源等自然客观条件的影响。例如沿海民族和内陆民族，在对外开放上就存在很大的区别。"水路作为自己流动、自行运动的道路，主要是商业民族的道路。"而"在亚洲的原始的自给自足的公社内，一方面，对道路没有需要；另一方面，缺乏道路又使这些公社闭关自守，因此成为它们长期停滞不前的重大要素（例如在印度）"②。然

---

① 陈筠泉、刘奔：《哲学与文化》，中国社会科学出版社 1996 年版，第 256 页。

② 《马克思恩格斯全集》（第 46 卷下册），人民出版社 1980 年版，第 16 页。

而，对民族文化起决定性影响的是社会实践的样式，它的广度和深度，包括其生产方式、交往方式、生活方式，等等。此外，民族文化的传播和积淀也会深刻影响它的面貌和特色。一般来说，文化的民族性主要表现在三个方面。

第一，语言的特殊性。语言（包括声音符号和书写符号）一开始就是人类集体活动的产物，是把个体活动成果融会为类（共同体）的集体成果，是实现人的改造客观世界和主观世界的能力和成果的"公共积累"和传递的重要形式。它是民族文化的载体，甚至可以说是民族的特征。马克思认为："语言本身是一定共同体的产物，正像从另一方面说，语言本身就是这个共同体的存在，而且是它的不言而喻的存在一样。"① 从某种意义来说，取消一种语言，意味着消灭一个民族，而掌握一种新的语言，就意味取得了"进入"其他民族文化的通行证。

第二，思维方式的特殊性。思维方式是人们在无数的实践活动中形成的反映思维对象和整理思维内容的"格"，是民族文化体系中的骨架或框架。可以说，在民族的文化行为中，那些长久地稳定地起作用的思维方法、思维习惯、对待事物的审视趋向，都是该民族的思维方式。张岱年指出："哲学家运用一些思维方法，形成一定的习惯，自觉地或不自觉地运用的种种思想方法，谓之思维方式。所谓思维方式包括一些不自觉地经常运用的思维模式。"② 它具有稳定性、普遍性、持久性的特点，是民族在历史发展过程中长期沉淀下来的文化心理结构，不同民族由于实践条件和文化条件的差异，造成了思维方式上的特殊性。马克思针对中国太平天国的农业社会主义实践指出过："中国的社会主义与欧洲的社会主义之相差，就像中国哲学与黑格尔的哲学之相差一样。"③ 对这种差异，有人概括为，"西方文化重分析，东方文化重综合""西方文化重实证，东方文化重人伦"，等等，这些说法不一定精确，但民族之间思维方式的差异是客观存在的。

第三，价值信仰的特殊性。价值信仰是文化共同体在实践中历史

---

① 《马克思恩格斯全集》（第46卷上册），人民出版社1979年版，第489页。

② 张岱年、成中英等：《中国思维偏向》，中国社会科学出版社1991年版，第28页。

③ 《马克思恩格斯论中国》，人民出版社1963年版，第213页。

地积淀、形成的稳定的、持久的、普遍的关于人、社会、世界的终极意义的理解和追求。它是人的思想和行为的规范和指导，是人自觉或不自觉在实践中遵循的内在的戒律。不同的民族在自身的实践和发展中，形成一种沉淀在民族心理和精神中代代相传、陈陈相因的深刻地影响人们日常行为的观念定势。如中华民族从古至今都崇尚"民为本""和为贵""家庭、集体、国家至上"的价值。在民族的价值信仰体系中，宗教是最原始的，也是最高的形式。"宗教"一词的拉丁语原意，是"捆扎到一起"。作为意识形态，它正是起到从精神上把人们凝聚到一起的文化作用，民族的发展史往往与宗教的形成、融合、发展史交织在一起。现代的民族打破了原有的单一宗教信仰的狭隘的民族形式，多种宗教信仰共存成为一种普遍的现象，但无论哪种宗教，都必然赋予一定的民族文化形式，而无论哪种民族文化往往都会有一种宗教占据主导的地位，发挥主导影响。

2. 群体特殊性

在民族国家发展的相当长的时期，实践是以群体的形式进行的，群体是指在一定历史发展阶段中以一定社会关系组成的共同体。"群体，是人类占有他们生活的客观条件和占有再生产这种生活自身并使之物化的活动……的客观条件的第一个前提。"[①] 生活在一定历史发展阶段的人们，由于共同的生活条件、共同的利益和目标形成了实践的群体，在阶级社会中，阶级、阶层、团体、政党等都属于实践的群体、认识的群体。实践的群体性产生了文化的群体性。如果说，文化的民族性来源于地域的区别和传统的区别，那么文化的群体性更多地受现实利益影响，或者说，有不同的利益群体，就有不同的价值观念和道德标准。马克思指出，思想一旦离开利益，就会出丑。因而生产资料的拥有的差异，生活条件的差异，职业的差异，受教育权利和程度的差异，产生了阶级和阶层的差异，从而产生文化取向的差异。马克斯·韦伯在其著名的《新教伦理与资本主义精神》一书中指出："在任何一个宗教成分混杂的国家，只要稍稍看一下其职业情况的统计数字，几乎没有什么例外地发现这样一种状况：工商界领导人、资

---

① 《马克思恩格斯全集》（第46卷上册），人民出版社1979年版，第472页。

本占有者、近代企业中的高级技术工人，尤其受过高等技术培训和商业培训的管理人员，绝大多数都是新教徒。"[1] 恩格斯对这种思想、道德等观念文化的群体特质作了经典的概括："社会直到现在还是在阶级对立中运动的，所以道德始终是阶级的道德；它或者为统治阶级的统治和利益辩护，或者被压迫阶级变得足够强大时，代表被压迫者对这个统治的反抗和他们的未来利益。"[2] 在当代传统社会向现代社会的转型中，随着社会结构的迅速变化，统治阶级和被统治阶级的二元结构被打破，在二者之间形成了许多具有不同利益的群体或阶层，这些不同阶层有不同的心理结构和文化价值。群体文化相对民族文化来说，具有更多的变动性。在现代化进程中表现为各种价值观念的冲突，占优势的群体文化的发展方向影响着民族文化的发展方向。

3. 个体特殊性

文化是在人的类生活的过程中形成和发展的这个事实，说明它一开始就是一种"超个体"的存在，但文化作为一种人自觉的创造活动，又是通过无数的个体的存在和发展实现的，人的自主性和创新性，特别突出地表现在个体的精神活动之中。

在个人与文化的关系上，文化主观论者从否定社会关系对个人的重大影响出发，否定文化对个人的超越性、制约性，纯粹用个人的意识、个人心理来解释人的行为，解释重大的社会历史事件和进程；而文化决定论者走到另一个极端，过分强调个人对文化的依赖性和受动性，轻视个人对文化的选择性、主动性和创造性，如怀特，把历史规律与自然规律混为一谈，只看到整体规律、外在结构对个人的控制约束，看不到个人的能动的创造力量。他主张文化本位，反对个人本位，甚至反对人本位。他说："文化确确实实地具有超个体的特征，虽然只有人才有可能创造文化，但文化的存在和发展却有自身的生命。文化行为是受着自身规律支配的，而不是受人的生理——心理规律制约的。"[3] 他还说："文化学的解释彻底地改变了有关个人，单独个人的整个说法。我们不再把个人

① ［德］马克斯·韦伯著，于晓、陈维纲译：《新教伦理与资本主义精神》，生活·读书·新知三联书店1987年版，第32页。

② 《马克思恩格斯选集》（第3卷），人民出版社1972年版，第134页。

③ ［美］莱斯利·怀特著，沈原等译：《文化的科学——人类与文明研究》，山东人民出版社1988年版，第118页。

视为第一推动力，首要推动者，文化过程的创造者和决定者因素，不再认为文化产生于人的头脑，不再认为人对整个文化负有使命等等。……我们把文化看成巨大的连续体，是各种文化要素——语言、工具、器皿、信仰、习俗以及态度汇聚而成河流，从历史的深处奔流到现在。"①

怀特只看到文化制度、文化环境对个人和人的影响，而没有看到文化正是由人包括无数的个人创造和改变的。马克思认为，人们的社会历史始终只是他们个体发展的历史，而不管人们是否意识到这一点。有生命的现实的个人是历史也是文化的起点和出发点。马克思认为，历史可以用个人的个性的全面和丰富为尺度来考察。作为历史起点的个人在原始状态是全面而贫乏的，单个人显得比较全面，那正是因为他自身之外的社会权力和社会关系同他自己相对立。在资本主义异化劳动条件下个人的个性是片面的丰富，人的整体的丰富以个人的片面发展为代价，群体对个性的压抑转换为以物的形式出现的社会对个性的压抑。而真正个人的个性全面而丰富的发展，只有在社会主义生产方式下才能实现，由于劳动者与生产资料相结合，分工的细化与生产的社会化相一致，生产能力与认识能力相适应，人与人的对立由自由人的联合体所代替，物对人统治由人对物的驾驭所代替，"偶然的个人"跃升为自由的个人，在那里"每个人的自由发展是一切人自由发展的前提"。

从马克思的历史观看来，文化的发展是由无数人的个体的文化实践、文化创造而实现的；每个人都是具有自由意志的人，都有文化选择的权利和要求，个体文化选择的多样性产生了全社会文化形式和内容的多样化发展；个人的人性总是反映着社会关系的总和，个人的文化活动本质上都是类的活动，个人的文化价值的变化和能力的提升对类的一般性质及其变化产生影响，文化在无数人的个体文化活动和文化个性形成的合力中形成风格和特色；个人不能随意改变他所承接的文化环境，然而他不能回避认同或批判这种文化环境的责任，无论从个人的价值取向出发，还是从历史尺度出发，改变或改进他所处的文化环境是每个人的天赋权利和神圣使命，由此推动文化的创新和进步。因此，单个人的文化个性的自由全面发展是衡量文化发展程度的尺度，未来的文化体应是以自由个性充分发展为基础的联合体。

---

① ［美］莱斯利·怀特著，沈原等译：《文化的科学——人类与文明研究》，山东人民出版社 1988 年版，第 171 页。

三、现时代文化共性与文化个性的矛盾运动

当今时代是全球化的时代，迅速发展的经济全球化必然导致文化全球化，文化全球化是文化共性与文化个性相互转化的双重过程。文化共性的不断扩大是文化全球化的主要趋势。

1. 增进共性是当今世界时代主题变化的要求

时代主题是一定时期世界范围内经济、政治、文化发展变化的总体趋势和根本特征，也是人类在一定历史时期普遍愿望和理想的综合反映。如果说，战争与革命是全球化初始阶段的时代主题的话，那么和平与发展则是全球化现代阶段的时代主题，目前这个主题无论在内容和形式上都在不断发展着。全球化形成阶段是农业文明向工业文明的转型时期，以物质资源的占有、交换、分配、消费为特征的工业经济的形成和发展是伴随着血与火的过程，它建立在精神劳动与体力劳动、有产阶级与无产阶级、城市与乡村、人类与自然分裂对抗的基础上，它把一切国家和民族联系在一起的同时，又为帝国主义以及民族沙文主义侵略、压迫、掠夺弱小国家和民族的领土、资源打开了通道。阶级对立、民族对立尖锐化必然导致战争与革命，同时也导致了意识形态、价值观、宗教等各种尖锐的文化和文明的对立和冲突。

全球化的现代阶段是工业文明向后工业文明或者知识经济文明转型的时期，与工业经济以自然的物质资源的拥有和使用为决定因素相反，它以知识、信息、技术的占有和使用为决定竞争胜负的基础。要素、知识、信息的流动性、共享性、开放性把人类更紧密地拉近在一起，共同开发、共同发展成为现实的可能，各国、各民族从过去着重追求物质力量的优势转化为追求知识、技术的优势，从过去致力于自然资源的无限占有转化为对知识和人力资本的吸纳和培育，从过去只注重一代人的利益转化为顾及子孙后代的长远利益。和平与发展不仅是一种世界发展的大趋势，而且成为人类的共同追求，同和平与发展的时代主题相适应，世界上越来越多的国家和地区都在尊重人权、推进民主、扩大对外经济文化开放交流、促进社会协调全面进步上达成共识，许多方面还以共同宣言、双边或多边声明等形式表达出来。这表明，在全球化的现阶段，

民主、自由、创新、开放、进步等反映人类文明趋向的文化观念和意志在越来越大的范围内成为世界各民族的共同价值标准，国际关系中以大欺小、以强凌弱、以富欺贫，搞对抗、搞封锁、搞专制的霸权主义和专制主义越来越没有市场。波黑战争、海湾战争、中东和平进程、亚洲金融风暴等一系列国际重大经济、政治事件的解决，都体现了人类以科学理性和现代人文精神共同解决困扰世界和平与发展的重大问题的可能性和必要性，反映了人类进步潮流的总体趋向。

2. 增进文化共性也是全球性问题日益突出的客观需要

全球化问题也就是关系人类共同命运，尤其是当前威胁人类生存的问题。以工业文明为基础的全球化，在极大地促进科技进步，提高人改造客观世界能力的同时，造成了人与自然、主体与客体的尖锐对立。

这种对立，随着全球化的推进而演化为全球性问题或者说全球性危机：（1）人口爆炸性增长。有专家测算，今后全球范围内每秒钟将增加3个人，每年增加25万人。目前总人口已达60多亿，联合国在20世纪70年代公布的一项专题报告认为，世界人口极限容量大约是100亿。与此相应，人口老龄化也成普遍趋势。（2）资源急剧消耗。据预测，全球煤炭可贮量为110年，石油可贮量为37年。在进入信息文明的今天仍有8亿多人因缺粮而忍饥挨饿营养不良。看似"取之不尽用之不竭"的水资源也日趋短缺，现在全世界有43个国家和地区缺水。难怪有人警告，20世纪人类为石油而战，21世纪为水而战。（3）环境急剧恶化。人口增长过快、滥用资源、工艺技术的负效应、城市化等正使全球生态环境面临危机，地球上的森林正以每年15万平方千米的惊人速度消失；水土流失使全球每年有6万平方千米土地变为沙漠；工业化使大气层二氧化碳大量增加而导致全球气温上升。有数据显示，全球气温自1800年以来一直缓慢上升，这种势头如不控制，巨大的热浪将席卷地球每个角落，海洋中漂浮的冰山将融化得无影无踪，海平面不断上升将淹没大片的陆地和城市。（4）核武器、核能源的开发所造成的污染不断发生，核大战的后果将使地球万劫不复。（5）克隆技术无疑是人类科技进步的一个重大标志，但基因技术的滥用也许对人类的延续造成严重威胁。这些全球性问题对人类发展的影响如此广泛和深远，以至不得不把每一个问题都提到全人类共同利益共同命运的高度来考虑，"我们只拥有一个地球"，它是唯一的，不可再生的，这种共同的生存空间，人类的整体利益迫使人们形成和增进文化共性，形成和增进全球共识。每一个民族由于其特殊的地域和历史发展形成了自己的传统的价值观，而当这种传统的、独特的价值观与全人类利益尖锐冲突的时候，就不能不重新加以审视和调整。如美国社会高消费的价值观和生活方式导致这个少于世界5%人口的国家，消耗着世界资源产量1/3以上，如全世界都照此生活，地球上的石油储藏仅够用1.5年。面对人类共同危机，世界各国各民族都必须在发展观、人权观、平等观、环境观、战争观等一系列观念上通过对话、讨论，超越自我，缩小分歧，寻找共同利益的汇合点，扩大思维方式和价值理念的同一性，达到求同存异，共同发展。

3. 增进文化共性是人类思维方式革命性转型的逻辑结果

每一时代的文化特质总与该时代人们的思维方式密不可分，而人们思维方式的特点及其变化发展又取决于人们改造自然和改造社会的实践。科学技术作为改造自然世界的工具，是思维方式最切近的基础。恩格斯说过："随着自然科学领域中每一个划时代的发展，唯物主义也必然要改变自己的形式。"18世纪末以前，与当时自然科学以力学为中心，其余学科处于搜集和分门别类整理材料的阶段相适应，非此即彼的形而上学的思维方式占据统治地位，随着细胞、能量转化和达尔文进化论三大发现的相继问世，从康德的星云假说给形而上学思维方式观念上打开第一个缺口到黑格尔辩证法体系的形成，特别是马克思哲学的诞生，把世界看成是过程的集合体，是普遍联系相互转化不断运动发展的有机体的辩证的思维方式已得到确立。20世纪是科学技术突飞猛进的世纪，先有爱因斯坦的相对论以及量子力学的产生，又有一般控制论、信息论、系统论、突变论、协同学、混沌理论等一批交叉科学的涌现，当前以信息技术和生物工程技术、纳米技术等为代表的高新科技正在把人类推进到信息社会或知识经济社会，推动着辩证思维方式从古典形态转型为现代形态。

与科技发展的实践历程对思维方式变革的重大影响一样，人类社会政治实践也同样推动思维方式的转型。首先，两次世界大战使人类饱受战乱，使人们不得不冷静地看待国家与国家、民族与民族之间的矛盾，在现时代，崇尚用对抗的方式处理国际关系只能导致人类的同归于尽；其次，社会主义运动的兴起、高潮和低潮，这种剧变使人们看到资本主义并没有像无产阶级领袖所预言的行将腐朽和没落，反之它却从新兴生产力和社会主义汲取营养而仍充满生机；社会主义并没有从二战后的大发展中日益强盛壮大，反之它却因囿于对马克思主义教条式理解以及没能充分汲取资本主义创造的文明成果而由强转弱（中国例外），两种主义水火不相容，一方必须吃掉一方的传统思维受到了极大的动摇。于是在社会主义与资本主义、民族主义与世界主义、理性主义与非理性主义、科学主义与人文主义、现代主义与后现代主义等各种思潮的争论冲突中，现代辩证思维得到了广泛的认同，它不否定矛盾对立，但更强调和谐，包括主客体和谐、人际和谐、国际和谐、人的身心和谐；它不否定历史发展有继承性和规律性，但更强调历史选择的多样化和多元化，更强调相容性和开放性，反对独断的、封闭的、凝固的观念和认识；它不反对科学技术的进步，但更强调科技进步以人的自由幸福为目的；它不反对现世的需要和利益，但更强调代际公平和人类的可持续发展；等等。显然，这种现代辩证思维方式的形成和发展，有利于人类文化共性的增强，促进全球价值认同和道德共识的生成，它本身也是文化共性的一个重要构成。在这个过程中，马克思主义哲学作为形而上学的对立物，以其实践的本性和革命的本性，契合科技进步、社会转型的潮流与时俱进，从而作为一种现代且科学的辩证思维方式对全球文明发展产生巨大的影响力，因为它从一开始就不是狭隘的宗派，而是始终对人类文明抱着一种博大的开放胸襟，始终以人的解放、人的自由全面发展为己任。

毫无疑问，文化共性的增进是全球化进程中文化发展的主流，然而文化个性也在生长着、发展着，两种趋势并行不悖。

从根本上来说，全球化不是一个均衡发展的过程，中心化和边缘化相互交织在一起，在中心化的同时，边缘化、本土化趋势也在发展。处于中心地位的国家和民族的文化必然获得较大的优势和丰富资源迅速发展，它无疑是人类文化的前导和先驱，表现出超前、创新的个性，文化全球化正是以这种个性文化产生和扩张而推进的。黑格尔以客观唯心主义的"世界普遍精神"的运动天才地揭示了这个过程："在这种发展的过程里，理念的某一形式某一阶段在某一民族里得到自觉；而这一民族在这一时间内，只表现这一形式，即在这一形式由它造成它的世界，由它造成它的情况。反之，那较高的阶段，在许多世纪以后，又发现在另一民族里。"① 全球化对"边缘"地区和民族

---

① ［德］黑格尔著，贺麟、王太庆译：《哲学史讲演录》（第1卷），商务印书馆1959年版，第37页。

文化的挤压激活了文化个性，在全球化的进程中，地域性、民族性的文化生态受到极大的挑战和破坏，历史上文化多元数量一直呈减少趋势，近代以来这种多元数量的减少更日益加速。据相关资料显示，作为文化的依托和传播的语言，古代有几万种，目前只剩下两千来种。多元化的减少源于多种原因，但全球化中的文化趋同性无疑是很重要的因素。处于边缘的地区、民族为了保持和维系自身的文化，不得不强调自身文化的价值，保存文化传统，创新文化形式。事实说明，地域、民族文化以其特殊性在和先发展地区、民族文化的竞争中表现出优势，这种特殊性的优先在于它适应了特定时空的人们实践的特殊性，随着人们实践空间的扩大，文化个性也表现出新的张力。或者由于与时俱进高扬个性得以保存和发展，或者由于盲目趋同失去特色而被消融，这是全球化进程中林林总总个性文化不可回避的选择。

中心地区文化向边缘地区覆盖、渗透的过程也是不断异质化、异己化的过程。作为一种优势文化，中心区文化一般兼有强大的解构力和同构力，一方面使劣势文化解体乃至消亡，另一方面又把劣势文化的优势因素吸纳于自身中来，从而不断改变、更新自我，产生出新质和新的形式。也就是说，使主流文化中涵载着越来越多的异质化、个性化的因素，最后导致这种消解异质文化过程转化为消解自身的过程。因此，全球化进程中心边缘化与边缘中心化的互动，推动着优势文化与弱势文化的融合，催生了新的更富有生命力、富有个性的亚文化，以适应新的环境和新的实践。优势文化自我消解实质上是自我更新，文化共性的扩张转化为新的文化个性的诞生。在现代化、全球化的发展进程中，人类一方面需要增进共同认识、共同理想以解决全球性的生态危机、军事冲突、经济纠纷，促进世界合作与交流，另一方面又需要各具特色的文化样式，适应多元多层的社会实践，丰富和发展人类的思想宝库和精神生活。这种共性和个性的对立统一存在于人类文化的全部历史，在当今全球化时代更为集中、尖锐地表现出来，它影响着文化发展中各种矛盾的性质和表现形式，构成文化进步的主线和基本动力。

（原载于田丰：《文化进步的理论与实践》，广州出版社 2002 年版）

论宣传的职能

　　不管人们愿意与否，人类实际上生活在一个充满着宣传的时代。社会的宣传与群体的宣传、政治的宣传与经济的宣传、真理的宣传与谬误的宣传，等等，相互作用又相互矛盾，汇成一曲声势浩大的交响乐。不同思想体系、不同目的、不同风格的宣传往往是泥沙俱下，鱼龙混杂。有的催人奋起，有的使人消沉；有的给人指点迷津，有的扭曲人的理性。尽管人类已经有了几千年的宣传史，但是，关于宣传的本质，至今仍有不同的定义：宣传是运用定义的符号，以控制（人们的）集体态度；宣传是一种有意控制社会心理的活动；宣传是有目的的传播；宣传是功利性的传播；宣传是有组织的传播；宣传是社会性的传播，等等。笔者认为，宣传是有目的、有组织地影响以及改变公众的态度、观点和行为的社会传播过程。这就是宣传的质的规定。

　　人是宣传的对象，宣传具有服从于人的特质。马克思曾有一段很精彩的论述："人以一种全苛的方式……作为一个完整的人，占有自己的全面的本质。人同世界的任何一种人的关系——视觉、听觉、嗅觉、味觉、触觉、思维、直观、感觉、愿望、活动、爱——总之，他的个体的一切器官，正像在形式上直接是社会的器官的那些器官一样，通过自己的对象性关系……而占有对象。"① 人是"完整的人"，宣传要对"完整的人"起作用，就要有全面的职能，一般来说，宣传的职能包括以下六个方面。

---

　　① 《马克思恩格斯全集》（第 42 卷），人民出版社 1979 年版，第 123—124 页。

一、信 息 职 能

如同物质、能量关系一样，信息关系也是人与自然、人与人之间的基本关系。人的任何活动，无论是经济、政治活动还是文化活动，都离不开信息。尤其在剧变着的现代，社会的信息量激增，信息对人具有越来越重要的价值，以至于控制论的创始人维纳说："所谓有效地生活就是拥有足够的信息来生活。"宣传要影响人们的思想和行为，必须以一定的信息为载体。而且，在一般情况下，宣传效果与宣传信息的量是成正比的。许多广告宣传专家指出，某一品牌的商品做广告越多，人们对它就越熟悉，它对人们的吸引力也越大。虽然熟悉程度不一定意味着销售量，但二者紧密相联。例如美国某品牌啤酒作了 6 个月的电视广告，在市场上的销额就从 15% 提高到 50%。

为了给受传者输送信息，宣传者工作的第一步是收集信息。根据信息受传者的不同心理作用，可以将其分为三大类：（1）指导性或教育性信息。对于这类信息，受传者必须具备一定的学习能力，才能理解这种信息的内容。如果这种内容为受传者所接受，将改变受传者的行为，提高他的鉴别力，改善他的认识能力。（2）维持性信息。这类信息不需要受传者用求知的态度来理解，只需要复习或引申已有的知识和经验，如新闻节目等。（3）复原性或刺激性信息。包括娱乐节目、体育竞赛和一切渲染罪恶、暴乱、爱情的文学、戏剧、舞剧、歌曲等。这三类信息都是影响受传者所需要的，都列入信息收集的范围。第二步是信息的优化。首先是内容的优化，从各类信息中选择出体现了宣传者意图的部分，加以纯化和强化；其次是结构优化，即把指导性信息、维持性信息有机地结合起来，使之较容易穿透受传者的心理屏障，为受传者所认同。再次是信息的变换，即把信息的一种形态变为另一种形态，如把语言变为文字，把文字变为图画、声波、电磁波、光波等，用各种符号扩大信息在社会的传播范围。可见，从根本上讲，宣传者与受传者之间的心理互动过程，是信息的传播过程，信息职能是宣传的首要职能。

哲学、文化与时代

二、解释职能

受传者对于宣传信息的接受过程，必然经历一个解释或理解的过程，亦即用自己的语言方式、思维方式对宣传信息进行分析、概括、论证、演绎的过程。解释的目的就是缩小以及克服信息本义与受传者之间的心理距离。因此，解释是宣传的题中应有之义，宣传者对信息的解释是否准确、合理、全面、透彻，对于能否达到预期的宣传效果，至关重要。宣传的解释区分为两大类，一类是事实解释，就是揭示客观事物的性质、结构、过程、规律和功能，使受传者获得对事物的各个侧面或整体形象的了解；另一类是意义解释，也可叫对呈文字或语言状态的宣传信息的解释，如政策宣传、理论宣传、文化宣传等就属于这一类。意义解释首先是语言解释，即在保持信息内容原意的前提下改变它的语言习惯、语言风格以至语言形态，以实现语言的民族化、地域化和群体化；其次是内涵解释，即通过对信息的分析和综合、归纳和演绎、解说和论证，使之具体化、通俗化和形象化；再次是本意解释，即对信息的语言特点、内容构成作总体分析，提取它的基本精神、价值取向，把它的"潜意识"或动机以可感觉的形式再显现出来。正如意大利哲学家贝蒂所说的："解释的任务在于发现不完善的创造的涵义，即在重新建构这个创造之基础的思想轨迹。"这就是说，必须探索作者的全部意向。以上三种方式构成一个从低级到高级的演化序列，它们各自在宣传中发挥独特的作用，然而只有把它们融为一体，才能最大限度地理解信息本文的意义，才能使宣传信息从"自在之物"转化为受传者的"为我之物"。

三、评价职能

西方宣传学有一流派主张"客观主义"，鼓吹纯事实的报道，不附加任何评论，不表现任何思想倾向。诚然，这种观点比那种不惜以谎言来操纵公众意向的戈培尔之流的观点有可取之处，但也不过是一种良好的愿望，在一定条件下，它还可能演变成为打着超阶级、超政党和纯客观的幌子对社会现象进行歪曲宣传的手段。宣传活动有鲜明的目的性和功利性，对宣传信息的报道和解释不可避免地伴随和渗透着宣传者情感、态度、意图的评论，即作出肯定或否定的判断。列宁指出："唯物主义本身包含有所谓的党性，要求对事变做任何估计时都必须直率而公开地站到一定社会集团的立场上。"① 马克思也谈及过报刊的思想倾向性，他说："报刊是人民日常思想和感情的表达者，它生活在人民当中，它真诚地和人民共患难、同甘苦、齐爱憎。它把它在希望与忧患之中的生活那里倾听来的东西，公开地报道出来；它尖锐地、激情地对这些东西作出自己的判决。"②

宣传中的评价不仅是表明宣传者的态度所需要，也是正确引导受传者所需要。人们在选择宣传信息时，总是挟带着价值的判断，而由于地位、利益、知识的差异，同一信息可以从不同的角度去评价，正是"横看成岭侧成峰，远近高低各不同"。因此，为了帮助受传者正确地理解事实或信息，为了反映舆论，引导舆论，宣传者在客观地提供信息的同时，以鲜明观点和立场表示赞许什么、反对什么、提倡什么、限制什么，并做到具有现实的针对性、强烈的时效性、广泛的群众性和见解的一贯性，从而使人们既有所知，又有所悟。

四、教育职能

任何宣传的最高目的都是造就人，即按宣传者的范式在受传者身上培养一定的世界观、价值观、消费观、道德观、审美观，等等。因此，宣传过程永远具有教育的性质，丝毫不带教育性质的宣传是不存在的。对于宣传对象来说，人们接受学校教育的时间只能是人生的一小部分，而人在智力、能力、思想修养方面的提高却不能因学校生涯的结束而停止，人生的旅途只能是不停顿的学习过程，唯有无处不在、无时不在的大众宣传才能适应这种需要。尤其是在社会的大变革时期，一切旧的思想观念必然随着旧的生产方式的崩溃而失去它的合理性，而要改变千百万人民群众的思想观念，灌输新的思想观念，又只有大众宣传才能做

① 《列宁选集》（第 1 卷），人民出版社 1960 年版，第 379 页。
② 《马克思恩格斯全集》（第 1 卷），人民出版社 1956 年版，第 187 页。

到。正是在这个意义上，列宁说："应该重新教育群众，而对群众的重新教育又只有靠鼓动和宣传工作。"①

也有人否认宣传具有改造人的教育功能，认为人们只接受与自己固有观念相适应的宣传信息，而对相反的意见则拒绝和逃避。因为人们的认识有选择性，包括选择性注意、选择性理解和选择性记忆。选择性注意的因素使受传者回避那些危害自己固有观念的传播内容；选择性理解的因素帮助受传者曲解那些回避不了的传播内容；而选择性记忆促使受传者尽快忘记那些自己讨厌的传播内容。这种观点只看到受传者心理凝固性的一面，却低估了宣传者的能动作用和受传者的心理变动性。其实，也有些心理学者认为，在受传者固有观念的外围还有一个所谓的"可接受范围"，只要在这个范围内，传播内容一般不会受到回避或抵制的。对于比较接近的观点，受传者会逐步向其靠拢。既然受传者可以部分地改变其固有观念，久而久之，受传者就会接受更为偏颇的观点。只要宣传者深刻地了解受传者，并对宣传内容做周密的安排，就可以逐步引导受传者接受崭新的思想观念。可见，宣传中的教育不仅是必要的，而且是可能的。

宣传的教育职能主要表现在三方面：（1）智育，就是向人们传授各种知识，包括生活知识、经济知识、政治知识、文化知识等，在此基础上，培养人的认识能力、评价能力、选择能力、创造能力；（2）德育，就是向人们灌输一定的道德规范和理想，促使人们"修心养性""独善其身"，其中包括提高道德认识，陶冶道德情感，锻炼道德意志，确立道德意念以及培养道德行为习惯等几个环节；（3）美育，就是培养人们的审美观念，激发人们的美感，培养人们欣赏美和创造美的能力，推动人们努力去实践美。宣传教育的这三个方面是一个整体，任何成功的宣传教育，都是这三方面的统一。

五、文化融合职能

文化融合，是人类历史发展的必然规律。任何一种文化，总是首先由生活在一定的地域或国家的人们创造出来的，形成具有自我同一性的

---

① 《列宁全集》（第31卷），人民出版社1972年版，第338页。

文化圈，不同的文化圈有不同的文化风格，反映了不同人类群体的心理结构、精神风貌和创造能力。因此，文化具有地方性、民族性。然而，由于经济发展的社会性，人的意识的流动性，文化又具有开放性、趋同性。如我国汉代的文化，是先秦的华夏族和夷狄族的文化融化产生的；今天中华民族的文化，是各兄弟民族文化和外来文化相互交融的结晶。融合起来的文化，不仅有量的扩充，而且有质的创新。

实现文化融合，一般要经过两种途径。一种是自然融合，即通过社会间人、物、符号的自然流动，潜移默化，如旅游、商品交换等；另一种是有组织有意识的融合，即某一群体、民族和国家为了扩张它的信仰和政策的影响而组织的文化输出，或者是为了更新民族文化而有目的、有步骤地引进他国文化。但任何引进，在不同的时代又表现出不同的侧重点。在小国寡民的自然经济时代，社会的交往是凝滞的、局部的，自然融合是主要的形式。而在商品经济时代，生产和流通要求打破地方的封锁和割据，建立统一的世界市场，于是第二种方式开始占据重要的地位，有目的、有计划的宣传日趋重要。例如，资本主义在竭力进行经济、政治扩张的同时，也致力于具有资本主义文化色彩的宣传。

具体来说，宣传对文化融合的促进作用表现在两个方面：首先，宣传促进了文化接触。文化接触是文化融合的前提，由于宣传是有组织的社会化的传播过程，因此它能有效地扩大文化接触的空间。特别是现代，随着科学技术的发展，电话、电视、无线电、通信卫星、电脑网络等宣传工具和技术广泛应用，大大加速了文化交流。现代化宣传使地球变小了。

其次，宣传也调适了文化冲突。民族文化的差异性是客观存在的，它既包括民族文化心理结构的差异，也包括民族文化思想内容的差异，这种差异使不同的文化在相互接触时，不可避免地发生文化冲突。文化冲突的实质是落后与进步、蒙昧与文明的冲突，它是文化融合的前奏，是新文化产生的先声。宣传扩大了文化接触，为文化冲突提供了契机，同时也为克服冲突创造了条件。这是因为，宣传一种新文化，必然要提倡新的文化价值观，改造旧的文化价值观，破除各种对外来文化的恐惧、忧虑的狭隘心理，使各民族以兼收并蓄的恢宏气度，开放的心态来看待异族文化，弱化排他感，增强认同感。也因为，宣传一种新文化，必然伴随着一个对其历史渊源、表现形态、民族特点、社会功能的阐释、评价过程，这个过程既是把外来文化民族化的过程，也是促使民族审美情趣世界化的过程，从而缩小各民族的文化心理距离，自觉或不自觉地走向文化融合。

六、社会控制职能

社会控制是对个人或集团的社会行为的约束，以维护一定的社会秩序，保证社会机制的正常运转，增强社会的凝聚力与亲和力，促进社会生活的和谐和稳定。社会控制的方式多种多样，但总体上看来无非是两大类：强制性控制和非强制性控制（或硬控制和软控制）。前者包括政权、法律、纪律等，后者包括习俗、道德、宗教、舆论等。这两类控制方式互为表里、互相补充。强制性控制作用的特点是外在的、迅速的，非强制性控制作用的特点是内在的、持久的，后者往往比前者更广泛、更深刻。

强制性控制离不开宣传，非强制性控制更离不开宣传。只有通过广泛的宣传，才能使人们充分了解社会的各种规范，懂得为什么要遵守这些规范，怎样去遵守这些规范以及怎样与背离社会规范的行为斗争。只有当广大社会成员接受了这些规范，并熔铸在自己的意识中，社会控制才能是强大持久的。

宣传对社会控制的强化是多渠道的，而舆论则是最有效的一种手段。通过报刊、广播、电视等大众传播工具的宣传，一种舆论就能迅速地形成、扩张，并成为社会中占主导地位的观念。舆论具有感染功能，它是时势的晴雨表，反映了时代的呼声和社会思潮的倾向，因此，它能引起人们心理上的共鸣，成为人们矫正自己行为和价值观的参照系。舆论还具有授予社会地位的功能。当某人某事获得舆论的好评时，就能迅速提高声望，从默默无闻的人或事上升为社会注意的中心，从而给公众树立一个行为模式或标准，向公众提出一个理想的追求目标。然而舆论对社会的控制，最突出地表现在它的揭露功能上。舆论既可以授予社会地位，也可以剥夺社会地位。如美国舆论对"水门事件"的抨击，导致了尼克松总统的下台，日本舆论对洛克希德飞机公司贿赂案件的公布，又把田中首相拉下了马。舆论对某些行为的揭露和批评，实质上就是对一定的社会规范的肯定和对偏离这种社会规范的行为的否定，从而赋予这种社会规范更大的权威性和制约性。

宣传的功能和作用远不止上面提到的这些，作为一种有目的、有组织的社会传播过程，宣传从来就是人类社会活动的重要组成部分，无论是经济的发展还是政治文化的发展，宣传都是须臾不可或离的。随着时代发展对信息、知识、智力的渴求，宣传的社会功能将愈益突出。然而，这仅仅是对宣传的积极的方面而言，实际上，宣传也有它的副作用。如混淆视听、颠倒是非的宣传只能降低人们的理性批判水平，诱发错误的社会思潮和集体行为；又如言过其实、空洞无物的宣传只能导致人们的逆反心理，对宣传内容（哪怕是正确的）丧失信任感。这是应该引起宣传部门和宣传工作者足够的重视。

（原载于《广东社会科学》1990 年第 2 期）

宣传的行为科学方法

行为科学是 20 世纪 30 年代起在西方逐步形成和发展起来的，它是一门从社会学和心理学角度研究人的行为的科学。行为科学主要研究人和周围社会环境的相互作用，强调通过改变社会环境来影响人的行为，行为科学在发展过程中提出了许多理论，如动机层级论、X 理论、Z 理论、双因素理论、期望理论、公平理论，等等。这些理论在一定程度上反映了人类行为的共同规律性，提出了一些调节人们行为的有效方法。宣传的目的是要改变人的行为，因此，吸收行为科学的合理因素应用于宣传工作，无疑是必要的。

一、宣传的动机激励

人的各种活动都是由一定的动机引起的，正如恩格斯所说："决不能避免这种情况，推动人们去从事活动的一切，都要通过人的头脑，甚至吃喝也是由于通过头脑感觉到的饥渴引起的，并且是由于同样通过头脑感觉到的饱足而停止。"① 具体来说，动机具有三种基本功能：一是引发个体活动；二是维护这种活动；三是引导这种活动朝向某一目标。有些学者也将其概括为始发机能、强化机能和指向或选择机能。

需要是动机的内在动因。当人们的需要有某种特定目标时，它就转化为动机，推动人们去从事某种活动，动机激励的本质就是调节人们的需要。马克思把人的需要区分为生存、享受和发展三个层次。马斯洛则

---

① 《马克思恩格斯选集》（第 4 卷），人民出版社 1972 年版，第 228 页。

提出与此有异曲同工之处的需要五层次论，认为人类的需要是一级一级递进的，只有当较低层次的需要得到满足后，才有可能满足较高层次的需要，而且这个过程是可以培养和引导的。动机激励，就是促使人们的需要从低级向高级发展，或者是强化人们的某一种需要，激发出一种优势动机，这种优势动机是人们动机结构中的最强有力的发动者，是人们行为的先导。

宣传要为对象所接受，并外化为行动，首先要适应、调节对象的需要，激发起宣传对象所期待的优势动机。例如当人们正在考虑和选择买何种冰箱的时候，冰箱的广告就有特别的吸引力，某厂的冰箱一旦投放市场，广告接受者就会蜂拥而至。为了使宣传适应人们的需要从而形成优势动机，宣传者必须随时了解人们的行为倾向。如做商品广告，就要摸清市场供求状况，把握人们的购物心理倾向；做思想宣传，就要把握人们的思想脉搏，追踪社会思潮；做文化宣传，就要了解人们的精神需求和审美情趣。

宣传的动机激励一般有三个环节：一是兴趣激励。如果同时有好几种不同的目标可以满足个体的某种需求，则个体在生活中所形成的兴趣和爱好决定着他选择哪一个目标。二是价值观激励。价值观是人们对生活目的和社会行为进行评价并决定取舍的准绳。兴趣决定短期的行为取向，而价值观强调生活的方式和生活的目标，涉及更广泛、更长期的行为取向。三是抱负激励。个人的兴趣与价值观决定其行为的方向，而抱负水平的高低则决定其行为达到什么程度。抱负水平，是指欲将自己的工作达到某种质量标准的心理需要。通过宣传，造成一个指向较高目标的舆论环境，就可以促使个体的抱负水平自然而然地提高。

"水激石则鸣，人激志则宏。"激励对人的动机以及行为的改变是确有成效的。激励可以区分为正激励和负激励。正激励是对某种行为给予肯定和嘉奖以促进这种行为的再现，负激励是阻止某种行为的再现。前者引发人的积极性和主动性，在更大的程度上体现宣传对象的主体性原则，因此在宣传中要较多地运用这种方式，如歌颂好人好事，树立先进典型，宣扬社会新风，等等。后者主要是给予对象一种压力，唤起对象的紧张感和羞耻感从而改变自己的行为，因此也是宣传中不可缺少的，如鞭挞丑恶现象，批评不良风气，揭露社会黑暗面，等等。但这种方式容易引起逆反心理和对抗行为，要掌握好分寸。

二、宣传的社会影响

行为科学与传统管理观念的根本区别，在于它不是把人设定为"孤立者""经济人"，而看成是"社会人"，认为社会人际关系、社会心理给人以巨大的影响。时尚、舆论、群体规范是社会影响个人思想的主要方式，也是宣传作用于对象的重要途径。

1. 时尚与宣传

时尚是指在一定时期社会上普遍流行的某种生活规范或样式，内容涉及日常生活的各个领域，比较突出的表现在装饰、礼仪、生活行为三个方面。时尚的形成，主要在于一种生活模式的新颖，给人以刺激，从而引起暗示、模仿和从众等心理现象，成为社会上一时的普遍倾向。

时尚的形成一般经过阵热、时髦、时狂三个环节，而它一经形成，就具有一种制约的力量。凡社会上盛行的时尚，一般人都自然地接受其形式而遵循之。社会心理学研究认为，人类基本上都具有这样的一种心理倾向，即被大家所公认的，个人也就乐于接受。时尚影响着人们的价值观念，凡合于时尚的，就是好的，否则就是不好的；时尚还影响人们的审美观念，凡是合乎时尚的，就是美的，反之则为不美的，可见时尚的形成往往也是一种社会潮流、社会标准的形成，人们对这种社会潮流、社会标准感到一股不得不屈从的压力，自觉不自觉地跟着跑。

时尚的作用是如此广泛，只有利用时尚，宣传才能取得较好的效果，才能给社会造成广泛的影响，甚至可以说，宣传活动实质上就是在制造某种时尚或提倡某种时尚。时尚的发生和变迁，遵循着一定的规律，宣传工作也要遵循这些规律，才能因势利导，增强宣传效果。

首先，瞄准人们的好奇心，推陈出新。人们普遍有一种好奇心，这种好奇心会促使人们去追求新鲜的行为方式，较快地接受一种新的观念和生活模式，从而使其广泛流行。在现代社会，人们的交往日益增加，各种信息纷至沓来，这就更容易激起各种好奇心。据此，宣传中要密切注视人们的喜好倾向，随时推出新的典型，赋予新的意义，引导人们起而效仿，从而在全社会形成一种新的风气，形成科学、健康、向上的生活方式和思想观念。

其次，树立"时尚领袖"，扩大时尚影响。社会活动家、电影明星、著名运动员等往往是人们日常注意的中心，他们的生活爱好、思想观念往往为人们所模仿，他们在社会上享有较高的威信，一般人尊重他们并相信他们，把他们作为自己行为的楷模。例如，中山装原是孙中山喜爱穿的日本学生装，后来在我国流行几十年，经久不衰。这一方面是由于它方便大方、美观实用；另一方面是由于广大人民群众对孙中山的敬仰。因此，在宣传中要善于利用各种"时尚领袖"，通过他们去提倡一种新观念，赞美一种新产品，这样就容易收到扩散快、影响久的效果。

最后，防止时尚极端化。时尚的流行借助于非理性的心理和情绪，唯其如此，它常常发展为时狂，即达到丧失理智的狂热程度，结果必然是物极必反，导致对自身的否定。16世纪荷兰出现的"郁金香时狂"就是一个典型例子。因此，对时尚的出现和发展不能盲从。在我们提倡和推广一种时尚时，就要注意控制它的热点，加以理性的引导，避免极端化。

2. 舆论与宣传

舆论与时尚一样，也作为一种影响个体行为的社会心理因素而存在。舆论与宣传密不可分，它是实现宣传目的的一种重要手段，在社会生活中发挥十分重要的作用。首先，它使政策深入人心。再好的政策，都不能立即转化为群众的自觉行动，而必须通过舆论的发动和引导，才能把人们的思想统一到既定的政策上来。其次，指出行为的方向。集中许多人意见而成的舆论，左右着社会思潮的发展方向，形成一种社会心理定势，给人们指出行为的社会规范。再次，加强正当行为的力量。就一般情况而言，舆论是集较广泛的公众意志超越特殊利益关系而形成的一股比较公正的力量。正如俗话所说的"社会自有公论"，个人或团体的目标或行为如果得到公正舆论的支持，就获得巨大的精神支柱。违反社会公论的人，虽然一般不构成违法乱纪而受制裁，却会受到强大的社会压力，以及社会舆论的谴责。

舆论分自发形成和有意形成两种，自发性的舆论，一般是指非官方的、自下而上的、多为口头形式的舆论，总的说来，这种舆论影响面较窄，消失也较快。有意形成的舆论，一般指政府宣传部门倡导，通过广播、报纸等大众传播工具形成的舆论。可见，舆论的形成离不开宣传，而且通过有组织、有领导、有计划的宣传，一种舆论就能够广为传播，并深入人心。具体来说，这个过程包括三个环节：

第一，提出问题，展开讨论。宣传者根据群众普遍存在的思想倾向、欲望以及某一时期内宣传的基本目标，选择一个有代表性的问题，在大众传播媒介上展开讨论，形成一种众说纷纭、各抒己见的生动局面，引起公众的注意和关心。这是社会舆论形成的第一步。

第二，分析综合，统一意见。在意见纷纷的情况下，宣传者把各种意见归纳分类，逐类剖析（最好是采用群众发表意见的方式），澄清是非，权衡得失，然后组织权威者发表倾向性的意见，逐渐把公众的意见统一到既定的轨道上来。这样，在社会上就会出现一种趋向基本相同的意见，这就是舆论。

第三，付诸实践，发挥效用。有利于社会的舆论一旦形成，当权者就要发挥其效用，以增强这种舆论的稳定性和影响力。一方面，发挥舆论的监督作用。对逆舆论而动的思想和行为公开揭露，而对符合舆论要求的思想和行为则充分肯定，授予社会地位，促使舆论成为人们行为的自觉规范；另一方面，融舆论精神于政策制定之中，舆论与官方意志相结合，就能形成一股自上而下的强制性力量，渗透于整个社会。这里需要强调的是，这种舆论必须代表人民的心声，体现时代的潮流，否则无论怎样强化，都不可能维持长久。

3. 群体及其规范与宣传

根据拉扎斯菲尔德的"二级传播论"的观点，受传者并不是孤立的个体，而是处于群体之中的个体，群体对个体态度的改变起最直接的作用，宣传信息对受传者的影响往往以群体为中介。因此，研究宣传不能不研究群体、群体规范与宣传的关系。

任何人都生活在群体之中，或政治群体、或工作群体、或娱乐群体、或亲友群体，等等。群体的特征除了有一定的人数、一定的交往方式外，更重要的是有相对一致的行为规范。群体及其规范对宣传过程的影响，主要表现为两个方面。其一，作为宣传信息的"把关人"起作用。一个群体有其特有的信息流通、传递结构，在这个结构中，往往是一些较活跃或地位较高的成员首先获得信息，他们可能阻止不符合群体规范的信息进入群体内部，或者将这些信息先加修改后，再传递给其他成员。由于这些"把关"的成员有法定的权力，或者有较高威望，其他成员相信他们，这样群体内的成员可能无从获得外界的更多信息，或者得不到更多真实的信息，从而影响宣传效果。其二，作为宣传信息的参照系起作用。共同的规范使群体成员的态度和看法相互强化、相互支持，并形成一种内在的心理压力，面对外来的宣传信息，他们会自觉不自觉地以群体规范作为参照系加以鉴别，再确定接受与否。凡与群体规范不协调的，则遭到怀疑甚至排斥，从而大大削弱了宣传信息的同化力。当然，群体规范也有强化宣传效果的一方面，如果宣传信息有助于群体的生存、发展以及群体规范的劝导说服，群体就接受这种信息并将之融合在群体规范之中，促使个体改变原有的态度和行为。

根据上述分析，宣传者在说服教育过程中，首先要了解对象所处的群体及其规范，尽可能利用群体规范强化宣传效果。当群体规范与宣传目标相接近时，则寻找两者之间的共鸣点，宣传两者之间的一致性，促使对象对宣传信息采取认同的态度。同时，通过大众传播媒介授予那些好的群体规范以社会地位，使其从自发的形式转变为自觉的形式，从小范围扩大到大范围，逐步成为全社会公众所遵从的行为规范。而当群体规范与宣传目标不一致的时候，就要尽可能限制前者的干扰作用。首先，对群体的核心人物做工作，尽力改变他们的态度，以带动整个群体的态度发生变化；其次，提高宣传的透明度，扩大宣传信息的覆盖面，减少宣传信息与目标对象间的传递层次以及"把关人"的干扰作用，以降低宣传信息的失真度；最后，在以上两方面工作仍不奏效的情况下，开展宣传攻势，对群体进行分化瓦解工作，削弱群体的内聚力，降低群体的认同感，减少群体规范对个体的吸引力和约束力，从而提高宣传信息的威信及说服力。

时尚、舆论、群体及其规范都是社会对个体发生影响作用的主要形式，也是宣传工作的重要途径，然而它们的影响范围和作用程度又有所区别。在影响范围上，时尚比舆论广，而舆论又比群体及其规范广；而在作用程度上，时尚不如舆论稳定和持久，而舆论又不如群体及其规范稳定和持久。宣传者要根据自己的对象和任务，灵活运用这些形式来为宣传工作服务。

三、宣传的非逻辑形式

霍桑实验是对行为科学形成起过重大作用的一次实验。该实验得出一个重要的结论就是，人的行为有逻辑行为与非逻辑行为，在逻辑性信息与非逻辑信息之间，人的思想有时甚至更多地受非逻辑信息的影响。根据这个结论，非逻辑形式亦即情感形式在宣传活动中具有十分重要的地位和作用，其中较为常见的有暗示性宣传、参与性宣传，等等。

1. 暗示性宣传

波兰心理学家认为："暗示就是一个人不用命令和理性的思考对另一个人的信仰、观点和决定产生某种影响。"暗示不需要讲道理，而靠直接的提示唤起对象的直觉，这一点与劝说不同。劝说需要在提出观点意见后进行逻辑的推理，以使被劝说者从一定的理论上得出结论。暗示与指示也不同，它以无批判的接受为基础，一般不带有压力成分，不要求他人非接受不可。

暗示分为他人暗示和自我暗示两大类，其中他人暗示又区分为直接暗示、间接暗示和反暗示。在宣传过程中较为常用的是间接暗示和反暗示。

间接暗示宣传，是暗示者向他人发出刺激，使之接受，但是又不显露动机，或者不明确指明意义，需要他人从事物和行为本身来理解。有个"千金买骨"的成语，说的是有个侍臣没有给国王买活的千里马，却花了五百两黄金把那匹千里马的骨头买回来了。国王很生气，但是国王珍爱千里马的消息却不胫而走，不到一年，好几匹千里马被送上门来。这个侍臣采用的便是间接行为暗示法。

反暗示宣传，是指暗示者发出刺激后，却引起了受暗示者性质相反的反应。反暗示有两种，一种是有意的反暗示，即故意说反话以达到正面的效果。国外某香烟广告采用有意的反暗示法就取得很好的效果。这个广告写着：抽烟有害，请不要抽，其中包括某某牌的。别人一看，就觉得很奇怪：提出不抽烟就行了，为什么还专门提出某某牌的？某某牌的烟有什么特殊之处呢？于是大家都去买这个牌的香烟尝尝。这样，广告制造者就达到有意的反暗示的目的。另外一种是无意的反暗示，即有意进行正面暗示，却无意引起了相反的结果。众所周知的"此地无银三百两"的故事，就是无意反暗示的绝妙例子。宣传应避免这种现象。

西方国家的大众传播媒介十分重视暗示性宣传的作用。美国一些社会心理学家声称："宣传应当理解为一种特殊的刺激方式，即使取得成功也是暗示性的。"宣传在影响人们行为的过程中，要使"每个人觉得他的行为是由自己支配的：宣传可以操纵群众的行为，而又要使这个群体里的每一个成员还以为他是在按自己意志行事"。可以说，西方国家的宣传机器貌似客观、公正，其实大量运用暗示手法把自己的观点潜移默化地灌输给公众，达到影响人们思想和行为的目的。

资本主义国家传播媒介所运用的暗示手法，其中有许多是合理的、有益的，我们有必要加以借鉴和利用。由于社会主义社会宣传者和宣传对象在根本利益上是一致的，暗示手法的运用总的说来表现为积极的作用。在不改变宣传内容的前提下运用暗示手法，使宣传内容更通俗易懂、更有吸引力、更容易为人们所接受。

2. 参与性宣传

美国社会心理学家贾尼斯等人曾做过一个试验，被试者是在某一具体问题上都持否定态度的一群大学生。他把这些大学生分为三人一组，要求每个小组中有一人向该组其他两人做说服工作，使他们对那个问题由否定态度转变为肯定态度。要求扮演说服者角色的人，根据实验者所提供的信息进行说服，并要求表现出深信不疑、发自内心的神情。事后测定每一个成员的态度，结果发现，每个成员都转变了态度，而说服角色的扮演者转变最大。

即使不直接充当宣传者，而参加有关的实践活动，也能使宣传对象转变态度。美国社会心理学家为研究美国白人对黑人态度的转变，设置了各种不同环境。这些白人与黑人过去虽然住得很近，但彼此却从不往来。他设置的第一种情境是让白人与黑人一起做纸牌游戏；第二种是让白人与黑人一起看人玩纸牌；第三种是双方同处一室，但不组织活动。研究结果是：在上述三种不同情境，白人对黑人显示出友好态度的人，分别为66.7%、42.9%和11.1%。这个实验充分证明，引导宣传对象参加共同活动，能有效地改变态度，而且介入实践活动的程度不同，态度改变的程度也不同。

从中可见，参与性宣传就是引导目标对象参加有关的实践活动，通过实践活动促使其改变旧态度、形成新态度的过程。参与性宣传之所以效果显著，是因为目标对象的地位和人际关系发生了变化，由此派生出一系列新的心理效应。一是角色转换效应。宣传对象在参与宣传政策的制定和执行过程中，地位和作用发生了变化，从服从者变成鼓吹者，从被动者变成主动者，从而激发出责任感和主人翁精神，较快地适应以至接受宣传内容。二是共生效应。在参与宣传活动的过程中，宣传对象作为实践群体的一员，必须更多地与其他成员进行思想、感情的交流，这就有助于打破心理隔阂，重新审视自己的原有观念，放弃偏见，接受新的群体规范的指导。

对象态度、行为的改变程度和速度，取决于他们参与的深度和广度。如果让目标对象整个身心都投入活动之中，自己提出各种难题（甚至是与自己原来态度相对立的问题），自己又参与解决这些难题，态度的转变就会非常显著。

参与性宣传体现了社会主义宣传活动的本质特征。广大人民群众是社会生活的主体，理应也是宣传的主动参与者。过去，我们创造了一些引导群众共同参与的宣传活动形式，但是由于"左"的思想路线的影响，内容和形式都过于狭隘，宣传者与宣传对象之间长期是我讲你听、我打你通的单向灌输，窒息了群众自我教育的积极性。改革开放给古老的中国带来无限生机，也给宣传工作注进了新的活力。参与性宣传焕发出强大的生命力。对话作为参与性宣传的一种形式，正在我国方兴未艾。宣传者和宣传对象就社会生活中的各种重大问题，如政策、物价、分配、工资、住房、党风和社会风气等问题，相互讨论，相互切磋，共同分析问题和解决问题，不但有利于思想认识的统一，而且提高了人民群众的主体意识，为建设社会主义民主政治创造了精神条件。

（原载于《广东社会科学》1991 年第 2 期）

弘扬人文精神，建设人类命运共同体

——读"横渠四句"有感

张载（1020—1077），字子厚，世称横渠先生，北宋思想家、教育家，其学术思想在中国思想史上具有十分重要的地位，他创新气学，奠基理学，创立关学，为中华文化千百年来生生不息、薪火相传做出重大贡献。他的"气本论"为基石的哲学体系，既是唯物的，又是辩证的，既是本体论，又是认识论和价值论，把主体和客体辩证地统一起来，把人性与天性、人道与天道、人心与天心有机地统一起来，是承前启后的重要哲学学说。正如中国古代伟大哲学家王夫之所说"横渠学问思辨之功，古今无两""张子之学，上承孔孟之志，下救来兹之失，如皎日丽天，无幽不烛，圣人复起，未有能易焉者也"。在张载诞辰一千周年之际，深入阐发其学术思想，弘扬其学术精神，对于我们当下创新性继承、创造性发展中国传统文化，增强文化自信和文化自觉，共建人类命运共同体有着重要的历史和现实意义。

张载学说的精髓集中体现在"为天地立心，为生民立命，为往圣继绝学，为万世开太平"。这四句，也是张载高尚境界和博大襟怀的反映，当代哲学家冯友兰将其概括为"横渠四句"。"横渠四句"体现的人文精神，历代传颂不衰，至今已有近千年，仍然有强大的生命力和重要的现实意义。习近平总书记在知识分子、劳动模范、青年代表和哲学社会科学工作座谈会等场合，也提及"横渠四句"，并给予了高度的评价。张岱年早在 1997 年就已在《中国文化研究》上撰文《试谈"横渠四句"》，指出其体现了"寻求人类共同生存发展的道路"的精神内涵。张载的学说思想贯通着一种强烈的人文精神，这种人文精神构成了他的学术和实践的鲜明特色，千百年来激励着无数仁人志士为国家振兴和世界和平而奋斗，对于今天构建人类命运共同体更有着时代的文化张力和恒远的生命力。张载"横渠四句"及其学说体系，主要包含了天人合一、知行合一、承传创新、博取兼容以及天下为公等人文精神。

一、天人合一的精神

张载本人没有对"为天地立心"做出直接而明确的解释和说明，作为"横渠四句"的开篇，有着深刻的哲学内涵。老子说过："人法地，地法天，天法道，道法自然。"老子从"道"的客观性方面说明人与天地的一体性，张载则从人心的立体性方面说明人与天地的一体性。他说，"天无心，心都在人之心"，"天本无心，及其生成万物，则归功于天"①，表达了人与天地万物共同体的情怀。天地万物运行有其客观规律，而人则能把握自然规律，实现人和自然的和谐相处。而"天地之心"的提法最早见于《周易》"复"卦象辞，曰："复，其见天地之心乎"，表明了天下万物的客观运行规律。张载进一步吸收《礼记·礼运》中"人者，天地之心"的思想，明确提出"为天地立心"，试图揭示天下事务的运行规律，探讨如何实现人与自然和谐相处。

张载是最早阐发"天人合一"概念的中国古代思想家之一。他说："儒者则因明致诚，因诚致明，故天人合一，致学而可以成圣，得天而未始遗人。"天人合一以人的德性为"心"，有明德才能达到天人合一的境界。而"共生"是天人合一的前提，"天地之大德曰生，则以万物为本者，乃天地之心也"。自然界生生不息演化出世间万物，以生物为本是"心"的要义。他还说："乾称父，坤称母。予兹藐焉，乃浑然中处。故天地之塞，吾其体；天地之帅，吾其性。民吾同胞，物吾予也。"以天地为父母，视生民为同胞，与万物为一体。从这种本体论出发，敬畏自然，仁爱同胞，保护天地万物，包括山川、河流、树木、森林、草原、植被，保护生物多样性是其逻辑必然。所以说，"为天地立心"是对"天人合一"中华传统理念的创新性发展。

"为天地立心"体现出"天人合一"的思想对全人类都有重要借鉴意义，也是中国文化对人类的贡献。现代工业文明带来了巨大的生产

---

① （宋）张载：《张载集》，中华书局 1978 年版，第 266 页。

力，改造自然的能力对比千年前张载所处的时期，发生了天翻地覆的变化。然而，张载"为天地立心"主张人与人、人与自然和谐相处的思想却一点也不过时。当代人类在向大自然掠夺性开采不可再生资源，肆意砍伐森林、围湖造田、捕猎野生动物等行为的同时，也在遭受大自然的强烈报复或惩罚，不少地区因为资源枯竭、环境破坏导致经济停滞、衰退。厄尔尼诺现象的增加，温室效应的加剧，严重威胁人类的生存和发展，也让人们不得不反思，人与大自然如何共存共生。千年前"为天地立心""天人合一"的人文精神，为建设人与自然的和谐相处的命运共同体提供了极其宝贵的精神资源。

二、知行合一的精神

"为生民立命"源于孟子的"立命"的思想。孟子云："夭寿不贰，修身以俟之，所以立命也。"如果说，"为天地立心"，昭示天地宇宙的运行规律，强调人与自然和谐相处，那么，"为生民立命"，就是向人们昭示人生之道，为人们提供一个做人的准则和价值目标，以"为天地立心"的学问，实现"为生民立命"的志向，做到"立必俱立，知必周知，爱必兼爱，成不独成"。这种精神就是后来王阳明概括的"知行合一"精神。中国古代哲学家认为，不仅要"知"，尤其应当重"行"，既要"为天地立心"，同时也要"为生民立命"，二者是一体的。

"天人合一"的本体论必然导向"知行合一"的价值观。张载说："天人不须强分，《易》言天道，则与人事一滚论之，若分别则是荡薄乎云尔。自然人谋合，盖一体也，人谋之所经画亦莫非天理耳。"天人既为一体，就不必过于区分二者间的界限，而是要循天道，尽人事，在求知、修己的过程中积极践行，得天而不遗人，达到"天人合一"境界，从而成为圣人。

张载一生践行"为生民立命"的理想，始终保持着心系苍生、胸怀天下的责任意识和精神追求，有浓厚的家国情怀和强烈的社会责任感，是中国古代圣贤所倡导"修身、齐家，治国平天下"完美体现，是知行合一的典范。史书记载，当年回复张载"儒家自有名教，何事于兵"，勉励其钻研《中庸》的北宋名臣范仲淹，就提出"先天下之忧而忧，后天下之乐而乐"，以天下苍生为己任，关怀社会、关注民生。

党的十八大以来，习近平总书记多次谈到"知行合一"，对这一中华优秀传统思想做出新的阐释，指出"知是基础、是前提，行是重点、是关键，必须以知促行，以行促知，做到知行合一"。构建人类命运共同体，既要深入阐发其历史必然和丰富内涵，又要从经济、文化、外交等多层面推进这一伟大理想和目标。

经济全球化由科技革命、资本、市场所驱动，极大地促进世界范围贸易往来和资源的整合，各国各民族的依存度日益增强，地球村成为现实。当前，新一轮科技革命和产业革命迅速发展，国际分工体系加速演变，全球价值链正在重塑，这为人类命运共同体构建注入强大动力。同时也要看到，经济全球化是一把双刃剑，在促进全球整合发展的同时又造成利益的分化和发展的不平衡，一些国家民粹主义泛起，反全球化暗流涌动，这表明人类命运共同体理想的实现绝不是一帆风顺的，需要我们不断从思想和行动的结合上、理论创新和实践创新的结合上勇于担当，善于作为。

三、承传创新的精神

"圣人"在秦之前是儒、道、墨、法之共同用语，汉以后，"圣人"基本为儒家专用。张载"为往圣继绝学"，很大程度是要继承儒家绝学。中国古代曾认为，传道从尧传舜，舜传禹，经若干圣贤，再传到孔孟，就结束了。韩愈曾在《原道》中讲道："孔子传之孟轲。轲之死，不得其传焉。"事实上，儒学是影响中国社会两千多年的主导思想，在历史上任何时期都没有"绝"过，更多体现的是儒学大家对儒家学派处境的担忧。在汉代以后，儒学受到佛教和道教的冲击比较大，尤其是外来的佛教，自汉传入我国，经魏晋南北朝，发展兴盛起来，南朝四百八十寺，反映出当时佛教的盛况。当时最聪明的人都被佛教吸引过去，出生于广东的六祖慧能，就是这一时期代表人物，他把从印度传入的佛教中国化，创立了南宗禅，产生了广泛的影响。作为中国传统文化中坚力量的儒家学派受到了很大的冲击。张载以承传创新的精神，悟出了儒、佛、道互补和互通的道理，创造性地批判和吸收佛学，创立了关学学派，并成为理学奠基人之一。

张载的"为往圣继绝学"，体现了他自觉的文化传承使命的担当。

南宋的陈亮曾说："世以孟子比横渠。"张载与孟子一样都对继承"往圣"有强烈的自觉意识，同时张载在学理上与孟子有传承联系，他诠释和发挥了孟子的心性思想，阐发了天、地、人、心的辩证关系，明确提出了天人合一的概念，从主体能动方面使天人相互贯通，使儒家心性论在理论、实践、境界等方面更加丰富和完善。

在构建人类命运共同体的过程中，弘扬张载的传承创新精神十分重要。全球化在推进贸易、市场、金融一体化的同时，也打破民族国家的文化界限，造成各种文化的整合与分化，传统文化正在面临文化同质化的影响和冲击，许多有识之士大力呼吁在参与经济全球化的进程中必须保护民族本土文化。人类命运共同体不是民族文化、文明的中断，而是民族文化的融合和发展。中国优秀传统文化历经数千年的发展和演变，许多精神文化已经成为世界性的文化要素和财富。面对世界经济、政治、文化的大变局、大调整的挑战，中华文化要为增进世界共同价值做出应有的贡献，在传承中创新，在创新中发展，为人类命运共同体的建设贡献中国智慧、中国精神。

四、博取兼容的精神

张载以"太和谓道"，认为"太和之中，阴与阳和，气与神和，是谓太和"，正是阴阳、气神两端的对立、结合，才使事物变化不已，神妙莫测，因此，他主张的和谐是包含着差别、矛盾、斗争的和谐。出于太和之道，张载提出"大心说"，"不以见闻梏其心""不以嗜欲累其心"，达到德性之知，就是要扩充人心的作用，打破人心与天地、主体与客体的隔阂和对立，使心智与天地万物一样无限扩展，从而使自己具有宽广的视野，和而不同的气度和博大精深的知识。"和而不同"本身就是儒家经典，是中华民族的传统理念，《论语·子路》曰："君子和而不同，小人同而不和。"张载的"为往圣继绝学"，是以博取兼容的学术精神，对儒家及佛、道等学说传承创新的成果。

和而不同、博取兼容是世界和平发展的基本要求，也是构建人类命运共同体的基本原则。当今世界正处在全球化发展的新阶段，世界多极化在曲折中发展，科技进步日新月异，新冠病毒危机影响深远，世界经济格局发生深刻变化，国际力量分化重组，全球思想文化交流交锋呈现新特点。从军事实力、经济实力到文化软实力的竞争，是全球化新时代的大趋势。人的价值，文化价值成为综合国力竞争的深层次基础。文化全球化与文化本土化、多元化、个性化并存，构成文化竞争的主线。因此，反对文化霸权主义，坚持各民族文化的平等交往，文明互鉴，相互兼容，共同发展，是构建人类命运共同体的一个重要特点，也是文化创新发展的本质要求。

五、天下为公的精神

"为万世开太平"与"为天地立心，为生民立命，为往圣继绝学"一脉相承，让张载的思想境界进一步升华，使"横渠四句"成为一个有机整体。"天下太平"是中国普通百姓一直以来的理想，也是统治阶级的社会理想，在中国社会根深蒂固。张载《西铭》描述的"民胞物与"思想，深刻揭示了人与人、人与社会、人与自然相互依存休戚相关的内在联系，为太平世界提供了哲学根据，他的"兼爱""足民""均等""仇必和而解"等思想，是太平世界的基本要求。"公"与"平"互为前提，"为万世开太平"与"天下为公"是一致的。《礼记》曰："大道之行也，天下为公。"这是儒家孔子为世人描绘描绘的理想的政治目标，也是美好的社会愿景。张载晚年回到横渠书院著书立说、宣讲关学学说的同时，也在关中多地实施"井田制"，恢复周礼的实验，践行其救国济世的理念。洪秀全直接建立了"太平天国"，康有为倡导"天下大同"等，都是中国社会体现"天下太平"的理想目标。孙中山十分推崇张载"为万世开太平"的精神，在他的《三民主义》明确提出："真正的三民主义，就是孔子所希望之大同世界。"孙中山一生践行"天下为公"的精神，在他题写的条幅中，最多的就是"天下为公"。在纪念孙中山诞辰150周年大会上，习近平总书记指出："我们要学习孙中山先生天下为公、心系民众的博大情怀。"

张载"为万世开太平"所体现的天下为公的人文精神，与我们党的以人为本、以人民为中心的宗旨是相通的。党的十八大以来，习近平总书记多次谈及"天下为公"和"大道之行也，天下为公"。天下太平、天下为公的一个重要特征就是公平正义、政通人和，国家稳定昌明，人民安居乐业，也是千百年来为儒家学者所乐道推崇的"老有所终，壮有所用，幼有所长，鳏寡孤独废疾者皆有所养"的理想社会。这些理念精神对现代社会建设有重要借鉴意义，党的十八届五中全会提出："坚持以人为本，必须把增进人民福祉、促进人的全面发展作为发展的出发点和落脚点。"建设人类命运共同体，归根到底是要通过推动世界和平和发展，努力增进最广大人民群众的福祉，努力增进每一个人乃至一切人的全面自由发展，使之成为马克思所预言的真正的"一切人的自由联合体"。

六、自觉共建人类命运共同体

近年来，习近平总书记深刻总结全球化发展趋势，运用马克思主义的"世界历史"学说，汲取包括"横渠四句"在内的中华思想文化精华，提出了人类命运共同体的有关思想。2012年党的十八大明确提出"要倡导人类命运共同体意识，在追求本国利益时兼顾他国合理关切"。习近平总书记此后在多个场合，阐述过人类命运共同体的有关思想。2017年党的十九大报告进一步明确概括为"构建人类命运共同体，建设持久和平、普遍安全、共同繁荣、开放包容、清洁美丽的世界"。有学者提出，构建人类命运共同体，是从中国古代政治智慧中总结和提炼出的用以应对当今国际形势的中国方案，表明当代中国深度参与人类文明进步的使命，是当代中国在和平崛起过程中对世界的一个贡献。回首中国古代千年，先儒张载的"横渠四句"所弘扬的人文精神，站在全人类的视角解读，恰是对人类命运共同体理念的一种诠释。人类命运共同体是应对经济全球化新发展新挑战的必然要求，人类命运共同体是发展、治理、利益共同体，也是价值共同体，提出建设人类命运共同体是新时代的"为天地立心""为生民立命"。打造人类命运共同体是推动全球化的走出困境、引领全球化迈向和谐共享新阶段的重大战略考量，这何尝不是一种全球视野的"为往圣继绝学""为万世开太平"。

我国仍处于社会主义初级阶段，全球化仍处于以民族国家为主体的发展阶段，经济共享、政治协商、文明整合、人的全面自由发展仍面临重大挑战，因此，构建人类命运共同体，需要世界各个国家和各个民族的共同参与。人类命运共同体是一个矛盾共同体，不同民族国家、不同发展水平、不同制度、不同意识形态的差别依然存在，我们要和而不同、存异求同、互相尊重、互惠共赢、追求天下大同。

人类命运共同体这个构想的实现，尽管要几代人甚至几十代人的充满曲折矛盾的艰辛过程，但不可否认它是推动全球化的走出困境、引领全球化迈向和平发展新阶段的必然要求。实现这个伟大的构想，需要更多的共识，也需要科学精神和人文精神的引领。为了实现这个理想，需要我们弘扬天人合一的精神，树立天地之心意识，保护好自然生态；弘扬知行合一的精神，树立修身立命意识，积极促进和平与发展；弘扬承传创新精神，树立文化自信，为世界贡献中国智慧；弘扬博取兼容精神，树立开放包容意识，增进世界共同价值；弘扬天下为公精神，树立平等博爱意识，推进人类持久和平和谐共享。

回望千年，大儒张载"横渠四句"留给了世人宝贵的精神财富，我们要坚定文化自信，自觉担当时代责任感和历史使命感。中国拥有悠久历史文化传统，在中华民族复兴的伟大进程中，我们社会科学工作者要深入承传一切优秀传统文化，包括张载的学说，弘扬"横渠四句"的人文精神，以世界大同、天下为公为己任，更坚定、更全面、更自觉地对外开放，通过"一带一路"等平台，推动中国与世界的经济、文化交流合作，诠释中国经典，弘扬中国精神，汇聚文化力量，为世界和平与发展，为人类命运共同体的建设做出应有的贡献。

（与陈孝明合作撰写）

哲学、文化与时代

Z

ZHEXUE WENHUA YU SHIDAI

广东改革开放与文化思考

实现文化自觉
全面提升岭南文化竞争力

现代化进程越是深入，文化的因素就越显重要，西方现代化过程已证明这一点。当今，广东的现代化建设进入了一个十分关键的发展时期，提升以文化竞争力为主导的综合竞争力，是广东增创改革开放和现代化建设新优势的"瓶颈"。广东省委不失时机提出了建设文化大省的战略要求，体现了对现代化规律的科学把握和自觉运用。文化传统是任何民族启动和推进现代化的不可离弃的土壤，更是现代文化创新和发展的直接来源。如何评价深刻影响着广东人行为方式、生活方式、思维方式的岭南文化？如何提升岭南文化的创新竞争能力？如何推动岭南文化的现代转型？这是建设文化广东，规划广东文化发展宏伟蓝图需要认真研究回答的重要问题。

一、岭南文化是广东文化创新发展的深厚根基，传承、重构、创新岭南文化，达到现代文化自觉，是提升广东文化竞争力的前提条件

任何文化都是由有意识有目的的人在实践中创造的，由此决定了文化有共性、普遍性的品格，而任何文化又是由不同地域、不同传统的人们在不同的实践形式中创造的，由此决定了文化又有个性、特殊性的一面。伟大的中华民族创造了博大精深的中华文化，而中华文化是由风格同中有异的亚文化圈所构成的：沉重、古朴、苍劲的西北高原文化；绮丽、婉转、靡情的苏南文化；浪漫、豪放、超脱的荆楚文化；清新、自然、宽阔的岭南文化……这些各具特色的亚文化圈在中华文化史的长河

中争奇斗艳、各领风骚、相互融合，造就了多姿多彩、波澜壮阔的中华文明，也造就了不同特色的文化流派以及不同特色的经济圈。以珠江三角洲为主要发源地的岭南文化，是以本土文化为基础、以中原文化为主干、融合外域文化而逐渐形成的区域文化。作为一种历史上属于后发性、边缘性的文化，在中国经济重心逐渐南移的过程中，在中国以被迫的形式卷入"世界历史"的过程中，在中国建设现代化，实现民族伟大复兴的进程中，逐步成为主流文化、主导文化。近代岭南文化的发展与崛起，浓缩地展现了中国现代化的历史画卷。

　　岭南文化的发展大体可划分为四个阶段，这四个阶段根据广东经济社会发展的状况以及中国社会发展的不平衡性显示出不同的特点和作用。第一阶段是孕育阶段。14 世纪以前，广东远离经济、政治、文化中心，经济开发比中原地区晚得多，以"百越文化"为形态的本土文化仅是一种边缘文化。文明进化缓慢，文化人才稀缺。随着南方的逐步开发，也由于各种战乱及政治变动引起的人口南迁，中原文化更多地进入广东并与"百越文化"相互渗透，这时的广东文化虽然有其特殊性，但尚无明显的新质特征。第二阶段是形成阶段。这个时期是西学东渐的时期。从 14 世纪起，西方开始了资本主义孕育、壮大的新潮，文艺复兴运动极大地推动着欧洲的思想解放和近代科学文化的兴起。明代中国航海业的发达，促进了中国和西方的经济交流和文化交流。广州等地作为南方良港，成为中西方通过海洋交流的接触点，岭南文化从长期静寂中获得了全新的活力源泉，这时期以新会陈白沙和番禺屈大均、陈澧，以及南海朱九江为代表，在吸收西方文化上开风气之先。不仅学术思想强调经世致用，学风"以自然为宗"，而且开始走向系统化，进而影响中原。岭南文化在世俗文化中产生出有自己独立形态的精英文化，标志着一种区域文化的形成。第三阶段是飞跃阶段。当西方列强用大炮叩开中国的人们，中西文化的交流转化为尖锐冲突之际，广东在民族危机、社会危机中相继产生了一代思想名家，从洪秀全、康有为、梁启超、郑观应到孙中山，他们不仅代表了岭南文化从传统向现代转型的集大成者，而且代表了中国近代文化发展的主流，是近代中华文化发展的最高成就。第四阶段是自觉阶段。十一届三中全会以来，广东充分利用特殊政策和地缘优势，率先开放改革，把外国先进文化与广东的实践相结合，充分发挥务实、开放、创新的岭南文化精神，倡导并形成了影响全国的思想解放更新观念的强劲潮流，从邓小平发表对中国改革发展具有十分重大历史意义的南方谈话，到江泽民发表关系到中国新世纪改革开放和现代化的方向和前途的"三个代表"重要思想，都是发生在广东这块实践创新和理论创新的热土上。广东再次成为中国开放的前沿和先进文化的策源地，岭南文化再次成为中国现代文化的主导文化之一。与此同时，岭南文化与广东经济社会发展的关系已引起人们的广泛兴趣，对岭南文化的研究方兴未艾，发掘岭南文化的内在精神价值，注入现代化实践的文化反思，使之系统化、理论化，并开始纳入大学和学术研究机构的学科建设，这都表明了岭南文化开始迈向自觉的阶段。

文化自觉是费孝通提出来的。所谓自觉，就是主体的自觉能动性的理性发挥，实现文化自觉，就是在文化上达到"自知自明"，把我们置身其中的、深深地融铸于我们日常的交往方式、行为方式、思维方式的文化模式作为思考、观照、研究和批判的对象，揭示其精神内核，概括其结构体系，明白其优势弱点，发掘其内在资源，推动其与时俱进、创新发展，满足主体的历史活动和优化自身生命价值的需要。当今世界，全球化趋势迅速发展，文化全球化与文化多元化并存，普世伦理的整合认同与多元文化的竞相发展构成了当今文化进步的动力和主线。既要在全球意识观照下契合时代潮流自我创新，又要在各种文化（民族文化、区域文化和群体文化等）相互竞争相互交流中主动吸收他种文化的优秀成分，增强自我发展，努力保持"对话"权利以及扩大辐射力的能力，是各种文化在新的时代背景下生存发展的普遍规律。岭南文化无疑是一种深刻地影响广东人和广东经济社会发展的区域文化，面对各种文化的相互激荡，面对广东在我国现代化建设中所处的特殊地位，如何推动岭南文化适应广东经济社会的现代转型，实现更高层次的文化自觉，在广东率先基本实现社会主义现代化的伟大进程中再创辉煌，具有现实的紧迫性和重大意义。这种文化自觉主要体现在文化精神、文化结构和文化体制三个层面上。

全球化的潮流以不可逆转之势从世界的西方向东方，从现代化的中心地区向边缘地区席卷而来，中国的改革开放以加入WTO为标志正式参与了世界市场体系，岭南文化要适应这种历史性变化，高扬开放创新、敢为人先的文化精神，为广东在新阶段的现代化建设增创精神动力的新优势。改革开放之初，处于较少传统文化观念束缚，敢于反传统，敢为天下先的岭南文化环境的广东干部群众以实事求是、务实开放的精神冲破了计划经济及自然经济下形成的种种僵化的观念、体制、习惯做法的禁锢，在发展市场经济，建立特区，创新体制等各方面敢冒敢闯，为全国改革开放提供了思想先导和实践先导。这在中国现代改革开放史上确是一次壮丽的日出，是一首威武雄壮的解放序曲。然而，随着经济的迅速发展，一些干部逐步显示出小富即安的满足情绪和缺乏战略远见的经验主义，视野狭窄，少了一份锐气和继续担当改革开放排头兵的历史使命感和责任感。适应全球化的时代潮流，以及我国在 WTO 框架内实现政府管理职能和行政方式的全面转型的现实要求，岭南文化必须再造"适乎世界之潮流，合乎人群之需要"的新的文化精神，它是一种代表中国文化主流，阔步迈向世界主流文化的主体意识，一种海纳百川的世界眼光，一种冲破一切现代教条主义以及形而上学的创新思维，从而为新形势下进行新的更艰巨的实践探索和理论探索提供生生不息的内在动力。

　　全球化发展的新趋势实质是由市场和资本推动的工业经济向知识经济的转型，物质性资源的拥有和地缘状况的差异不再是国力竞争的根本性因素，而知识、技术、信息及文化资源等的拥有和创新成为提升国际竞争力的决定性因素，岭南文化要适应这种经济形态的历史性转型，构建以完备的知识体系为基础的科学的文化结构，为广东发展知识经济提供强大的智力支撑。20 多年来，广东是中国文化产业和文化市场的发祥地和新生长点，执中国大众文化之牛耳，这是广东市场经济迅速发展的必然产物。大众文化作为市民社会的文化形态，推动着中国文化朝着多元、平等、民主的方向发展，然而它又是一种以市场为导向的无深度、模式化、平面化、易复制的文化，它在用感性形式丰富人们精神文化生活，缓解人们在现实生活中的心理紧张和焦虑的同时消解人们的崇高美感和理性追求，不应当听任其盲目发展。构建与知识经济相适应的广东文化结构，应当在通俗文化与高雅文化，市民文化与主流文化之间保持适当的张力，促进大众文化与精英文化的相互联结、相互渗透、相互转化，形成科学、知识、价值、艺术、娱乐各自充分发展而又浑然一体的文化结构，使大众文化既获得理性文化的价值导向、学术指导和智力支持，也使理性文化从大众文化那里获得创造源泉、市场动力和群众基础。形成这种全面且合理的文化结构，将使岭南文化在继续保持原有特色的基础上上升到一个新的高度，从而为造就大批广东现代化建设所需要的具有全面创新能力和良好人文精神修养的人才，增强广东经济社会可持续发展的后续力作出新贡献。

现代市场经济是一种制度化（包括法制化）的经济，它的发展不仅是各种市场要素组合配置的过程，而且是生产关系、生产方式、管理模式等经济运行游戏规则和体制框架形成和完善的过程。岭南文化要适应现代市场经济的发展规律，由观念和市场优势转向体制优势。广东的经济优势得益于先发优势，市场发育度和开放度高于全国，推动了资源和资本等各种市场要素的聚集。岭南文化以不拘一格、经世致用、开放多元的风格为打造广东市场经济优势营造了良好的文化环境，同时也形成了思想观念开放创新的先发优势，这种优势也表现在各种文化要素市场发育较快，文化活动蓬勃发展，文化产品与文化服务的辐射力和影响力不断扩大。然而，与以上海为首的长江三角洲经济区相比，广东经济体制改革力度近年步伐放慢，这种滞后同样反映在文化体制的改革创新上。国有文化事业、文化单位基本上停留在计划经济的框架内运行，文化人才、文化资本的流动不畅，法治的体制还没有完善。体制是人的理性选择的固化，体制的滞后直接反映了人的认识和观念的滞后，文化体制改革和完善的滞后不仅弱化了文化要素的市场优势，而且还弱化了经济发展的动力和社会活力。适应广东全面建立社会主义市场体制的新任务，从文化观念创新、市场创新向体制创新推进，从观念优势、市场优势向体制优势转化，使文化产业、文化市场的发展以及人们的文化创造活动获得制度保障，是岭南文化在 21 世纪再创辉煌的时代要求。

二、现代国际竞争、区域竞争归根到底是人的素质的竞争，文化竞争力构成综合竞争力的核心部分，提升岭南文化的竞争力，是建设文化大省，增强发展后劲的关键环节

加入 WTO 的中国，已成为全球化的主体力量之一，改变着世界的经济、政治格局，而中国各区域之间随着全方位开放格局的形成也正在产生着均衡化和非均衡化两种趋势，各区域间国际竞争力或者说综合竞争力发生着此消彼长的态势。综合竞争力的变动、提升不仅由经济增长速度、劳动生产率、政府决策和服务能力、投资环境、科技发展水平等变化和提升所决定，更是由结构的差异所决定。即什么因素在增长或发展中起着主导性作用，决定着综合竞争力的内在性质、水平和程度。从

资本竞争力、管理竞争力、科技竞争力为主导到文化竞争力为主导，反映了现代化发展的一般规律，以及现代市场经济条件下国际竞争的根本特点。美国著名记者迈克雪说过："美国的真正优势是文化与知识财产这两个非常人性化的资源。"以上海为龙头的长江三角洲对外开放虽然晚于广东，但由于文化和人才的优势，其竞争力不断攀升。可见，加快文化的发展，形成以文化竞争力为核心和主导的综合竞争力，是广东在国际和区域竞争中制胜的关键。

文化是人的存在方式，是人的自觉能动性的本质特征。"在人之外或在人之前不可能有文化，同样，在文化之外或在文化之前也不可能有人。"① 因此，在人的实践活动中产生并随着人类历史的发展而发展起来的文化，应与人性的丰富和发展相一致，以人的价值、人的需要，人的自由全面发展作为最高目标和标准。任何一种文化只有为人接受，才有赖以存在和发展的根基，才谈得上所谓竞争力。首先，它是满足人的精神需要的文化。精神生活是人与动物的本质区别，时代愈是前进，精神需要愈是丰富和发展。这种需要不仅是文化活动的社会基础，而且是文化薪火世代相传的动力。其次，它是解放人的思想的文化。打破人的狭隘的生存视野，打破狭隘的地域和民族自我封闭的孤立状态，打破一切禁锢人的思想发展的观念教条是文化的崇高使命。再次它是增进人的能力的文化。概括和总结人类实践的经验，形成理性科学体系，揭示客观世界发展规律、社会历史进步规律以及人自身思维规律，使人不断提高改造客观世界和主观世界的自由度和自觉性。正如恩格斯所说："文化上的每一个进步，都是迈向自由的一步。"② 最后，它是给人以终极关怀的文化。向"善"向"美"是人的生命意义和社会理想价值，也是人的文化活动的最高境界，引导人们克服全球化、现代化中产生的各种精神的异化、焦虑、紧张、失落，重建精神家园，重构价值体系，是文化的不可推卸的重任。综观历史发展过程，文化竞争力归根到底在于获得人们的自觉接受和认同，反映人的心、智、德发展和提升的历史规律和价值要求。从现代化建设的实践意义上讲，文化竞争力应当包括以下五个方面。

---

① ［苏］A. T. 斯比尔金著，徐小英等译：《哲学原理》，求实出版社 1990 年版，第 533 页。

② 《马克思恩格斯选集》（第 3 卷），人民出版社 1972 年版，第 154 页。

第一，文化生产力。精神文化生产是一个历史的范畴，它随着物质生产方式的变化而变化。马克思指出："如果物质生产本身不从它的特殊的历史的形式来看，那就不可能理解与它相适应的精神生产的特征以及这两种生产的相互作用。""例如，与资本主义生产方式相适应的精神生产，就和与中世纪生产方式相适应的精神生产不同。"① 现代精神生产或文化生产，也与传统资本主义时代有显著的不同，它仍然具有意识形态特点，但更多的已成为社会发展和人们日常生活的普遍需要；它仍然具有相对独立性，但与市场经济、物质生产更密切交融；它仍然不能离开个体的创造性活动，但更多的是由社会化的专门机构来承担；它仍然以人为主体，但资本、科学技术在文化价值的创造中发挥着越来越大的作用。因此，现代文化生产力与文化产业的发育发展程度紧紧联系在一起。文化资本是文化生产力发展的基础，在市场经济条件下，无论物质生产还是文化生产，资本都是第一推动力；文化组织机构包括中介机构是文化生产的载体，只有形成发达合理的产业组织结构，才能形成社会化的文化生产体系；科学技术是第一生产力，是否有效应用科学技术的最新成果，决定着文化生产力的性质、发展水平和发展方向；人是文化生产力的主体，人的素质的高低，直接给予文化生产力深刻的影响。广东文化产业市场化程度较高，但在组织结构的改革整合，文化资本的投入，高新科技的运用以及文化人才的贮备等方面与把文化产业建成支柱产业，建设文化大省的目标有较大距离。在原有的规模优势上形成质量优势，是岭南文化保持在文化力竞争中立于不败之地的努力方向。

第二，文化消费力。现代市场经济的一个显著特点是消费对生产的推动作用至关重要，在一定的意义上讲，消费决定生产。文化消费力是文化竞争力的一项重要指标，也是衡量一个国家、地区发展水平的重要指标。我国正在进入全面建设小康社会的发展阶段，文化消费力迅速攀升。广东经过 20 年的高速发展，已从工业化原始积累阶段过渡到全面现代化建设阶段，人均 GDP 达到了 3498 美元（约合 2.3 万元人民币）。从国际及地区文化发展竞争态势以及广东的实际发展状况来看，提升文化消费力当前着重于四个领域：一是教育消费。广东经济发展位居全国前列，但高等教育与此很不相应，做大做强广东高等教育，使巨大的消

---

① 《马克思恩格斯全集》（第 26 卷第 1 册），人民出版社 1972 年版，第 296页。

费潜力形成现实的消费力不仅是提高广东人口素质的需要，也是实现人民群众"教育机会公平"的要求。二是信息消费。广东新闻传播产业起步较早，但目前有放缓的趋势，通过整合资源，走集约化发展道路，提升影响力是势在必行。三是娱乐消费。广东娱乐市场发育很早，规模也较大，然而通俗的与高雅的比重失调，随着中等收入者阶层的壮大，推动高雅的娱乐消费成为引导文化消费的一项任务。四是闲暇旅游消费。开发历史文化、民俗文化、养生文化和生态文化资源，发展保健消费和旅游消费，不仅是扩大文化消费的需要，而且体现了文化的"人本"特征。总之，文化消费有无限广阔的市场，岭南文化本来就有商业文化的优势，如果在现代化一般进程与人民群众日益增长的需要之间找准结合点，在文化的人文性和消费性中保持合理的张力，以教育、信息消费为重点不断完善结构，在拓展消费市场的同时引导消费，岭南文化就能在市场和大众基础上不断发展和提升。

第三，文化传播力。文化起源于交流和传播，其生命力也在于交流和传播，在全球化不断加速发展的现时代，传播力的强弱往往决定了何种文化能够成为世界的价值主导和话语主导。当今文化的力量可以借助于市场和高科技的力量渗透到任何民族、群体和个人的经济生活社会生活之中，形成比物质力量更强大更持久的力量。因此，抢夺文化传播的主导地位，是当今文化竞争的焦点。作为国家、地区之间的文化传播，首先是新闻媒体的传播，其次是贸易传播，任何商品贸易都是一种文化的辐射，文化产品的贸易更直接地传导着一种文化观念。此外，会展传播也成为世界范围经济、文化活动的热点领域。特别注意的是，在互联网时代，人们更多地从网络获取信息，各种哲学的、宗教的、艺术的、政治的观念在网上传播，营造着人类历史上最广袤的文化交流圈，它冲破了一切民族、国家、区域的障碍，削弱着已有文化体的价值认同和政治认同机制。岭南文化要增强传播力，不仅充分发挥已形成的传媒优势，还要全面发展和运用贸易的、会展的、旅游的等各种传播方式和渠道，大力发展网络技术，通过互联网等现代传输系统和技术向海内外传播，提升岭南文化的影响力和感召力。

第四，文化创造力。全球化时代是一个大分化、大调整、大发展、大转折的时代，它深刻地改变着每个民族、群体乃至每个人生存发展的条件和方式，它所导致的一系列社会、经济、政治、环境、文化问题，经典的思想理论。既有的文化模式都不能提供现成的说明、规范和导引。面对如此深刻的生产方式、交往方式、生活方式的转型，必须把文化创造力提高到决定一个民族、一个地区、一个企业的前途命运及胜负与否的高度来对待。与文化传承交流相比，文化创造更集中地体现人的自由自觉的能动本性：文化传承是文化发展中肯定的环节，而文化创造是文化发展中否定的环节；文化传承是文化发展的连续性，是量变，而文化创造是文化发展的非连续性，是质变和飞跃。文化创造渗透于人们的实践活动的各个方面，而其中知识的创造和价值的创造集中地反映了人的文化创造的内容和形式，知识的创造增进了人对自然规律、社会规律和思维规律的认识，而价值的创造增进了人对自身、社会存在和发展意义的认识，两者不但反映在科学（包括自然科学和社会科学）研究的成果上，而且反映在人的价值观念、道德伦理、社会风气的变化上，知识的创造和价值的创造都离不开哲学思维。一个民族要攀登科学的高峰，就离不开理论思维。岭南文化从近代以来形成了求新求变的特点，在观念、体制、社会生活的诸多方面的变革中表现出巨大的创造力。但如上所说，缺少传统文化积淀，特别是较少哲学思维的熏陶又影响着新形势下新的创造力的形成和发挥。如何应对产业升级换代的新要求和高科技时代的挑战，从增加研发投入和力量，迅速发展自然科学和社会科学事业，形成创新激励机制，培养文化精英队伍，营造良好文化创业环境等各个方面提升文化创造力，是岭南文化实现现代转型的必然选择。

第五，文化持续力。文化创造是一个连续不断的历史过程，一定的历史条件是文化创造和发展的不可或缺的前提。马克思说："人们自己创造自己的历史，但他们并不是随心所欲地创造，并不是在他们自己选定的条件下创造，而是在直接碰到的，既定的，从过去承继下来的条件下创造。"[①] 这种"直接碰到的，既定的，从过去承继下来的条件"构成了文化的持续力。世界文化的发展是在民族文化、区域文化生生灭灭的运动中实现的，能延续至今并仍有活力的文化，都是持续力较强，在文化冲突和整合中以巨大的生命力在一定的民族、国家、族群中"活着"的文化。美国学者享廷顿认为迄今只有七或八个文明历经千年沧桑而仍然保留下来并影响着世界进程，"它们的'独特性和特殊性'是它们的延续性"，也正是它们"标志着社会的延续性"。构成这种延续性的基本的东西是渗透于千百万人们思想行为中的文化传统，"它是现在

---

① 《马克思恩格斯选集》（第 1 卷），人民出版社 1975 年版，第 603 页。

的过去，但它又与任何新事物一样，是现在的一部分"。① 传统以鲜明的个性特点使民族文化顽强地抵御外来文化的同化，以深厚的文化底蕴成为新文化发育成长的土壤，因而历史文化资源和传统是文化持续力的十分重要的基础。语言、思维方式、价值观念、交往行为的特点，以及古迹、文物、典籍、传统艺术、历史名人等共同构成文化资源和传统的主体。当然，这些"过去和现有的"传统还是潜在的或可能的文化持续力，它向现实的持续力的转化在于人的能动的现实的文化实践和文化生活，实践和生活对传统的需求，比十所大学更能推动传统文化资源的创新和复兴。岭南文化虽然缺少中原文化的厚重，但不乏近现代民主革命的思想传统和资源，能否把这些传统和资源深入挖掘出来，并与现实的市场经济、政治文明建设以及与先进文化建设结合起来，与现代广东人的文明人格的形成结合起来，决定着它对新的实践环境提出的挑战的回应能力，决定着它返本开新的持续发展的能力。

三、实现文化自觉，提升文化竞争力，必须立足实践，着眼于发展，着眼于人的需要，解放思想，尊重规律，以文化创新推进岭南文化的全面转型

党的十六大高度评价了文化在现代化建设中的重要意义，指出当今世界文化与经济政治日益相互交融，在综合国力竞争中的地位作用日益突出。明确提出了文化创新的重大任务，指出必须立足实践，着眼前沿，把发扬民族优秀传统与吸取各民族的长处结合起来，在内容和形式上积极创新，不断增强中国特色社会主义文化的吸引力和感召力。以十六大精神为指导，围绕基本实现社会主义现代化的实践，着眼于发展、着眼于人的需要，进一步解放思想，破除一切妨碍发展和创新的思想障碍，以文化创新为动力，大力推进文化全面转型，是提升岭南文化竞争力的基本途径。

---

① ［美］爱德华·希尔斯著，傅铿、吕乐译：《论传统》，上海人民出版社1991 年版，第 16 页。

1. 以文化价值的创新为核心带动结构创新和体制创新

（1）塑造与现代化相适应的文化价值

文化价值体系或文化精神是一个民族（地区）文化的内核，是文化结构或体制的根据。文化结构、文化体制是文化价值的表现和外化，反过来又给予文化价值的转型以及经济、政治、社会人的现代化极大的能动作用。文化的全面转型要以文化价值的转型为核心带动结构转型和体制转型。岭南文化的价值体系，从全球化进程中人类文化演化的大趋势以及实现现代化特别是人的现代化的要求看，具有一定的缺陷和不足，需要我们进行价值体系的重构。就是要整合出"善"与"真"交融，"义"与"利"并举，"整体"与"个体"互动，"德治"与"法治"结合的文化价值系统，以形成既有浓厚人文传统又有科学理性的精神，既有个人自由发展又有社会整体合力，既充盈勃勃生机又保持协调稳定的社会文化氛围。

（2）完善多功能多层次多元化的文化结构

根据广东现代化建设的新特点和人们精神生活的新要求，岭南文化结构的完善要体现以下三个特点。

第一，功能综合化。经济文化日益一体化是社会发展的大趋势，要大力推动经济文化化和文化经济化。应在继续发挥文化的娱乐功能的同时，调整结构，加强高层次文化建设，更多地发挥文化的思维、知识、审美等功能。这样的文化结构，将为人们提供更广阔的选择空间。

第二，形态多样化。以群众性创建精神文明活动为龙头，广泛地开展社团文化、社区文化、行业文化、企业文化、乡村文化、校园文化、家庭文化等各种群众文化活动，形成多层次的群众文化网络。为了改变文化高低层次发展不平衡的状况，还要在积极推动文化产业化的同时大力扶持精英文化的发展，保护好历史文化资源，推进专业文化建设，大力发展高雅理性文化。

第三，所有制多元化。要进一步调动各方面的积极性，鼓励和推动集体、个体、外资、合资等各种经济成分一齐办文化，大力发展文化产业，扩大文化投资中非国有制的成分，这不仅有利于增强文化发展的经济实力，而且有利于扩大政治民主和舆论民主。

（3）完善民主化法制化科学化的文化管理体制

第一，坚定不移地推进文化民主。创造是文化的本质，而只有在民主氛围中，才谈得上真正的文化创造。要坚持百花齐放、百家争鸣的方针，重在建设，以人为本，以立为本。适应当今社会主体利益多元化，价值取向多维度的现实状况，营造一个在马克思主义科学体系指导下多元文化、多层文化共存的百花齐放、百家争鸣的生动活泼的局面和机制。

第二，完善文化管理法规。当前，文化建设中人治成分仍很重，要适应依法治国的总体要求，推动文化管理从人治向法治的根本转型。要使文化立法系统化，改变我国文化立法总体上呈滞后状态，使文化生产、流通和消费都有法可依；要使文化立法具体化、权威化，各种文化法规应由人民代表大会讨论通过、颁布实施，严格执法，彻底改变有法不依、执法不严的现象。

第三，改革现行文化领导体制。政府对文化要从直接管理和微观办文化转变为宏观的规划、指导、协调，把较多的行政手段转变为较多的经济、法律手段，把主要精力用于以下几个方面：研究市场经济条件下文化发展的一般规律；综合分析社会上各种文化思潮及其影响；制定文化发展战略、文化管理的经济政策和法律；协调社会各部门、各团体的文化建设活动；培养文化建设和文化管理的各类人才；提高文化管理队伍的素质。

2. 正确处理文化转型中的诸关系

（1）传统文化与现代文化的关系

传统文化不是简单地涵盖过去的存在，而是以文化传统的方式存在于当代，必然与现代文化共存。现代文化作为新生事物，必然要对传统文化进行改造，这就产生了传统与现代的一系列冲突。现代文化与传统文化的这种既依存又对立的关系需要我们在新的层次上确立二者双向互动的关系。迫切需要我们化解二者之间的紧张关系，并在二者兼容的基础上建立一种建设性的互动关系格局。正如有的学者所指出，应该"以传统批判现代化，以现代化批判传统"，即借鉴传统文化，观照、改善、深化现代文化，治疗今日文化所患的若干"现代病"，又以现代意识扬弃传统，发展传统文化中富于生命活力的部分，创造传统所缺乏而又为现代生活所必需的新成分。只有这样才能使传统文化与现代文化相得益彰，富有生机地共存共荣。

（2）主流文化与多元文化的关系

我国现阶段的文化就其核心和主体而言，应该而且必须是有中国特色的社会主义性质的文化，它在思想文化领域乃至整个社会生活中占据着主导地位，是当代中国先进文化的集中体现。与此同时，我国当前思想文化也呈现着多元文化共存的格局。面对全球化时代各种文化大交流、大融合的潮流，我们应以马克思主义海纳百川的心态，从文化的开放兼容的本质上正确对待各种文化观念，不能用简单粗暴的方法强求思想和文化的一致性，追求那种单一且纯粹的文化体系。我们必须正视、承认文化多元化的现实，理解和容许社会成员在理想、信仰、人生观、价值观、道德观、精神文化需求等方面的多样化，使主流文化、主旋律文化与多元文化互相促进、协调发展，形成以主流文化和主旋律文化为中心的、丰富多彩的"和而不同"的社会文化系统。

（3）理性文化与大众文化的关系

大众文化是现代工业社会背景之下所产生的、与市场经济和商品社会相适应的一种市民文化。通俗的大众文化有助于促进文化的多元化、民主化、普及化和平民化的进程；具有抚慰功能和寓教于乐的功能，同时它也是一种缺乏严格意义上的美学价值的商业文化，存在着盲目性、自发性和过于商品化倾向，缺乏真正的文化个性与创造性。理性文化作为知识型文化或者知识分子文化的主要表现形态，是新知识、新观念、新方法的创造主体，它在当代中国社会占有十分重要而突出的位置。无论是经济的可持续增长、社会的全面进步、国民素质的普遍提高，还是精神文明建设、大众文化素质的提升，都离不开理性文化的知识支撑和观念指导。在社会现代化和文化进步的进程中理性文化与大众文化之间存在着一定的矛盾与冲突，但也存在相互依存、相辅相成的关系，要促进二者的协调发展。

（4）科技文化与人文文化的关系

科技文化与人文文化是社会整体文化的两个重要侧面。世界现代化进程的经验已经证明，科学技术是推动工业化、现代化进程，进而推动工业社会向信息社会迈进的主导力量。我国工业化的任务仍未完成，人的素质仍迫切有待提高，必须大力发展科学技术，倡导科学精神。但科学技术不是万能的，它不能解决人类发展进步的一切问题，尤其是精神领域的问题。因此必须积极弘扬人文精神，唤醒人们超越对金钱、物质的狭隘视野和偏执心态，引导大众去追求更为全面的、科学的人生价值和高尚的道德理想，拓展丰富的人生内涵；促进经济、社会、人、环境的协调与持续发展。因此，实现社会全面进步，要求把科技文化与人文文化有机地结合起来。

　　总而言之，按照社会现代化与人的现代化的方向构建起来的岭南文化，将既是现代的，同时又是浸润着历史传统中全部精华成分的；既是大众的，同时又是体现人类文化思潮的方向的；既是科学的，同时又是给予人慰藉、激情和希望的文化。这种文化反映了全球化的发展规律和前进方向，它必定以鲜明的地域特色、民族特色和宽广的世界情怀汇集到中国文化和人类文明的长河中去，为中华民族的伟大复兴，为 21 世纪人类文化的全面发展作出自己的贡献！

（原载于《广东社会科学》2003 年第 3 期）

广东提升文化竞争力的战略与对策

改革开放 20 多年来，广东先行一步的改革开放实践和社会主义市场经济的迅速发展，为文化建设提供了强大的推动力，教育、科技、广播、电视、报刊、出版、文学艺术、社会科学、体育、旅游等各种领域呈现出蓬勃发展的态势，文化事业和文化产业相互促进，大型文化设施不断涌现，文化环境日益改善，文化综合实力和竞争力不断增强，与北京、上海呈现出三足鼎立的态势。然而，面对中国加入 WTO 后的新形势，面对自身原有基础薄弱、后劲不足的问题，面对广东建设经济大省、文化大省的更高要求，我们必须根据现代化发展的内在要求和知识经济的发展规律，从国际竞争的大视野，从产业规模、科技进步、人文特点等方面提升广东文化的竞争力。

一、提升广东文化的产业竞争力

在经济全球化、信息化的条件下，文化的生产力、消费力、传播力等都与文化的产业化密切相关，文化产业化的程度直接影响着文化需求、文化市场的规模与发展方向，影响着文化传播的手段更新变化。大力发展文化产业，对于满足人民群众日益增长的精神文化需求，壮大文化事业：提升文化的竞争力是一个关键性环节。在大众文化需求和文化市场扩张的内在需求的拉动下，广东的文化转型较早，成为中国文化产业的生长点。近年来，广东文化产业年增长率高于周期 GDP 年增长率的 3 至 4 个百分点，2002 年文化产业对 GDP 的贡献率为 6.8%，已成为广东经济发展的支柱产业之一，特别是 2003 年确立建设文化大省的战略以来，文化的体制发展加快，文化产业的整体规划明显加强，文化经济方兴未艾。然而，与建设文化大省的宏伟目标相比，与国际文化产业的发展趋势相比，广东文化的产业化过程仍属于起步阶段，无论在产业的规模上或是在质量效益上都存在明显不足：文化产业总量偏小，对国民经济增长的贡献率不够大；产业集约化程度不高，资源配置散乱分割；支柱产业不强，龙头带动作用不明显；人均文化产品供给数量偏少；文化消费潜力未得到充分释放；等等。导致文化产业化相对滞后的原因是多方面的，包括思想观念、发展战略、企业组织结构、投资体制、经济政策、法制环境等。为了实现建设经济强省、文化大省的目标，要从战略的高度创新发展思路，增强发展动力，提高发展水平，推动广东文化产业实现跨越式发展。

1. 适应产业波及和市场扩张的客观规律，做大做强文化产业集团

当今世界，经济的社会化、信息化和全球化迅猛发展，必然推动文化产业沿着逆向波及、顺向波及和横向波及方向发展，形成以特定文化产品为核心的，以一系列与文化产品的生产、交换、分配和消费直接或间接相关的专业公司为依托的特大型文化产业群。① 这个过程也是本土文化产业参与国际文化市场的分工、竞争和合作的过程。产业化、市场化和集约化互为前提互相促进。广东文化产业从粗放式向集约化转型，就要遵循产业和市场发展的内在规律，优化内外资源配置，形成具有国际竞争力的实体和主体。一是进一步打破地区、部门分割，在做大做强省级行业龙头企业的基础上组建全省性集团，逐步实现跨地区经营，改变由行政层级管理所造成的重复建设、资源严重浪费的状态；二是进一步打破行业壁垒和原有的相当一部分文化生产行业垄断性经营的融资障碍，推动各集团间建立多种形式的产业联合体，打造跨地区、跨行业、跨所有制经营的文化产业"航空母舰"；三是按照现代企业制度加快文化产业的内部改革，推动具有一定经营能力又兼有公益性质的文化单位建立适应市场竞争的新的组织形式，逐步成为产权明晰、具有自主创新能力和自主发展能力、充满生机活力的文化生产经营主体。

---

① 李江帆：《全面小康与广东文化产业》，胡中梅、梁桂全主编：《改革体制、发展产业、壮大事业》，广东人民出版社 2003 年版，第 345 页。

2. 强化中心城市的聚合和辐射作用，推动文化产业的区域化和国际化

中心城市具有经济、政治、文化中心的优势，不仅有深厚的历史文化积淀和现代化的文化设施，而且有广大的消费群体和人才贮备，还有广泛的国际贸易交流合作网络，从而为文化生产要素和文化消费品的积聚和扩散、为优化资源配置提供了较低成本的必备条件。随着城镇化运动的持续发展，以广州、深圳为龙头，以佛山、东莞、珠海、中山、江门、肇庆、惠州等城市为区域性中心的珠三角城市群已形成，如果从更广的视野来看，香港、澳门及长沙、南昌、南宁、福州等城市与珠三角核心层的城市群已在泛珠合作的框架内更紧密地联结在一起，形成了一个和而不同且多彩多姿的文化风格的文化生产、消费、交往的庞大体系。广州、深圳要建设成为中国南部乃至全国性文化产业的一流城市，发挥龙头城市的产业拉动辐射功能，以品牌优势产业为纽带，以特大文化产业集团为核心，以旺盛的文化消费为基础，以国际性文化会展活动为平台，创造出一个文化商品流、信息流、人才流聚合互惠、辐射东盟、走向世界的大通道。通过壮大文化产业，提高中心城市的整合功能，而中心城市整合辐射功能的提升，又进一步提升文化产业的国际竞争力。

3. 加强宏观规划和调节，加快发展一批支柱产业

第一，优先发展基础产业。科学技术是第一生产力，知识和人才是第一位重要的生产要素。科技产业和教育产业是具有全局性、先导性的基础产业。要积极贯彻实施"科教兴粤"战略，增加教育投入，深化教育改革，加快建设教育强省；要以"珠三角高新技术产业带"为龙头：以发展信息技术、生物技术、新材料、光机电一体化、能源与环保及海洋科技六大高新技术产业为重点，着力培育具有国际竞争力的高新技术产业群。

第二，加快发展龙头产业。广播影视和新闻出版业是广东的优势产业，发挥着龙头带动作用。要通过深化改革继续做大做强南方日报报业集团、羊城晚报报业集团、广州日报报业集团、深圳报业集团、家庭期刊集团、南方广播影视传媒集团、珠江电影集团公司、广东新华发行集团、广东省出版集团，以及音像和电子出版业、印刷业、出版物物流

业，使广东成为全国最重要的传媒出版基地之一。

第三，做强传统产业。旅游、文化娱乐、体育产业是广东传统的文化产业。要充分挖掘、整合全省文化旅游资源，推动文化旅游信息化建设，加大整体包装宣传力度，推动广东文化旅游业发展；积极推进广东重点艺术院团、剧场、中介机构等的强强联合，推动演艺业的集约化经营，鼓励形成有利于发展艺术的签约制、演出经纪人制、演出季制、制作人制等组织形式，发展演艺文娱业；以产业结构和产品结构优化升级为主线，扶持龙头体育企业，组建大型、多元化体育企业。

第四，做大新兴产业。会展业是广东目前发展势头猛、前景广阔的文化产业。要依托各地现有的基础，扶优扶强，在广交会、高交会、珠海航展、东莞电博会、惠州数码节、佛山陶瓷展、顺德花博会、顺德家电博览会的基础上，办好中国国际音像交易会、中国（深圳）文化产业博览会，办好泛珠三角区域经济合作发展论坛、中国企业文化国际论坛，力争建成一批全国及世界性品牌，确立华南地区会展业中心的地位。此外，信息咨询业也方兴未艾，要用高科技打造信息生产、消费、转输各环节互动整合的平台，不断扩大信息市场。

二、提升广东文化的科技竞争力

科学技术是文化的重要组成部分，它在推动世界现代化进程的同时，也深刻地改变文化的形式和内容。以信息技术为代表的现代高新科技的广泛应用，把人类带进了网络时代和数字生存时代，网上交谈、网上电影、网上出版、网上论坛等文化形态纷至沓来，令人目不暇接。生产和生活的信息化、网络化、数字化，不仅强劲地扩展了人类的文化生产能力、消费能力、交往能力，而且促进了文化管理模式的改革创新，促进了人们价值观念和思维方式的转变。文化产业的发展，直接与科技进步和科技应用息息相关，甚至可以说是同一过程，实现文化生产从粗放式向集约式的飞跃，关键在于提升文化产业的科技含量。广东的文化产业和文化事业，从整体上说与科技迅速发展的趋势和水平不相适应，文化产品的生产和服务手段仍然比较落后，在电影制作、艺术创作、出版发行、信息咨询等领域的高科技化仍然无力与先进国家竞争，甚至落后于国内一些先进地区。文化投入的重点主要是基础设施，而技术装备投入明显不足。为了进一步形成广东文化产业、文化经济的优势，夯实发展基础，增强发展后劲，必须确立科技是第一文化生产力的地位，加快先进科技向文化领域转移，提高文化产业的科技含量，促进文化生产手段现代化，为增强广东文化竞争力提供基础、载体和先导作用。

1. 加快发展信息技术，建设数字社会

信息技术是现代文化产业的载体，加快发展信息技术并且广泛应用于社会生产的各个领域、各个层面，是提升文化科技含量的基础工程。数字社会是信息技术、数字技术、网络技术的综合利用，信息技术不仅成为辐射和带动其他产业的支柱产业和先导产业，而且渗透到社会的方方面面，形成商务、政务和文化生活的统一的数字平台。数字社会具有数字化、网络化、标准化、整合化、开放化、智能化等特点，它使数据的存储采取数字格式，数据传输采取数字化工具，数据应用采取各种数字化产品，它包容并整合各式各样的网络，包括互联网、电视网、手机网、光纤网、广域网、局域网等。数字社会的建设以数字城市的建设为重点，作为经济社会文化中心的大大小小的城市，凭借数字平台将极大地扩展城市功能，在参与全球化的文化竞争与文化交流的国际市场之中，整合为各种物流、资金流、通讯流高速协调传送的社会之网，各种知识、信息、文化艺术产品也得以在广阔的空间流动、传播，实现价值。

2. 推动高新科技在文化生产和文化服务中的广泛应用，激活文化生产力

通过广泛应用现代科技，推动文化产业不断拓展上下游产业链，文化产品不断更新换代，文化服务不断创新形式，在满足人民群众日益增长的精神文化需求中创造更多的经济效益。从广东文化产业的现状看，与信息技术密切联系的若干领域可以在提升科技含量上大有作为。在广播电视上，大力推进业务的数字化、网络化建设，建立贯通省、市的节目运营平台、传输平台、服务平台的宽带网，使网络成为拉动生产、消费的增长极；在新闻出版上，广泛应用现代网络技术、三维动画制作技术、数码影音技术、数码照排印刷技术于编辑、制作、出版、印刷、发行等各个环节，提高生产效率和质量，形成多种媒体互动效应；在文化信息的服务上，以省级数字图书馆为龙头，启动文化信息共享工程，整

合和开发现有图书、音像和信息等各种文化资源，建立和完善文化信息网络服务体系，加快农村网络服务平台建设，提高城市与农村资源共享水平；在会展业上，适应会展的国际化、专业化潮流，把高科技运用于会展的各个环节，在深化会展内涵的同时创造最佳的视觉效应，改变目前会展数量多、档次低的运作模式，大力倡导网上会展，通过以电子流代替物流而降低人力物力成本，使组织者和参加者摆脱时间和空间限制，达到即时互动的良好效果。

3. 制定推动文化产业科技进步的政策，加强对知识产权的保护

在大力发展科技业的同时，从投资、财税、经营准入、产品流通等各方面制定优惠政策，推动文化企业在生产经营的过程中开发、引进、使用现代高新技术，推动文化生产经营者通过使用信息技术提高产品和服务的竞争力。由于文化产业是以版权产业为核心的提供精神产品的产业，知识产权的保护关系到文化企业自主创新能力和核心竞争力的可持续发展，这不仅是全球文化产业竞争中的焦点，也是广东完善文化市场机制的重要目标和任务。要充分发挥广东专利大省的优势，加大专利宣传，强化知识产权保护意识，强化立法机制、监督机制和执法机制，构建强有力的知识产权保护网，形成激励文化企业科技创新的良好社会环境。

三、提升广东文化的人文竞争力

文化发展与经济发展的差别，在于文化发展具有更多复杂且不确切的变量，如传统的积淀、价值的差异、主体的能力等，都极大地影响着文化的创造力和竞争力，这些因素可称为文化结构中的人文成分，人文与科学构成了文化的两大要素，二者相互依存、相互转化、相互促进，推动文化乃至人类文明生生不息。如果说，文化中的科学成分更多地体现了文化的共性，那么文化中的人文成分更多地体现了文化的个性，它赋予了文化历史感和价值意义，并促进文化主体的民族认同、群体认同、区域认同，解决"我是谁，我从哪里来，到哪里去"的本质问题。当今世界，在文化全球化的冲击下，民族文化、区域文化日益失去自身的特色，工具理性和大众文化在资本和市场的推动下，日复一日地消灭

各民族、区域文化的自我同一性，人文精神的缺失、思想创造力的下降、文化人才的匮乏逐渐削弱着民族和区域文化的竞争力。广东处于改革开放前沿，不可避免被卷入到世界文化激荡的全球化运动之中，在实行文化对外中如何保持自身的人文特色和人文条件，是增强文化竞争力的灵魂工程。

1. 弘扬岭南文化，推进本土文化建设

文化传统是任何民族实现现代化不可离弃的土壤，更是现代文化创新的直接来源。岭南文化的外延比广东文化宽泛，但从其内涵和本质来讲，二者可以说是同一的。从渊源来说，广东特别是珠江三角洲是岭南文化发展最主要的源头之一，而岭南文化又为近代以来广东文化在中国现代化进程中大放异彩、走向世界提供了极其宝贵的养料。岭南文化形成于14—15世纪西学东渐的历史时期，作为一种历史上属于后发性、边缘性的文化，在中国经济重心逐渐南移的过程中，在中国被动卷入"世界历史"的过程中，逐步成为主流文化、主导文化，近代以来岭南文化的崛起与发展，浓缩地再现了中国现代化的历史画卷。综观广东文化发展历程，思想文化的对外开放是其区别于中华文化中其他文化圈的最大特色，在中国加入WTO以后，外来文化特别是欧美文化产品对我国文化的冲击也首先反映在广东。文化对外开放是不以人的意志为转移的世界潮流，文化开放无疑激发了广东文化发展的创新，但也对本土文化造成巨大的冲击。从民俗文化到视听文化，从大众文化口味到文化生产者的价值取向，都深受港台文化风格、文化话语的影响，岭南文化特色面临边缘化、书斋化的危机。丧失本土特色的文化犹如无根的浮萍，不仅极大地影响其返本开新持续发展的能力，而且影响其产业化、市场化、国际化的能力。为此，广东文化要大力弘扬岭南特色，以继承和创新传统，擦亮文化品牌。一是大力挖掘历史文化资源。历史文化资源包括古迹、文物、景观、风俗、典籍、名家等各种物态文化、活态文化、潜文化，所谓人杰地灵，就是指一种历史文化积淀所催生的人才辈出的盛景，一种"天人合一"的互动共生的理想境界。岭南文化的三大支脉——广府文化、潮汕文化、客家文化源远流长，各领风骚，丰富多彩，是不可多得的文化富矿。要以文化管理部门为主体，以专业文化工作者为核心，开展大规模的历史文化资源调研，形成一张详尽的广东文化地图，制定一个研究、保护、开发相结合的总体规划。二是系统推进

富有岭南文化特色的大众文化建设。通过建设各具地方特色的岭南文化博物馆、编写乡土教材等形式，推介岭南典籍文化、革命文化、民俗文化，鼓励作家、音乐家、画家等艺术工作者开展以岭南历史文化为主题的小说、电视、电影、美术创作，再现历史文物的文化特色和历史名人的文化精神。三是大力发展岭南文化旅游产业。旅游业不仅是朝阳经济产业，而且是文化传播的重要渠道。以冼夫人庙、梅关古道等为代表的古代文化，以韶关南华寺、广州六榕寺等为代表的宗教文化，以洪秀全、孙中山故居等为代表的近现代文化，以开平立园和碉楼等为代表的华侨文化，以陆丰红场、广州烈士陵园等为代表的革命文化，以广州荔湾西关大屋等为代表的岭南水乡文化，遍布岭南城乡，蜚声海内外。要通过政府投资和民间注资等方式加以维护和包装，更要大力挖掘和提升其文化内涵，并从旅游路线、景观形象等方面精心策划，从管理政策上全面实施，使之做大做强，成为广东文化经济的一道新的亮丽风景线。

2. 增强广东文化的思想原创力，提升文化自觉

思想是文化的灵魂，思想创造力是文化最深厚的底蕴。远离中原及开放的环境造就了广东人民敢于创新的品格，特别是近代以来以康有为、梁启超、孙中山等一代思想家的涌现为标志，广东成为中国近现代化思想的发祥地，成为民主革命的策源地。改革开放以来，这种敢为人先、务实创新的人文精神，受改革实践激活而复兴，广东广大干部群众、知识分子大胆冲破计划经济及自然经济条件下形成的僵化观念、体制、习惯做法的禁锢，在发展市场经济、对外开放、创建经济特区等方面敢冒敢闯，"杀出一条血路"，高扬思想解放的大旗，为全国提供了理想先导和实践先导。

为了全面提升岭南文化的核心竞争力，为率先实现社会主义现代化提供强大的精神动力和思想支撑，必须在新的实践中再造"适乎世界之潮流，合乎人群之需要"的新的人文精神，它是一种冲破一切形而上学和经验主义的创新思维，一种海纳百川、兼收并蓄的世界眼光，一种勇当先进文化发展排头兵的主体意识。只有达到这样的精神境界，才能实现真正的文化自觉。为此，首先，要重视自主创新思维的培养，倡导民主、和谐、宽容的文化氛围，把思想解放、求真务实作为培育新时期广东人精神的重要内容；其次，要大力发展哲学社会科学，提升学术价值，构建与知识经济相适应的文化结构，在大众文化与学术文化、通俗

文化与高雅文化之间保持必要的张力，形成知识、价值、艺术、娱乐各自充分发展而又浑然一体的思想文化体系，这样的文化不仅有助于缓解人们在现代化进程中产生的紧张、焦虑、失落，而且使人们永远保持崇高美感和价值追求。

3．贯彻以人为本的方针，加快培养高水平的人才队伍

人是文化的主体，人才是文化的根本，文化作为一种创造性的活动，其竞争力归根结底决定于文化人才的数量和质量。相对建设文化大省的战略目标，广东文化人才的现状有待改变：专业人才数量少、学历偏低、年龄偏大；文化管理人才奇缺；人才队伍专业结构和地区分布失衡；人才队伍管理体制和机制改革滞后；文化产业经营人才的培养体系尚未建立，等等。解决人才问题是一个系统工程，需要从思想观念到体制方面有一个大的转变和创新。第一，制定具有前瞻性、系统性的人才战略。根据建设文化大省的需要，制定造就一大批在全国乃至世界上有地位的拔尖文化人才、一大批掌握知识生产力的文化创新人才、一大批横跨经济文化两个领域的文化产业领军人才的中长期目标，分阶段有步骤地推进，在5—10年内把广东建设成为文化人才强省。第二，形成造就人才的运行机制。要大力推进人事制度改革，借鉴先进国家、先进地区培养、引进、留住、用好文化人才的经验和经济政策，建立与文化生产规律和市场规律相适应的人事管理制度，建立反映精神生产特点和文化创新价值的分配制度，建立开放、公开、竞争的人才培养和引进机制。教育、人事、财税、外事、文化等各有关部门要负起责任，相互协调，在培养和引进文化人才中形成合力，发挥作用。第三，充分发挥专业文化工作者的主体创造精神。尊重他们的创造性劳动，维护他们自由创作的权利及其精神产品的权益，充分调动他们在文化决策、文化生产、文化管理中的主动性和积极性，从而创造出天下英才向往的人才积聚和人才辈出的良好文化环境，使广东成为最适合文化人干事创业的地方，最能体现人才价值的地方。

（原载于《新经济》2005年第21期）

广东改革开放与文化软实力的崛起

广东改革开放的历程，是不断实现社会全面进步的历程，是不断提升人的精神境界的历程，是不断走向文化自觉的历程。文化的力量，深深影响着改革开放和现代化建设的全过程，熔铸在全社会的生命力、创造力之中。正如中共中央政治局委员、广东省委书记汪洋所概括的："广东的崛起，从某种意义上讲、就是文化软实力的崛起。"

一、改革开放以来广东文化建设的基本经验

从创立经济特区到争当实践科学发展观排头兵，广东一直担负着为全国改革开放开山探路的重任，而推进改革开放的每一步，都离不开文化价值的重构和文化力量的支撑，文化建设在服务改革开放、服务现代化建设的过程中：经历了一个从伟大觉醒到历史自觉的过程，充分显示了文化的能动性、先导性和创造性功能。

1. 基本成就

（1）观念更新，重构价值体系

毗邻港澳的广东，广大干部群众目睹封闭的社会主义与上升繁荣时期的资本主义社会生活条件的巨大反差，求富、求变、求新成为强烈的不可阻挡的意志和追求，率先领会邓小平思想，积极参加真理标准大讨论，在冲破观念桎梏中一马当先，提出了"时间就是金钱，效率就是生命"的务实观念，"排污不排外"的开放观念，"看见红灯绕道走，看见绿灯赶快走"的变通观念，等等。这些观念产生于创立特区和发展市

哲学、文化与时代

场经济的实践、从封闭转向开放的历史趋势，因而有力地冲击着传统的思维方式和行为方式，把人们创造富裕美好生活的积极性、主动性充分渊动起来，成为神州大地上一股清新的生气勃勃的精神力量。广东作为引领改革开放风气之先的"南风窗"，为冲破"左"的束缚，倡导新观念新风尚新生活发挥了不可替代的历史作用。

（2）理论创新，激发思想活力

广东的实践为中国共产党重大理论创新发挥了试验田的历史作用。1992年邓小平同志在广东发表"南方谈话"，2000年江泽民同志在广东提出"三个代表"重要思想，2003年胡锦涛在广东提出科学发展观思想。三次重大理论创新，之所以发生在广东这块热土上，是有其历史的内在必然性和实践的内在必然性的。广东历史上两次在思想文化变革中站在历史潮头。一次是以康有为、梁启超、孙中山为代表的近现代思潮的风起云涌，一次是改革开放以来与发展下市场经济相适应的思想观念的形成和传播。从这个意义来说，广东担当了中国现代化思想发祥地的历史使命。正是由于这一文化传统和实践基础，广东思想理论界在探索社会主义建设规律过程中，在研究解决经济特区建设、珠三角改革开放试验区建设、赶追亚洲"四小龙"率先实现社会主义现代化的过程中，产生了卓炯的"社会主义商品经济论"，较早提出市场经济理论、国有企业股份化改革理论、政治文明理论、精神文明理论，等等。这些理论观点，屡屡向理论禁区挑战，激发了人们对改革开放重大理论的思考，为党的重大理论创新，提供了实践经验和思想元素。

（3）体制改革，解放文化生产力

党的十六大强调了文化与经济、政治相交融的大趋势下文化创新的重要性和迫切性。十六届四中全会提出要树立新的文化发展观，推进文化体制改革，以体制改革加快文化事业和文化产业的发展，为文化生产力的解放和发展打开广阔的空间。具有悠久传统的中国文化，一经突破体制的束缚必定能激发出无限的创造力，转化为现实生产力。

在经济体制改革中领跑的广东，又一次担当了文化体制改革的领跑者。广东省委、省政府做出了建设文化大省的决定，制订《建设文化大省规划纲要》，提出文化是创造力、经济力、竞争力的新理念，把文化建设作为促进经济社会转型、提升全省综合竞争力的主导战略。第一，率先推进文化改革和机制创新，把文化生产从文化行政体系中分离出来，建立跨区域、跨行业的市场化、国际化、股份化、集团化运作的经营管理体系；第二，打破文化产业、文化事业的自我封闭，制定鼓励民有资本投入文化产业和文化事业的政策，充分释放全社会文化创业的活力；第三，大力扶持文化经济，促进文化的经济化和经济的文化化，提升广东制造业、服务业的文化含量和文化竞争力；第四，制定科技强省、教育强省和人文强省战略，夯实建设经济强省的知识基础和人才基础；第五，开展历史人文资源的大调研，促进岭南文化的宣传、研究、保护和创新，构筑广东文化发展的深厚的传统底蕴；第六，加大政府对公益文化的投入，推进覆盖城乡基层的公共文化服务体系建设，形成满足广大人民群众文化需求的传播网络。文化大省战略的实施，带来了广东文化建设新格局的形成，报业集团和影视集团的相继诞生、广州大学城的崛起、中山图书馆的扩容、"南海一号"的打捞、深圳文博会的举办、"岭南大讲坛"理论品牌的形成等，标志着广东又一次走在全国文化潮流的前列，别具特色的岭南文化又一次展现出开放、兼容、创新的强大生命力。

（4）建设和谐文化，培育社会文明风尚

广东经过 30 年的改革发展，成为中国最大最具活力的经济体：GDP 总量继超过香港后，又超过了台湾，然而珠三角与周边地区发展水平的差距在拉大，城乡生活水平的差距在拉大，社会矛盾日趋复杂化和尖锐化。广东省委、省政府以化解矛盾维护社会稳定为中心，以重视民生改善为重点，大力加强社会建设与思想文化建设，在加强社会建设的同时深入开展群众性精神文明创建活动，包括大力弘扬"敢为人先、务实进取、开放兼容、敬业奉献"的新时期广东精神，培育宽容和谐的人文精神；把握舆论导向，营造团结向上的主流舆论；保障人民群众文化权益，促进文化公平和文化共享；推进社会信用体系建设，增强全社会的诚实守信意识；加强公民道德建设，推动公民社会的形成；加强党风廉政建设和反腐败斗争，以良好的党风政风带动社会风气的好转。建设和谐文化的实质，就是勇于正视矛盾，善于化解矛盾，发挥精神文化对经济基础的台旨动促进作用，最大限度地调动和增加社会和谐因素，最大限度地排解和减少社会不和谐因素，在激发个体文化活动的同时不断增加文化认同，在实行文化开放的同时不断增强民族文化凝聚力，为和谐社会的形成营造强大的精神纽带。

2. 基本经验

（1）坚持历史观和价值观的统一，是文化建设的基本指导思想

邓小平同志指出，社会主义不但要有高度的物质文明，也应当有高度的精神文明，广东要创造出比资本主义更高的物质文明和精神文明，只有"两个文明"都搞好了，才是中国特色社会主义。怎样才算搞好？从根本上说就是培养"四有"新人，培养出与社会主义现代化建设相适应，与人类文明进步相适应的面向世界、面向未来、面向现代化的一代新人。广东改革开放以来，既狠抓经济建设，又大力发展文化教育事业。不断提高人民群众的科学文化素质，坚持不懈地抓社会公德和诚信社会建设；不断提高人民群众的道德水平，大力弘扬新时期广东人精神；不断激发人民群众富而思变的精神风貌，使广东精神文明既适应发展市场经济的要求，又体现社会主义的人文价值，既为经济社会发展提供了强大的精神动力和智力支持，又努力为一代新人成长提供良好的社会环境。从开放之初起，不少人担心广东社会成为经济发达而道德风气败坏的社会，然而正是由于坚持了历史观与价值观相统一这个根本性的指导思想，广东省委、省政府不断自觉纠正发展中出现的这样那样的偏差，使经济社会建设始终保持了正确的发展方向，展现出强大的物质张力和思想张力。

（2）坚持批判性与建设性的统一，是文化建设的基本方法

广东从计划经济到社会主义市场经济的体制变革，从传统粗放型发展到科学发展的模式转换，伴随着各种各样的文化冲突，广东省委、省政府一方面旗帜鲜明地提出破除各种思想阻力和思想干扰，另一方面义旗帜鲜明地贯彻邓小平同志不争论，不刮风，重在建设的方针：重在围绕中心服务大局，不断增强文化发展所依赖的物质条件；重在制度创新，建立与社会主义市场经济相适应的管理体制和运行机制；重在增强文化实力，在做强做大文化产业中壮大文化事业；重在文化基础设施建设，在建设一批现代化、高标准的城市文化场所的同时大力发展覆盖全省农村的公共文化服务体系；重在弘扬岭南文化，鼓励创作体现岭南文化风格又富于时代精神的文化精品；重在培养人，通过大力发展国民教育和建设学习型社会提升全体人民的素质。寓"破"于"立"之中，寓批判于建设之中，寓质变于量变之中，不为浮名所累，不为争议所闲，正所谓"香三年，臭三年，香香臭臭又三年"，着眼于干好自己的事情，着眼于营造干事创业的宽松氛围，着眼于形成持续发展的文化生产体系，走出了一条为实践所证明，为人民群众所称道的文化创新道路。

（3）坚持主导性与多元性的统一，是文化建设的基本方针

文化全球化与文化多元化的共存互动构成了当代中国文化进步的动力和主线。如何用时代精神的精华——当代中国马克思主义引领多元文化思潮，既保持文化的时代认同和民族认同，又形成充满生机活力的社会文化生态，形成与开放社会相适应的开放文化，是考验中国共产党人执政能力的重大理论和实践问题。从邓小平同志提出从全人类高度认识发展问题的论断，到江泽民同志提出世界文明多元论，再到胡锦涛同志提出共建和谐世界论，反映了中国共产党准确把握时代主题，坚定走文化开放之路，在全球化进程中增强马克思主义的兼容性，推动民族文化融入世界文明的博大胸怀和远大眼光。

广东处于开放前沿，受港澳文化及西方思想文化的影响是广泛的，如何坚持文化的主导性与文化的多元性的有机统一，不仅是理论问题，更是一个实践的问题。广东省委、省政府坚持唱响主旋律毫不动摇，坚持文化开放也毫不动摇，两者统一于实践，统一于创新、统一于人民群众文化权益的发展中。一是掌握对外开放的主动权；二是掌握体制改革的主动权；三是掌握文化发展的主动权。以重在建设的思维方式，大力推进马克思主义引导舆论，引导哲学社会科学研究；大力推动"主旋律"文化产品的生产和传播。广东的经验表明，马克思主义只有在开放多元的思想文化环境中才能不断获得活水源头，在回应各种挑战中创新，在吸纳各种文化元素中壮大，在与多元社会思潮的对话比较中发挥引领作用。

二、价值转型与提升文化软实力的时代要求

1. 提升文化软实力是文化竞争时代的要求

20世纪90年代以来，西方政要和学者纷纷提出全球战略展望，比较著名的有美国学者塞缪尔·亨廷顿的文明冲突论，约瑟夫·奈的软实力论等。越来越多的迹象表明，21世纪是文化竞争的世纪。资源竞争——资本竞争——技术竞争——文化竞争成为当代国际竞争发展的演

进趋势。党的十七大指出，文化越来越成为民族凝聚力和创造力的重要源泉，越来越成为综合国力竞争的因素。当前文化发展和文化竞争呈现出如下时代特征：文化创造产业化，文化生产社会化，文化消费大众化，文化资源资本化，文化传播全球化，国际交往价值化。总的看来，呈现出从硬要素到软要素，从外在要素到内在要素的转移趋势。美国已处于创新驱动—文化驱动型发展阶段；而中国总体上仍处于硬要素驱动—资本投入驱动型发展阶段。

广东是中国改革开放前沿地区，是承接世界产业转移和文化冲击的桥头堡，要保持30年来开放和发展中的领先地位，就要保持强大的国际竞争趋势，使经济、政治、文化发展全面转入科学发展轨道，以大力提升文化软实力、提升持续发展综合实力，以文化创新引领体制创新乃至发展方式的创新。在经济文化全球化的冲击下，民族文化、区域文化日益失去自身的特色，工具理性和大众文化借助市场的无形之手，日复一日地消灭各民族、区域文化的自我同一性，人文精神的缺失、自主创新能力的下降、文化人才的匮乏逐渐削弱着民族和区域文化的竞争力。广东处于改革开放前沿，不可避免被卷入到世界文化激荡的全球化运动之中，在实行全方位对外开放中如何保持和增强自身的人文价值生命力和精神创造力，是增强文化软实力的灵魂工程。

2. 提升文化软实力是转变发展模式的要求

树立新的文化发展观，要求总体发展战略上实现从经济广东向人文广东的转型。在成功实现现代化工业化的跨越过程中，发展不平衡、社会分化、文化滞后等社会深层次矛盾的积聚是不可避免的。用今天的尺度去衡量甚至非难30年的发展是非历史的态度，是错误的。但是，也要充分认识到，在现有物质条件下和新的历史发展阶段上，忽视乃至牺牲人的政治文化权利及生态环境片面追求GDP总量增长已不合时宜。建设中国特色社会主义，不能走资本主义以人的异化、文化异化、环境异化为代价实现增长的老路，不是用人的头颅做成酒杯才能喝下社会进步的甘甜酒浆。广东走科学发展之路，就要在基本实现经济强省目标的基础上再向人文强省目标努力迈步，以人文广东作为提升发展质量，增强发展后劲的强大动力，作为真正体现以人为本，把出发点和落脚点转到人的全面发展和幸福安康上来的奋斗要求，作为全面转入科学发展轨道上广东文化建设再创辉煌、迈向新境界的历史使命。

3．提升文化软实力必须有一个从生产力标准到人的标准的跃升

从以"阶级斗争为纲"转到以生产力为标准，是启动中国改革开放的价值转型。今天，在开创发展新模式的新阶段，我们又面临着新的价值转型的需要。广东省委提出的"八个必须、八个解放出来"明确提出破除单一经济价值观，确立以人为本的全面协调可持续新发展观、新价值观的任务，这为新阶段价值转型指出了方向。

以人为标准体现了以人为本科学发展的根本要求。广东率先发展市场经济，市场在配置资源已发挥基础作用，物性资本、人力资本、社会资本充分激活。社会财富如魔幻般被召唤出来。然而在市场经济条件下，生产力的增加并非自然而然地带来共同富裕，并非自然而然地造福于人。西方社会在发展过程中产生物化、异化，导致社会不公、精神失落、人文贬值的情形并不少见。广东现阶段确实存在利益过度分化、经济建设与文化社会建设不相协调的事实。如果说，树立生产力标准是迅速发展社会主义经济基础的需要，那么今天强调人的标准是保证改革开放成果造福于人，保证社会全面进步的需要。

建设以人为本的文化，就要把文化从经济必然性中提升出来，使之与人的自由自觉的本性相适应，与"知识文明"时代相适应，与新阶段人民群众过上文明新生活的需求相适应。它以满足人的文化精神需要为基本功能，以发展人的全面能力为根本任务，以发挥人的自由个性为动力，以"文化人"的生产和再生产为落脚点。也就是说，文化作为社会上层建筑，虽然承担着服务于、反作用于经济基础的责任，但就其作为人的存在方式和发展方式来说，必然要随着时代的变化而从外在转向内在，以人的价值为最高价值，以人自身作为根本目的和根本意义。只有这样的文化才具有不可遏止的吸引力和感召力，这就是建设人文广东的深刻内涵和历史使命。

三、提升广东文化软实力的理论进路

2007 年底以来，广东省委发起的以"科学发展"为主题，以领导干部为重点的新一轮思想解放的大讨论，重现了改革开放前沿干部群众

的巨大思想活力，标志着广东思想文化建设新高潮的到来，沿着这一方向前进，切实抓住薄弱环节，推进路径创新、体制创新、方法创新，必定使广东文化建设开创新局面，作出新贡献。

一是重视自主创新思维的培养。破除自满情绪、守业心态，树立忧患意识，增强建设创新型广东的紧迫感和责任感。倡导民主、和谐、宽容的文化氛围，把弘扬解放思想、勇于改革、求真务实、创业创新精神纳入培育新时期广东精神的重要任务。

二是大力倡导马克思主义的价值精神。思想创造的动力来自于对人类价值的追求，不能把马克思主义仅仅看作是发展的理论工具，而是要看作是发展的价值支撑。要在干部特别是领导干部中倡导以人为本的核心理念，情系大众的基本立场，民主法治的公民意识，以及自由平等、公平正义、珍视自然生态等共同价值，树立精神文化新形象。

三是促进文化公平。广东是移民大省，是东西方文化风云际会的窗口，必须更加重视文化和谐问题。要充分认识在社会转型中，民族文化认同、群体认同、区域认同等问题的重要性，处理好本土文化与外地文化、城市文化与乡村文化的关系，增加对落后地区和农村的资金资源投入，加快建设公共文化服务体系，增加公共文化产品的供给，努力构建和谐文化。

四是进一步深化文化体制改革，大胆破除与科学发展不相适应的思维定式和管理方式，解放和发展文化生产力，培育和催生文化消费力，锻造和提升文化持续力。进一步突破体制障碍，推动跨行业跨体制的文化集团做大做强，推动粤港澳文化产业资源整合，打造粤港澳文化创意产业带。要更加重视岭南优秀传统文化的保护与利用，分层次建立传统文化生态保护区，与此同时抓紧总结推出新岭南文化，即改革开放30年广东文化变革中形成的新形态，为经济社会发展注入更具持久竞争力的文化资本。

人民群众是文化创新的主体，要大力保护和发展人民的文化权利，让文化发展为了人民、依靠人民，文化发展成果与人民共享。知识分子是文化创新的主力军，要充分发挥他们在文化决策、文化管理中的作用，大力发展学术自由和艺术自由，着力培养和引进大批文化人才，特别是高层次人才，为各类文化人才的成长营造施展才华的舞台和宽松、宽厚、宽容的社会环境。以宽松的政策支持文化创业，以宽厚的心态鼓励文化创牌，以宽容的精神促进文化创新，使广东成为天下英才向往、最适合文化人干事创业、最能展现文化人价值的生活乐园和精神家园。

（原载于中共广东省委宣传部、广东省中国特色社会主义理论体系研究中心编：《先行一步到先行先试——广东纪念改革开放30周年理论研讨会文集》，广东人民出版社2009年版）

哲学、文化与时代

改革开放新阶段广东提升
文化软实力的理论与路径

广东省委书记汪洋在中共广东省委十届三次全会上指出："改革开放三十年，广东的崛起，从某种意义上讲，就是文化软实力的崛起。"广东文化经过 30 年的大发展大繁荣，取得了令人瞩目的成就。新时期广东人精神得到大力培育和弘扬；文化体制改革和机制创新率先推进，文化产业增加值稳居全国第一；公共文化服务体系逐步健全，文化事业全面发展；文化经济和经济文化不断壮大，经济产业的文化含量不断提高；文化大省建设硕果累累。广东在这一历史进程中，展示出来的改革创新的人文精神、逐步完善的制度机制、良好的公民形象，对于推动广东先行一步，促进经济社会率先发展、快速发展，发挥了有力的文化引擎和支撑作用。然而，在改革开放的新阶段，广东文化软实力与综合实力的发展还不协调，必须在更高的层面上形成新思路，解决新矛盾，实现新突破，完成从经济广东到人文广东的新飞跃。

一、文化竞争时代对广东文化建设
提出了更高要求

20 世纪 90 年代以来，西方学者纷纷提出全球战略展望，比较著名的有美国学者塞缪尔·亨廷顿的文明冲突论、约瑟夫·奈的软实力论等。越来越多的迹象表明，21 世纪是文化竞争的世纪。资源竞争——资本竞争——技术竞争——文化竞争成为当代国际竞争发展的基本趋势。党的十七大指出，文化越来越成为民族凝聚力和创造力的重要源泉，越来越成为综合国力竞争的因素。当前文化发展和文化竞争呈现出如下时代特征：文化创造产业化、文化生产社会化、文化消费大众化、文化资源资本化、文化传播全球化、国际交往价值化。总的看来，呈现从硬要素到软要素，从外在要素到内在要素的转移趋势。美国已处于创新驱动—文化驱动型发展阶段；而中国总体上仍处于硬要素驱动—资本投入驱动型发展阶段。

文化竞争本质上是软实力的竞争。在文化产业、文化传播、文化资本、文化制度等各种文化要素竞争的背后是文化价值的竞争。文化跨国公司在推销各种文化产品、文化服务的时候，也就是在推销一定的文化价值观。如果说西方在全球化早期是用枪炮加传教士把自己的价值观强加给殖民地国家，那么今天的西方是用大众文化加互联网向后发展国家输出他们的文化价值观。文化价值观是民族文化、民族精神的核心，是民族向心力、凝聚力的支撑点，因而是一个民族生命力、创造力的源泉，同时也是国家、民族、企业之间竞争的合理性根据。美国谋求全球霸权，实质是企图让世界认同其文化价值观，文化价值观是美国外交中的永恒主题及富有战略价值的核心变量之一。全球化时代的经济竞争和政治制度竞争的背后，贯穿着文化竞争的过程，即何种文化价值观更适应于现代化进程，更能激发民族意志，更能取得世界主导地位的竞争过程。文化价值的差异是一种客观存在，它既可能促进交流和融合，又可能引发竞争和冲突。不从经济、政治、军事竞争的现象深入把握文化竞争的底蕴，不把握文化竞争各种复杂的形式和发展的走向，就难以合理地解释和说明当代人类经济、政治、精神生活中的种种困惑和矛盾，从而难以找准自身的定位和目标。科学的使命就是要把握文化竞争的时代要求、发展趋势和一般规律，为自觉地参与全球化，大力提升国家、地区、企业综合竞争力提供理论支撑。

广东是中国改革开放前沿地区，是承接世界产业转移和文化影响的桥头堡，要保持30年来开放和发展中的领先地位，就要适应世界竞争趋势，全面转入科学发展轨道；就要大力提升文化软实力，以文化创新引领体制创新乃至发展方式的创新。在经济文化全球化的冲击下，民族文化、区域文化日益失去自身的特色，工具理性和大众文化借助市场的无形之手，日复一日地消灭各民族、区域文化的自我同一性，人文精神的缺失、思想创造力的下降、文化人才的匮乏逐渐削弱着民族和区域文化的竞争力。广东处于改革开放前沿，不可避免被卷入到世界文化激荡的全球化运动之中，在实行全方位对外开放中如何保持和增强自身的人文价值生命力和精神创造力，是增强文化软实力的灵魂工程。

中共广东省委九届二次全会以来，广东文化大省建设取得了令人瞩目的成就，如率先推进文化体制改革和机制创新，大力发展文化产业，繁荣壮大文化事业，全面解放和发展文化生产力；大力发展文化经济和经济文化，提升广东制造业、服务业的文化含量，增强产品的国际竞争力；实施科技强省、教育强省、人才强省战略，夯实经济、文化发展的知识基础和人才基础。总的来说，文化大省建设明显提升了广东的文化实力，提升了广东的文化形象。然而，从党的十七大提出的更加自觉、更加主动地推动社会主义文化大发展、大繁荣的要求看，从广东增强科学发展的持续力的要求看，从广东城乡居民对文化生活的更高要求看，广东文化建设存在着不协调、不全面的问题，如文化观念滞后。一些领导干部仍然存在只看经济指标、忽视人文指标的倾向，"见物不见人"的发展方式和思维定式严重影响着科学发展观的全面贯彻落实，再造发展新优势迫切需要树立新的文化发展观。文化创新力不强、文化创意产业和文化服务业发展滞后，是广东文化产业发展的难题，折射出文化原创力供给不足的深层次问题，文化公共产品仍然短缺。目前广东省城乡公共文化体系还没有完善，珠三角广大外来工文化生活贫乏，非珠三角地区的广大农村的公共文化产品供给严重不足，农村文化呈进一步边缘化的态势。

找准不足是破解难题的前提，几年来的成就和不足说明了广东大力建设文化大省是十分必要和十分及时的，同时也说明在新的竞争态势下不能有任何满足和懈怠，必须在更高的层面上形成新思路，解决新矛盾，实现新突破。

二、提升广东文化软实力的理论进路

1. 坚持以人为本是提升广东文化软实力的根本要求

任何文化的竞争力、感召力皆取决于其性质。文化是人所特有的，没有离开人的文化，也没有离开文化的人，文化集中体现了人的社会主体性和劳动创造性。因而，只有坚持以人为本，使文化发展充分体现人的本质，实现人的自由幸福和全面发展，才能获得旺盛的生命力和可持续发展的能力。改革开放以来，广东始终不渝地坚持以经济工作为中心，一心一意谋发展，聚精会神搞建设，取得了先行一步、快速发展的辉煌成就，实现了从沿海落后省份向全国经济总量第一省份的飞跃。在这个过程中，文化建设也被摆上重要战略地位，文化投入与时俱增。然而，由于长期受"文化服从论"和"文化工具论"的思维束缚，广东文化发展仍然与科学发展的要求不适应。不论是地区发展评价体系或是领导干部政绩考核体系，不论是全省战略定位还是整体资源投入，"只见物、不见人"的观念和做法普遍存在。文化建设仍然运行在"以经济为本"或"唯经济中心"的轨道上，文化工作仍然局限于"文化搭台，经济唱戏"的狭窄视野中。破除传统发展观念，树立新的文化发展观，是提高广东文化软实力的首要前提。

树立新的文化发展观，要求总体发展战略上实现从经济广东向人文广东的转型。"时间就是金钱，效率就是生命"曾是特区精神、广东精神的代表，它体现了改革开放新时期广东人民的市场意识、时间观念、竞争观念和务实精神，体现了重视发展生产力的社会主义原则。贫穷不是社会主义，只有以经济建设为中心，才能使我国从经济崩溃中迅速走出来，才能为社会全面进步奠定雄厚的物质基础。广东人民牢记邓小平同志教导，不搞"姓资""姓社""姓公""姓私"等意识形态无谓争论，"任尔东南西北风，扭住青山不放松"，成功实现工业化现代化的惊险跨越。在这个过程中，发展不平衡、社会分化、文化滞后等社会深层次矛盾的积聚是不可避免的。用今天的尺度去衡量甚至非难30年的发展是非历史态度的，是错误的。但是，也要充分认识到，在现有物质条件下和新的历史发展阶段上，忽视乃至牺牲人民的政治文化权利及生态环境片面追求GDP总量增长已不合时宜。建设中国特色社会主义，不能走资本主义以人的异化、文化异化、环境异化为代价实现增长的老路，不能用人的头颅做成酒杯才能喝下社会进步的甘甜的酒浆。广东走科学发展之路，就要在基本实现经济强省目标的基础上再向人文强省的目标努力迈进，以人文广东作为提升发展质量、增强发展后劲的强大动力，以人文广东作为真正体现以人为本，把出发点和落脚点转到人的全面发展和幸福安康上来的奋斗要求，以人文广东作为全面转入科学发展轨道、广东文化建设再创辉煌、迈向新境界的历史使命。

马克思曾预言："自由王国只是在由必需和外在目的规定要做的劳动终止的地方才开始；因而按照事物的本性来说，它存在于真正物质生产领域的彼岸。"① 文化是人从必然王国向自由王国飞跃的桥梁和标志，建设以人为本的文化，就要把文化从经济必然性中提升出来，使之与人的自由自觉的本性相适应，与"知识文明"时代相适应，与新阶段人民群众过上文明新生活的需求相适应。它以满足人的文化精神需要为基本功能，以发展人的全面的能力为根本任务，以发挥人的自由个性为动力，以"文化人"的生产和再生产为落脚点。也就是说，文化作为社会上层建筑，虽然承担着服务于、反作用于经济基础的责任，但就其作为人的存在方式和发展方式来说，必然要随着时代的变化而从外在转向内在，以人的价值为最高价值，以人自身作为根本目的和根本意义。只有这样的文化才具有不可遏止的吸引力和感召力，这就是人文广东的深刻内涵和历史使命。

2. 提高思想原创力是提升广东文化软实力的当务之急

思想是文化的灵魂，思想创造力是文化最深厚的底蕴。岭南文化的形成和发展，源自于其生生不息的观念和思维创新。改革开放以来，这种敢为人先、务实创新的人文精神，受改革实践激活而复兴，广东广大干部群众大胆冲破计划经济条件下形成的僵化的观念、体制、做法的禁锢，在发展市场经济、对外开放、经济建设等方面敢冒敢闯，"杀出一条血路"，为中国特色社会主义道路和中国特色社会主义理论体系的形成和发展提供经验先导。然而，在经过 30 年改革开放的今天，广东人民的创新精神和思想创造力在弱化，昔日"思想观念北进"的态势已风光不再，与经济大省的地位很不适应，其原因：一是由于经济地位、生活水平上升导致大众的理论旨趣的下降；二是过分地陶醉以往实践成功的做法从而导致干部中的经验主义倾向；三是由于改革由原来的地方推动转为中央推动导致的话语主导权的失落；四是由于岭南文化传统中轻视理性文化的深层次惯性的影响。为了全面提升岭南文化的核心竞争力，为率先实现科学发展提供强大的精神动力和思想支撑，必须在新的实践中冲破一切形而上学和经验主义的束缚，创新思维，大力倡导海纳百川、兼收并蓄的世界眼光，树立争当先进文化发展排头兵的主体意识。

首先，重视自主创新思维的培养。破除自满情绪、守业心态，树立

---

① 《马克思恩格斯全集》（第 25 卷），人民出版社 1974 年版，第 926 页。

忧患意识，增强建设创新型广东的紧迫感和责任感。倡导民主、和谐、宽容的文化氛围，把解放思想、勇于改革、求真务实、创业创新纳入培育新时期广东人民精神的重要任务。

其次，大力倡导马克思主义的价值精神。思想创造的动力来自对人类共同价值的追求。不能把马克思主义仅仅看作是发展的理论工具，而且要看作是发展的价值支撑，要在干部特别是领导干部中倡导以人为本的核心理念，情系大众的基本立场，民主法治的公民意识，珍视大自然的生态价值，等等。

再次，高扬科学理性精神。在后现代化时代，知识是第一生产力，知识创新是文化竞争力的决定因素。要改变广东重知识应用而轻基础研究的缺憾，需更加重视学科建设，提升学术价值，构建与知识经济相适应的文化结构，构建尊重科学、尊重规律、尊重创造的文化精神，形成知识、技术、艺术、娱乐各自充分发展而又浑然一体的思想文化体系，使人们增强思维能力，保持崇高美感。

最后，要创造人才辈出的环境。人是文化的主体，人才是文化的根本，文化作为一种创造性的活动，其竞争力归根结底决定于文化人才的数量和质量。美国之所以保持发展活力，占据产业高端、技术高端和市场高端，很重要的一条是他们拥有世界一流科学家（诺贝尔奖获得者的50%以上在美国）。改革开放初期文化人才孔雀东南飞的情形已风光不再，广东文化人才特别是高级人才紧缺的状况是不争的事实。要创造一个天下英才向往的人才聚集和人才辈出的良好文化环境，使广东成为最适合文化人干事创业的地方，最能体现人才价值的地方。

3. 建设和谐文化是增强广东文化软实力的基本任务

首先，提升文化开放度。岭南文化是海洋文化，开放是海洋文化的题中应有之义，然而，无论体制机制上还是交往领域上这种开放性并没有充分发挥出来。开放是文化发展的必备条件，要进一步打破、革除既有文化体制中制约文化生产力、制约人的文化创造精神的弊端和环节，为民营资本进入文化产业开拓更大的空间，这不仅是激活民间资本的需要，也是发展政治民主的需要。

其次，发挥社会主义核心价值体系的引领作用。精神文化是核心、是灵魂、是基因。在广泛开展群众性文化活动，活跃人民群众文艺生活的同时切不可忽视思想道德建设，不可忽视民族精神的培育和提升，不

可忽视哲学社会科学的发展，大力提升社会主义价值体系在人民群众中特别是青少年中的感召力和吸引力，用主流文化引导大众文化、网络文化、亚文化、潜文化。

最后，促进文化公平。广东是移民大省，是东西方文化风云际会的窗口，必须更加重视文化和谐问题。要充分认识在社会转型中，民族文化认同、群体认同、区域认同等问题的极端重要性，处理好本土文化与外地文化、城市文化与乡村文化的关系，增加对落后地区的资金资源投入，增加公共文化产品的供给，努力构建和谐文化。

三、提高广东文化软实力的行动建议

1. 改革体制机制，解放和发展文化生产力

广东要加快文化体制改革进度，率先在突破文化体制改革关键环节、解决主要矛盾、破解难点问题上，取得实质性进展，进一步解放和发展文化生产力。

第一，加快推进经营性文化单位转企改制。积极推动广播电视传输网络剥离转制为企业，并进行战略性重组；完成全省新华书店转企改制工作，构建以连锁经营和物流配送为标志的出版物流网络；大力推进电影公司、出版社、国有文艺院团等转企改制，培育合格的文化市场主体。

第二，深化文化事业单位改革。广东省文化厅、广东省广播电视局和广东省新闻出版局对所属事业单位根据性质和功能进行分类改革；公益性单位深化人事、收入分配和社会保障制度改革，全面推行聘用制和岗位管理制度，改进服务效率和水平，同时强化公益属性，规范经营行为，实行收支两条线；非公益性单位进行转企改制。政府职能部门积极采取措施为深化事业单位改革提供配套政策和保障。

第三，加快文化企业战略重组步伐，做大做强一批大型文化集团。运用市场机制，以资本为纽带，重点培育和发展一批实力雄厚的国有或国有控股大型文化企业和企业集团，使之成为文化市场的主导力量和文化产业的战略投资者。组建广东省广播电视网络股份有限公司、广东新华发行集团、珠江电影集团，重组整合同一地区重复设置的文艺院团和出版单位。做大做强南方广播影视传媒集团、南方报业传媒集团、羊城

晚报报业集团、广东星海演艺集团、广东省出版集团、南方国际传媒控股集团、家庭期刊集团、佛山珠江传媒集团，加快股份制改造，鼓励部分企业上市融资。

第四，突破体制壁垒，整合珠三角和粤港澳文化产业资源，推进三地创意产业融合发展。打造"广深佛文化产业圈"和"粤港澳创意产业带"，共建"粤港澳文化创意产业试验园区"，整合粤港澳三地资源，集聚产业要素，实行特殊文化产业政策。构建三地文化创意产业融合发展的组织平台、信息平台、制度平台与资金平台，使之成为亚太地区最具活力和竞争力的创意集聚区，打造具有国际影响力的"粤港澳创意产业带"。

第五，构建公共文化服务体系，形成全民共享文化发展成果的新局面。以乡镇综合文化站建设为重点，构建基层公共文化服务设施网络；实施文化信息共享工程，建立覆盖全省的文化信息资源共享网络服务体系；继续完善流动图书馆、流动博物馆、流动演出网三大文化流动服务网络；改进公共服务供给机制，增强公共文化服务功能和供给能力。建立文化设施集中代建和统一建设体制；探索"专业实体运作，政策法规管理"的文化设施管理经营新模式；创新文化活动（服务）项目社会化运作机制，采用政府目录指导、社会和企业策划、竞争性投标、政府采购、合同管理、第三方评估验收的方式运作。

2. 弘扬岭南文化，推进历史人文资源的保护、开发和利用，提高资源整合力

充分发挥文化遗产在传承中华文明、提高人文素质、增强民族凝聚力、强化文化特色和吸引力中的重要作用。

第一，大力保护和挖掘历史文化资源。岭南文化的三大支脉——广府文化、潮汕文化、客家文化源远流长，丰富多彩，是不可多得的文化富矿。要制定广东省文化资源的保护开发和利用的总体规划，梳理各类文化资源，建立文化资源数据库和系统的广东非物质文化遗产和传承人名录。

第二，建立政府主导、社会各界参与的人文资源保护和开发机制。加快历史人文资源的法制建设，完善历史文化遗产保护的社会监督机制；建立文化生态保护区制度，对具有代表性的文化生态环境进行整体的规划保护和合理开发；建立历史文化遗产保护的"社会认领制度"，

完善社会监督机制。

第三，实现人文资源开发利用的市场化和产业化运作。在有效保护与科学整合的前提下，发展人文资源旅游业，打造珠三角都市历史文化旅游圈、梅潮旅游文化圈、粤西海洋文化走廊；系统推进富有岭南文化特色的大众文化建设，如充分体现地方特色的文化节庆活动，再现历史文物的文化特色和历史名人的文化精神。

3. 扩大文化领域的对外开放和交流，加强文化辐射力

积极开展中华文化"走出去"战略，在抵制文化霸权主义与文化殖民主义的同时增强中华文化的国际影响力和文化软实力。

第一，实施全球化和区域合作战略，以历史人文资源为纽带，建构"南中国海区域文化合作体系""粤港澳文化合作圈"和"泛珠三角文化圈"，形成岭南文化辐射国内、走向世界的开放格局；加强与东盟国家文化交流合作，推动"南中国海文化圈"的形成；发挥毗邻港澳的地缘优势，利用粤港澳文化合作会议、"粤港澳文化资讯网"等平台，以及粤港澳政府文化官员定期沟通机制，联手打造粤港澳文化合作平台，努力构建粤港澳"金三角"的文化交流网，充分利用港澳在文化管理理念、经营模式、管理方法上的成功经验和先进的技术，提高广东公共文化服务水平和文化产业发展能力；利用泛珠三角区域文化合作联席会议制度这一平台，加强与周边省区的合作，推动泛珠三角文化圈的形成；在文化资源保护和开发利用上展开区域合作，打造具有国际影响的跨区域的文化旅游观光体系。

第二，开辟"走出去"的国际通道。利用好港澳的"窗口"作用，加快广东文化进入全球文化圈的步伐，尽快在国外建立文化经纪代理机构，组建跨国文化经纪公司或跨国演出公司，尝试向港澳或海外华人集聚地的演出和展览场馆实施战略性投资，争取能在海外拥有具有自主产权的文化设施，为广东省文化服务业在国外开辟阵地，提高国际竞争力；增大市场化运作的对外文化服务项目数量，将其逐步提升到主渠道位置，实现以政府主导下的派出项目为主渠道最终转向民间主渠道的过渡；建立对外文化项目评估激励机制。

第三，加快培养人才，增强文化发展支撑力。文化人才不足，是广东文化发展的一块短板。要实施高端文化人才培养引进工程，加快文化领军人才培养和引进步伐，支持本地高等院校设立研究广东文化创意发

展方向的专业，重点培养既懂文化又善经营的复合型人才和相关领域的专门人才；制定文化高端人才引进规划，每年面向国内外引进 100 名左右的社科领军人物、文化创意拔尖人才、文化产业高端经管人才等，通过招标项目柔性引进和利用海内外人才；建立重大文化产业项目国内外公开招标制，积极吸引省外人才研究广东文化产业发展问题；建立健全文化人才评价激励机制；建立文化艺术领域政府荣誉制度，设立省政府"文化杰出贡献奖"，表彰在广东省文化事业和文化产业领域作出突出贡献的文化工作者。

此外，发展教育始终是培养人才包括文化人才的基础工程，是提升广东软实力的重大战略任务。要继续实施科教兴粤战略、人才强省战略，实现由教育大省向教育强省的转变、人口大省向人力资源强省的转变，切实实行"三优先"政策，做到"经济社会发展规划要优先安排教育发展，财政资金要优先保障教育投入，公共资源要优先满足教育和人力资源开发需要"。推进县域义务教育均衡发展，加快义务教育规范化学校建设步伐，努力争取全省所有初中和独立建制的完全小学全部达到义务教育规范化学校标准；加快提高高中和中职教育力度，改善教育结构；大力发展高等教育，以建设高等教育强省、全面提升广东省高校自主创新能力为目标，科学制定高等教育发展战略和发展规划；加强粤港澳教育交流与合作，放宽港澳高校在广东省独立办学或合作办学、人才培训和交流的限制。

（与夏辉合作撰写，原载于《中山大学学报（社会科学版）》2008年第 5 期）

哲学、文化与时代

海上丝绸之路精神与广东近代思潮

建设 21 世纪海上丝绸之路，是中国拓展经济发展空间、构建和平睦邻环境、开创全方位外交新格局的重大战略。广东是海上丝绸之路发祥地，又是改革开放先行地，凭海而立，因海而兴，承担着在 21 世纪海上丝绸之路建设中先行先试的历史使命。广东近代思潮的兴起与海上丝绸之路的发展有着密切关系，岭南文化本质上是海洋文化，从海上丝绸之路的发展中，特别是从广东近代思潮中探讨和概括海上丝绸之路精神，在实践中弘扬和发展这种精神，是增强广东落实 21 世纪海上丝绸之路战略的自觉性、主动性的必要前提。

一、海上丝绸之路是中国走向世界的必由之路

海上丝绸之路承载着沿线国家不同民族、不同国家的海洋活动和海洋人文精神，促进了中外、东西方物质文明与精神文明的接触、交流，推动了世界历史的形成和发展。历史证明，海上丝绸之路是中国开放之路、强盛之路、文化之路。

1. 海上丝绸之路是开放之路

人类世界是一个相互联系、相互交往、相互影响的世界。任何一个民族国家的形成与发展都不能游离于其周围的世界。中国作为一个文明古国，是在不断地对外开放交往中走向世界的。海上丝绸之路是中国走向世界的血脉和神经，据考究，"海上丝绸之路"兴起于秦汉之际，它以广东徐闻等地为始发港，以南海为中心，发展于三国至隋朝时期，繁

荣于唐宋时期，转变于明清时期，是已知的最为古老的海上航线。如果说，海上丝绸之路在隋唐以前仅是陆上丝绸之路的一种补充，那么到唐宋以后，伴随着中国造船、航海技术的发展，中国通往东南亚、马六甲海峡、印度洋、红海，以及非洲大陆航路的开通与延伸，海上丝绸之路成为中国较之陆上丝绸之路更重要的对外交往的主通道。如出发于广州往西南航行的海上丝绸之路，经历 90 多个国家和地区，航期 89 天（不计沿途停留时间），全程共约 14000 千米，是 8—9 世纪世界最长的远洋航线。

2. 海上丝绸之路是强盛之路

马克思说过，水路作为自己流动、自行运动的道路，主要是商业民族的道路。尽管古代中国不以商业立国，但水路对促进商业经济发展的作用是显而易见的。作为中国与外国商业贸易的大动脉，海上丝绸之路见证了中国经济的发展和变迁。隋唐时期运送的货物多是丝绸，人们把这条连接东西方的水道称作"丝绸之路"；宋元时期瓷器渐成主要出口货物，这条水道被称作"陶瓷之路"；明清时期茶叶成为风行欧洲的出口商品，它又被称作"茶叶之路"。郑和率庞大舰队七下西洋，开创了安邻睦邻的和平友谊之路。海上丝绸之路绵延两千年，跨越亚欧非，成为无与伦比的洲际贸易通道，对中国经济社会发展变化形成了多方面的深刻的影响，如丝织手工业生产规模的扩大和生产分工的细化；商品性农业、货币经济和民族工业的兴起；交通运输业的繁荣、城市市镇的发展；海外移民潮的出现、"华侨会馆"的出现及其对住在国的作用；外国商馆的建立和通商制度的形成；等等。

3. 海上丝绸之路是文化之路

经济的交往总是伴随着异质文化的相交相融。海上丝绸之路既是通商贸易之路，也是文化开放交流之路。海上丝绸之路自秦汉时期开通以后，一直是东西方经济、文化交流的重要桥梁，沿线各国海洋文化的发展与相互交流、互相融合，形成深厚而多元的海上丝绸之路文化，不仅标志着中国南海与印度洋、地中海海上商贸网络的逐渐成熟，而且意味着中华文化与印度文化、罗马文化在海洋空间的接触交汇与互相沟通。唐宋时期，已经形成以中国、印度、阿拉伯为中心的庞大商贸网络，出现世界海洋文明史上第一个"大航海时代"，中国文化与阿拉伯文化的交汇成为海上丝绸之路文化的新内容。

海上丝绸之路给世界带去了中华文明，也给中国带来了欧风美雨，催生了中国近现代新文化，印证了罗素所说的"不同文明之间的交流，是人类文明进步的里程碑"。

二、广东近代化思想与海上丝绸之路精神

近代以后，广州一度成为全国唯一出口通商口岸，广东成为中西文化的交汇点。广东作为海上丝绸之路的发祥地之一，在对外交往特别是与东南亚交往中有着一衣带水的地缘优势，也有着华侨众多、血脉相通的亲缘优势，有着"春江水暖鸭先知"的开放优势，从而造就了岭南文化的融贯中西、开放包容的特质，造就了康有为、梁启超、郑观应、孙中山等为代表的一批伟大的近现代思想家、先行者，掀起了中国民主革命的思想解放运动。海洋、历史、时代赋予广东在走向世界上担负特殊的使命，赋予广东成为中国思想文化变革的源头活水的先机。这种经济、文化实践，长期以来已经凝聚成一种海上丝绸之路精神：变革创新的精神、工商立国的精神、平等互利的精神、文明包容的精神、和平发展的精神。在广东近现代思想家的论述中，可以领悟到这些精神的真谛，重温这些精神，必然会为21世纪海上丝绸之路建设提供思想之源和智慧之光。

1. 变革创新的精神

在古代航海条件下，出海远航不但艰辛，而且经常需要冒生死危险，这种"冒险无畏之精神、百折不挠之毅力"，充分展现了开拓创新精神。中原人来到被视为未开化的南蛮之地，海洋和海外的世界是他们更广阔的生存空间，这种地域特性使岭南文化具有海洋文化、商业文化、移民文化的特点。黑格尔认为，相对于陆地农耕活动的规则性、稳定性，航海活动具有极大的不确定性和危险性。农业活动与四季的规则更迭息息相关，而海洋是不确定、不受限制与无限的，因此在海洋中形成的活动，也具有超越受限制的性质："平凡的土地、平凡的平原流域把人类束缚在土壤上，把他卷入无穷的依赖性里边，但是，大海却挟着

人类超越了那些思想和行动的有限的圈子。"①

海上丝绸之路的开创者筚路蓝缕、九死一生，开启了东西方交往的大洋之门。在东西方交往实践中，岭南人形成了务实创新的思想观念和价值取向，表现出求实务实、思想活跃、不因循守旧、不安于一隅、富于创造性和批判性、敢于标新立异、敢为天下先的思维特点。康有为、梁启超针对"天不变、道也不变"的维护千年道统的守成观点，石破天惊地提出"变法"思想。康有为在《进呈俄罗斯大彼得变政记序》中指出："变者天道也，天不能有昼而无夜，有寒而无暑，天以善变而能久；火山流金，沧海成田，历阳成湖，地以善变而能久；人自童幼而壮老，形体颜色气貌，无一不变，无刻不变。"他用大量常识和史料，有力证明"变者天道，无百年不变之法"的论断。梁启超在《变法通议》中指出："变者是天下之公理也"，"大势所迫，非可阏制，变亦变，不变亦变"。

孙中山则从人类发展规律鼓吹变革和创新。指出"鼓吹创新是社会进化的必然要求"。他在《在广东旅桂同乡会欢迎会的演讲》中指出："国家进化由野蛮而进文明，人类亦然，由无知识而进于有知识，脱离旧观念，发生新观念，脱离旧思想，发生新思想。诸君今日当打破旧观念、旧思想，发生新观念、新思想。"他大声疾呼："世界潮流，滚滚滔滔，顺之者昌，逆之者亡。"而革命的出发点是"适乎世界之潮流，合乎人群之需要"。

中国近代社会大变革发端于广东，新时期对外开放启动于广东，市场经济改革先行于广东，无不体现了变革创新、敢为天下先的海上丝绸之路精神。

2. 工商立国的精神

农业是中国封建王朝赖以生存的经济基础。与之相应，意识形态上占统治地位的儒家学说一贯提倡重本抑末，也就是重视农业打压工商业，导致了中国在世界工业文明和科技革命潮流中落伍衰落。广东近代思想家是通过海上丝绸之路最早开眼看世界的群体，他们不仅从政治、军事上探讨中国落后挨打的原因，而且从经济形态上寻求救国兴国

---

① ［德］黑格尔著，王造时译：《历史哲学》，上海书店出版社 2001 年版，第 96 页。

之道。

实业家、思想家郑观应在鸦片战争后，以敏锐的眼光认识到，中国要谋求自强救国，必须改变重农抑商的陈腐观念，确立以商立国的思想和战略。他在震惊朝野的《盛世危言》一书中指出："中国以农立国，外洋以商立国。农之利，本也；商之利，末也。此尽人而能言之也。古之时，小民各安生业，老死不相往来，故粟、布交易而止矣。今也不然，各国并兼，各图利己，藉商以强国，藉兵以卫商。""彼不患我练兵讲武，特患我之夺其权利。凡致力于商务者，在所必争。可知欲制西人以自强，莫如振兴商务。安得谓商务为末务哉。"他认为"通商者国家之元气也，通商者疏畅其血脉也"，"兵战不如商战"，大声疾呼"欲攘外，亟须自强；欲自强，必先致富；欲致富，必首在振工商；欲振工商，必先讲求学校，速立宪法，改良政治"。

康有为受到郑观应启发，从时代变局、维新变法看立国之本，明确提出"以商立国"。他说："凡一统之世，必以农立国，可靖民心；并争之世，必以商立国，可侔敌利，易之则困敝矣。"他认同"商战"之说，以为"古之灭国以兵"，"今之灭国以商"，而且还提出"商之源在矿，商之本在农，商用在工，商之气在路"，并从开商学、译商书、出商报、立商律等各方面提出发展工商的对策。

孙中山既是伟大的革命家，也是伟大的建设者。他摒弃郑观应、康有为的社会改良主义，但接受和发展了他们的工商立国的思想，在主张革命救国即以民主革命推翻封建帝制实现共和的同时，明确提出以"实业和商务重建我们的国家"。他在早期给李鸿章的信中指出："欧美富强之本不尽在船坚炮利，垒固兵强，而在于人能尽其才，地能尽其利，货能畅其流。""人能尽其才，地能尽其利，物能尽其用，货能畅其流——此四事者，富强之大经，治国之大本也。"[1] 他把振兴实业作为兴国之关键、民生之根本，指出："中国乃极贫之国，非振兴实业不能救贫。仆抱三民主义以民生为归宿，即是注重实业。"[2] 为实现建国理想，孙中山亲自写下了"实业计划"，构思了以铁路、港口、运河建设为先导，以机器、冶炼为重点，粮食、衣服、居住、行动、印刷五大工业并举，三大经济区域协调开发发展的共和国的宏伟蓝图，其中详尽描

① 《孙中山全集》（第 5 卷），中华书局 1985 年版，第 623 页。

② 郝盛潮等编：《孙中山集外集》，上海人民出版社 1990 年版，第 339 页。

述了北方大港、东方大港、南方大港的建设，体现出他对对外开放和国际贸易的重视。

3. 平等互利的精神

孔子曰："大道之行也，天下为公。"广东近代先贤也继承和发展了这一社会理想。洪秀全提出"务使天下共享"。康有为在《大同书》提出建立一个"人人相亲，人人平等，天下为公"的大同世界。孙中山把"天下为公"作为座右铭，并进而把"公"理解为人民权利平等，认为"提倡人民权利，便是公天下的道理。公天下和家天下的道理是不同的，天下为公。人人的权利都是很平等的，到了家天下，人人的权利便有不平"①。他的共和理念，对内人民一律平等，包括实行民族、阶级、宗教平等，对外联合平等待我之民族，要将清政府"辱国之举措与排外之心理，务一洗而去之"。主张对外开放，平等互利发展实业，明确提出："一、我无资本，利用外资。二、我无人才，利用外国人才。三、我无良好办法，利用外人办法。"② 孙中山针对当时中国积贫积弱的现实，提出引进外国资本、人才、科技、管理方式等举措，直至今天看来也是十分正确的。同时，他强调坚持平等互利、维护主权的原则：一是必选最有利之途以吸引外资，二是必应国民之所最重要，三是必期抵抗之至少，四是必择地位之最适宜。总的原则是使中国"操此发展之权"。

习近平总书记在《携手建设中国—东盟命运共同体》的演讲中提出打造"海上丝绸之路"时就指出："中国愿在平等互利基础上扩大对东盟国家开放，共同建设 21 世纪'海上丝绸之路'。"平等互利，即各国不论大小强弱，法律地位上相互平等，经济上实现互利。海上丝绸之路上每一个国家都应当是独立、平等的主体，各个国家之间的交往，不是主体与客体的关系，不是核心与边缘的关系，不是依附与被依附的关系，是主体与主体间的平等合作关系。在新丝路建设中，各主体都以自身利益为基础参与利益共同体的构建，在港口、贸易、货币等互通中达到各国间互惠互利。与一些国家提出的新丝路复兴动议不同，21 世纪海上丝绸之路的生命力、感召力、竞争力，就在于平等互利、合作共

---

① 《孙中山选集》（下卷），人民出版社 1956 年版，第 547 页。
② 《孙中山全集》（第 2 卷），中华书局 1982 年版，第 461 页。

赢。它代表着一种不同发展水平、不同文化传统、不同资源禀赋、不同社会制度国家平等合作的新模式，展现了全球化和区域化的新阶段、新趋势。

4．文明互鉴的精神

海上丝绸之路的航线经过东亚、东南亚、南亚并远航西亚、阿拉伯各国直至非洲、欧洲，19世纪时还开辟了北美航线，涵盖了儒家、佛教、伊斯兰教、基督教等多种文明。海上丝路不仅把中国文明传至世界各地，而且也把世界各地的文明带回中国，促进了中国社会经济文化的发展，打开了眼界，为国人拓展了无限的思想空间。

海纳百川，有容乃大。深受海洋文化浸润的广东思想家是最早开眼看世界的群体，大多反对思想封闭，主张文明互鉴包容。梁启超主张："我中国学界之光明，人物之伟大，莫盛于战国，盖思想自由之明效也。及秦始皇焚百家之语，坑方术之士，而思想一窒；及汉武帝表章六艺，罢黜六家，凡不在六艺之科者绝勿进，而思想又一窒。"[①] 他认为，建设文明国家，思想、信教、著述自由是最重要的。在对外文化比较交流上，他主张"拿西洋的文明来扩充我的文明，又拿我的文明去补助西洋的文明，叫他化合起来成一种新文明"[②]。即西方物质文明优越，而中国精神文明优越，两者只有结合起来，才能构筑成一种世界上最好的文明。

孙中山是全面系统地把西方现代化思想中国化的第一人。他在解释他的共和理论与方案时，清晰指出是借鉴西方的："何为民国，美国总统林肯氏言曰：民之所有，民之所治，民之所享。此之为民国也。何为民权，即近来瑞士国所行之制：民有选举官吏之权，民有罢免官吏之权，民有创制法案之权，民有复决法案之权，此之谓四大民权也。"[③] 他认为欧美近一百年来的文化雄飞突进，一日千里，种种文明比中国进步得多，因而"如果不参考欧美以往经验、学理，便要费许多冤枉功夫，或者要再蹈欧美的覆辙"[④]。列宁高度评价孙中山"竭力从欧美吸

---

① 梁启超：《欧游心影录》，《饮冰室合集》，专集23，中华书局1989年版，第35页。

② 梁启超：《少年中国说》，中国言实出版社2017年版，第86页。

③ 《孙中山全集》（第6卷），中华书局1985年版，第412—413页。

④ 《孙中山全集》（第2卷），中华书局1985年版，第321页。

收解放思想"。

文明是在不同地域、不同条件下的人们的实践创造的，具有多样性、差异性。然而人们的实践又是以社会交往的不断扩展和人的理性的不断提升为前提发生、发展起来的，因而又具有相容性、共存性。文明的包容性是与世界的统一性、人的社会性、文化的互鉴性相一致的。在全球化的时代，文化竞争成为国家综合竞争力的重要内容，如何在竞争中实现合作发展而不是导向冲突甚至战争，需要有文明包容的自信和自觉，也就是尊重文明样式的多样性，承认文明主体的平等性，增强民族文明的互鉴性。费孝通提出："各美其美，美人之美；美美与共，天下大同。"人类文明因包容才有交流互鉴的动力。一切文明成果都值得尊重，一切文明成果都值得珍惜。正如习近平总书记所说："只有交流互鉴，一种文明才能充满生命力。只要秉持包容精神，就不存在什么'文明冲突'，就可以实现文明和谐。"① 只要我们有比天空更高远的视野，有比海洋更宽阔的胸怀，21世纪海上丝绸之路必定会成为世界文明融合发展的桥梁和纽带。

5．和平发展的精神

古代丝绸之路最引人注目的，不仅在于它在缺乏国际机制和组织框架的情况下延续了较长时间，还在于它在主要以和平方式实现并扩大了跨国商贸活动和跨种族文化交流。实际上，海上丝绸之路不仅促进了商贸和文化的交流，还促进了中外国家友好往来的"和平对话"。作为古丝绸之路沿线的重要国家，历史上的中国信守"和为贵"的传统，从没有寻求领土扩张和霸权，没有与沿线的国家发生战争冲突，为联系世界、缔造和平、传播文明、促进经贸往来发挥了重要作用，这与西方列强通过贸易和战争寻求殖民统治他国形成了鲜明对比。

郑观应认为，面对西方列强的侵略，我们要富国强兵，通过商战和引进西方先进科技，"师夷之长技以制夷"。同时，他目睹第一次世界大战生民涂炭的惨境，借用孟子"定于一"，以"一"为"天心"，即"自然法则"，提出世界"大同"的设想，认为"总地球而浑一之"，提出"合天下万国含生负气之伦"，以价值观"大同"消除各国纷争，实现和平的共同发展。

① 习近平：《习近平谈治国理政》，外文出版社2014年版，第259—260页。

孙中山汲取和发展儒家"仁爱""和为贵"的传统精神以及西方平等、博爱的现代思想，一生倡导"博爱""和平"，孙中山把民族主义与世界主义结合起来，主张在民族自强、民族自觉的基础上的世界主义："中国人的心理，向来不以打得为然，以讲打的就是野蛮。这种不讲打得好道德，就是世界主义的真精神。我们要保守这种精神，扩充这种精神，是用什么作基础呢，是以民族主义作基础。"① 1904 年，孙中山在给美国人民的一封信中说："一旦我们革新中国的伟大目标得以完成，不但在我们的美丽的国家将出新纪元的曙光，整个人类也得以共享更为光明的前景。"② 孙中山留给我们的最后遗言是"和平、奋斗、救中国"。弥留之际他念念不忘的是振兴中华和世界和平，振兴中华不仅造福中国人民，而且造福各国人民，"中国梦"是世界和平与发展的"大同梦"。

目前，尽管世界政治多极化不断发展，地缘政治博弈风云际会，但经济全球化潮流不可逆转，"和平与发展"仍然是时代主题，"合作与共赢"仍然是世界大趋势，"和平、发展、合作、共赢"仍然是处理中国与世界关系的重大原则。我们在与海上丝绸之路沿线国家合作交流的过程中，应坚持中华文明追崇的"多元共存""和而不同""协和万邦"等优秀传统内质，走和平发展之路，为实现中华民族伟大复兴的"中国梦"营造良好的国际环境。

三、弘扬海上丝绸之路精神，
构建广东对外开放新格局

建设 21 世纪海上丝绸之路，为广东新一轮改革开放带来了新的重要机遇。广东需要在体制机制方面进行重大改革，扩展经济领域开放合作广度和深度，推动"引进来"和"走出去"协调发展，在传承海上丝绸之路文化价值理念的基础上，注入新的内涵，进一步提高广东对外开放水平。

一是充分认识广东在 21 世纪海上丝绸之路建设中的突出优势。广

---

① 《孙中山全集》（第 9 卷），中华书局 1985 年版，第 231 页。
② 《孙中山全集》（第 1 卷），中华书局 1981 年版，第 255 页。

东拥有源远流长的历史优势，是古代中国与外国贸易和文化交往中海上通道的重要起点。广东拥有全国最长的海岸线，拥有 5 座亿吨大港，是连接丝绸之路沿带国家的海上门户。广东历来就是中国重要的对外贸易中心，是中国对外贸易第一大省，在国际贸易中具有举足轻重的地位，在省会广州举办的"广交会"，已成为中国对外经贸联系的重要平台。广东是中国海上贸易和移民出洋最早的省份，是全国第一侨乡，现有 3000 多万海外侨胞，占全国的 2/3，遍及世界 160 多个国家和地区。尤其是在海丝沿线的东南亚国家，祖籍广东的华侨华人占全国海外华侨华人总数的 60% 以上。文化相通的人文优势，文化上的共通性和认同感，彰显了广东在开拓海上丝绸之路中的独特优势。

二是充分发挥区域优势，打造开放合作的载体和平台。一方面要发挥广东毗邻港澳的优势，通过建设粤港澳自由贸易区，进一步整合三地资源，充分利用粤港澳大平台，打造世界级的城市群，成为环南海经济合作区的经济龙头；另一方面要在国家合作协议框架下，沿着海上丝绸之路，选择合适的国家和地区，建设各类产业转移园或产业合作示范区，尤其是向东盟国家拓展产业腹地，通过共建产业园区带动广东产业转移，并带动产业转型升级，同时促进当地产业结构的优化。

三是弘扬海上丝绸之路精神，发挥岭南文化的辐射力。深厚而多元的海上丝绸之路文化是东西方交流的产物兼具本土性与国际性、主体性与多元性，是不断融合东西方文化和世界性海洋文化结晶，蕴含着"对话""交流""和平""友谊"等文化精髓。要学习国内国际先进经验，将广州十三行、潮州古港、阳江"南海一号"、湛江徐闻古港等打包申报海上丝绸之路世界文化遗产，并参照《世界文化遗产保护管理办法》的规定实施保护和管理。同时做好文化遗迹的开发与利用，打造"广州—潮州—阳江—徐闻"海上丝绸之路文化旅游品牌，加强与省外同为丝绸之路发祥地的泉州、宁波、扬州等地的联系，共同宣传推介海上丝绸之路文化，提高知名度和品牌效应。收集整理与海上丝绸之路相关的海洋史、华人华侨史资料等，建立大型资料数据库，供研究者或者公众检索，推动对海上丝绸之路的历史文化研究。充分利用互联网推进数字博物馆、数字海交馆等公共数字文化建设，推动海丝文化数字化保护和展示。

（原载于《岭南文史》2017 年第 1 期）

哲学、文化与时代

岭南人文精神与人文湾区

文化在粤港澳大湾区建设中具有不可替代的重要作用。《粤港澳大湾区规划纲要》提出了粤港澳"共建人文湾区"的目标任务，并从塑造湾区人文精神、共同推动文化繁荣发展、加强粤港澳青少年交流、推动中外文化交流互鉴等方面提出了举措要点，这为大湾区的文化建设提供了总纲和指引。共建人文湾区，塑造人文精神是首要任务。文化是人能动地改造世界的过程和成果的总和，而精神作为人的自由自觉的内在本质在文化体系中起着主导的作用。习近平总书记指出："为什么中华民族能够在几千年的历史长河中生生不息、薪火相传、顽强发展呢？很重要的一个原因就是中华民族有一脉相承的精神追求、精神特质、精神脉络。"① 在建设人文湾区过程中，梳理岭南人文精神形成发展的脉络，发掘岭南人文精神的特质，推动其创造性继承、创新性发展，无疑是岭南文史研究和文化建设的重要课题。

一、弘扬岭南人文精神是建设人文湾区的必然要求

"一国两制"是大湾区的最大特点，岭南文化共同背景是大湾区的重要优势。共有的岭南文化底蕴使粤港澳大湾区在历史、人脉、语言、习俗上具有同一性，同时推动经济开放融合、多元互补，共同文化背景提升了粤港澳大湾区的竞争力，使大湾区的交融与合作具备了最大公约

---

① 习近平：《在文艺工作座谈会上的讲话》，《人民日报》2015 年 10 月 15 日。

数。然而，近代以来，尤其是近百年以来，三地在政治制度、经济发展、社会治理等方面差异明显，虽然改革开放促进了三地的经济合作和人文交流，港澳回归更为三地文化融合提供了重要的政治前提，但是由于文化的相对独立性，长期的两种制度下形成的文化差异和文化惯性不是轻而易举所能消除的。特别是当前陷入了经济动能减缓和民族文化矛盾积聚的时期，作为全球开放程度较高的大湾区必然受到波及和冲击。因此，弘扬岭南人文精神，促进人文湾区建设，成为推进粤港澳大湾区战略的一个重大举措。

岭南人文精神是大湾区认同的基础。文化精神是民族凝聚力的思想基础，是族群团结的精神纽带。粤港澳大湾区不仅是一个地域的概念，而且也是一个主体的概念；不仅是一个经济共同体，而且也是一个文化共同体。湾区的身份认同离不开文化认同，而文化认同离不开价值认同。粤港澳同属岭南文化圈，不仅有着共同的语言、生活方式、情感方式，而且有着共同的思维方式、处世哲学、人文价值。岭南人文精神博大精深，既蕴含了中华文化的"民胞物与""和为贵"等基本精神，也体现了岭南人温和、友善、诚信等性格特征。改革开放初期到广东投资建厂的大多是港澳同胞和东南亚侨胞，很重要的一个原因就是对国家开放的认同和对家乡发展的关切，这种可贵的家国情怀带来了特区的建设和广东的繁荣。

岭南人文精神是大湾区创新的动力。文化精神集中体现了人的能动性、创造性，是主体改造客观世界和主观世界的理性自觉，因而是人认识规律、获得自由、创新发展的动力源泉。粤港澳大湾区的一个重要使命是充分发挥其制造业金融业发达、新科技企业众多、教育科研资源集聚、人才信息交流畅顺等优势，成为世界科技创新中心，同时也成为体制创新、社会创新、文化创新的先行地。营造良好的创新文化，释放创新潜能，是人文湾区建设的题中应有之义。岭南文化生生不息，历久弥新，近代以来成为中国新文化的生长点，引领社会变革风气之先。当代中国的改革开放，也在广东杀出一条血路。这里有世界格局、历史际遇等因素，但有一点被公认的是，流淌在广东人血脉中的求变创新的岭南人文精神起着内在原动力的作用。因此，传承岭南人文精神，倡导创新文化，为打造国家乃至世界科技创新高地提供精神动能，是人文湾区建设的时代要求。

岭南人文精神是大湾区文化传承的基因。文化在主体的无限性和有限性、实践的绝对性和相对性的矛盾运动中发展，在历史的长河中，一切具体的文化样式都是相对的、暂时的，只有抽象的精神才能穿越时空和跨越地域而不断延绵生息，以类意识、民族心理、集体智慧等形态代代相传。广东人民在漫长的历史发展过程中创造了灿烂的物质财富和文化财富，使一个边远蛮荒之地变成了一个世界瞩目的充满活力的创新高地。这不是偶然的。深刻地烙在广东人思维方式、价值理念、性格特点和日常生活之中的岭南人文精神，推动着发生在岭南大地上的历史性变革，也在历史性变革的潮流中得以传承和建构。

二、岭南人文精神的历史发展

何为人文精神？从狭义的角度看，它是彰显人的价值的文化精神，从广义的角度看，它是反映人的本质的文化精神。学者们曾从哲学、社会学、人类学等不同学科界定文化的内涵，但大都离不开文化的主体——人。马克思主义从人的全面本质、人性的异化和复归、人的解放和自由来理解、阐释文化。恩格斯指出："文化上的每一个进步，都是迈向自由的一步。"[①] 从马克思主义文化观来看，本文所讨论的岭南人文精神亦即岭南文化精神，是超越了宗教异化、物的异化和科技理性异化的人文精神。岭南人文精神是在与中原文化、海洋文化交流融合过程中逐渐形成，在岭南地区经济社会发展过程中不断丰富和发展起来的。

第一，岭南人文精神的形成和发展与海上丝绸之路有着密切联系。据考究，"海上丝绸之路"兴起于秦汉之际，它以广州、徐闻等地为始发港，随着三国隋朝时期、唐宋时期、明清时期对外经贸关系的变化呈现不同的发展特点。如果说，海上丝绸之路在隋唐以前仅是陆上丝绸之路的一种补充，那么到唐宋以后，伴随着我国造船、航海技术的发展，我国通往东南亚、马六甲海峡、印度洋、红海以及至非洲大陆航路的开通与延伸，海上丝绸之路成为我国对外交往的重要通道。如出发于广州往西南航行的海上丝绸之路，经历90多个国家和地区，航期89天（不计沿途停留时间），全程共约14000千米，是8—9世纪世界最长的远洋航线。自古以来的海外贸易实践对岭南人意识造成的影响是深远的，如

---

① 《马克思恩格斯选集》（第3卷），人民出版社1972年版，第154页。

康有为所说："吾粤际海无涯，自汉时与诸蕃互市，环行海外诸国，多吾粤人。故粤人之善商业、务工艺、履巨海、涉洪涛而交于诸蕃，殆天性。"①

在古代航海条件下，出海远航不但艰辛，而且经常需要冒生死危险，这种"冒险无畏之精神、百折不挠之毅力"，充分展现了开拓创新精神。中原人来到被视为未开化的南蛮之地，海洋和海外的世界是他们更广阔的生存空间，这种地域特性使岭南文化具有海洋文化、商业文化、移民文化的特点。黑格尔认为，相对于陆地农耕活动的规则性、稳定性，航海活动具有极大的不确定性和危险性。农业活动与四季的规则更迭息息相关，而海洋是不确定、不受限制与无限的，因此在海洋中形成的活动，也具有超越受限制的性质："大海浩瀚无垠、漫无边际，当人类在大海上航行的时候，常常会因为大海之无限而引发自身之无限的联想，这便给予了人类超越有限的勇气和力量。与此不同，平原流域和那些普普通通的土地会把人束缚在土地上……但大海却带着人类挣脱了土地的限制和束缚，使人类超越了思想和行动的有限圈子。"② 现代科学技术、现代工业革命、现代政治革命首先发生在海洋性国家不是偶然的，它与海洋经济交往和文化交流有着内在的联系。大湾区由海上丝绸之路所牵引，成为东西方经济文化交流的汇合点、西方现代文明与东方古老文明的冲突点，因而成为中国近现代人文精神的生长点。

第二，岭南人文精神的形成和发展与六祖禅宗文化有着密切联系。隋唐时期的中国经济南移促进了南方的繁荣。"隋唐建立了强盛的帝国，大运河的开通，南北交往的频繁，非复以前可比，影响所及，岭南地区因而得以迅速发展。"③ 唐朝是中国文化发展的一个高峰，随着中原人持续南迁、岭南本土杰出政治文化人物（如张九龄等）的涌现、贯通南岭的梅关古道的开通，中原文化对岭南地区产生了广泛影响，与岭南水乡文化、海洋文化逐渐融合生成为一种新的文化形态，标志着岭南人文精神的形成。其中，六祖禅宗文化在民间的兴起和传播是一个重要因素。唐仪凤元年（676），慧能在广州法性寺（今光孝寺前身）参与

---

① 康有为：《康有为全集》（第5集），中国人民大学出版社 2007 年版，第 125 页。

② ［德］黑格尔著，王造时译：《历史哲学》，上海书店出版社 2001 年版，第 92 页。

③ 胡守为：《岭南古史》，广东人民出版社 1999 年版，第 2 页。

"风动幡动"辩论，在此剃度授戒传法，成为佛教禅宗祖师，后到韶关宝林寺（今南华寺）广纳四方信众弘法，集其思想、理念的《坛经》在海内外广泛传播，影响遍及东亚、东南亚及世界各地。六祖认为世界的一切包括佛性，皆备于"自心"之中，"心是广大，犹如虚空，无有边畔"。提倡"明心见性""即心即佛""顿悟成佛"，让禅定与百姓的日常生活、忍让行善融为一体，不必通过传统繁杂的修行程序，促进了佛教的中国化、大众化。宗教对精神世界、社会风尚的影响是深远的，六祖的宗教改革和传播促进了岭南人文精神的形成和发展，使之渗透了世俗化、平民化、简约化、人本化的特色。

第三，岭南人文精神的形成和发展与白沙心学有着密切联系。明清时期的中国，是自然经济发展的强盛时期，也是早期商品经济萌芽时期，在文化上，一方面是文化专制主义空前强化，另一方面是早期启蒙文化思潮的产生。儒学在明朝发展出心学，对打破走向僵化保守的程朱理学"道统"，承认人的主体性提供了人文哲学基础。随着经济重心持续南移，中国南方的学术在与中原文化的融合中日益生长出新的形态，岭南出现了以陈献章（又名陈白沙）、湛若水为代表的"白沙心学"学派，与王阳明心学形成南北呼应的文化现象。梁启超在评述粤籍文化人时说过："其在有唐，六祖慧能，大弘禅宗，作佛教之结束。其在有明，白沙陈子，昌明心学，导阳明之先河。若此者，于一国之思想界，盖占一位置焉矣。"[①]"白沙心学"开启了岭南文化学术化体系化的进程，拓展了岭南人文精神的深度和广度，标志着岭南文化在传统的理学框架下开始了意义深远的重要转向，岭南人文精神也由此谱写出自身发展的新篇。陈白沙被学界称为明代心学的先驱，他继承和发展了陆九渊的心学思想，崇尚"静思"，提出"静养端倪""崇自然""贵自得"的思想，提倡"贵疑"的学风，追求"鸢飞鱼跃"的审美情趣。黄宗羲评价陈白沙："先生学宗自然，而要归于自得……至问所谓得，则曰'静中养出端倪'。"[②] 湛若水作为陈白沙的学生，在学术上广为讲授、传播陈白沙的思想，并在传承中加以创新发展。湛若水提出了"随处体认天理"的学问宗旨，他从心与物、理与气、心与理、知与行、理与欲相统一的方面修正和发展了陈白沙的"静思"学说，与王阳明的"致良知""知

---

① 张品兴主编：《梁启超全集》，北京出版社 1999 年版，第 6153 页。
② 黄宗羲：《明儒学案》（上卷），中华书局 1985 年版，第 4 页。

行合一"说有异曲同工之妙，体现了岭南文化重视人的心性、重视现实生活的人文特性，彰显了岭南学术博采众长、综合创新的思想风格。

第四，岭南人文精神的形成与发展与近代广东社会变革有着密切联系。鸦片战争是中国近代史的开端，鸦片战争的失败造成了深重的经济、政治、社会和文化危机，同时也刺激了一批先进的岭南人在民族危机中向西方学习和寻找救国之道。以林则徐、洪秀全、郑观应、容闳、康有为、梁启超、孙中山等为代表，在东西方文化踫撞中率先开眼看世界，探索中国变革图强的道路，提出了许多新思想，特别是洪秀全发起的太平天国起义，康有为和梁启超发起的戊戌变法维新运动，孙中山发起的民主共和革命运动动摇了千年封建社会的旧制度、旧观念，带来了崭新的精神风貌，使广东成为中国近代社会革命的策源地和新文化的生长点。岭南人文精神在近代社会革命实践中不断转型开新，以鲜明的世界性、民族性、先进性和岭南特质引领中国近代以来的文明进步。

一是敢为人先、变革创新的精神。"海道既通，风气渐被"，在东西方交往实践中，岭南人形成了务实创新的思想观念和价值取向，表现出不因循守旧、不安于一隅、富于创造性和批判性、敢于标新立异、敢为天下先的思维特点。康有为、梁启超针对"天不变、道也不变"的守成观点，提出"变法"思想，康有为指出："变者天道也，无百年不变之法。"梁启超指出："变者是天下之公理也，变亦变，不变亦变。"孙中山则从人类社会发展规律指出，创新是社会进化的必然要求。他认为："世界潮流，滚滚滔滔，顺之者昌，逆之者亡"，而革命的出发点是"适乎世界之潮流，合乎人群之需要"。

二是工商立国、求实务实的精神。岭南思想家较早受西方工业文明和科技教育精神影响，普遍反对空谈和清谈，倡导务实兴邦、实业救国。郑观应指出："兵战不如商战"，大声疾呼"欲攘外，亟须自强；欲自强，必先致富；欲致富，必首在振工商；欲振工商，必先讲求学校，速立宪法，改良政治"。孙中山明确提出以实业和商务重建国家。他亲自写下了《实业计划》，构思了一个以铁路、港口、运河建设为先导，以机器、冶炼为重点，粮食、衣服、居住、行动、印刷五大工业并举，三大经济区域协调开发发展的共和国的宏伟蓝图。

三是平等交往、合作互利的精神。自主、平等、交往、互利是经济全球化的精神驱动力，处于对外交往、对外贸易前沿的岭南，深受这些商业理念的影响。孙中山提出对内人民一律平等，对外联合平等待我之民族的共和理念，要将清政府辱国之举措与排外之心理，务一洗而去之。他主张对外开放，平等互利发展实业。

四是开放包容、文明互鉴的精神。海纳百川，有容乃大。深受海洋文化浸润的广东思想家是最早开眼看世界的群体，大多反对思想封闭，主张文明互鉴包容。梁启超主张"拿西洋的文明来扩充我的文明，又拿我的文明去补助西洋的文明，叫他化合起来成一种新文明"。孙中山主张"如果不参考欧美以往经验、学理，便要费许多冤枉功夫，或者要再蹈欧美的覆辙"①。列宁指出孙中山"竭力从欧美吸收解放思想"。

五是以人为本、天下为公的精神。孔子曰："大道之行也，天下为公。"广东近代先贤继承和发展了这种社会理想，洪秀全提出"务使天下共享"，康有为在《大同书》提出建立一个"人人相亲，人人平等，天下为公"的大同世界。孙中山汲取和发展儒家"仁爱""和为贵"的传统精神以及西方平等、博爱的现代思想，把民族主义与世界主义结合起来，主张在民族自强基础上的世界主义。他在给美国人民的一封信中说："一旦我们革新中国的伟大目标得以完成，不但在我们的美丽的国家将出现新纪元的曙光，整个人类也得以共享更为光明的前景。"②

第五，岭南人文精神的形成和发展与改革开放有着密切联系。改革开放又一次使广东站在历史的潮头。党的十一届三中全会以来，在党中央的正确领导下，广东率先探索市场化改革、创办经济特区、以开放促改革促发展，从一个落后的农业省一跃成为经济总量位居全国前列的经济大省、创新大省。广东的历史性飞跃，是一个经济不断改革转型的过程，也是一个文化不断创新发展的过程。改革开放充分释放了粤港澳大湾区的生产力和文化活力，弘扬和升华了岭南人文精神。改革实践不仅创造了巨大的物质生产力，而且引领了思想观念的变革。如袁庚在1982年在蛇口工业区提出了"时间就是金钱，效率就是生命"的口号，印证了观念更新、文化变革一经与经济改革相结合，就会迸发出巨大的物质力量和精神力量。2020年，习近平总书记在深圳特区建立40周年庆祝大会上的讲话中提出，要"发扬敢闯敢试、敢为人先、埋头苦干的特区精神"。"敢闯敢试、敢为人先、埋头苦干"，体现了岭南文化的时代精神，不仅是对特区人民创造世界发展奇迹的精神动力的高度概括，

---

① 《孙中山全集》（第9卷），中华书局1985年版，第321页。
② 《孙中山全集》（第1卷），中华书局1984年版，第225页。

是对广东广大干部群众锐意改革精神境界的高度概括，也是对岭南人文精神的历史发展和时代价值的高度概括。

三、大湾区背景下当代岭南人文精神的建构

当代世界，和平发展的主流与发展失衡形成巨大的反差，全球化与民族化、区域化与本土化、中心化与边缘化、一体化与多元化的矛盾持续发展，文明冲突、意识形态冲突、多元文化冲突不断激化，世界范围的产业链、供应链、价值链分化重组势在必行。处于全球化前沿的大湾区也受到这些矛盾和冲突的影响，人文湾区建设在此背景下也面临着各种文化挑战。因此，岭南人文精神的塑造和弘扬绝不是简单的继承—发展的线性过程，也不是简单的9+2的叠加范式，而是一个建构的过程。

文化建构是生成的，是文化体的基因与各种要素化学反应、聚合扩张的过程；文化建构是开放的，是文化体与外部文明和外来文化交流互动、综合创新的过程；文化建构是实践的，是文化体在对象化和内省化的转换中，既创造人化自然又炼出新品格、新思维、新语言的过程。

1. 存异与求同：在多元文化前提下增进文化认同

文化的多元性和多样性是客观的，也是必要的。1998 年联合国教科文组织的文化报告指出：文化多元化作为人类精神创造性的一种表达，它本身就具有价值；它为平等、人权和自决权原则所要求；类似于生物的多样性，文化多元性可以帮助人类适应世界的环境资源，它与可持续性相连；它呈现一种不同文化的系列，给人以美学上的愉悦；它启迪人们的思想。粤港澳文化虽然同属中华文化、岭南文化，但从时代性和民族性来说也是多元和多样的。

以全球化为时代性的坐标，大湾区是近代中国最早卷入全球化的区域，而港澳由于历史的原因，较之内地更早融入西方现代化经济体系，其文化与现代工业、现代服务业、现代文化产业、现代教育体系相联系，自由、平等、法治、竞争、时效等市场经济观念意识较强，市民普遍具有较高的科学和人文素质。就受外来文化影响而言，香港与澳门也有很大的差异，香港现代文化更多地与盎格鲁—撒克逊文化相联系，工具理性发达而人文理性不足；澳门现代文化更多地与拉丁文化相联系，

具理性发达而人文理性不足；澳门现代文化更多地与拉丁文化相联系，人文色彩浓厚而科学理性不足。随着后工业化和产业空心化趋势的到来，后现代主义文化在大湾区泛起，反本质主义、反现代性、去中心化的思潮在香港的一些青年群体中流行。

以中华文化作为民族性的坐标，中华传统文化是维系粤港澳一体化的根本纽带，爱国爱乡是三地人民的主流。但由于百年政治治理的差异，三地对中华传统文化的认识和认同也存在着差别。如在传统学术思想上，港澳学者较之内地学者对儒家学说有更深的认同，而内地学者对传统文化的现代转型有着更多的研究。又如在语言文字上，汉语文化、英语文化、葡语文化的差别以及字体的繁体简体之别也是显而易见的。即使是广东的湾区城市，由于历史沿革、风土民俗的不同，在受历史传统文化的影响上也呈现多元多样性。如广州市的海上丝绸之路文化特色，深圳市的多元移民文化特色、中山市的孙中山文化特色、江门市的华侨文化特色、肇庆市的六祖禅宗文化特色、惠州市的道家文化特色，等等。这些不同特色的地域文化样式的存在，形成了中华文化、岭南文化和而不同的精神家园。

个性与共性、特殊性与普遍性、多元性和同一性的矛盾是文化的永恒的基本矛盾，是推动文化发展进步的内在动力。文化共性不是抽象的，它存在于多元的、具体的、鲜活的个性之中；文化个性也不是孤立的，它总是反映文化的主体性、普遍性和规律性。基辛指出："文化的歧异多端是一项极其重要的人类资源……维持世界秩序并保存文化多元化的问题，这就是一个我们面临、但想象不出解决办法的问题。"[①] 在应对差异性和同一性现实矛盾中，难点不在于"异"，而在于"同"。这里说的"同"，不是同质化的"同"，是在承认多元化前提下寻求共同点的文化认同。"一国两制"下的人文湾区建设，既要保护文化的多元性、多样性，又要增进文化的认同，建设湾区和谐文化。在这个意义上，笔者认同李宗桂教授所说："文化认同是粤港澳三地紧密联系、交流合作的血脉纽带，是建设中华民族共有精神家园的现实需要，也是构建人文湾区的重要基础。"

以增进岭南人文精神认同为基础，增进湾区家园意识认同。岭南人

---

① 北晨编译：《当代文化人类学概要》，浙江人民出版社 1986 年版，第 283页。

了改革开放合作共赢创造世界奇迹的经验感悟。一体化发展构成了改革开放以来粤港澳共生共荣的主旋律，造就了全国乃至全球最开放、最具竞争力的经济发展高地。当前，我国发展进入了以高质量发展为方向、以内外双循环相结合为特点的新发展格局，港澳地区和大湾区迎来深化合作、融合发展的机遇，粤港澳三地人民也迎来携手建设更美好家园的使命。因此，建设人文湾区，重要的是增进三地人民的归属感和主动性，发挥湾区主体精神，共创经济发达、社会开放、文明包容、生态优美、人文鼎盛的优质生活圈。

以增进岭南人文精神认同为基础，增进民族精神认同。岭南的开发和发展离不开中华文明的文化根脉，岭南人文精神的形成过程是中华民族精神在岭南生根开花、发扬光大的过程。无论坚守家园还是远渡重洋，自强不息、厚德载物的中国精神始终维系着岭南人的共同文化情结和家国情怀。近代以来，面对内忧外患的民族危机，岭南一批批爱国志士前仆后继，引领社会改良和革命的潮流。振兴中华、救国图强，是近现代岭南人文精神的鲜明底色。每一次重大社会变革，都得到港澳同胞的踊跃支持；内地每一次发生大的自然灾害，都得到港澳同胞的慷慨支援，充分见证了"同宗同源，血浓于水"的民族感情。从岭南人物、岭南故事、岭南精神谱系中感悟民族情怀、中国精神，增进国家认同，贯穿于人文湾区建设的各个方面。

2. 交往与传承：营造开放包容的文化语境

每一代人都要创造自己的文化，但不是随心所欲地创造，而是在直接碰到的、既定的、从过去继承下来的条件下创造。全球化使许多民族文化、地方文化边缘化乃至消亡，能在各种文化生生灭灭的历史运动中延续下来并且仍然有影响力的文化，都是具有独特性的文化。岭南文化是具有独特性的文化，岭南人文精神无疑是世界精神宝库中具有中国气度、岭南特质的一个组成部分。如何在高度开放的语境中传承岭南传统文化的独特性并与时俱进，是新时代和大变局的迫切要求。

在交往互动中传承湾区传统文化。各种历史文物、非物质文化遗产是岭南人文精神的直接载体，而只有在开放的环境条件下，文化的传统和特色才能有效地得以传承，实现可持续发展。人文湾区建设，为粤港澳三地文化交往交流提供了更加畅通和便捷的条件，也使三地以及各城市间在历史文化遗存保护的协同合作提上议事日程。如海上丝绸之路是

市间在历史文化遗存保护的协同合作提上议事日程。如海上丝绸之路是大湾区的历史文化根脉，广州是始发港和长盛不衰的古港，澳门、香港是近代海上丝绸之路的重要节点，深圳、珠海、东莞等城市发展都与海上丝绸之路息息相关。深厚和多彩的海丝历史文化，为人文湾区积淀了可供挖掘和汲取的珍贵资源。2007年，广东就启动了海上丝绸之路遗迹申遗准备工作，广州为申报海上丝绸之路世界文化遗产做了大量的基础性工作，并于2012年11月被国家文物局公布为世界文化遗产预备名单。2014年，广东省成立了专门工作领导小组和专家组，开展全省海上丝绸之路遗迹普查、资料收集和整理工作。随着福建泉州申遗成功，大湾区诸城市海丝申遗就显得更为迫切。吸纳港澳经验和有关要素，将为推进这项工作拓展思路。又如融入三地文化生活中的粤剧、广东音乐、岭南画派等艺术形态，以及广府、客家、潮汕、雷州文化和各种地方特色文化的传承，都离不开三地文化交流和民间交往。

在活化利用中传承湾区传统文化。习近平总书记高度重视历史文化、文物的保护和活化利用，指出要让收藏在博物馆里的文物、陈列在广阔大地上的遗产、书写在古籍里的文字都活起来，让文物说话，让历史说话，让文化说话，活化是现代与传统的互动，今人与古人的对话，使传统价值、历史智慧走进当代人的日常生活和精神世界。在活化利用岭南文化遗存方面，大湾区开展了多方面的创新探索，包括开辟为博物馆纪念馆，弘扬传统文化；开发成旅游景区，挖掘经济价值；打造成文创基地，焕发创新活力；建成遗址公园，找寻先人的精神密码；复活南粤古驿道，助推乡村振兴和美丽乡村建设。大湾区诸城市在历史文物的活化利用上创造了许多成功的案例。如澳门的大三巴牌坊、江门的开平碉楼、广州的永庆坊、佛山的岭南新天地，等等。岭南新天地运用现代化的方法保护和改造片区内的22幢文物建筑及众多优秀历史建筑，使岭南历史文化风貌与城市脉络得以传承，并赋予新的生命力，已成为大湾区的文化名片和网红"打卡点"。目前，传统文化活化利用发展势头良好，如何进一步在此基础上行稳致远，有必要在四个方面深化认识：一是把文化价值放在首位，重在文化保护，而不是片面追求经济开发效应；二是找准"激活点"，彰显个性特色，避免类同化；三是深入发掘文化精神，更多地发挥专家的作用，在文物、遗存、典籍中提炼历史智慧和民族精神；四是加强协同合作，充分发挥大湾区文化互联互通、文化产业发达的优势，努力打造中华文化保护传承示范区。

3. 觉醒与自信：建构充满活力的世界文化高地

鸦片战争以来的历史就是中国人民在内忧外患中不断探索不断觉醒，从站起来到富起来再到强起来的历史。见证了鸦片战争并率先觉醒的岭南人以敢闯敢试、敢为人先的精神，为发展社会主义市场经济作出了贡献，大湾区也成为改革开放的前沿地和先行地。民族复兴是一个从文化觉醒到文化自信的过程。中华民族近代以来经历了战胜内忧外患的磨难和辉煌，为博大精深的中华文化注入了时代精神，谱写了民族文明发展史上光辉的一页，正如习近平总书记说的："千百年来，中华民族历经苦难，但没有任何一次苦难能够打垮我们，最后都推动了我们民族精神、意志、力量的一次次升华。"① 新时代的文化自信，是充分认同民族文化价值、传承弘扬民族精神的自信，也是自觉顺应世界文明发展潮流，推动共建人类命运共同体的自信。大湾区的崛起与中华民族觉醒的历史过程紧密相连，从民族觉醒伟大进程中汲取启迪、意志和力量，自觉弘扬岭南人文精神，建构人文荟萃、文化引领、文明和谐的人文湾区，是历史的机遇，也是时代的使命。

一是要建设成为文化英才汇集高地。人才是文化的根本，是文化发展的第一资源，聚天下英才而用之，人文湾区建设才有坚实基础和无限可能。面对人才国际化程度不高、人才结构不平衡、区域"三税区三法律三货币"形成的不同服务体系降低了人才跨区流动的积极性等问题，要大力引进国际文化专业人才和文化管理人才，支持和推动大湾区人才政策、人才服务、人才流动等方面的改革创新，推进三地人才在跨境公共服务和社会保障方面的无缝对接。探索推进三地专业人才通关的便利化无纸化、探索建立三地税收协调平台和实行鼓励人才流动的税收优惠制度，在某种意义上建立一个人才"特区"，让大湾区成为各类文化人才干事创业、文化创造活力充分释放的美好家园。

二是要建设成为文化产业创新高地。文化产业是文化精神的载体，它融文化生产、创造、传播、消费为一体，有力推动文化的大众化、市场化、数字化、全球化，是凝聚人才、吸纳资本、激发创意和提升文化竞争力、影响力的朝阳产业。岭南文化具有重商性、通俗性、务实性特

① 习近平：《习近平谈治国理政》（第三卷），外文出版社 2020 年版，第 335 页。

色，大湾区有条件迅速成为中国和亚洲最有活力的文化产业中心区域之一。整合粤港澳文化产业资源和优势，不仅是推动大湾区高质量发展的需要，也是复兴岭南传统特色文化产业，打造世界级文化产业创新中心的需要。以粤语电影、电视剧、歌曲、音乐等为代表的岭南特色文化曾风靡全国，港产武侠片更是享誉全球。然而今天已出现了力作不多、人才散失、市场萎缩的趋势，究其原因，既是全方位开放格局形成的区域优势削弱所使然，也是体制和文化创造力下降所使然。在加快形成以国内大循环为主体、国内国际双循环相互促进的新发展格局下，大湾区应当发挥三地比较优势，走粤港澳文化产业协同发展之路。以建设世界文化产业创新中心为目标，以振兴岭南特色产业为主抓手，以深化粤港澳合作体制机制改革为动力，增强湾区文化产业发展整体性、协调性和互补性。鼓励三地在落实"横琴粤澳深度合作区"和"前海深港现代服务业合作区"等国家战略上先行先试，依靠深圳前海、珠海横琴以及广州南沙等平台，深入开展协同合作试点。充分利用香港、澳门在金融、信息、人才、创意的产业化运作、国际交流等方面的优势，充分利用珠三角丰富的文化科技资源、强劲的文化消费市场和制造业优势，开展文化创意产业的跨区域深层次合作，加快文化产业市场、资金、人才、技术的融合，着重在岭南特色文化、数字内容、园区建设、会展策划、文化旅游等若干产业开展联合与协作，构建高度国际化、市场化、法制化的文化产业创新平台，共建世界一流人文湾区和世界文化旅游目的地。

三是要建设成为人文学术研究高地。在充分肯定岭南文化的历史价值的同时，也应该看到，岭南人"敏于行、纳于言"的性格特质既有重实践、求变革的优点，但也内含着科学理性、学养积淀不够厚实的不足。因此，充分发挥大湾区高水平大学众多的优势，加强人文学术研究、强化理性文化、精英文化对大众文化的引领，是建构人文湾区的重要环节。在加强哲学、文学、历史学、人类学等优势学科研究的同时，着力加强岭南文化的研究，包括对岭南历史文物、历史人物、典藏文献、学术流派、艺术流派、宗教文化、华侨文化以及各种特色文化进行系统的梳理、研究、诠释，形成若干在海内外有影响的学术数据库，形成若干由学界领军人物带领的优秀专业团队，形成一批具有系统性、前沿性、创新性的重大研究成果。鼓励支持三地高校、研究机构、各类智库协同创新，共同推动学科体系、学术观点、研究方法现代化转型，形成与人类文明相呼应、推动构建人类命运共同体的学术思潮。梁启超说过:"凡'思'非皆能成'潮',能成'潮'者,则其'思'必有相当之价值;而又适合于其时代之要求者也。凡'时代'非皆有'思潮',有思潮之时代,必文化昂进之时代。"唯不负岭南先贤的期待,在古老而又日新的岭南大地上,促进粤港澳三地学术界携手共进,才能催生大湾区文化昂进之时代,再铸岭南人文精神新辉煌。

(原载于《学术研究》2022 年第 2 期)

哲学、文化与时代

岭南海洋文化精神与广东开放新格局

岭南文化在中国近现代文明进步思潮发展史上占有重要地位。广东是海上丝绸之路发祥地，又是对外开放先行地，凭海而立、因海而兴，海洋文化是岭南文化的一个显著特征。结合海上丝绸之路和广东近现代历史的发展，挖掘和探讨岭南海洋文化精神的内涵特征，对于高质量建设文化强省，为构建更加开放的新发展格局提供精神动力和文化支撑，有着重要意义。

一、海上丝绸之路积淀了岭南海洋文化精神的深厚底蕴

海上丝绸之路承载着沿线国家不同民族国家的海洋商业活动和海洋人文精神。海上丝绸之路的兴起，为岭南文化的形成和发展注入了鲜明特色，广东也成为中外文化交流的纽带，成为内陆文明和海洋文明的连接点。

人类世界是一个相互联系、相互交往、相互影响的世界。与丝绸之路经济带一样，海上丝绸之路是中国走向世界的重要途径。海上丝绸之路兴起于秦汉之际，发展于三国隋朝时期，繁荣于唐宋时期，转变于明清时期。据考究，海上丝绸之路发端于秦汉之交，起初以广东徐闻、合浦为始发港；晋时，华南地区出海口的重心从徐闻、合浦一带移至广州；唐时，广州已以东方大港著称于世。《唐大和上东征》载，当时广州河面"有婆罗门、波斯、昆仑等舶，不知其数，并载番药、珍宝，积载如山。其舶深六七丈。师子国、大石国、骨唐国、白蛮、赤蛮等往来

居住，种类极多"①。以南海为中心，是已知的最为古老的海上航线。如果说，海上丝绸之路在隋唐以前仅是陆上丝绸之路的一种补充，那么到唐宋以后，伴随着我国造船、航海技术的发展，我国通往东南亚、马六甲海峡、印度洋、红海，及至非洲大陆航路的开通与延伸，海上丝绸之路成为我国对外交往的重要通道。如出发于广州往西南航行的海上丝绸之路，经历 90 多个国家和地区，航期 89 天（不计沿途停留时间），全程共约 14000 千米，是 8—9 世纪世界最长的远洋航线。

海上丝绸之路见证了广东乃至中国经济的发展和变迁。隋唐时期运送的货物多是中国丝绸，人们把这条连接东西方的水道称为"丝绸之路"；宋元时期中国瓷器渐成主要出口货物，这条水道也被叫作"陶瓷之路"；明清时期中国茶叶成为风行欧洲的出口商品，这条水道又被称作"茶叶之路"。郑和七下西洋，开创了安邻睦邻的和平友谊之路。海上丝绸之路绵延两千年，跨越亚欧非，成为无与伦比的洲际贸易通道，对广东和沿海地区的经济社会发展变化形成了多方面的影响，例如丝织手工业生产规模的扩大和生产分工的细化；商品性农业、货币经济和民族工业的兴起；交通运输业的繁荣、城市市镇的发展；外国商馆的建立和通商制度的形成，等等。

海上丝绸之路也见证了岭南文化的发展和中外文化的交流。海上丝绸之路不仅促使中国南海与印度洋、地中海海上商贸网络的逐渐成熟，而且促进了中华文化与印度文化、阿拉伯文化、希腊罗马文化在海洋空间的接触交汇与互相沟通。唐宋时期，已经形成以中国、印度、阿拉伯为中心的庞大商贸网络，出现世界海洋发展史上第一个"大航海时代"，中外文化交流更加频繁。随着中原人的不断南移和南岭梅关等古道的开通，长江水系和珠江水系的贯通，中原文化和岭南文化的融会，广东逐渐成为中外文化交流的重要纽带。通过海上丝绸之路，中国的许多发明如指南针等由阿拉伯人传播到西方，不少岭南人开始到东南亚等地经商定居，遍布世界的"唐人街"由此而兴。而外国文化、西方文化也更多地影响广东，并由广东辐射内地。如佛教、伊斯兰教、天主教等宗教文化的传入与北上，伴随商人、传教士东来传授的欧洲地理学、天文学、数学、生物学、医学等科学知识和文学艺术，打开了粤人的眼

---

① 广州市社会科学研究所社会问题研究室：《广州的文化风格》，广州文化出版社 1988 年版，第 2 页。

界，展现了一个海外世界。利玛窦在广东肇庆绘制的《山海舆地全图》，是国内第一幅绘有五大洲的地图，改变了中国人的一直信奉的"天圆地方"之说。刘献廷《广阳杂记》说："地圆之说，直到利氏东来，开始知之。"① 在深层次的国民性格上，自古以来的海外贸易实践对岭南人的观念意识造成的影响是深远的，如康有为所说："吾粤际海无涯，自汉时与诸蕃互市，环行海外诸国，多吾粤人。故粤人之善商业、务工艺、履巨海、涉洪涛而交于诸蕃，殆天性。"②

二、鸦片战争催生了岭南海洋文化精神的觉醒

发端于广东虎门的鸦片战争标志着中国近代史的起点，见证了东西方文化冲突发展到战争这种剧烈形式的阶段，尽管中国军民与英国侵略者进行了英勇顽强的斗争，仍然以清政府与西方列强缔结一系列丧权辱国的不平等条约，中国沦为半殖民地半封建社会为告终。

虽然海洋文化在我国有漫长的历史，但现代海洋文明却首先发生在西方。文化是人类能动地改变环境的过程和成果，是贯穿于所有文明的主题。而文明既相对于人类脱离野蛮状态而言，也相对于文化的内在性、变动性而言，是放大了的实体性的文化。布罗代尔认为，文明是"一个空间、一个'文化领域'"，是文化特征和现象的一个集合"③。塞缪尔·亨廷顿认为："一个文明是一个最广泛的文化实体。——文明是人类最高的文化归类，人类文化认同的最广范围，人类以此与其他物种相区别。文明既根据一些共同的客观因素来界定，如语言、历史、宗教、习俗、体制，也根据人们主观的自我认同来界定。"④ 黑格尔认为，古希腊文明是海洋文明，"海洋在希腊民族的生活中，扮演了重要的角

① 傅华主编：《岭南十章》，广东人民出版社 2019 年版，第 58—59 页。
② 康有为：《康有为全集》第五集，中国人民大学出版社 2007 年版，第 125 页。
③ ［美］塞缪尔·亨廷顿著，周琪等译：《文明的冲突与世界秩序的重建》，新华出版社 1998 年版，第 23—24 页。
④ ［美］塞缪尔·亨廷顿著，周琪等译：《文明的冲突与世界秩序的重建》，新华出版社 1998 年版，第 26 页。

色，是一个重要的元素，正如我们前面说的，希腊文明就是一个海洋文明。希腊的国土类型，决定了希腊人要过在海岸中和陆地上的两栖类生活。因此，一旦他们奔向大海之后，生活就不会像游牧民族那样随水迁徙、漂泊不定，也不会像平原流域的人们那样固守本土，相反，他们会随心所欲地在大海和陆地上行走"①。希腊人从惯于海盗活动到海上贸易，从开展商业到建立城邦，进而形成了克里特、迈锡尼等文明中心。在文化上，"保持差异性和多元性是希腊精神的要素。对于希腊民族来说，和外来民族以及外来文化的交流和接触占有重要地位"②。他们"一开始就不会像中国人那样自我束缚在家长制下，他们母宁是通过'法律和习俗'结合在一起的"。随着近代的地理大发现，英国工业革命的发生，世界贸易的兴起，古希腊的海洋文明发展为欧洲现代海洋文明。马克思和恩格斯在1848年发表的《共产党宣言》中指出，美洲的发现、绕过非洲的航行，给新兴的资产者开辟了新天地；亚洲的市场、美洲的殖民化、交换手段和一般商品的增加，使商业、航海工业空前高涨；蒸汽机引起了工业革命，现代大工业代替了工场手工业，大工业建立了由美洲的发现所准备好的世界市场；世界市场又促进交换和大生产，过去那种地方的和民族的自给自足和闭关自守状态，被各民族的互相往来和相互依赖所代替了。"资产阶级，由于一切生产工具的迅速改进，由于交通的极其便利，把一切民族甚至最野蛮的民族都卷到文明中来了。它的商品的低廉价格，是它用来摧毁一切万里长城、征服野蛮人的最顽强的仇外心理的重炮。——正像它使农村从属于城市一样，它使未开化和半开化的国家从属于文明的国家，使农业的民族从属于资产阶级的民族，使东方从属于西方。"③

反观与西方工业革命几乎同时期的清王朝，在达到康乾盛世的同时，在文化上却与全球进入"世界历史"的进程渐行渐远。虽然我国海洋文化源远流长，但农业为本、工商为末的农耕文明一直占据主导地位，对外贸易属于依附性、补充性的存在。明朝中期起，收缩海防成为一种趋势，而清朝由于政治和文化原因，更是长期实行闭关锁国的政

①［德］黑格尔著，潘高峰译：《黑格尔历史哲学》，九州出版社2011年版，第278页。

②［德］黑格尔著，潘高峰译：《黑格尔历史哲学》，九州出版社2011年版，第278页。

③《马克思恩格斯选集》（第1卷），人民出版社2012年版，第276—277页。

策。在对外贸易和对外交往方面，与门户开放相互通商的大趋势背道而驰。乾隆皇帝曾谕令两广总督："国家四海之大，何所不有，所以准洋船者，特系怀柔远人之道。"① 持"天朝上国"意识和"不宝远物，则远人格"之类的儒家格言，贸易变成了怀柔安抚外夷的恩惠之举。"既不考虑交往的平等性，拘泥于三跪九叩之类礼仪末节；也不考虑经济利益，用朝贡代替国际贸易。"② 马克思在评论鸦片战争的历史背景时指出："仇视外国人，把他们排除在帝国之外，这在过去仅仅是由于中国地理上、人种上的原因，只是在满族鞑靼人征服了全国以后才成为一种政治原则。毫无疑问，17 世纪末竞相与中国通商的欧洲各国彼此间的剧烈纷争，有力地助长了满族人实行排外的政策……它那时禁止外国人同中国人有任何来往，要来往只有通过离北亲和产茶区很远的一个城市广州。"③

马克思在揭露鸦片战争对中国社会的严重危害后指出："历史好像是首先要麻醉这个国家的人民，然后才把他们从世代相传的愚昧状态中唤醒似的。"④ 鸦片战争对中华民族的觉醒产生了巨大影响，而海洋文化精神的觉醒是民族觉醒的先导。

一是开放意识的觉醒。鸦片战争打破了天朝上国的迷梦，使中国人从自我封闭中觉醒。"满族王朝的声威一遇到英国的枪炮就扫地以尽，天朝帝国万古长存的迷信破了产，野蛮的、闭关自守的、与文明世界隔绝的状态被打破，开始同外界发生联系。"⑤ 鸦片战争中天朝上国被一个西方岛国打得如此狼狈，鄙视远夷妄自尊大的传统观念受到猛烈冲击，促使清朝统治阶层和知识分子中的有识之士，特别是岭南政治家、思想家开始正视中国与世界的关系，开始学习西方寻找救国图强之道。林则徐最早提出"开眼看世界"，主张对外商实行鸦片贸易与准许正常通商相结合的政策，他的《海国志》和魏源的《海国图志》为国人认识世界、走向变革发挥了先导作用。郑观应写下了震惊朝野的《盛世危言》，他强烈抨击西方列强违反国际公法、破坏中国主权，主张学习和

① 《清高宗实录》卷六四九，台北华文书局 1969 年版。
② 《学习时报》编辑部：《落日的辉煌——17、18 世纪全球变局中的"康乾盛世"》，中央党校出版社 2001 年版，第 14—15 页。
③ 《马克思恩格斯选集》（第 1 卷），人民出版社 2012 年版，第 696 页。
④ 《马克思恩格斯选集》（第 1 卷），人民出版社 2012 年版，第 691 页。
⑤ 《马克思恩格斯选集》（第 1 卷），人民出版社 2012 年版，第 691 页。

运用国际法、尊重国际惯例的外交观念。康有为认为中国处在"数千年未有之变局",主张"以开创之势治天下",必须引进先进的西学来改造它。孙中山提倡"发扬吾固有之文化,且吸收世界之文化光大之,以期与诸民族并驱于世界"。作为鸦片战争主战场之一的广东成为引领中国近代思想解放和社会变革的前沿。

二是工商意识的觉醒。鸦片战争打破了中国祖祖辈辈的农耕文明,把中国人卷进工业文明、海洋文明的大潮中来。马克思用"对联式悲歌"来形容鸦片战争这场中英之间世纪"决斗",一个是为了维持天朝尽善尽美的威严,一个是为了获得贱买贵卖的特权,一个是激于道义的高尚原则,一个是追求赤裸裸的经济利益,然而道德的屏障却在利益的利剑下轰然倒下,这不能不令人悲愤和叹息!一位著名的汉学家说,中国近代史"从根本上说,是一场最广义的文化冲突",这个冲突"是扩张的、进行国际贸易和战争的西方同坚持农业经济和官僚政治的中国文明之间的文化对抗"。① 广东近代思想家不仅从政治、军事上探讨中国落后挨打的原因,而且从经济形态上寻求救国兴国之道。郑观应提出"兵战不如商战",大声疾呼"欲攘外,亟须自强;欲自强,必先致富;欲致富,必首在振工商;欲振工商,必先讲求学校,速立宪法,改良政治"②。康有为受到郑观应启发,明确提出"以商立国",他说:"凡一统之世,必以农立国,可靖民心;并争之世,必以商立国,可侔敌利,易之则困敝矣。"他认同"商战"之说,以为"古之灭国以兵","今之灭国以商",而且还提出"商之源在矿,商之本在农,商用在工,商之气在路",③ 并从开商学、译商书、出商报、立商律等各方面提出发展工商的对策。孙中山在主张以民主革命推翻封建帝制实现共和的同时,明确提出以"实业和商务重建我们的国家"。他在早期给李鸿章的信中指出"欧美富强之本不尽在船坚炮利,垒固兵强,而在于人能尽其才,地能尽其利,货能畅其流"④,他把振兴实业作为兴国之关键、民生之根本,指出:"中国乃极贫之国,非振兴实业不能救贫。仆抱三民主义

① [美]费正清、刘广京编,中国社会科学院历史研究所编译室译:《剑桥中国晚清史》(上卷),中国社会科学出版社1985年版,第251、252页。

② 郑观应:《盛世危言初刻自序》。

③ 康有为:《上清帝第二书》。

④ 《孙中山全集》(第5卷),中华书局1985年版,第623页。

以民生为归宿，即是注重实业。"① 为了建国理想，孙中山亲自写下了《建国方略》和《实业计划》，构思了一个以铁路、港口、运河建设为先导，三大经济区域协调开发发展的共和国的宏伟蓝图，其中详尽描述了北方大港、东方大港、南方大港的建设，体现出他对对外开放和国际贸易的重视。

三是革新精神的觉醒。西方的文艺复兴运动，推动了欧洲的思想解放和近代科学文化的兴起，为资本主义的产生和发展提供了精神条件。而明清时期推崇程朱理学，维护"天不变、道也不变"的千年道统的守成观点。鸦片战争引爆了东西方文化的尖锐冲突，刺激了国人对传统道德、法统的怀疑，促使岭南有识之士率先产生了变法和革命的观念。康有为从自然规律论证变革的必然性："变者天道也，天不能有昼而无夜，有寒而无暑，天以善变而能久；火山流金，沧海成田，历阳成湖，地以善变而能久；人自童幼而壮老，形体颜色气貌，无一不变，无刻不变。"② 他用大量常识和史料，有力证明"变者天道，无百年不变之法"的论断，提出"变器"——购船置械等，"变事"——设邮便、开矿务等，"变政"——改官制和选举法等，"变法"——改变国家的制度和法律。孙中山则从人类发展规律鼓吹创新和革命，指出"创新"是社会进化的必然要求"，他认为："国家进化由野蛮而进文明，人类亦然，由无知识而进于有知识，脱离旧观念，发生新观念，脱离旧思想，发生新思想。诸君今日当打破旧观念、旧思想，发生新观念、新思想。"③ 据此他为民主革命大声疾呼，认为革命的出发点是"适乎世界之潮流，合乎人群之需要"。他总结世界发展的潮流和规律，提出民族、民权、民生的三民主义政治纲领并付诸实践。从学习西方资本主义到提出"以俄为师""国共合作"，努力寻找适合中国国情、把西方民主共和思想中国化的道路，以实现中华民族的独立、统一、民主和富强。

四是民族精神的觉醒。鸦片战争给中国人带来了深重苦难和屈辱，催生了以爱国主义为核心的民族精神。封建专制和小农经济使东方民族缺乏主体意识、群体意识和反抗精神，如马克思在评论英国统治下的印

① 陈旭麓、郝盛潮主编：《孙中山集外集》，上海人民出版社1990年版，第339页。

② 康有为：《进呈俄罗斯大彼得变政记序》。

③ 黄彦编注：《论三民主义与五权宪法》，广东人民出版社2008年版，第159页。

度民众的精神状态时说到，他们把全部注意力集中在一块小得可怜的土地上，静静地看着一个个帝国的崩溃、各种难以形容的残暴行为和大城市居民的被屠杀，就像观看自然现象那样无动于衷。在中国，当西方殖民者发动鸦片战争，使中华民族陷入灭国灭种危机的时候，各阶层民众从麻木中警醒过来，迸发出强烈的爱国意识和民族精神。梁启超在变法运动失败后在日本提出新民说，"以为欲维新吾国，当先维新吾民"。"新民"的核心就是从传统社会的臣民变为现代的国民，开民智、兴民权是基础，而育民德是灵魂和精髓。他大力提倡公德，公德面对社会和国家，以有利于国家的利益为最高原则。"必有一物焉，贯注而联络之，然后群之实乃举。若此者谓之公德。"孙中山指出："要恢复民族的地位，便先要恢复民族的精神。"他将民众团结形象地比喻为"士敏土"（即水泥），说："如果成一片散沙，是不好的事，我们趁早就要参加水和士敏土，要那些散沙和士敏土，彼此结合，来成石头，变成很坚固的团体。"越是社会变革时期，越需要发挥弘扬和升华民族精神的"士敏土""黏合剂"功能，形成强大的"意志合力"。正是有了这种中华民族先进分子的面向世界、务实反省精神，千百年来，特别是鸦片战争以来，中华民族历经苦难，但没有任何一次苦难能够打垮我们，反而推动了我们民族精神、意志、力量的一次次升华。

三、改革开放开启了岭南海洋文化精神的历史自觉

　　全球化、现代化是人类文明进步的必然历史过程，然而东方的现代化伴随着更多的动荡、暴力和痛苦，与西方内生的现代化不同，东方的现代化是外生的，中国卷入世界市场是被强迫的，是西方资本主义对东方民族武力征服的副产品，是"以剑与火写入人类编年史"的。因而，马克思从世界进入"世界历史"的唯物史观，借用黑格尔的"历史目的论"的说法，认为西方的殖民战争充当了东方革命的"历史的不自觉的工具"，罪恶的鸦片对于中华民族也从麻醉剂变成了催醒剂。近代岭南海洋文化精神在中华民族的觉醒和文明进步进程中充当了引擎作用。

　　邓小平在20世纪80年代初论述改革开放政策时，以鸦片战争前中

国走向封闭和落后的教训为例，指出："现在任何国家要发达起来，闭关自守都不可能。我们吃过这个苦头，我们的老祖宗吃过这个苦头。——如果从明朝中叶算起，到鸦片战争，有三百多年的闭关自守，如果从康熙算起，也有近二百年。长期闭关自守，把中国搞得贫困落后，愚昧无知。"[①] 他还指出："现在的世界是开放的世界。中国在西方产业革命以后变得落后了，一个重要原因就是闭关自守。建国以后，人家封锁我们，在某种程度上我们也还是闭关自守，这给我们带来了一些困难。三十几年的经验教训告诉我们，关起门来搞建设是不行的，发展不起来。"[②] 封闭导致落后和贫困，这个历史教训是极其深刻的。十一届三中全会以来，我们党重新确立了解放思想、实事求是的思想路线，使党和国家从"文革"的危难中重新奋起，开辟了中国特色社会主义道路，引领中华民族复兴大业进入新的历史时代。习近平同志指出："改革开放是我们党的一次伟大觉醒，正是这个觉醒孕育了我们党从理论到实践的伟大创造。改革开放是中华民族发展史上一次伟大革命，正是这个革命推动了中国特色社会主义的伟大飞跃！"[③] 这个伟大的觉醒是我们党把握世界潮流和时代要求，科学运用马克思主义于中国革命和建设的自觉的觉醒，也是中华民族主动融入全球化和现代化的自觉的觉醒，体现了可贵的历史主动性和创造性。而曾经作为鸦片战争主战场的广东，以开放包容、敢闯敢试、敢为人先的海洋文化精神，成为改革开放的排头兵、先行地、实验区，为发展社会主义市场经济、探索中国特色社会主义道路作出了重大贡献，提供了宝贵经验。

从经济特区到大湾区，不断增强开放动能。从产业革命史看，利用航海贸易和濒海优势兴办"自由港""自由加工区""对外贸易区"，是引进外资、促进对外贸易以发展产业经济的有效举措。兴办经济特区，是我们党为推进改革开放和社会主义现代化建设进行的伟大创举。1978年12月，党的十一届三中全会作出把党和国家工作中心转移到经济建设上来、实行改革开放的历史性决策。1979年4月，广东省委第一书记习仲勋同志向中央提出兴办出口加工区、推进改革开放的建议，得到

---

① 《邓小平文选》（第三卷），人民出版社1993年版，第90页。
② 《邓小平文选》（第三卷），人民出版社1993年版，第64页。
③ 习近平：《在庆祝改革开放40周年大会上的讲话》，求是网，2018年12月18日。

邓小平同志大力支持，希望广东为全国改革开放"杀出一条血路来"。同年 7 月，党中央、国务院批准广东、福建两省实行"特殊政策、灵活措施、先行一步"，并试办出口特区。1980 年 8 月党和国家批准在深圳、珠海、汕头、厦门设置经济特区，1988 年 4 月又批准建立海南经济特区，明确要求发挥经济特区对全国改革开放和社会主义现代化建设的重要窗口和示范带动作用。广东是建立经济特区时间最早、数量最多的省份。深圳是经济特区飞跃性蜕变的精彩演绎，在我国实现从高度集中的计划经济体制到充满活力的社会主义市场经济体制、从封闭半封闭到全方位开放的历史转变进程中发挥了重要示范作用；创造了"深圳速度""深圳经验""深圳精神"，迅速从一个边陲小镇发展成为一座现代化大城市，综合经济实力跃居全国大中城市前列，用 40 多年时间走过了国外一些国际化大都市上百年走完的历程，创造了世界工业化、现代化、城市化发展史上的奇迹。

经济特区不仅是开放的重要渠道和窗口，而且是连接和促进内地与香港、澳门融合发展、相互促进，落实"一国两制"基本方针的重要桥梁。在经济特区建立 40 周年的节点上，习近平总书记提出了建设粤港澳大湾区建设的重大使命和国家发展战略，推进更宽领域、更高层次、更高质量的开放。当今世界，城市群已经成为一个国家参与全球合作竞争的重要地理单元，而世界上发展竞争力比较强的城市群大多数集中在海湾地区，如纽约湾区、旧金山湾区、东京湾区等。粤港澳大湾区总面积 5.6 万平方千米，人口 7000 万人，经济总量约 10 万亿元，是广东发展的最大优势所在，也是我国乃至全球经济发展最强劲、最活跃的地区之一。充分发挥粤港澳三地比较优势，发挥香港、澳门、广州、深圳的引擎功能，发挥 9 + 2 各相关城市的聚合效应，发挥岭南海洋文化的软实力和感召力，充分吸纳海内外各种生产要素、市场要素、人才要素，粤港澳大湾区必将成为世界级的最具活力的一流湾区和城市群，成为经济发达、人文荟萃、生态优美的优质生活圈。

从双向开放到双循环，不断拓展开放向度。开放是为了发展，因此它是双向的。邓小平曾经谈到，过去的关门政策有两种，一种是对国外，一种是对国内。因此，实行开放政策必须是两个方面的开放，既对国外开放，也对国内开放。所以他说："改革就是搞活，对内搞活也是对内开放，实际上都叫开放政策。"这表明两种开放有着内在的联系，对外开放和对内搞活、体制改革是一个统一的有机联系的两个方面，目的是充分利用国际国内两个市场、两种资源，优化资源配置，发展社会主义市场经济。我国的对外开放是通过建立经济特区—沿海开放城市—内地这样滚动式地由南到北、由东到西逐步推进的。而广东、深圳特区在有效实行"引进来"和"走出去"，为我国实行全方位开放进行开拓性探索的同时，坚持服务国家发展大局，发挥窗口的示范影响功能，对促进东、中、西部协调发展，推动全国改革发展和走向共同富裕起到了重要辐射和带动作用。

基于国际形势的新变局和国内发展的新需求，国家"十四五"规划提出了国内国际双循环相互联结的"双循环战略"，标志着双向开放在新全球化下走向更全面更深刻的开放。习近平总书记指出，新发展格局不是封闭的国内循环，而是开放的国内国际双循环。要优化升级生产、分配、流通、消费体系，深化对内经济联系、增加经济纵深，增强畅通国内大循环和联通国内国际双循环的功能，加快推进规则标准等制度型开放，率先建设更高水平开放型经济新体制。广东是连通国内国际市场的前沿，既是外贸大省，深度参与国际市场，又拥有庞大的的内需市场。粤港澳大湾区是现代服务业高度集聚的区域，是连通和服务国内国际双循环的重要战略枢纽。面对新格局，要把广东及粤港澳大湾区打造为双循环新发展格局的重要节点，把广州、深圳两个一线超大城市打造为双循环的重要节点城市，成为规则衔接示范地，内外循环链接地，科技产业创新策源地，高端要素集聚地，安全发展支撑地。积极主动在内外贸、投融资、财政税务、金融创新、出入境等方面探索更加灵活的政策体系、更加科学的管理体制，积极主动加强与"一带一路"沿线国家和地区开展多层次、多领域的务实合作，从而使广东在新开放征程中继续走在前列。

从自主创新到协同创新，不断提升开放质量。粤港澳大湾区不仅是一个区域发展概念，更是一个创新发展的概念。作为开放前沿的特区和广东，在科技进步上肩负自主创新的使命。改革开放以来，随着全球化、信息化的快速发展和对外开放的不断深化，我们大量地引进了国外的先进生产设备、技术及其经营模式等，然而在关键要素与核心要素等方面，往往受制于人。从日本、韩国、新加坡等亚洲先发国家和地区的经验看，自主创新是技术相对落后的国家、地区赶超技术相对先进的国家、地区必经环节和重要战略。处于全球化浪潮下的广州、深圳、香港等城市在科技创新发展上为我国自主创新作出了贡献。广州拥有众多的高校、研究机构和人才，香港拥有灵敏的信息触角和投融资机制，而深圳拥有把科技理论、科技创意转化为现实生产力的开发能力和市场能力，涌现出一大批成功的创新型企业和产业，在智能化、数字化等领域成为引领全国乃至世界的创新高地。

自主创新不是也不可能是封闭的孤立的活动，而是深度开放和集聚融合相互作用的协同创新。建设粤港澳大湾区，就是要充分利用"一国两制"的制度优势，充分发挥粤港澳科技研发与产业的协同优势，建成践行新发展理念、实现高质量发展的典范，建成瞄准世界科技发展前沿、具有全球影响力的国际科技创新中心和重要产业策源地。《粤港澳大湾区发展规划纲要》实施以来，三地协同创新环境显著优化，积极探索有利于人才、资金、税费等方面的改革完善，不断破除影响创新要素自由流动的瓶颈和制约；积极探索协同创新模式，大力建设广深港科技创新走廊，形成各地科技创新产业园的强强合作；积极探索共建科研基地，香港大学、香港科技大学等港澳大学纷纷参与广东实验室的建设，20多家粤港澳联合实验室正在启动；积极探索协同创新平台，强化珠海横琴、深圳前海、广州南沙面向世界、对接港澳的重大平台建设，充分发挥湾区各地国家级新区等高端要素集聚的作用，联合打造新一代信息技术、生物技术、高端装备制造、新材料等辐射带动力强的新兴支柱产业群，增强三地经济发展新动能，把粤港澳环珠江口建设成为百里黄金内湾。

回首岭南海洋文化精神的历史发展和当代践行的过程，面对世界和中国千年未有之大变局，展望粤港澳大湾区发展的美好前景，我们可以得到三点启示：

一是坚持经济全球化和中国特色的统一。当代的世界是开放的世界。全球化不仅是现代经济、科技、文化相互流动和联系的必然趋向，也是人类普遍交往本质的内在要求。我国改革开放以来的迅速发展，就是通过创办特区打开国门，主动与国际产业链、供应链、价值链、信息链联为一体，并且逐步从全球化的追赶者变成了全球化的主导者之一。当前，由于发展失衡和利益格局的变化，民族保护主义和民粹主义泛起，反全球化暗流涌动，我国开放发展的国际环境压力骤然加大。面对新情况新挑战，适时调整发展战略，开创新发展战略和格局是完全必要的，而扩大和深化开放是推动新发展格局的关键。正如习近平同志所总结的："古往今来，人类从闭塞走向开放、从隔绝走向融合是不可阻挡的时代潮流。"① 中国开放的大门不会关闭，只会越开越大，中国推动构建人类命运共同体的脚步不会停滞！坚定不移对外开放与坚定不移走中国道路是一致的。鸦片战争的教训刺激了先进的中国人纷纷向西方学习和寻找救国之道，但都失败了，只有中国共产党人把马克思主义与中国国情相结合起来，领导人民群众走中国特色的革命道路，才取得了成功。广东改革开放历程也充分证明了这一点。越是深度参与全球化进程，越是要坚持中国特色社会主义的道路、理论、制度和文化，这是改革开放伟大实践告诉我们的科学真理。

二是坚持历史自觉和文化传承的统一。我国近代以来的进步发展，是一个从被动开放到主动开放的过程，一个从"历史不自觉"到"历史自觉"的过程，而文化觉醒和思想自觉是关键。中华民族从"开眼看世界"，到追求"民主和科学"，再到探索"什么是社会主义，怎样建设社会主义"的过程，从站起来、富起来再到强起来的过程，就是思想观念不断破除迷信和封闭，用世界眼光、历史观点、发展观点看待中国和世界的关系，不断赶上时代发展潮流的过程。改革开放永无止境，思想解放永无止境。广东在推进开放创新发展、落实粤港澳大湾区国家战略、打造新发展格局重要支点的征程上，要以海洋文化精神的宽广视野和开放思维，一切从实际出发，把思想认识从那些不合时宜的观念、做法和体制中解放出来，从对社会主义的理论和实践的教条式理解中解放出来，用改革的观点看待改革，用开放的观点看待开放，不断开辟改革开放和现代化建设的新境界。历史自觉离不开文化自信。深厚的岭南文化传统是湾区价值认同和建设人文湾区的内驱力。岭南海洋文化生生不息，近代以来更是经历了民族复兴的苦难和辉煌，为博大精深的中华文化注入了岭海特色和时代精神。创造性传承岭南海洋文化精神，要加强对广东海洋古遗址和各类海洋文化遗产的调查摸底，深化海洋文物、遗存的挖掘、考证和研究；加强对海洋水下和出水文物和遗产的保护，特别是对"南海一号"等具有世界文化遗产价值的文物的科学保护；加快海上丝绸之路遗迹申遗工作，形成粤港澳协同保护岭南文化遗产的合作机制；加强岭南海洋文化典藏文献的梳理、研究、铨释，形成一批优秀专家团队和重大研究成果；推进海洋历史文化的活化利用，让岭南

---

① 习近平：《习近平谈治国理政》（第三卷），外文出版社 2020 年版，第 473页。

海洋文化精神、思想和智慧融入人文湾区的鲜活实践。

　　三是坚持弘扬岭南海洋文化精神和建构人类命运共同体的统一。"海上生明月，天涯共此时"，开放和合作是岭南海洋文化精神的精髓，这与建构人类命运共同体的宗旨是完全一致的，大力挖掘和弘扬岭南海洋文化，将为推进建构人类命运共同体提供岭南特色思想文化资源。人类命运共同体，是从中国古代思想、智慧中总结和提炼出的中国倡仪，也是马克思关于未来社会是一个"人的自由联合体"预言在当下的发展方向和实践目标。党的十八大提出"要倡导人类命运共同体意识"，党的十九大明确提出"构建人类命运共同体，建设持久和平、普遍安全、共同繁荣、开放包容、清洁美丽的世界"。不可否认，当下人类世界是一个矛盾共同体，不同民族国家的不同发展水平、不同制度、不同意识形态的差别依然存在，甚至存在剧烈的冲突。弘扬和平、发展、公平、正义、民主、自由的全人类共同价值，共建人类命运共同体，是推动全球化的走出困境、探索新型文明道路的必然选择。我们要和而不同，存异求同，互相尊重，互惠共赢，追求天下大同。人类命运共同体的每一个国家都应当是独立、平等的主体，各个国家之间的交往，不是主体与客体的关系，不是核心与边缘的关系，不是依附与被依附的关系，是主体与主体间的平等合作关系。在建设 21 世纪海上丝绸之路以及各项国际经济文化合作中，各主体以自身利益为基础参与人类共同体的构建，在基础建设、产业分工、发展协同中达到各国间互惠互利。人类命运共同体的生命力、感召力就在于文明互鉴、共同发展，体现了一种不同发展水平、不同文化传统、不同资源禀赋、不同社会制度国家平等合作的新模式。正如习近平总书记所强调的，只有交流互鉴，一种文明才能充满生命力。只要秉持包容精神，就不存在什么"文明冲突"，就可以实现文明和谐。只要我们有比天空更高远的视野，有比海洋更宽阔的胸怀，21 世纪海上丝绸之路必定会成为世界文明融合发展的桥梁和纽带。

论任仲夷的价值观

中共广东省委原第一书记任仲夷以理论上的坚定性、彻底性和政治上的远见卓识，带领广大干部群众创造性地贯彻落实邓小平和党中央关于广东改革发展的战略思路，奋力杀开一条血路，堪称省委书记中的政治家。而支撑着任仲夷过人的政治勇气和理论勇气的，是历史唯物主义和辩证唯物主义的价值观。他对人民群众无限深沉的爱，对人类公平正义的执着追求，对社会发展规律的透彻理解，构成了他制定改革发展战略的出发点和落脚点，成为渗透在他的领导风格和工作、生活风格中的基本元素。

一、以人民群众为主体的实践价值观

马克思主义揭示人类历史发展规律，是为了人类解放，而首先是无产阶级的解放。马克思指出："哲学把无产阶级当作自己的物质武器，同样，无产阶级也把哲学当作自己的精神武器；思想的闪电一旦彻底击中这块素朴的人民园地，德国人就会解放成为人。"[1] 马克思主义的"思想闪电"颠覆了千百年来统治着社会历史发展学说的唯心史观，破天荒地指出了人民群众是历史的主体。用主体意识唤醒人民群众，启发他们为自己的利益、为自己的解放而斗争，是马克思主义的首要任务，也是马克思主义创始人的伟大历史贡献。正如列宁所指出："马克思和恩格斯对工人阶级的功绩，可以这样简单地来表达：他们教会了工人阶

---

[1] 《马克思恩格斯全集》（第1卷），人民出版社1995年版，第15—16页。

级自我认识和自我意识，用科学代替了幻想。"① 任仲夷运用马克思主义这个基本原理，结合"文化大革命"后拨乱反正、确立实事求是思想路线的实际，结合制定正确的政策措施、调动人民群众改革开放积极性的实际，阐发人民群众是历史活动的主体、人民群众的实践是思想解放的源泉、激发人民群众的创造精神是党和政府制定政策的出发点等观点，教育广大党员干部自觉遵循马克思主义的以人民群众为主体的实践价值观，把根扎在人民群众之中，真心实意地为人民群众的利益而奋斗。"马克思主义从来都尊重群众的首创精神"，这是任仲夷的常用语。尊重人民群众的首创精神，是马克思主义历史观和认识论的首要的、第一的观点，是保证马克思主义政党的根本性质的前提，是制定和实施党的正确领导的基本要求。任仲夷鲜明的政治品格和理论品格之一，就是承认并重视发挥群众的主体创造能动性。他初到广东主持工作时，面对如何冲破僵化体制的束缚，打开改革开放和经济建设新局面的问题，大声疾呼："我们的出发点，是承认广大干部和群众中存在着建设社会主义的巨大积极性和创造性，有着无穷的智慧和活力，我们的政策就是要调动这种积极性和创造性，为这些智慧和活力的充分发挥创造条件。"②

人民群众的主体作用不但表现为实践过程中改造客观世界的物质力量，而且表现为群众实践经验为真理性认识提供源泉，为政策制定提供依据。任仲夷指出："实践出真知，广大群众在长期的实践中，摸索和创造许多切合实际的经验。党的任务，就是善于总结群众的经验，进行理论上的概括，以实现认识上质的飞跃。党在经济建设和各项改革方面的理论就是来自人民群众的实践，群众的首创精神、群众的实践经验是我们制定政策和理论探索的重要来源和依据，党的政策和理论离不开群众的实践。"③ 1980 年任仲夷从辽宁调到广东时，正值人们对是否实行农村土地联产承包责任制意见纷纷之时，他从农民的愿望和实践经验出发，明确地赞同支持仁化县等地率先实行包产到户的改革。20 世纪 90年代，顺德率先进行企业产权和经济体制改革，从上到下都有反对的声音，广东省委坚定地给予支持、引导和总结推广，任仲夷也鲜明地支持

① 《列宁选集》（第 1 卷），人民出版社 1995 年版，第 89 页。

② 张岳琦、李次岩主编：《任仲夷论丛·第二卷　先行一步——改革开放篇》，广东人民出版社 2000 年版，第 222 页。

③ 张岳琦、李次岩主编：《任仲夷论丛·第三卷　是是非非——政治文化篇》，广东人民出版社 2000 年版，第 94—95 页。

这一新的改革探索。他提出，总结我们党形成有中国特色社会主义的路线方针政策以及理论上的不断突破的历程，最根本的一条就是充分肯定群众的创造，总结群众的实践经验，集中群众的智慧，并上升为指导改革的政策和理论，农村改革是如此，国有企业改革以及对市场经济、公有制等问题认识上的突破也是如此。党的十一届三中全会以来，我国的改革开放正是以广大群众的实践创新为动力和基础，不断从凡事问姓"社"和姓"资"、姓"计划"和姓"市场"、姓"公"和姓"私"的思想束缚中解放出来，形成不可逆转的滚滚潮流，这是中国改革开放在不甚长的时间内获得巨大成功的奥秘之所在，也是以邓小平为代表的中国共产党领导人的智慧之所在。

任仲夷自觉运用邓小平同志的人民主体思想，在制定和实施农村改革开放政策的过程中，他创造性地提出"三顺"的工作方法。在1981年11月广东省委常委会上，他提出要坚持和完善农村生产责任制，要做到因地、因时、因事、因人制宜，"不能忽视因人制宜，包括干部经验、群众觉悟。群众喜欢接受哪一种责任制，不能采取强迫命令的办法去改变。就是群众选择得不对，也只能逐步引导，不能硬扭和硬顶。总的来说，政策对就顺路，顺路就能顺心（顺民心），顺心就能顺手，要做到'三顺'"[①]。

"民利"是"三顺"的基础。"必须使每项政策的制定和执行符合客观经济规律，有利于发展生产和改善人民生活。任何一项政策，制定和执行是否正确，必须以群众是否拥护，是否能促进生产的发展，是否使国家和人民都得到利益来衡量。能够实现这些要求的，就是正确的政策。反之，就不是正确的政策。"[②] 联产承包责任制不仅体现了"按劳分配"，而且有利于"各尽所能"，把公有制和个人积极性有机结合起来，使生产力得到解放，使农民收入大幅度提高，因而是好政策，要教育我们的干部，不能因为出了一点问题就对责任制发生动摇，反之，要在完善中稳定和坚持，让农民放心。

"民信"是"三顺"的保证。"在政策上，必须取信于民"，要避免

① 张岳琦、李次岩主编：《任仲夷论丛·第二卷 先行一步——改革开放篇》，广东人民出版社2000年版，第411页。

② 张岳琦、李次岩主编：《任仲夷论丛·第二卷 先行一步——改革开放篇》，广东人民出版社2000年版，第406—407页。

农业丰收时多向农民要东西的"红眼"政策，还要避免在物质紧张时取消"包干""留成""奖励"的"急眼"政策。"不管是'红眼'政策，还是'急眼'政策，其结果都会失信于民，挫伤群众的积极性。"①十一届三中全会以来党的农村政策总的来说是正确的，但在实施时不能搞"一阵风"，一切政策都要通过试验，在群众实践试验中证明是行之有效的，就要大力推广。"对于成功的经验不去推广，也是失误，是官僚主义。"② 即使是废除错误的和过时的政策，规定新的、对发展生产有利、对群众带来实惠的政策，也要经过调查研究，走群众路线，证明确实有利于发展，为广大群众欢迎之后，才能决定。

"民主"是"三顺"的关键。尊重人民群众的创造性和积极性，必须遵循毛泽东所倡导的实行从群众中来，到群众中去的思想方法，就是实践——认识——实践的方法，特殊——一般——特殊的方法，民主——集中——民主的方法。这个思想方法体现了唯物论、辩证法、认识论和唯物史观的统一，体现了马克思主义思想路线和政治路线的统一，体现了人民主体历史观和人民利益价值观的统一。任仲夷1998年在《百年潮》杂志上发表文章指出："在民主基础上的集中，才是真正有权威的集中，这样的集中才真正有力量，才能做到政通令行，避免那种有令不行、有禁不止的情况出现。这就是我过去讲的'顺路、顺心，才能顺手'的道理。现在我们按照邓小平理论指引的建设有中国特色的社会主义道路走下去，路子是顺的，再认真倾听群众的意见，顺乎民心，工作就一定会顺手。我们不是常说相信群众能够辨别是非、通情达理吗？正确理解和执行民主集中制也应当以这样的思想观念作指导。"③

二、使人民群众由穷变富的经济价值观

贫穷不是社会主义。邓小平同志的这个论断颠覆了极左的社会主义

---

① 张岳琦、李次岩主编：《任仲夷论丛·第二卷　先行一步——改革开放篇》，广东人民出版社2000年版，第406页。

② 张岳琦、李次岩主编：《任仲夷论丛·第二卷　先行一步——改革开放篇》，广东人民出版社2000年版，第411页。

③ 张岳琦、李次岩主编：《任仲夷论丛·第三卷　是是非非——政治文化篇》，广东人民出版社2000年版，第196页。

的理解，恢复了马克思主义的社会主义核心价值观。经济解放是社会进步和人的发展的前提，社会主义应比资本主义有更高的物质生产率，这是社会主义制度的历史合理性之所在；社会主义制度下人们应拥有一天比一天更丰裕的物质生活，这是社会主义制度的价值感召力之所在。沿着邓小平开辟的正确认识社会主义本质的道路，任仲夷在改革开放初期主持辽宁工作时，鲜明地提出要让人民群众由穷变富，到广东主持工作后大力落实党的富民政策，迅速打开了改革开放的崭新局面。与此同时，他从社会主义的基本经济规律、人的全面发展规律、共产党执政规律的高度对实现人民群众富裕安康作了大量论述，丰富了邓小平的社会主义富裕论。

社会主义基本经济规律是斯大林在《苏联社会主义经济问题》一书中提出来的，他主要从社会主义经济发展的手段和目的的辩证关系来表达这一规律："用在高度技术基础上使社会主义生产不断增长和不断完善的办法，来保证最大限度地满足整个社会经常增长的物质和文化的需要。"1980年任仲夷写下了《社会主义建设必须遵循社会主义基本经济规律》的长文，发表在《红旗》杂志上。他认为，对斯大林这一表述的准确性，人们可以有不同的看法，但是不能否认社会主义基本经济规律的客观存在，社会主义基本经济规律体现着社会主义生产关系的根本性质，制约着社会主义社会的其他一切经济规律和一切重要的经济活动。搞社会主义建设，如果不遵循这个规律，必然要受到惩罚。任仲夷从三个方面或者说三对关系展开论述。

一是生产和消费的关系。"人们不是为生产而生产，而是为了满足社会的需要而生产，生产出来的东西应当有用。"[1] 这本来是一个很简单的道理，但"左"的路线和观念把这个关系颠倒了，相当长的一段时间里是为政治目标而生产，或者为了追求产值和产量而生产，"以至于不能讲为满足人民生活而生产，不能讲革命的目的是为了解放生产力，让人民过富裕的生活，甚至连生产本身也受到了批判"[2]。这种意识形态化、政治化的"为革命而生产""为生产而生产"的观点体现在

---

① 张岳琦、李次岩主编：《任仲夷论丛·第一卷　冲破禁锢——拨乱反正篇》，广东人民出版社2000年版，第152页。

② 张岳琦、李次岩主编：《任仲夷论丛·第一卷　冲破禁锢——拨乱反正篇》，广东人民出版社2000年版，第153页。

经济政策上，是重积累轻消费，重建设轻生活。我国经济发展一向有积累过高的倾向，那是在片面的工业化政策下，以牺牲人民群众的生活为基础实现的。任仲夷指出，既然生产是为了满足社会需要，那么生产就必须考虑消费的需要。消费并不是消极的，更不是消费越少越好。消费是维持生产的必要条件，没有一定的消费，劳动者就不能继续工作，生产也就成为不可能。消费还是生产的动力，它创造出新的生产的需要。既要反对离开生产去追求消费的倾向，也要反对不考虑消费而去盲目生产的倾向。

二是两大部类生产的关系。在"左"的思想影响下，我国长期以来重第一部类生产而轻第二部类生产，连人民群众的日用品供应都十分紧张。任仲夷认为，根据马克思关于社会再生产的理论和许多国家经济发展的实际来看，在技术进步引起有机构成提高的情况下，为了保持国民经济的高速度，生产资料的生产（第一部类）要比消费资料的生产（第二部类）增长得快一些，但并不是说，在任何情况下，第一部类都必须比第二部类增长得快。如在一定时期，由于消费资料的生产严重落后于生产资料的生产，就需要突出地加快消费资料的生产。"特别应强调的是，在社会主义制度下，发展第一部类生产一定要有为第二部类生产服务的明确目的，决不能使生产资料的生产脱离消费资料的生产、脱离社会需要去盲目发展。"① 1980 年任仲夷来到广东后，在全省局以上干部大会上强调，在抓好能源、交通、粮食的同时，搞好城市卫生、交通、治安的同时，大力抓蔬菜、水果和肉、鱼、蛋等副食品的生产，提出要落实邓小平同志提出的改革要给人民群众以实惠的意见，要给人民群众以看得见的利益。"我们一切工作的目的，归根到底是为了满足社会日益增长的物质和文化的需要。我们必须经常牢记这一条。"②

三是计划与市场的关系。满足人民群众的生活需要，既有认识上的问题，更重要的是体制问题。在高度集中的计划体制下，僵化的体制和机制严重束缚了生产和消费的动力，短缺与匮乏似乎成了社会主义的一个特征。任仲夷在思考如何让人民群众生活好起来时深入到计划与市场

---

① 张岳琦、李次岩主编：《任仲夷论丛·第一卷 冲破禁锢——拨乱反正篇》，广东人民出版社 2000 年版，第 155 页。

② 张岳琦、李次岩主编：《任仲夷论丛·第二卷 先行一步——改革开放篇》，广东人民出版社 2000 年版，第 13 页。

的关系这个关键而又敏感的问题，率先从广东实践经验中提出要对外更加开放，对内更加放宽，对下更加放松，也就是要冲破僵化的计划体制，运用市场机制贯彻社会主义基本经济规律，让社会主义在与市场经济的结合中获得生机与活力。他举例说，广东是有名的"水果王国"，可是由于价格背离价值规律，妨碍了生产，老百姓很难买到水果。于是广东在全国率先放开了一批农副产品价格，刺激了生产，市场上水果很快多了起来。糖、食油、粮、鱼等价格改革都是广东最早开始的。任仲夷从广东实践中总结出一条，必须自觉地运用价值规律这只看不见的"手"来建设社会主义，"对于这只'手'，我们既不能创造它，也不能改变它，更不能消灭它。但我们可以发现它、认识它、掌握它、利用它为社会主义服务"①。无论是社会主义的初级阶段，还是社会主义的高级阶段，都必须把握和运用价值规律来搞改革、谋发展，使人民物质文化生活获得永不枯竭的活水源头。

任仲夷认为，共产党人搞革命第一条是带领人民"由奴变主"，第二条是带领人民"由穷变富"。这是革命的目的，是我们党不懈奋斗的目标，是社会主义的本质要求。他明确指出："由穷变富是真理，是社会主义社会的发展规律。要使我们的国家繁荣富强起来，使广大群众更富起来，这是共产党人在社会主义建设中的天经地义的职责。"②为了消除人们对"富"的恐惧和疑虑，任仲夷还进一步对社会主义的"富"作了界定："我们讲的富，是走社会主义道路的富，是依靠发展生产、巩固和发展集体经济致富，是以勤俭为手段的富，是兼顾国家、集体、个人三者利益的富。这样的富，是光荣的，越富越好。"③与资本主义少数人占有生产资料取得劳动者的剩余价值致富的方式相反，社会主义由于广大人民共同占有生产资料而使马克思关于劳动创造价值、劳动者通过自由劳动获得全面发展的生活资料的理想成为现实。"社会主义制

①　张岳琦、李次岩主编：《任仲夷论丛·第三卷　是是非非——政治文化篇》，广东人民出版社 2000 年版，第 148 页。

②　张岳琦、李次岩主编：《任仲夷论丛·第一卷　冲破禁锢——拨乱反正篇》，广东人民出版社 2000 年版，第 215 页。

③　张岳琦、李次岩主编：《任仲夷论丛·第二卷　先行一步——改革开放篇》，广东人民出版社 2000 年版，第 469 页。

度允许人们通过劳动达到富裕，并为劳动致富创造了条件。"① 因此，任仲夷理直气壮地指出："靠劳动致富是件大好事。" 在社会主义条件下，一个劳动者生活得富裕，说明他劳动得好，同时也说明他对社会的贡献大。反之，你的日子过得比别人穷，只能说明你的劳动和工作不如人家好，不如人家勤俭。任仲夷用这些朴素语言和道理为人们冲破"左"的障碍，大力发展经济和勇于致富鸣锣开道，同时也阐明了马克思主义的劳动价值论不仅是理论的抽象，而且也是历史的具体。在社会主义制度下，广大人民不仅要成为劳动的主体，而且要在公平的社会劳动中获得一天比一天更加丰裕的物质生活。

引导群众富裕起来既是历史规律的客观要求，也是一个辩证的过程。邓小平同志以政治家的大智慧，创造性地提出了让部分地区、部分人先富进来，以先富带后富，实现共同富裕的观点。任仲夷在主持辽宁、广东的工作中率行应用并发挥了邓小平同志的这个观点。他经常在干部群众中阐述"国强与民富""先富与后富""敢富与会富"的辩证法。他指出，民富则国强，要国强，首先要民富，特别是要使广大农民尽快富裕起来；富裕不是两极分化，是共同富裕，然而又不是同时富，不是齐步走，而是让有条件的农民阶层先富起来，发挥示范效应和拉动效应；仅是敢富、想富还不行，还必须找到致富的途径，要发挥代表农村先进生产力的阶层的积极性和创造性，要充分发挥科技和市场的功能来发展农业和农村经济。在 20 世纪 80 年代初，任仲夷在广东亲自抓推广专业户经验的全省性活动，通过召开全省专业户表彰会，营造敢富、会富的社会环境。他抓在山区发展商品经济的新战略，根据每个地方的实际提出致富的新路子。如他在乳源提出十句话方针："农林牧副渔，锡锑铋煤石，能源与交通，人才和技术，商品生产多，发展专业户，外引又内联，善断且多谋，班子要团结，致富靠政策。"② 这十句话体现了任仲夷运用辩证法指导农村工作的智慧，体现了他对农民富裕起来的热切期盼。

富裕并不是社会主义的全部，任仲夷从人的发展和社会主义制度的

---

① 张岳琦、李次岩主编：《任仲夷论丛·第二卷　先行一步——改革开放篇》，广东人民出版社 2000 年版，第 468 页。
② 张岳琦、李次岩主编：《任仲夷论丛·第二卷　先行一步——改革开放篇》，广东人民出版社 2000 年版，第 451 页。

不断完善方面思考富裕的过程性及其人文意义，提出了"富亦思变，越变越好"的观点。新中国成立之初，毛泽东曾引用"穷则思变"的古语，激励中国人民发扬艰苦奋斗的精神，改变"一穷二白"的落后面貌。但在"文化大革命"期间，"四人帮"把"穷则思变"引申出"穷则变、富则修"的谬论。经过20年的改革开放和现代化建设，广东人民率先摆脱了贫困，逐步走上小康富裕之路。特别是在珠三角地区，人们的生活已接近中等发达国家水平。

但与此同时，一些社会丑恶现象有沉渣泛起之势，是否真的应了"富则修"之说？任仲夷分别在20世纪80、90年代多次批判这种"左"的歪论，解除人们对致富的疑虑，同时提出"富亦思变"，阐发了"富亦思变"的必然性和途径。

任仲夷指出，穷则思变，富了也会思变，也应当变，必须变。富的变有两种，一种是极少数人会变坏，这是事实，但不代表社会主流，不代表社会发展一般规律；另一种是变得更好，包括物质生活和精神生活。物质上是富上加富，由小康之家到大康之家；精神上也有更高要求，道德情操达到更高境界，文化教育达到更高水准，言论行动更加文明。实际上进步与文明已成为当今社会的主流方向。我们党和政府在引导人民富裕起来以后，就要解决"富了怎么办"和"富亦思变，越变越好"的问题，引导人们往更好的方向发展。一靠正确的思想观念去教育引导，鼓励好人好事，宣传高尚的思想品德，扶持良好的社会风气；二靠社会法制，严格纪律，运用一定的经济手段和行政手段控制和防范可能产生的种种违法违纪行为，严厉打击坏人坏事，制止不良社会风气的蔓延。

如果说使人民由穷变富是共产党执政的基本任务，那么引导人民"富上加富，富亦思变"就是共产党执政的新理念、新目标。任仲夷敏锐地抓住了时代性的重大实践问题，较早地从理论上进行探索，为形成全面的科学的发展理论提供了新观念、新观点。从发展的中心任务来说，仍然要坚持以经济工作为中心，任何时候都不能因为富起来后过上了好日子淡化这个中心，不能因为富起来后出现各种消极现象而动摇这个中心。"不是主流是支流，莫把开始当过头"，只有紧紧抓住经济发展，加快经济发展，社会主义才有强大的物质基础。从发展的根本动力和目标来说，要比过去更加重视政治建设、社会建设和文化建设，促进社会全面进步和人的全面发展。任仲夷引用冉有和孔子的一段对话后指出："两千多年前的孔子尚且懂得使人民'富之'进而'教之'的道理，我们共产党人应该比孔子站得更高，看得更远。我们推翻了三座大山，建立了人民的政权，让人民'由奴隶变成主人'。我们又进行了改革开放和现代化建设，让人民'由穷人变成富人'。现在人民富起来了，我们应当进一步加强两个文明建设，真正做到邓小平同志所说的'两手都要硬'，使物质文明和精神文明共同发展、经济财富和道德财富同步增长。让人民'由素质不够高的人变成素质较高的人'。这是当前一个极其迫切而重要的任务。"① 可见，任仲夷价值观的落脚点是人，是人的政治和经济地位的全面提升，是人的文化素质的全面发展。

三、让人民群众真正当家作主的政治价值观

任仲夷的政治家品格，鲜明地表现在他对社会主义民主政治的深刻理解和大力倡导上。共产党人是人民群众利益的代表者，全心全意为人民利益而奋斗，不仅要争取人民群众的经济利益，还要争取人民群众的政治利益。民主，无论在资本主义还是在社会主义社会，都是人民群众政治利益的集中体现和基本途径。列宁十分明确地指出："没有民主就没有社会主义。"社会主义为民主政治开辟了广阔的道路，然而，社会主义民主在社会制度和社会生活的实现仍处于探索之中。中国改革开放要解决两大任务：一是发展物质生产力，二是发展民主政治；因而要推进两大改革：以发展市场经济为取向的经济体制改革，以及以发展民主政治为取向的政治体制改革。相对于前一个改革任务而言，后一个改革任务更艰巨更复杂。任仲夷作为一个清醒的马克思主义者，充分认识民主的意义，它关系到社会主义的前途命运，关系到中国改革开放的成功与否。他结合我国社会主义革命和建设的历史教训，从世界文明发展的大趋势和马克思主义的本质特征，阐述了不少关于发展社会主义民主政治的观点，为今天我们深化政治体制改革，建设和谐社会提供了可贵的思想养料。

任仲夷把社会主义革命的目的概括为两句话："由奴变主""由穷

① 张岳琦、李次岩主编：《任仲夷论丛·第三卷 是是非非——政治文化篇》，广东人民出版社 2000 年版，第 319 页。

变富"。历史唯物主义的一个核心思想就是人民群众是历史的主体，是国家政治生活的主人。领导人民"由奴变主"，贯穿于社会主义革命的始终，是共产党执政目标和执政价值所在。任仲夷认为，中国共产党要始终成为民主的推动者和领导者。在新民主主义革命时期，中国共产党一直是民主潮流和民主运动的领导力量。早在五四运动时期，信仰马克思主义的先进分子，就为"科学和民主"的口号英勇而战。抗日战争时期，毛泽东同志提出"民主是抗日的保证"。我们领导的抗日根据地就称为抗日民主根据地，根据地的政府称为抗日民主政府。新中国成立前夕，毛泽东同志在回答一位朋友关于中国共产党如何避免封建王朝兴亡轮回的命运时说，我们找到了一个根本的法宝，那就是民主。

发展民主，是中国改革深入发展的内在迫切要求。任仲夷认为，社会主义改革是全面的、整体的改革，是经济、政治、社会、文化的系统转型。中国经济体制改革是成功的，然而政治体制改革是滞后了。民主政治不是可有可无的，它是市场经济不可或缺的制度形式，是中国走向世界、走向全球化的必然选择。中国特色的社会主义，不仅表现为社会主义与市场经济的有机结合，而且表现为社会主义与民主政治的有机结合。任仲夷从社会主义的人民性、普世性的价值内涵出发，阐述了民主的若干特征，如主权在民，由民作主；多数决定，保护少数；权力制衡，互相监督；依法治国，保护人权，等等。他说："西方民主制度的形式我们不需要照搬，但那些具有普世价值的民主原则恐怕不能违背。"他特别强调言论自由，认为对于一个党、一个国家来说，鸦雀无声是危险的，让每个人都有表达权利，是和谐社会的一个重要前提。"言论自由对于社会的和谐发展非常重要，一个人不犯错可能吗？重要的是能够及时把错误公开，接受监督从而改正错误。这样一个人就可以在改正错误中成长并强大起来。对于一个国家来说，亦是如此。如果我们国家真正做到了言论自由，就不可能发生反'右'、'大跃进'、'文化大革命'这样的人间悲剧。现在有人一提'言论自由'就说是西方资本主义的东西，就是不坚持马克思主义。其实这些人不是无知就是明知故犯。只要读过马克思著作的就知道，第一卷第一篇就是马克思主义的《评普鲁士最近的书报检查令》，通篇都体现了言论自由精神。"① 可以说，在党内高级领导干部中，对于民主政治的重要性及其实质、内涵，任仲夷的

---

① 关山：《任仲夷关于政治体制改革的思想》，《炎黄春秋》2006 年第 11 期。

认识是很深刻的，体现了彻底的唯物主义者的品格和精神。

过去，我们为了论证中国社会主义产生的必然性及其不可逆转性，下大气力论述社会主义革命跨越"卡夫丁峡谷"的可能性，而忽略了对东方社会主义包括中国社会主义在实践中批判封建主义，减少封建因素对社会主义政治文化发展的影响，甚至有时还以封建主义批判资本主义，走了弯路。列宁说过："同社会主义比较，资本主义是祸害。但同中世纪制度、同小生产、同小生产者涣散性引起的官僚主义比较，资本主义则是幸福。"① 任仲夷结合中国社会主义实践的历史教训，用历史的、辩证的眼光分析社会主义与封建主义、资本主义的联系，特别强调要充分认识封建主义因素对社会主义民主政治的危害。他多次指出，在走向现代化的道路上，我们反对封建主义的任务还很重。

任仲夷对封建主义在现实生活中的表现、影响作了概括：经济上的条块割据，追求自给自足的"小而全"倾向；政治上的家长制、一言堂；组织上把党内关系和工作关系搞成君臣关系、父子关系和宗派关系等，论资排辈也是典型的封建主义。他指出，封建意识渗透在我们的日常政治行动之中，如省委书记、市委书记、县委书记，坐个公共汽车，下个饭馆吃个饭，就不得了，就登报，这在国外就可能不理解，因为那是平常事。正由于封建主义在党内政治生活的泛起，造成了一些干部任人唯亲、买官卖官等用人方面的腐败，这是老百姓最痛恨的最大腐败。在任仲夷看来，不能把这些腐败都归咎于资本主义，不能批了资本主义而漏了封建主义，他表示："出这样那样问题的人，我敢说百分之八九十，都是由于他们脑子里还存在着浓厚的封建腐朽思想。"②

封建主义在中国有几千年的历史，它深深地渗透于我国社会生活的各个方面，特别是个人专权、君临天下的帝王思想更是常常影响着社会政治生活，以各种方式顽强地延存着，可谓"百足之虫，死而不僵"。这种封建政治特征也在我们党内时有表现。任仲夷对这种专制的封建政治十分痛恨，不仅结合"文化大革命"的教训深挖封建专制政治对社

① 《列宁选集》（第4卷），人民出版社1995年版，第510页。

② 张岳琦、李次岩主编：《任仲夷论丛·第三卷　是是非非——政治文化篇》，广东人民出版社2000年版，第113页。

哲学、文化与时代

会主义民主造成危害的形式和原因，而且对改革开放中新冒出来的集权主义思潮也痛加批判。20 世纪 80 年代后期，出现了一种主张以铁腕推进体制改革的"新权威主义"，不少人为之叫好，任仲夷公开表示不赞成，指出："新权威主义主张靠强人政治，说白了，是要靠开明君主、铁腕人物。这种主张无法解答怎样才能找一个真正代表人民意志的铁腕人物，找到后又怎样才能保证这个铁腕人物不会犯独断专行的错误。……在现代社会，不讲制度和监督，不讲决策的民主化和科学化，光靠少数人的权威是不行的。不努力发扬民主，健全法制，以法治国，单靠权威行事，弄不好，新权威就可能变成旧权威，还是个人说了算那一套。过去我们党内，以及国际共产主义运动史上，吃盲目崇拜个人权威的亏，难道还少吗？"① 他认为，权威来自人民，得民心者得权威，失民心者失权威。强调民主、科学、法制，强调人民意志的权威性，这是任仲夷政治民主价值观的基本立足点。

人民群众当家作主，是社会主义之所以有不可遏止的感召力和吸引力的根本，是我们党之所以受到广大人民群众拥护和支持的根本。来之人民，依靠人民，服务人民，情系人民，保持与人民群众的血肉联系，是中国共产党最大的政治优势，在改革开放和发展市场经济的条件下，能否自觉地坚持做到这一点，关系到党的性质，关系到党的命运。为此，毛泽东同志提出了从群众中来到群众中去的群众路线；邓小平同志提出了一切看"群众拥护不拥护，支持不支持，满意不满意，高兴不高兴"的评价标准；江泽民同志提出了代表最广大人民群众根本利益的基本要求；胡锦涛同志提出了"情为民所系，权为民所用，利为民所谋"的执政原则。归结起来，就是要永远摆正党与人民、领导与群众的关系，不能颠倒这种关系。邓小平同志说："我是中国人民的儿子，我深情地爱着我的祖国和人民。"体现了中国共产党人的崇高品格，感动了千千万万的中国人民。任仲夷经常引用邓小平同志这句话，他说："邓小平同志说自己是中国人民的儿子，我赞成这样的提法。"与此同时，他对一些领导干部以"父母官""老板"自居等不良现象进行了评论，从中引申出防止公共权力异化的观点和道理。任仲夷指出，现在有一些党和政府领导干部，常常以"人民的父母官"自居，一些群众也常把

---

① 张岳琦、李次岩主编：《任仲夷论丛·第三卷　是是非非——政治文化篇》，广东人民出版社 2000 年版，第 70—71 页。

人民做好事的干部称为自己的"父母官"，这里有某种亲民之情或感恩之情，然而相互间的关系完全颠倒了。我们的各级干部，所有工作都是为了一个目的，就是为人民群众谋取利益。各级公务员实质上都是人民的勤务员。干部为人民做事是应该的，怎么能称为人民的"父母"呢？这是封建时代的提法，连资本主义都不这样叫，没有听说美国的州长、总统称自己是美国人民的"父母官"的，也没有听说美国人民称他们的州长、总统为"父母官"的。还有一些领导干部习惯甚至喜欢手下人称自己为"老板"，其实所谓老板不过是"掌柜"，是生意场上有资本能拍板的人，而我们党政部门的一些领导，特别是一些党委书记和政府领导人，对手下人称自己为"老板"习以为常，不以为非，这就奇怪了。这些称谓上的变化，实际反映了我们一些领导干部思想上的变化，是浓厚的封建意识在市场经济条件下沉渣泛起的一种表现。

为民作主与由民作主似乎是一字之差，但反映了两种执政观的区别。为民作主在封建时代是很好的，如戏曲《七品芝麻官》有句唱词"当官不为民作主，不如回家卖红薯"。这句话今天很多人耳熟能详，说明人民群众太需要忠诚为他们服务的好官。但在现代社会，对以立党为公、执政为民为宗旨的共产党人来说，为民作主就显得居高临下，违背了马克思主义让人民群众自己解放自己的根本原则，与现代民主相悖。任仲夷指出："我们党说民主民主，应当是由民作主，人民有权要求干部做这些事，也有权要求干部不做那些事。领导干部做主，也只能代表人民的利益，反映人民的意愿。况且当领导决定问题时，也要经过一定的民主程序。人民当家作主，各级干部是人民群众的公仆，不是人民群众的主人。"①

"水可载舟，亦可覆舟"，这句历史名言对于提醒我们脱离人民群众就有丧失执政资格的这个意义上是形象深刻的，但对共产党人来说，党与人民、领导与群众绝不仅仅是舟与水的利害关系。人民群众不仅仅是工具性的载体，而且是中国共产党执政之基、力量之源，切记自己是人民的儿子，以人民价值为根本出发点和落脚点，中国共产党才能永葆来自人民、为了人民的根本特性，才能永葆先进性和创造活力。

---

① 张岳琦、李次岩主编：《任仲夷论丛·第三卷 是是非非——政治文化篇》，广东人民出版社 2000 年版，第 214 页。

哲学、文化与时代

四、开放包容的文化价值观

任仲夷对广东的影响是深远的，这不仅由于他主持广东工作期间以卓越的战略眼光打下了广东改革开放的坚实基础，更由于他深刻的思想观点、鲜明的创新精神和开放的文化风格，留给广东干部群众十分珍贵的精神财富。尊重知识、尊重人才，倡导和而不同的多样化的文化价值取向，这是任仲夷文化思想的核心，体现了任仲夷对世界文化潮流、中国当代先进文化、岭南文化风格的融会贯通，体现了他对马克思主义的科学理性精神和人文关怀精神的把握和实践。

文化的源泉是实践，文化的主体是人，就实践的客观性和人的社会性而言，文化具有统一性和普适性，然而由于实践的时空差异性，由于主体的区域性、民族性、个体性特点，文化又具有多元性、多样性、多层次性，否认文化的统一性，可能导致文化相对主义，否认文化的多样性，可能导致文化专制主义。对于中国现代社会转型时期来说，如何把坚持马克思主义的指导与多元文化价值取向统一起来，建设一个既有核心价值维系又和而不同的自由开放的和谐文化体系，是中国特色社会主义建设的一个重大任务。多年来，不少干部习惯于用一种文化价值、一种文化口味来领导文化工作，窒息了文化的创造活力，满足不了广大人民群众日益增长的文化精神需求。任仲夷认为，改革开放所引起的社会生活的革命性转型，使社会文化生活变得多样化和多层次化了。"我国正处在新旧两种体制交替的时期，人们的思想观念正在发生很大变化。如果再像过去那样，对某一事物的认识，往往由某个领导人'一锤定音'，要求大家在同一时期对同一事物都只能说'好'，或说'不好'，要求'舆论一律'，实践已经证明是行不通的。在改革开放中，人们的思想异常活跃，这是件好事，是合乎历史发展规律的。"①

首先，改革开放激活了人们的文化个性。真理与谬论、美与丑、好与坏都有一定的客观标准，但是人们对事物的认识及审美价值是不可能完全一致的，因为人们的出身经历、文化科学知识结构、思想理论水

①　张岳琦、李次岩主编：《任仲夷论丛·第三卷　是是非非——政治文化篇》，广东人民出版社 2000 年版，第 364 页。

平、看问题的角度和兴趣爱好等都不尽相同。好比吃饭，众口难调，对文学艺术的欣赏犹如吃饭，不能要求人们都是一个口味。比如音乐，有人喜欢现代流行音乐和通俗唱法，有人喜欢《洪湖水，浪打浪》《春江花月夜》《蓝色的多瑙河》等，也都是很自然的。难得的是，在当时社会上对通俗歌曲评价很不一致，甚至一些行政部门视其为异端的情况下，任仲夷认为，既然那么多人喜欢听、喜欢唱，那当然是好的，尽管他表示他个人更喜欢民族的、幽雅的、古典的音乐。他有针对性地指出，领导干部不要根据自己兴趣爱好轻易作结论，说什么好，什么不好，不能在艺术的问题上充当"裁判"和"法官"。允许差异，允许讨论，允许有不同的意见，才有文艺的繁荣。

其次，人们的文化需求是分层次的。人们在文化欣赏和消费上是分层次的。适应不同层次的需要，文化艺术也应该多样化，古典的、现代的、中国的、外国的、严肃的、通俗的，都要有。无论是"阳春白雪"还是"下里巴人"，不同风格的文艺产品都应该向人民群众提供，不能再回到"八亿人民只看八个样板戏"的时代。在文化消费上也提倡多样化，根据收入差异，有的人可以打高尔夫球、网球，有的人只能打桌球或乒乓球。如同生活消费不能搞一刀切一样，文化消费更不能不分层次地统一要求。

再次，复杂的社会生活要求信息的多样化。新闻报道是社会实践的反映，改革开放带来了社会生活的变革和复杂多样，新闻报道也应在内容上、形式上、风格上跟上时代的步伐，敢于求真，敢于创新，才能反映火热的群众实践，才能引领时代的潮流。任仲夷针对新闻改革迈不开步伐的现象指出："如果报纸刊物'舆论一律'，写文章千篇一律，处理问题绝对化，'一刀切'，提倡什么就一哄而上，一面倒，那就太简单化了。所以如此，很大程度是过去那种自上而下的风气造成的。"①他鼓励《南方日报》要办成从版面到标题都使人感到新颖、醒目、生动、活泼，令人爱不释手的好报纸；鼓励《羊城晚报》要努力形成和发展自己的独特的风格，突出"三性"（即知识性、趣味性和地方性）；鼓励记者写出"奇文"，敢于提出和回答问题。他认为改变"一刀切""绝对化"的弊病要从两方面努力：民众要敢于创造，敢于突破，领导

① 张岳琦、李次岩主编：《任仲夷论丛·第三卷 是是非非——政治文化篇》，广东人民出版社2000年版，第366页。

哲学、文化与时代

者则要敢于支持这种勇于开拓创新的人。他还指出，这是一个转型发展的过程，欲速则不达，但希望能尽快缩短这个过程。

"双百方针"是毛泽东提出的党领导文化、文艺工作的指导方针。邓小平同志结合新中国成立以来我国文化建设的经验教训加以发展，明确倡导创作自由。他指出，文艺要坚持"为最广大的人民群众、首先为工农兵服务的方向，坚持百花齐放、推陈出新、洋为中用、古为今用的方针，在艺术创作上提倡不同形式和风格的自由发展，在艺术理论上提倡不同观点和学派的自由讨论"①。任仲夷认为："文化建设是党的一项重要任务，当前党对文学事业领导的一个重要任务，就是坚定地保证作家的创作自由，包括作家对题材和主题的自由选择，思想感情的自由抒发，不同艺术观点的自由讨论，以及多种艺术形式的自由发展，都是创作自由的具体表现，必须加以保护。"②

正确处理文艺与政治的关系，是保证创作自由的前提。任仲夷十分赞成邓小平同志关于反对机械地要求文艺服务政治的观点，认为作家、艺术家应当有社会责任感，使自己的创作更好地为人民服务，为社会主义服务；但并不是要求文学艺术从属于临时的、具体的、直接的政治，并不是要求文学艺术一味歌功颂德，而是要遵循文学艺术的特征和规律，满足人民群众的文化艺术需求。只要是人民群众喜闻乐见的作品，都应该允许存在和发展。我们要相信人民群众有鉴别是非和美丑的能力，作品的思想成就和艺术成就，应当由人民来评定。在文艺创作和文艺批判领域里的行政命令必须废止，干涉过多的偏向必须纠正，"左"的影响必须废止。党和政府应当做的，首先是执行正确的政策，造成有利于创作自由的环境和气氛；同时还要为作家的创造性劳动提供必要的物质条件。这"三个必须"和两项任务的提出，发挥了毛泽东同志、邓小平同志的文艺思想，奠定了广东文艺工作的基调。广东改革开放以来的30年，产生出不少优秀的文学、影视、音乐、美术等作品，为全国文化艺术界所瞩目，不能不溯源于任仲夷所倡导的尊重创作自由的文艺理念及其所制定的文艺政策。

任仲夷对知识、文化的高度重视，集中在他对知识分子的重视和爱

---

① 《邓小平文选》（第2卷），人民出版社1994年版，第210页。
② 张岳琦、李次岩主编：《任仲夷论丛·第三卷　是是非非——政治文化篇》，广东人民出版社2000年版，第358页。

护上。凡他工作过的地方，知识分子普遍感到心情舒畅。他与知识分子广交朋友，坦诚交谈，共商时政，同品艺术，在知识分子中有很强的亲和力，有很高的威信。任仲夷的知识分子价值观建立在科学技术是第一生产力的基础之上。他由衷地赞成邓小平同志在全国科学大会上的讲话，指出这个讲话运用马克思列宁主义、毛泽东思想，从理论与实践的结合上，对科学技术是不是生产力，脑力劳动是不是劳动人民的一部分，对知识分子队伍如何估计等一系列重大问题作了非常透彻的阐明，从根本上砸碎了长期以来"左"的路线套在广大知识分子身上的精神枷锁。他提出，领导干部要在思想方法上来一个大转变，要真正把广大知识分子当作工人阶级的一部分（而且是非常宝贵的一部分），要真正尊重知识，尊重科学，尊重科学家和各方面的专家。

任仲夷对党的知识分子政策的形成和发展以及其中的经验教训进行了总结，指出："历史经验证明，知识分子政策的正确与否，直接关系到革命和建设事业的成败。"[①] 抗战时期毛泽东在为党中央写的《大量吸收知识分子》的决定指出："没有知识分子的参加，革命的胜利是不可能的。"但在1957年后很长的时间内，知识分子被划到资产阶级的范畴，几乎每次运动他们都挨整，给社会主义事业造成了巨大的损失。所以，任仲夷认为，要落实知识分子政策，最根本的是要解决对知识分子的认识问题，清除贬低知识分子的"左"的思想。一些干部对知识分子始终不能在感情上融合起来，是多年来宣传和舆论造成的。过去连演戏和文艺作品中，知识分子的形象都往往是保守的、草包的，读书多似乎是一种罪过。针对一些领导干部对知识分子的偏见，任仲夷在《羊城晚报》发表的谈话明确提出："知识分子成堆好，知识分子多，知识就多，各项工作发展就会快。"[②]

重视知识分子，不仅要发挥他们在发展科技生产力方面的作用，而且要发挥他们在宏观决策上的作用。任仲夷在改革开放之初就提出："制定重要的决策时，要充分听取专家们的意见，这应当成为一项制

---

① 张岳琦、李次岩主编：《任仲夷论丛·第三卷　是是非非——政治文化篇》，广东人民出版社2000年版，第409页。

② 张岳琦、李次岩主编：《任仲夷论丛·第三卷　是是非非——政治文化篇》，广东人民出版社2000年版，第412页。

度。"① 也就是说，实施科学决策、民主决策，不应由领导个人的水平或爱好所决定，而是一种制度化的要求，不能因领导人的能力高低而偏废，不能因领导人的变动而随意变更。

在落实知识分子政策，创造良好的有利于知识分子成长、锻炼、发挥作用的物质、政治、社会条件方面，任仲夷发表了许许多多的讲话和意见。例如，如何不拘一格选拔人才的观点，把引进人才与培养人才结合起来的观点，选拔人才既要看文凭更要看实际水平的观点，让人才在竞争机制中脱颖而出的观点，建立人才学的观点，等等。他较早提出知识分子的使用不应受行政级别的限制。1981 年 9 月他在听取广东省社会科学院汇报工作时提出："过去我们习惯把一个科研单位机械地比照行政单位，研究人员的待遇框得很死，不利于积聚人才，其实，这些单位的科研人员可以高于或低于组织规定的单位的级别。广东是改革开放的前沿，需要大量的人才，尤其重要的是高级的人才，职能部门要研究制定灵活特殊政策，吸收国内外的人才到广东创业干事，这是广东长期快速全面发展的迫切要求。"

(原载于《学术研究》2009 年第 10 期)

① 张岳琦、李次岩主编：《任仲夷论丛·第一卷　冲破禁锢——拨乱反正篇》，广东人民出版社 2000 年版，第 254 页。

谈谢非坚持群众路线思想方法

　　从群众中来，到群众中去，坚持群众路线，群众观点，是中国共产党人的思想方法和工作方法的重要组成部分。邓小平同志说过："我是中国人民的儿子，我深情地爱着我的祖国和人民。"这句话代表了几代中国共产党人的伟大的历史责任感和崇高的精神境界，中共广东省委书记谢非多次深情地回忆和引用邓小平同志的这句话。谢非是从基层工作实践中一步一步成长起来的党和国家领导人，对群众的疾苦、群众的需要、群众的力量有着十分深刻的体会，他的情感世界、决策视野、领导艺术都离不开人民群众这个基础和核心，更难能可贵的是，作为一个处于改革开放前沿的经济大省的主要领导者，他不仅自觉地在工作实践中运用、发挥群众路线，而且结合改革开放的新的历史条件和任务对群众路线从理论上作出新的理解和概括。坚持群众路线，是贯穿于谢非思想方法和工作方法中的一条红线，是谢非留给我们十分珍贵的一笔思想财富。

一、正确处理对上负责和对下负责的关系，把群众的利益和需要放在第一位

　　马克思、恩格斯创立的历史唯物主义和辩证唯物主义，系统地阐述了科学的世界观、历史观、价值观，从而把认识世界和改造世界的伟大的认识工具交给了无产阶级和人民群众。中国共产党人把历史唯物主义和辩证唯物主义运用于中国的革命和建设实践，实现了马克思主义在中国发展的历史性飞跃。从毛泽东思想、邓小平理论到"三个代表"重

要思想，在开辟和推进马克思主义中国化的伟大进程中，不仅坚持与时俱进的马克思主义本质特征，不断推进理论创新，而且坚持马克思主义的实践品格，形成了具有中国特色、中国风格的思想方法和工作方法。这一套方法具体体现为以实事求是为特征的思想路线，以解放和发展生产力为特征的政治路线，以民主集中制为特征的组织路线，以群众路线为特征的工作路线，这四条路线是互为前提、互相补充、互相渗透的有机整体。毛泽东同志在领导革命斗争中总结概括出"实践——认识——实践""特殊——一般——特殊""民主——集中——民主""群众——领导——群众"的公式，生动简明地反映了认识过程、决策过程和工作过程的同一性，反映了我党思想方法和工作方法的基本要求。邓小平同志在领导改革开放和现代化建设的实践中，恢复、丰富、发展了毛泽东同志创造的这套思想方法和工作方法。他的"两手抓"和"三个有利于"标准以及"改革、发展、稳定相统一"等思想观点，从真理观与价值观相统一、唯物论与辩证法相统一、世界观与方法论相统一的高度阐明了实践的观点、发展的观点与群众观点的内在的本质的联系。谢非身处实际工作的第一线，十分注意掌握和运用毛泽东同志和邓小平同志倡导的方法论，他从党的发展历程和党组织、党员的历史责任来阐明系统把握和坚持马克思主义的思想方法和工作方法的重要性。"我们党从创立的第一天起，就确立了全心全意为人民服务的宗旨。在长期的革命斗争实践中，形成了实事求是、理论联系实际、密切联系群众、开展批评和自我批评、坚持民主集中制的优良传统和作风。这些都是党员发挥先锋模范作用，党组织成为坚强战斗堡垒的根本保证。"① 他在自觉地运用优良传统和作风指导广东改革开放和发展的实践过程中，从马克思主义人民主体和人民价值的历史观的高度深刻认识群众路线的极端重要性，把群众路线作为理解和把握优良传统和作风的基础和灵魂。

1. 坚持群众路线是坚持实事求是思想路线的基础

实事求是是马克思主义的精髓，坚持实事求是，也就是坚持从物质到精神，从感性认识到理性认识形成思想的能动反映论，也就是坚持从实践到认识再到实践的思维辩证法。谢非十分强调实事求是的思想路线的重要性，他说："我们革命和建设的最重要的最深刻的一条历史教训，

① 谢非：《广东改革开放探索》，中共中央党校出版社 1998 年版，第 715 页。

就是脱离马克思主义的实事求是的思想路线"，"我们省的领导，市、县（区）、镇各级领导都要坚持实事求是，把这条思想路线贯穿于我们工作的始终"。① 与此同时，他又把坚持实事求是与走群众路线紧密结合起来，强调"求"的过程就是深入群众调查研究的过程。实践不是无主体的实践，人民群众是实践活动的主体，也是认识实践活动的主体，实践的普遍性的品格，不仅在于它的活动形式和活动结果的客观性，而且在于它的活动主体的无限性和全体性。因此，实践第一的原则必然逻辑地演化为人民群众第一的原则。谢非指出，现代化建设是千百万群众的创造性实践，有许多新情况、新问题、新经验需要我们去发现、解决、总结。只有善于总结群众经验的领导才是高明的领导。"调查研究是领导干部的基本功，是坚持解放思想、实事求是的基础。"② 在深入调查研究中倾听群众意见和呼声，作出正确的价值判断和政策取向；在深入调查研究中总结群众的实践经验，把握事物的规律，实施民主决策、科学决策，指导群众实践活动并推动面上工作；在深入调查研究中形成求真务实的文风，克服官僚主义和形式主义，提高工作效率和思想水平。

2. 坚持群众路线是坚持政治路线的宗旨

党的政治路线就是党在一定历史时期根据国内外形势变化和党的奋斗目标而制定的中心工作、根本任务和重大战略策略。在新民主主义革命时期，中国共产党的根本任务是推翻落后的生产关系和上层建筑，解放生产力，在社会主义建设时期，在新的生产关系和上层建筑建立起来以后，根本任务是发展生产力，并在解放和发展生产力的基础上不断提高人民群众的生活水平。新中国成立以来，中国共产党在政治上，曾经实行以阶级斗争为纲的错误路线，给社会主义事业造成极大的危害。邓小平同志在进行思想路线的拨乱反正的同时以大无畏的政治勇气进行政治路线的拨乱反正，领导全党确立了"一个中心，两个基本点"的政治路线，即党的基本路线。谢非从广东改革开放以来的快速发展的成就和经验中得出结论："我们党夺取政权以后，社会主义的根本任务就是发展生产力。只有生产力发展，综合国力增强了，人民生活改善了，政

---

① 谢非：《广东改革开放探索》，中共中央党校出版社 1998 年版，第 725 页。
② 谢非：《广东改革开放探索》，中共中央党校出版社 1998 年版，第 48 页。

权巩固、社会稳定才有坚实的物质基础。"① 指出要深刻认识党的基本路线的正确性，"只有坚持这条路线不动摇，广东才大有希望，国家才大有希望。在执行这条路线时，要警惕右，但主要是防止'左'。坚持党的基本路线不动摇，关键是坚持以经济建设为中心不动摇"②。要做到坚持党的路线不动摇，不仅坚持党的解放思想、实事求是的思想路线不动摇，还要坚持党的群众路线不动摇。

首先，坚持为人民服务的宗旨，是坚持和贯彻基本路线的出发点和落脚点。中国共产党从创立的第一天开始，就确立了全心全意为人民服务的宗旨，改革开放以来坚持"一个中心，两个基本点"，搞社会主义，搞改革开放，归根到底是为了实现人民群众的根本利益，为了人民群众的幸福和自由全面的发展。

其次，人民群众是贯彻落实基本路线的主体力量。现代化建设是千百万群众的创造性实践，只有充分调动人民群众的创造性、主动性和积极性，才能真正地解放生产力和发展生产力。谢非在广东改革发展每个重要时刻、每个重大部署中都反复地强调发挥人的创造精神和能动作用。他指出："人是生产力中最活跃的因素。一旦把人的积极性、创造性充分调动起来，就会极大地推动生产力的发展和社会的进步。"③ 抓科技创新，要"增强群众的科技意识，发动群众积极参加科技进步的实践活动"④。抓精神文明创建，要"尊重群众的创造精神，充分调动群众建设社会主义精神文明的积极性"⑤。抓山区脱贫奔康，必须解放思想，振奋精神，"关键在发挥山区人的积极性和创造性"⑥。

再次，人民群众是否满意，是评价贯彻落实基本路线成败得失的标准。邓小平同志强调，要把人民拥护不拥护、赞成不赞成、高兴不高兴、答应不答应作为制定各项方针政策的出发点和归宿，他的著名的"三个有利于"标准，涵括了生产力的客观标准和人民群众的价值标

---

① 谢非：《广东改革开放探索》，中共中央党校出版社 1998 年版，第 22 页。

② 谢非：《广东改革开放探索》，中共中央党校出版社 1998 年版，第 13—14 页。

③ 谢非：《广东改革开放探索》，中共中央党校出版社 1998 年版，第 709—710 页。

④ 谢非：《广东改革开放探索》，中共中央党校出版社 1998 年版，第 132 页。

⑤ 谢非：《广东改革开放探索》，中共中央党校出版社 1998 年版，第 427 页。

⑥ 谢非：《广东改革开放探索》，中共中央党校出版社 1998 年版，第 349 页。

准。广东是改革试验区，许多改革在全国先走一步，而每项改革都是人们利益的重新调整，都会引发不同的社会反应。谢非十分重视每项政策出台的社会效应，要求有关部门成立了社情民意的专门调研机构，把调研结果作为制定和调整政策的重要依据。

党的基本路线的确立也丰富和深化了群众路线的内涵，赋予群众路线新的历史意义和时代精神。马克思主义认为，人的需要是历史活动的第一个动因，通过发展生产力，满足人们的物质文化需求，是马克思主义群众观的出发点，离开这一点，只抽象地说群众路线，反而可能导致"左"的错误，远离群众。谢非认为在新的历史时期，领导班子、领导干部既要确立群众观点，又要解决好如何密切联系群众，如何依靠群众，如何为群众谋利益的问题。在过去战争年代，推倒三座大山，为人民求解放，打土豪，分田地，闹翻身，这些都是为群众谋最大最根本的利益。所以在那个时候，我们能够得到人民群众的衷心拥护。今天中国共产党执政了，从革命转到建设，就要使国家和人民摆脱贫困，摆脱落后，建设文明富裕的、现代化的社会主义，使人民安居乐业。"有了这一条，密切党群关系就有基础，群众就会拥护党、跟党走，因此，我们要坚定不移地、全面正确地执行党的'一个中心，两个基本点'的基本路线。"①

3. 坚持群众路线是坚持组织路线的重要内容

民主集中制是党的组织路线的基本原则，能否贯彻好民主集中制关系到党的性质、党的领导班子建设、党的作风建设等重大问题。列宁从群众、阶级、政党、领袖的相互关系阐明了民主与集中的内在联系。毛泽东同志从实践与认识的客观辩证法深化了民主与集中关系的内涵，确立了中国共产党实行民主集中制的原则。邓小平同志在总结"文化大革命"教训的基础上，从防止"家长制""一言制"等封建主义的东西在党内产生的角度论述民主与集中的关系，强调发扬民主对党的建设和党的事业的极端重要性。谢非根据马克思主义的民主集中制思想，阐发了党的组织路线与群众路线的关系，他指出："民主集中制是我们党的一项根本组织制度和领导制度"，而"民主集中制也关系到党的工作路

① 谢非：《广东改革开放探索》，中共中央党校出版社1998年版，第685页。

线，即从群众中来到群众中去的工作路线"。① 他认为，在新时期，贯彻民主集中制重点是发扬民主，这是经济体制改革、政治体制改革和社会转型的必然要求。"随着市场经济的发展，随着多种经济成分的出现，随着政治体制的改革，社会主义民主是一定要向前发展的。"② 同时指出这也是中国共产党来自人民，服务人民的本质要求。作为共产党人来讲，我们要依靠广大人民群众，尊重群众首创精神，保护人民群众当家作主的积极性，有事要同群众商量，坚持走群众路线，在新的形势下，如何发扬民主，怎样通过民主这种形式调动人民群众参与改革、建设和政治生活的积极性，实现我们共同的目标，是必须做好的一篇大文章。实现群众路线和组织路线的结合，一是"选择任用干部要坚持走群众路线"。一个干部的德、才表现于他的工作实践之中，干部的工作实践如何，群众最清楚，在选择任用干部中坚持走群众路线，实施群众标准，不仅能有效地做到任人唯贤，反对任人唯亲，而且使干部心中有群众，自觉地为群众谋利益，所以要把党的干部政策交给群众，并为群众所掌握。要在实践中总结完善选择任用干部走群众路线的方法和制度。二是领导班子内部要贯彻群众路线。谢非说："在领导班子中，民主集中制是更高层次的群众路线的体现。"③ 从民主到集中的过程，实际上就是深入实际，了解民情，听取群众意见，形成正确决策的过程。在国家政治生活中，它是发扬社会民主的过程，在党内政治生活中，它是发扬党内民主的过程，两个过程相互作用、相互促进，在现阶段，后一个过程起主导作用。因此，"我们各级领导干部、领导班子首先要把握发扬民主的观念"④。在党内，特别是领导班子内部成员之间要充分发表意见，开展批评和自我批评，重大事情的决定不能由一把手说了算，要逐步形成党内票决制度。但只讲民主不讲集中也不行，问题是集中绝不是个人专断。集中就是善于集思广益，形成正确的意见、决定、决策等。在这个意义上，谢非提出是否走群众路线是衡量一个领导班子或一个领导干部的一项根本标准。

通过阐明群众与实践、群众与生产力、群众与民主的相互关系，谢

---

① 谢非：《广东改革开放探索》，中共中央党校出版社 1998 年版，第 719 页。
② 谢非：《广东改革开放探索》，中共中央党校出版社 1998 年版，第 759—760 页。
③ 谢非：《广东改革开放探索》，中共中央党校出版社 1998 年版，第 719 页。
④ 谢非：《广东改革开放探索》，中共中央党校出版社 1998 年版，第 760 页。

非揭示了党的思想路线、政治路线、组织路线和群众路线的整体关系，揭示了坚持群众路线对全面坚持党的路线的重要性，这是对我党思想方法、工作方法体系的一个理论贡献。

二、正确处理领导与群众的关系，充分发挥群众的主体精神和作用

中国共产党的诞生、壮大和发展，中国共产党的事业不断走向发达兴旺，都与人民群众息息相关，一切为了群众，一切依靠群众，从来都是中国共产党克敌制胜，战胜各种困难的法宝。在极其艰苦的战争状态下，做到这一点是毫无疑问的。毛泽东同志说过："革命战争是群众的战争，只有动员群众才能进行战争，只有依靠群众才能进行战争。"① 而在革命胜利后，中国共产党执政后，能否继续全心全意地依靠人民，为人民谋福利，是一个新的考验。邓小平同志在新中国成立初期对那些以功臣自居、高高在上、脱离群众的党内干部进行分析批评："有些同志以为天下是我们打下的，一切要服从我们，这是非常错误的。实际上群众不一定会服从你。领导不是自封的，要看群众承认不承认，批准不批准。领导作风恶劣，群众就不会服从；……或者有人说，我革命时间长，本领大。但群众不跟你走，你就一事无成。"② 邓小平同志这段话对于那种党天然代表群众，打天下坐天下而无视人民现实意愿，无视历史变化新挑战的封建陈腐的特权思想是一针见血的。在改革开放和发展市场经济新阶段，党联系人民群众的方式和渠道发生了很大的变化，党的执政纲领和人民群众的内涵外延也发生很大变化，党和人民群众的关系面临新的更大的考验。江泽民同志从新形势下建设一个什么样的党，如何建设党的主题出发，指出："加强和改进新形势下党的群众工作，对于巩固党的执政基础具有决定性的意义，还强调党内'绝不允许形成既得利益集团'。"③ 广东地处对外开放和发展市场经济的前沿，形势变

① 《毛泽东选集》（第1卷），人民出版社1994年版，第136页。
② 《邓小平文选》（第1卷），人民出版社1994年版，第157页。
③ 《江泽民在中央党校重要讲话精神学习问答》，党建读物出版社2002年版，第173—174页。

化对党组织建设的冲击以及提出的新课题也带有前导性和全面性，谢非敏锐地把握住新形势下处理好领导和群众的关系的重要性和迫切性，从群众的主体地位、利益要求和共同富裕等方面深入论述了这个问题。

1. 摆正领导和群众的关系，倡导公仆意识和服务意识

历史唯物主义认为，劳动实践创造了人类社会，精神文化、政治结构、社会关系等源于物质生产活动，人民群众是物质生产的主体，是历史的创造者，科学社会主义就是要把几千来由唯心史观和剥削阶段颠倒的把人民群众作为奴仆、作为被动者的社会关系重新颠倒过来。1990年谢非对全省组织部部长讲话时指出，我们的领导班子和领导干部，首先是摆正同群众的关系，"历史是人民群众创造的，群众是真正的英雄，是国家的主人，我们党的干部，是人民的公仆。这是马克思主义的观点。这个关系不能颠倒，不能变成人民群众为领导服务，为领导干部谋利益，这是一个很大的是非问题和原则问题"[①]。这本是马克思主义常识性的基本观点，随着中国共产党长期执政，随着执政社会环境的不断变化，不少党员干部的这个观念淡化了，"主人"和"公仆"的位置不清晰，"鱼和水""舟和水"的关系模糊，所以谢非认为在改革开放新时期，必须坚持全心全意为人民服务的宗旨，必须强化公仆意识和服务意识，"这是摆正关系的前提"。改革是一场社会革命，面广而又深刻，各方面都发生了巨大的变化，但人民群众是国家主人，领导干部是人民的公仆这个关系没有变，也不能变，否则，改革开放的性质、党的性质、社会主义的性质就变了。摆正领导同群众关系的核心在于是否真心实意地发挥人民群众历史主体的作用。我国封建皇帝中也有一些"明君"口口声声讲"民贵君轻"，讲为民造福，但实质上是以救世主的君临天下的姿态作出的粉饰点缀，老百姓始终不过是需要开智、拯救的愚民，是被动的客体。相信群众，依靠群众，让群众在历史运动中认识自己的历史使命，发挥历史主体作用，自觉地为自己的利益而奋斗，是马克思主义人类解放理论的灵魂和核心。马克思指出，人们在不断改造客观条件的同时，也在"练出新的品质，通过生产而发展和改造着自身，

---

① 谢非：《广东改革开放探索》，中共中央党校出版社 1998 年版，第 684—685 页。

造成新的力量和新的观念，造成新的交往方式，新的需要和新的语言"①。使人民群众从自发的主体成为自觉的主体，从片面发展的主体到全面发展的主体，是革命和建设顺利发展的前提和基础，也是革命和建设的最终目的。谢非经常强调，改革开放和社会主义现代化建设，是千百万群众生机勃勃的创造性实践，他们的创造精神和实践经验是我党正确决策和实施正确领导的源泉和动力。他在论述广东率先基本实现社会主义现代化进程中要建立三个机制时明确指出："建立三个机制涉及到政治体制，政治体制的改革、完善，涉及到生产力和生产关系的多个领域，目的是建立和健全有利于社会的进步的制度，充分激发人们投身于社会主义建设事业的积极性和创造性。"② 他在总结党的十四大以来广东改革发展的根本经验时，把"大胆探索，尊重群众"的首创精神列为第一条，在抓国有企业改革、农村股份制改革、农村精神文明建设等工作中，经常强调要通过群众性的各种自治组织形成一个工人、农民和各类群众自我教育、自我激励、自我约束、自我管理的机制，从制度和机制上保证人民群众历史主体作用的发挥，这是对马克思主义历史观和党的群众路线的具体运用和发挥。

2. 处理好对上负责和对下负责的关系，把人民群众的利益放在第一位

对下负责，是对人民群众负责，对上负责，是对上级领导、上级机关负责，中国共产党的根本性质和宗旨，社会主义事业的根本目标和方向，决定了可能而且必须达到为崇高理想奋斗与为最大人民谋利益的一致性，完成党的各项工作与实现人民利益的一致性，对上负责与对下负责的一致性。然而，在现实生活中，也存在冲突和矛盾，二者的矛盾只能统一于最广大人民群众的实践，统一于最广大人民群众的根本利益。陈云同志提出"不唯书，不唯上，只唯实"，就是说要以实践标准、群众标准为最高标准，对上负责归根到底是对下负责，这是贯彻群众路线的必然结论。谢非从领导就是服务，领导者既是工作的指挥员又是人民的服务员出发，提出"领导者的权力、责任和服务是统一的"的观点，即领导者要充分运用人民给予的权力，忠实地履行自己的职责，全心全

① 《马克思恩格斯全集》（第30卷下册），人民出版社1974年版，第487页。
② 谢非：《广东改革开放探索》，中共中央党校出版社1998年版，第50页。

意地为人民服务。他提出领导者要做到"三个面向"，即面向实际，面向基层，面向群众。面向实际，就是坚持实事求是，一切从实际出发，以"三个有利于"为标准，创造性地执行上级指示决定，创造性地开展工作。既要克服墨守成规，不思进取，又要防止不顾客观可能，头脑发热，造成失误。面向基层，就是要重视基层，深入基层。没有调查就没有发言权，凡属正确的决定、批示、办法，都来自实践，来自群众，领导干部不迈开双腿深入下去，不调查研究，把握第一手材料，就很难作出符合实际的正确的决策，而且无法及时帮助基层解决困难，具体指导工作，为此要下决心解决"文山会海"问题，从时间上保证领导干部多下去。面向群众，就是以群众的呼声为第一信号，以发展和实现人民的利益为第一原则。"一切工作的出发点要立足于为大多数群众谋利益，克服和防止一切损害群众利益的行为。"办事要同群众商量，倾听群众意见，集中群众智慧，了解群众疾苦，保护群众权益，切实帮助群众排忧解难，自觉接受来自群众的监督，保持党的清正廉明，增强党在人民群众中的感召力和凝聚力。谢非强调，只有做到"三个面向"，才有可能克服官僚主义，才能与群众的感情相通，才能掌握时代前进的脉搏。在实际工作中，谢非带头做到"三个面向"，经常直接过问有关群众切身利益的问题。过去广东电视新闻节目总是按先中央、后本地的原则安排节目程序，即使发生重大灾难事件，如台风、洪水时也是如此，谢非在沿海调研时发现这种程序安排不利于减轻灾难、挽救灾民生命财产，于是很动感情地给电视台打电话，后来又亲自召开会议研究改版方案。电视台、气象台等单位有关工作人员深为感动，至今仍然记忆犹新。

3. 处理好先富与共富的关系，心系困难群众

在社会主义初级阶段，在发展社会生产力的基础上努力提高人民群众的生活水平，使人民过上富裕文明的生活，是贯彻群众路线、群众观点的历史要求。邓小平同志提出"贫穷不是社会主义"，并根据发展不平衡的规律，提出了允许部分地区、部分人先富起来，以先富带后富达到共同富裕的波浪式推进的方针政策，这是对群众路线的一个创新。然而在社会生产力有了很大提高，部分人合法致富以后，如何处理好效率与公平的关系，先富与共富的关系，帮助不发达地区、困难群众、弱势群体尽快发展起来，共享改革开放的成果，成为贯彻群众路线的新课题，成为关系到实现改革、发展、稳定三者统一的大问题。邓小平同志

以战略家的眼光，预见到 20 世纪末，公平问题的出现，提出解决城乡之间地区之间不同群体之间贫富差距过大是中国共产党和政府部门的一个重大任务，并由此提出"两个大局"的思想。广东率先改革开放，生产力发展水平和人民富裕程度都大大高于全国平均水平，然而收入和富裕的不平衡也表现得十分明显，广大山区，尤其是边远山区，不少群众生活仍然很困难，甚至还有连温饱也未解决的地方，是"阳光下的寒极"，此外，一部分城市下岗工人、退休职工、孤寡老人等也缺乏生活的保障。谢非首先以发展的大战略来思考这个问题，指出山区脱贫致富是广东迈向小康社会的不可超越的一大步，广东经济以特区和开放城市为先导，以东西沿海地带为两翼，以大片山区为腹地，如果"先导"已冲在前，"两翼"也已起飞，而大片的纵深腹地经济不发达，那么全省经济就不可能有持续、稳定、协调发展。其次从中国共产党、从社会主义对公平追求的价值目标阐明解决这个问题的重大政治意义。指出既要以先富带后富，又要防止两极分化。如果贫困地区长期不能富裕起来，就可能失去群众的信任。山区人民在战争年代对革命作出过重大的贡献，如果对山区的贫困状态熟视无睹或长期无所作为，就无法对历史对人民作出交代。再次是从广东实际出发提出山区脱贫的思路、措施。从 20 世纪 80 年代中期起，谢非就一直高度关注山区脱贫致富问题，1985 年 5 月马不停蹄到阳春、信宜、封开、连山、连南、连县、阳山、清远等地调研，向广东省委常委提出了关于支持山区发展经济问题的调查报告，1988 年在广东省委、省政府召开的第三次山区会议上做"关于山区发展经济要处理好五个关系"的讲话，初步形成了谢非关于山区发展的宏观指导思想，1991 年在第六次广东省山区工作会议上作主题报告，提出广东省委、省政府今后抓山区脱贫致富基本目标和任务，提出大力抓好农业深度开发，积极发展山区工业，千方百计壮大集体经济实力，努力改善交通条件，加强外引内联，突出依靠科技进步和搞活流通促进山区经济发展的总思路。此后广东省委、省政府及有关部门按照这个总思路不断深化总结山区发展的规律，不断创新扶持山区发展的方式方法。谢非满怀对贫困地区人民的感情，不辞辛劳经常深入粤北贫困的石灰岩地区亲自制定实施发展旅游、迁移等扶贫措施，有效改变了这些地区人民的生存和发展的基本条件，深受群众的欢迎和爱戴。谢非关于高度重视扶持后发展地区、贫困群众的观点和实践经验既体现了先富带后富的辩证法思想，又体现了党的群众路线在市场经济条件下的运用和创新。

三、正确处理民主与集中的关系，
高度重视基层经验和群众意见

中国共产党的最大优势是善于组织群众、宣传群众、联系群众，党执政后的最大危险是脱离群众。在执政条件下，党联系群众的方式，为群众谋利益的方式以及人民群众表达要求和愿望的方式等发生了很大的变化，改革开放后这些方式又有了更深刻的转变。如何根据时代、环境、使命的新特点掌握做好群众工作的本领和方法，不断创新群众路线的实践形式，对贯彻党的群众路线，巩固党的执政基础具有决定性意义。谢非有丰富的群众工作的实践经验，对此有深刻的体会，他认为贯彻群众路线，不仅要有理论的自觉、思想的自觉和行动的自觉，而且要掌握新形势下做群众工作的本领和方法，提出"一定要学会做群众工作，学会做思想工作，学会正确处理人民内部矛盾"。

1. 善于处理人民内部矛盾是做好群众工作的基本要求

毛泽东同志在生产资料社会主义改造基本完成后，指出我国大规模的急风暴雨式的群众运动已经结束，阶级之间的对抗性矛盾已不是我国社会的主要矛盾，占主导地位的是非对抗性的人民内部矛盾，提出"把正确处理人民内部矛盾作为国家政治生活的主题"。党的十一届三中全会前后，邓小平同志领导全党拨乱反正，首先就是在社会主要矛盾和党的中心工作上的拨乱反正。谢非从历史经验中深刻地认识到党的中心工作转移对正确处理人民内部矛盾的迫切性、重要性，指出把人民日益增长的物质文化需要同落后的社会生产之间的矛盾确定为主要矛盾，把党和国家的中心工作从以阶级斗争为纲转移到以经济建设为中心，把正确处理人民内部矛盾作为国家政治生活的主题三者是一个有机联系的整体，群众工作必须围绕这三方面的历史要求来开展。"一个主要矛盾，一个中心，一个主题，这就是新的历史时期所要解决的重大任务。毫无疑问，我们信访工作的重点也应转移到这方面来。"① 在建立市场经济体制过程中，由于利益关系的调整与变动，人民内部的矛盾、纠纷往往

---

① 谢非：《广东改革开放探索》，中共中央党校出版社 1998 年版，第 743 页。

突出起来。必须注重研究新形势下社会生活中的新情况、新问题，科学分析人民内部矛盾新的表现形式、特点和发展趋势，善于统筹不同群体之间的利益关系，提高协调和处理群众之间、干部与群众之间的各种矛盾的能力和水平。要正视矛盾、解决矛盾，只有善于处理人民内部矛盾，才能善于做好群众工作。为此，要掌握政策严格区分不同性质的矛盾，及时做好人民内部矛盾的调解、转化工作，努力把矛盾解决在未激化的时候。矛盾激化时，处理起来更要冷静、慎重；要讲究方法，宜耐心细致，忌简单粗暴，宜疏导说服，忌堵塞压服，坚持民主的、平等的方式方法处理矛盾；要做好思想政治工作，帮助群众正确认识改革中前进中出现的暂时的困难和问题，引导群众自觉地与党站在一起，化消极因素为积极因素；要变被动为主动，采取信访、接访、探访等形式加强与群众的沟通，抓住刚出现的苗头，抓住那些带有倾向性、普遍性的问题，进行调查研究，从方针、政策上给予解决；要重视加强基层组织建设，保持党和人民群众的联系畅通，把矛盾化解在基层。谢非经常在干部会议上倡导这些做群众工作的经验和方法，对于提高广东省广大干部的领导艺术，在抢抓机遇快速发展的同时重视民心民意，实现改革、发展、稳定的统一发挥了积极作用。

2. 建立和健全制度体系是做好群众工作的根本保证

过去，做群众工作的一个前提，就是党是人民群众根本利益的天然代表，党的奋斗目标与人民群众的愿望本质上一致，因而更多地把注意力放在领导人的思想和行为上，忽视了制度建设。邓小平同志以新中国成立以来中国共产党忽视政治民主建设的经验教训出发，指出制度是更为根本、更为靠得住的东西。没有民主，就没有社会主义，而没有民主制度，就没有社会主义民主。如果没有制度的保证，所谓人民群众当家作主，所谓党和群众的血肉联系，不过是落实不了的一句空话。是否切实推进民主政治制度的建设，是区分真心实意走群众路线，还是假心假意走群众路线的分水岭。谢非1990年在广东省组织部长会议上专门讲领导班子建设与群众路线的关系问题，提出"要发扬民主，民主决策，有事同群众商量，善于集中群众智慧。在这方面，我们要在实践中进行探索，走出一条路子来，除个人要自觉去做到，还要有制度作保证"①。

---

① 谢非：《广东改革开放探索》，中共中央党校出版社1998年版，第685页。

20 世纪 80 年代他在主持广州市委工作时，对政治体制改革进行调查研究，提出要建立八个方面的制度来加强社会主义民主政治建设，包括接访制度、决策咨询制度、监督制度、选举制度、党内民主生活制度、基层民主生活制度等，回到省委工作后又根据人们反映最大的干部提拔问题和党风问题，深入调研，提出要坚持完善选拔任用干部走群众路线的制度，包括民意测验、民主推荐、民主评议、组织考察，等等。在党风建设上提出要推行"办事公开，群众监督"的制度。公开是监督的前提，一切腐败的、寻租的行为在阳光下将暴露无遗，失去生存和蔓延的环境条件。他认为公开的舆论批评监督是不可缺少的有效手段，因为舆论监督具有公开性、广泛性、及时性和鲜明性，是其他监督所不能代替的。各级党委要支持和引导舆论的监督，充分发挥扶正祛邪的作用，同时也要对舆论监督本身给予监督，任何权力绝对化都可能走向腐败和异化。实行办事公开，群众监督的实质，是发动群众参政、议政，是推进社会主义民主建设的基础工程，是我国政治文明发展的正确方向。

除了以上所述，谢非还对如何抓调研，如何发现和宣传先进典型，如何应对涉及面广的突发性事件等做了大量的论述，形成了比较完整的做群众工作的方法论，对在新的历史条件下如何贯彻群众路线提供了丰富的实践经验和思想启迪。

（原载于陈建华主编：《谢非与广东改革开放思想研究》，广东人民出版社 2004 年版）

不辱使命，为改革开放鼓与呼

2017 年，《黄浩文集》由广东人民出版社出版发行。该文集收录了黄浩同志于从 1980 年至 1993 年间近 200 篇讲话、文章、散文、随笔，这两册共 100 多万字的沉甸甸的著作，围绕着"改革开放鼓与呼"这个主题，从理论、新闻、文艺、外宣和精神文明建设等各个方面，记录了改革开放前中期广东意识形态领域的工作轨迹，见证了广东改革开放和现代化建设的风雨历程，反映了宣传思想文化工作如何解放思想、创新发展、为改革开放实践探索提供思想理论支持的理性思考。

事非经过不知难。黄浩同志担任广东省委宣传部领导（1980—1988 年任省委宣传部副部长，1988—1993 年任省委常委兼省委宣传部部长）时期，正是广东在党中央领导下为全国改革开放"杀出一条血路"的时期，是从计划经济体制向充满活力的社会主义市场经济体制、从封闭半封闭向全方位开放历史性转变的关键时期，改革的艰巨性、复杂性、曲折性向宣传文化工作提出了全新的课题、难题，这两册文集翔实记载了黄浩同志在宣传工作实践中直面这些时代课题、难题的所思所想。追随着这些视野开阔、哲理深刻、情感真实、文笔生动的文字，我们深深感受到黄浩同志推进改革、服务大局的使命意识，高屋建瓴、辩证分析的思想方法，解放思想、勇于探索的创新思维，实事求是、生动活泼的学风文风。在开启改革开放近四十年的今天，重温这些文稿，回首我们一起走过的不平凡的道路，感到特别亲切，同时也感到，在推进"四个全面"和"五位一体"、奔向中华民族伟大复兴"中国梦"的征程上，这位老宣传工作者丰富的实践和思考，也为我们在新形势下如何坚持马克思主义立场、观点、方法，创新发展宣传思想文化工作，提供了有益的启迪。

一、为新时期解放思想鼓与呼

中国改革开放总设计师邓小平指出，改革开放是一场深刻的革命。近一个世纪以来，我国先后发生三次伟大革命，第一次革命是孙中山领导的辛亥革命，为中国的近代进步打开了闸门；第二次革命是中国共产党领导的新民主主义革命和社会主义革命，为当代中国一切发展进步奠定了根本政治前提和制度基础；第三次革命是中国共产党领导的改革开放这场新的伟大革命，引领中国人民走上了中国特色社会主义广阔道路，迎来中华民族伟大复兴光明前景。

改革开放是中国共产党在对"文化大革命"进行深刻反思、对中国发展落后进行深刻反思、对国际形势进行深刻反思的基础上，采取的决定党和国家命运前途的关键抉择，是中国共产党的历史上一次伟大觉醒，孕育了新时期从理论到实践的伟大创造。思想走在行动前面，如同闪电走在雷电前面，改革开放的过程，是经济、政治、社会、文化体制的变革过程，是人们生产、生活、行为、思维方式的变革过程，首先需要一个思想解放的过程。没有思想的大解放，就不会有改革的大突破。黄浩认为，新时期的宣传思想工作的根本使命，就是为改革鼓与呼，而首先是推动人们解放思想，既要激励人们冲破精神桎梏敢于解放思想，又要引导人们坚持实事求是善于解放思想，为改革开放提供强大的精神动力和正确的思想导向。

黄浩在《改革潮流与改革意识》等文章中指出，十一届三中全会以来，在党的领导下，全国人民启动了改革的航船，改革的潮流不可逆转，然而前进的道路并非全都是高歌猛进，当改革遇到困难和挫折的时候，当发展处于低潮的时候，往往会有人出现信心不足、热情下降甚至动摇的现象，其重要原因之一是对改革思想准备不足，根子在于对什么是社会主义、怎样建设社会主义认识不清，有必要在干部群众中开展社会主义的再认识。"改革成为社会主义国家的潮流，绝不是偶然的，而是历史发展的客观要求，是社会主义从不完善走向完善的内在需要。马克思主义告诉我们，一切事物都是发展的。社会主义作为一种崭新的社会制度，它如同其他事物一样，必须要经历一个从不完善到逐步完善、由成熟到成熟的过程。在这一过程中，起决定作用的是生产力和生产关系的矛盾运动，而解决这一矛盾的途径和手段就是不断改革，开辟社会主义建设的新阶段。只有坚持改革，使生产关系和上层建筑适应生产力的发展，才能充分发挥社会主义的优越性，增强社会主义的吸引力。社会主义的实践，充分证明了这一点。"① 社会主义与资本主义相伴而生，对社会主义再认识不能离开对资本主义再认识，改革不仅是社会主义的内在要求，而且也是迎接资本主义挑战的迫切要求。第二次世界大战以后，由于新技术革命带来了生产力的巨大进步，由于资本主义在发展实践中对自身的弊病有所认识，同时也由于各国工人运动的发展和反殖民主义斗争的胜利，特别是社会主义制度的出现，促使资本主义对生产关系，从经济结构、经济运行秩序到利益分配关系等进行一系列的自我调整，出现了许多与传统资本主义模式不同的新变化，阶级斗争有所缓和，劳动生产率不断提高。这些都远远超出人们的预料。此外，当代社会主义的发展环境与过去相比也有了划时代的变化，科技进步与和平合作成为潮流，社会主义不能游离于人类进步的文明大道。"由于科学技术的发展，世界经济体系及其结构发生了变化，和平的潮流、合作的潮流、发展的潮流正在形成和发展。世界社会主义与资本主义两种并存的两种社会制度、两种经济，既相互联系，又相互竞争。这种竞争，既是对我们的严峻挑战，又是我们的发展机遇。如果我们缺乏危机感和紧迫感，不抓住机会进行改革，提高生产力水平，我们就会在竞争中落伍。"② 黄浩在科学分析改革内外动因之后，指出改革是总结我国社会主义实践正反经验和世界发展趋势的正确选择，是建设中国特色社会主义的必由之路，满怀信心地预言：历史前进了，只能继续往前。改革就像奔腾的激流，逆转是不可能的。

改革不可逆转，但也不可能一帆风顺，任何社会事物的发展都是波浪式前进的。改革作为深刻的社会变革、复杂的系统工程，涉及经济、政治、思想文化各个领域，要达到预期目标，不可能不遇到重重阻力和风险，黄浩认为，只有充分认识改革的艰巨性，才能确立改革的自觉意识。首先，改革的艰巨性是由我国国情决定的。"改革的进程总是和一定的生产力水平和经济条件相联系的。"③ 我们的社会主义既不是脱胎

① 《黄浩文集》（下），广东人民出版社 2017 年版，第 244 页。
② 《黄浩文集》（下），广东人民出版社 2017 年版，第 245 页。
③ 《黄浩文集》（下），广东人民出版社 2017 年版，第 246 页。

于马克思指出过的那种典型的资本主义社会，也不是像苏联东欧一些脱胎于初步工业化的资本主义社会，而是脱胎于生产力十分落后，远未实现工业化，生产的商品化、社会化、现代化程度很低的半封建半殖民地社会。新中国成立以来我国的生产力虽然得到了发展，但同我国 10 多亿人口的物质文化需要相比，同发达国家相比，我国仍然与发达国家存在着很大的差距。其次，改革的艰巨性还在于新旧体制及观念的矛盾和摩擦。我国面临着发展和改革双重任务，在经济体制上，既要革除生产关系中各种阻碍生产力发展的东西，又要培育和建立发展生产力相适应的新组织、新机制、新规范，改革进入了两种体制、两种机制和两种管理方式的转换时期，必然产生许多"矛盾和问题"。此外，改革涉及利益的调整，会引起不同地域、不同利益群体之间的差别。这些矛盾、问题在带有封建主义和小生产社会的土壤上，在对外开放的环境中，在思想意识上会造成价值取向的分化，甚至产生僵化和自由化两种错误思想的影响，必然会给改革带来阻力。"改革是开创性的事业，并无先例可循，只能沿着实践、认识、再实践、再认识的道路前进。在我们的路上，需要解决旧矛盾，也需要解决层出不穷的新矛盾。特别当改革进入到深层的时候，我们会面临更多的难题需要解决。"[1]

改革浪潮呼唤改革意识，然而改革意识的确立并不是一蹴而就的。破与立的矛盾运动，存在于体制改革的全过程，也存在于思想解放的全过程。马克思主义认识论认为，社会意识具有相对独立性，与产生它的社会存在并不是如影随形的关系，当它的经济基础发生变化乃至式微时，它还可能在较长的时期内顽强地存活在人们的头脑里并对社会发挥影响作用，阻碍新体制新机制的建立和运行。广东是改革开放的先行地、试验区，新旧思想观念的冲突在广东尤为突出，黄浩从广东实践出发，在《论增强现代化意识》等文章中，指出了改革转型期思想解放的艰巨性长期性，提出了扫除不利于社会主义现代化建设的思想障碍，推动观念更新的任务。他认为，以分散性、封闭性、摇摆性为特征的小农思想，以绝对平均主义为特征的"大锅饭"思想，以绝对化、一刀切为特征的形而上学思想是与现代化建设、市场化改革格格不入的，这些观念严重束缚着干部群众的创造活力和发展动力，要解放思想，必须要冲破这些思想障碍，树立与现代化大生产相适应的"工业化观念、商

---

[1] 《黄浩文集》（下），广东人民出版社 2017 年版，第 247—248 页。

品化观念和社会化观念"，从广东的改革实践来看，迫切需要增强五个意识。

一是改革开放意识。开放是引进有利于现代化建设的信息、技术、经验和市场，改革是建立和完善新的经济运行机制和管理体制，并使之更加适应和推动社会主义生产沿着现代化、商品化、社会化的轨道发展。不增强改革开放意识，当前深化股份制改革、国企改制、发展第三产业、扩大海外市场难以实现，社会主义现代化事业难以顺利发展。

二是超前意识。视野狭窄、目光短浅搞不成现代化。增强超前意识，也就是既要立足现实，又要放眼未来；既要了解发达国家现代化的现状，又要预见世界现代化建设发展的趋向，从而订规划、做决策都能站得高、看得远。

三是创新意识。创新意识是与超前意识相联系的，没有超前意识，也就没有创新意识。就生产某一产品来说，要不断更新换代；就一个企业来说，要不断改进管理，建立和完善与现代化相适应的管理机制；就一个地区来说，要不断调节好宏观指导与微观搞活的关系，营造良好发展环境。

四是民主法制意识。现代化建设必须着眼于调动广大人民的积极性和创造性，必须处理好经济基础与上层建筑相互协调的关系，为此必须加强社会主义民主、法制建设，创造一种既有民主、又有法制的社会管理机制，实现发展、改革、稳定的有机统一。

五是环保意识。西方的工业化过程一般都走过了先污染、后治理的道路，以至有人认为工业化是制造社会罪孽的罪人。我们在向工业化过渡进程中，一定要吸取这一教训，切实增强环保意识；对工业布局、资源开发、产业选择，都要注意防治污染。否则，造福后代的工业化事业，又会给社会和后人带来极大的不幸，制造污染的人将成为历史的罪人。

为了推动思想解放，黄浩还写下了著名的《"三论"三辩》，为广东广大干部群众从实际出发，创造性地贯彻落实中央指示，敢闯敢试敢冒的精神大声叫好，为反对僵化守成思维和形而上学思想方法，营造更加宽松的有利于改革者先行先试的舆论氛围奋臂疾呼。许多干部群众至今对《"三论"三辩》还留下深刻印象，一些专家学者甚至认为《"三论"三辩》在我国新时期思想解放史上有着一席之地。

二、为兴办经济特区鼓与呼

兴办经济特区，是邓小平和党中央为推进我国社会主义现代化作出的一项重大决策，是中国共产党人探索中国特色社会主义道路的一个伟大创举，是广东为全国改革开放"杀出一条血路"担负的艰辛使命。由于特区建设是一个全新的事业，由于思想、理论上长期形成的"左"的影响，党内外对特区持怀疑态度者有之，社会上各种非议责难甚之，一些特区的拓荒者被扣上三顶"黑帽子"，即"资本主义""殖民主义""卖国主义"，否定特区建设乃至否定改革开放的思潮一时泛起。黄浩1980 年去深圳调研后，深感排除各种思想干扰，以维护中央正确决策及深圳特区发展的必要性和紧迫性，撰写发表了《特区"特"在哪里》《"爱国"辩》等文章，从生产力标准、历史尺度与道德尺度关系的分析中辨明是非，释疑解惑。

办特区是否符合马列主义？黄浩认为要以生产力标准作为衡量的根本尺度。"要回答这一问题，首先要弄清什么是马列主义路线。判断一个政党的路线、政策是否符合马列主义原则，其根本标志，要看是否符合辩证唯物主义和历史唯物主义，是否符合实际，归根到底，是否有利于社会主义生产力的提高，有利于社会主义经济发展。"① 在我国，如没有现代化的工业、农业、国防和科学技术，就不能成为强大的社会主义国家。推进社会主义现代化建设，主要依靠自己的力量，实行自力更生，但也要吸取外国的资金和技术。正如列宁所说："要乐于吸取外国的东西：苏维埃政权＋普鲁士的铁路管理制度＋美国的技术和托拉斯组织＋美国的国民教育等等＋等等＝总和＝社会主义。"② 黄浩还以列宁在苏联十月革命后面临极端困难的情况下断然实行新经济政策的实例说明，我们兴办经济特区，让外商投资设厂，允许他们赚取一定的利润，看起来是一种"让步"，但是通过这种"让步"我们引进了社会主义建设所必需的现代化技术、设备和管理经验，可以扩大就业并从中培训出一批掌握现代化管理技术和管理方法的人才，还可以增加"四化"建

---

① 《黄浩文集》（下），广东人民出版社 2017 年版，第 218 页。
② 《列宁全集》（第 34 卷），人民出版社 2017 年版，第 520 页。

设所必需的外汇收入。凡此种种，充分说明开办特区有利于发展社会主义生产力，是符合马列主义原则的。

办特区是"爱国"还是"卖国"？有人认为，搞经济特区，让资本家进来设厂赚钱，是搞"新殖民地"，是"丧权辱国"。面对这顶压在特区改革者头上的不得了的大帽子，黄浩列举了经济特区条例、平等互利的国际规则、旧租界与新特区的本质区别等给予反驳，同时还以19世纪初清政府不准用机车拉煤、俄国贵族抵制外国酒为例抨击了"积弱积贫的爱国主义""庸俗的爱国主义"，明确指出：爱国与否，不可光看言词如何。忌"资"避"外"，不见得就是爱国；顺应潮流，利国惠民，推动国家进步，才是真的爱国。[①]"爱国"既有道德标准，也有生产力标准，二者统一于经济社会发展的实践，体现于国家富强、社会进步和人民幸福。离开世界文明发展趋势和国情的具体情况，离开生产力发展的实践要求空谈爱国道义，阻碍社会进步，不仅不是"爱国"，反而是"误国""卖国"。马克思在1858年分析大清帝国被西方列强侵略的原因时深刻指出："一个人口几乎占人类三分之一的大帝国，不顾时势，安于现状，人为地隔绝于世并因此竭力以王朝尽善尽美的幻想自欺，这样一个帝国注定最后要在一场殊死的决斗中被打垮，在这场决斗中，陈腐世界的代表是激于道义，而最现代的社会的代表却是为了获得贱买贵卖的特权——这真是任何诗人想也不敢想的奇异的对联式悲歌。"[②] 激于道义而不顾时势，闭关锁国而幻想自欺，最终在近代大变革的殊死决斗中被打垮，近代中国闭关自守导致落后挨打的教训太深刻了。

黄浩以史为鉴，以历史唯物主义的实践标准、生产力标准，回答了在特区建设上的"左"的诘难和言论，为特区改革先行者撑腰打气，为营造对外开放的良好舆论环境发挥了积极作用。

三、为广东改革开放实践鼓与呼

我国20世纪80年代末的政治风波以及其后的"苏东巨变"，引发

① 《黄浩文集》（下），广东人民出版社2017年版，第222页。
② 《马克思恩格斯选集》（第1卷），人民出版社1995年版，第716页。

了对我国改革开放的性质和方向、社会主义的前途和命运的忧虑、怀疑，产生了来自"左"和右的声音、思潮的干扰。而对作为改革开放先行地的广东的看法也陷入了"香一年，臭一年，香香臭臭又一年"的怪圈，改革开放先行一步的广东再一次面临巨大的压力。黄浩密切注视国内外形势的变化，深入研究马列主义理论，结合广东改革发展的实践、成就和问题，围绕什么是改革开放的社会主义方向、怎样坚持社会主义方向这个重大问题进行调查研究，并进行理论概括，在党员干部中做了《论全面贯彻党的基本路线》等一系列讲话，在《人民日报》等报刊上发表了《在改革开放中坚持社会主义方向——广东东莞市十一年发展的启迪》等一系列文章，从理论和实践的结合上对这个重大问题作了深刻的回答。

社会主义从理论变成实践近百年的发展，正处在非同寻常的历史时期，改革开放无疑是社会主义国家的迫切要求，但改革开放能否给社会主义带来新的生机和活力，则取决于它的方向。怎样使社会主义更有活力和吸引力，什么是社会主义改革的正确方向？1990 年，黄浩带着这个问题，带着几个人组成的调研组，到了被誉为广东"四小虎"的东莞，深入镇村、企业基层，走访各级干部群众，历时三个多月，全面总结改革开放以来东莞经济、政治、社会、文化各方面的发展，写出了一万多字的调查报告，用了八个字、四句话来概括东莞的成就和经验：

富裕——社会主义制度巩固发展的基础。贫穷不是社会主义，社会主义应创造出比资本主义更高的生产率。东莞改革开放 11 年间，在坚持公有制为主体同时改革所有制结构和形式，大力发展外向型经济，加速农村工业化、商品化进程，社会总产值、国民生产总值、工农业产值、国民收入分别是 1978 年的 8.5 倍、7.6 倍、8 倍和近 7 倍，城乡居民生活进入小康水平，各项建设事业欣欣向荣，城乡面貌日新月异，人民群众安居乐业，与改革开放前贫困落后、人心不稳、甚至出现逃港风潮形成鲜明的对此。活的事实说明，只有发展生产力，摆脱贫穷，才能使社会主义制度具有稳固的经济基础。

公平——社会主义优越性的本质体现。公平正义是社会主义的本质要求。在改革开放中，东莞贯彻按劳分配为主体的多种分配方式，在确认差别、允许一部分人先富起来的同时，积极引导走向共同富裕的目标，以体现公平。通过广开就业门路、创造致富平等机会，发挥集体经济调剂功能，扶持老区和贫困户，大力发展公益福利事业，即使社会充满活力，激励大众奔富，也让弱势群体有保障，让全社会共享发展成果。在东莞，城乡居民的人均收入的增长，生活水平的提高是普遍的，农村各镇人均收入、城镇各行业职工收入基本平衡，贫富悬殊、分配不公的现象得到一定的抑制。东莞的实践证明，社会主义之所以有生命力，不仅它有条件比资本主义更快地发展生产力，而且因为只有社会主义才能避免资本主义无法消除的两极分化，实现共同富裕。

稳定——改革发展和建设的环境保证。社会稳定是社会主义改革开放的前提，是生产和事业发展的根本保证。东莞市自觉把握经济发展和社会稳定的辩证关系，大力促进社会稳定和谐：坚持"一个中心"不动摇，"两个坚持"不偏废；加强廉政建设，密切党群关系；加强对外来劳动力的管理；加强社会治安管理。1962年和开放之初东莞曾发生两次"逃港潮"，前后有几万人一拥而去。而今这里开放包容、富裕和谐、政通人和，历史上那种逃港现象已一去不复返。

文明——社会主义全面进步的标志。社会主义不仅要实现经济繁荣，而且要实现社会全面进步。全面进步的主要标志，是社会主义精神文明。东莞市坚持做到物质文明和精神文明"两手抓"、两手都要硬，自觉围绕党的基本路线，寓教育、引导、建设和管理为一体，把加强思想道德教育、遵纪守法教育、反腐倡廉教育与推进各类科教文事业发展结合起来，把建设大众文化设施与发展大众文化结合起来，把提高人的思想文化素质与提升人的文明行为习惯结合起来，使东莞城市形象和人的精神风貌焕然一新，使精神文明建设与物质文明建设一起跃上新台阶。东莞的经验说明，富起来的人们需要精神力量，没有精神文明，就不能全面体现社会主义的优越性。

"在改革开放的11年里，东莞市的全面进步，是令人鼓舞的，像东莞这样发展下去，社会主义道路将越来越广，越来越有希望。"① 这条富裕、公平、稳定、文明的道路，就是坚持党的基本路线，坚持一个中心、两个基本点的道路。这篇文章用广东的实践充分说明，只要坚持党的基本路线，坚持解放思想、实是求是，我国的改革开放，就既不会走回僵化的老路，也不会走上"西化"的邪路，而是必将走出一条中国特色社会主义的新路。

---

① 《黄浩文集》（上），广东人民出版社2017年版，第110页。

四、为社会主义市场经济鼓与呼

1992 年春，邓小平同志在改革开放的关键时刻视察南方并发表重要谈话，深刻总结了十一届三中全会以来改革开放的经验教训，提出了一系列新观点、新论断，指明了发展社会主义市场经济的方向，一扫困扰着干部群众的思想疑虑，开辟了中国特色社会主义的新境界，推动了新一轮解放思想、加快改革开放的大潮。时任广东省委常委、宣传部部长的黄浩以敏锐的思想判断力和高度的政治责任感，根据党中央和省委要求，积极部署和推动邓小平同志南方谈话精神的宣传报道。《深圳特区报》的《东方风来满眼春》长篇通讯，率先报道了邓小平同志视察过程和谈话精神，在特区、港澳及海内外引起强烈轰动，其后，《深圳特区报》《南方日报》《珠海特区报》等发表系列评论和文章，发表整版照片，《人民日报》全文转载《东方风来满眼春》等文章，新华社发表《大潮涌珠江》等时评，迅速在南粤大地掀起了学习宣传邓小平同志南方谈话的热潮。黄浩还身体力行写文章、作报告，为干部群众传达、解读南方谈话，从理论上进行概括和阐发。

黄浩认为，邓小平同志在世界社会主义运动出现曲折的关键时刻到南方视察并发表的重要谈话，对当前的国际共产主义运动和国内社会主义事业的发展方向作了深刻的阐述，既肯定了近十三年来中国改革开放和现代化建设的取得的巨大成就，又指明今后的发展方向和任务，为建设中国特色社会主义描绘了一幅壮丽而实在的图景。南方谈话内容十分丰富，涉及国内经济、政治、社会、文化等领域和国际问题，其中主要的是对党的基本路线，对如何建设中国特色社会主义，从理论和实践的结合上做了全面深刻的阐述，丰富和发展了马列主义和毛泽东思想，为国际共产主义理论宝库增添了新的光华。黄浩深入论述了邓小平同志南方谈话中的社会主义本质论、"三个有利于"标准、中国特色社会主义的"特色"所在、党的基本路线要管一百年、要警惕右但主要是防止"左"等重大理论，并结合宣传文化工作实践从四个方面概括南方谈话的理论贡献：

第一，邓小平同志根据马克思主义生产关系一定要适应生产力状况的原理，在处理生产力与生产关系的关系时，始终把发展生产力作为社会主义的中心任务或根本任务，把是否有利于生产力发展作为变革生产关系的主要标准。而对于社会主义生产关系各种要素的内部变化及其结构形式，只要在坚持公有制主体的前提下，都允许去探索、去试验、去实践。

第二，邓小平同志根据马克思主义关于经济基础决定上层建筑，而上层建筑又有相对独立性并反作用于经济基础的原理，在处理两者关系时，既考虑到两者的相互依存、相互促进的关系，又注意到两者的相对独立性，因而把共产主义、社会主义思想教育与执行党在初级阶段的路线、方针、政策加以区别，对经济领域在"三个有利于"条件下大胆改革，放手试验，而在上层建筑特别是政治思想领域，则保持清醒头脑，也就是"两手"都要硬。

第三，邓小平同志根据马克思主义关于人包括体力劳动和智力劳动者，是社会生产关系中最活跃要素的原理，提出要尊重知识、尊重科学、尊重人才。在处理经济、政治、文化各个领域的关系和矛盾时，都着眼于有利于调动人的积极因素，最大限度地团结一切可以团结的人，化消极因素为积极因素。

第四，邓小平同志根据马克思主义关于阶级、政党、群众关系的学说，特别重视党的建设。要全面贯彻党的基本路线；要按法制搞好反腐败斗争和廉政建设；要按照"四化"标准选拔德才兼备的人，特别要把坚持改革开放路线并有政绩的人选进领导班子。强调从实际出发，实事求是，反对形式主义、官僚主义、本本主义，这就把政治路线、组织路线、思想路线和工作路线有机统一起来。

对于邓小平同志在南方谈话中提出的"计划和市场都是社会经济手段，资本主义有计划，社会主义有市场"的论断，黄浩认为是对社会主义经济学理论的一个具有重大战略意义的新突破，为建设中国特色社会主义奠定了坚实的基石，必将推动我国改革开放进入一个新的历史阶段。同时认为，如何认识市场经济，如何建立和发展市场经济的运行机制，还要在理论和实践的结合上不断加以探讨。他结合广东实际提出了在改革发展中建立和完善市场机制的观点。

首先，市场经济是商品经济发展的高级形态，是商品经济发展的客观要求和必然结果。在初级的、不发达的商品经济中，市场的作用是有限的。只有在商品经济充分发育、市场机制逐步完善并在整个社会经济生活中起核心作用时，才称得上是现代市场经济。市场经济又是商品经济的完整形态，是一个由主体、要素、中介、管理体制、法规体系等构成的有机系统。我们要承认现阶段我国商品经济的发展还是不充分不发达的，发展和完善市场经济有一个过程。

其次，市场经济的发展有赖于建立和完善市场体系。市场体系不仅包括商贸市场，还包括与之相联系的生产资料市场、金融市场、房地产市场、劳务市场、科技市场、信息市场等，还要有合理的市场结构、统一协调的市场关系和运作规范。

再次，市场体系的建立和完善有赖于深化改革。包括金融管理制度、劳动工资管理制度、外贸管理制度的改革等，而改革的重点是切实确立企业自主权和转变政府管理职能。目前大多数国有企业，离自主经营、自负盈亏、自我发展、自我约束的经济实体还有相当距离。随着商品经济向市场经济的过渡，政府对社会经济的管理，除了保留必要的宏观规划、宏观调控，制订必要的产业政策、税务政策、依法管理监督外，企业生产什么、怎么生产、怎么经营，由企业根据市场需要自行确定，只有这样，企业才有生命力、竞争力。

最后，市场经济的健康发展最终有赖于市场机制的确立和完善。按照市场经济发展的主客观条件，市场机制的建立，一是要形成各类市场统一而完善的市场体系；二是要使企业的生产、经营和内部制度真正转到围绕市场经济而运作的轨道上来；三是要使社会经济的管理真正适应市场经济的需要，并走向制度化、法制化的轨道。此外，还必须处理好坚持市场经济特征、尊重市场经济规律与搞好宏观规划和调控、调整好全社会利益结构等方面的关系，这更是一门需要在实践中探索和完善的学问。①

五、为文化创新发展鼓与呼

改革是一个整体。宣传文化工作服务广东改革开放大局，不仅要为经济改革发展鼓与呼，而且要推动自身的创新发展。黄浩在主持宣传文化工作期间，把守土有责与创新发展统一起来，在推动新闻出版、文化艺术、广播影视体制创新的同时，亲自抓创作、抓策划、抓精品、抓人

① 《黄浩文集》（下），广东人民出版社 2017 年版，第 266—270 页。

才。如在新闻出版上推动《广州日报》《南方日报》《羊城晚报》等启动党报改革试点，推动出版部门策划了全景式反映广东历史文化的《岭南文库》；在电影电视上策划制作了电影《孙中山》，电视连续剧《情满珠江》。《孙中山》艺术地再现了民主革命先行者孙中山愈挫愈勇的奋斗精神和伟大人格，一举获得"金鸡奖"。《情满珠江》以一个改革创业者群体的命运和故事，立体地反映了珠三角社会改革开放的浪潮以及人的精神面貌，在海内外引起热烈反响，获得中宣部"五个一工程"奖和"飞天奖"一等奖。广东在新闻出版体制改革上敢于创新，在文化艺术上精品迭出，展现了敢为天下先的时代精神，成为全国瞩目的改革开放新文化的生长点，一时间被誉为"广东现象"，有力地回击了广东"文化沙漠"论。

黄浩十分重视理论思维对实际工作的指导作用，在领导和推动广东文化创新发展的实践中，他概括出一些既带有普遍性又体现广东特色的文化思想和观点。

第一，繁荣文艺要发展艺术生产力。社会主义文艺工作，包括文学艺术创作、艺术表演等，要为社会主义服务，为人民服务，这是社会主义文艺的方向。社会主义文艺是满足广大人民群众日益增长的文化生活的需要，提高人民群众的精神境界、思想觉悟和审美情趣；文艺创作要反映生产的本质，推动社会的进步和发展。但如果没有更多更好的文学作品、戏剧、电影、电视和其他艺术作品，文艺的繁荣就是一句空话，就谈不上促进精神文明和物质文明的发展，谈不上占领思想文化阵地，谈不上社会效益，也就谈不上坚持"两为"方向。

文化和文艺改革的根本目的是促进文艺生产力发展，要创造出一个更加有利于文艺发展的创作环境。文艺创作是一种特殊的精神劳动，特别需要发挥个人的创造精神。要切实保障创作自由和评论自由，鼓励创新，提倡不同风格、流派、学派的自由竞争，提倡科学的、实事求是的批评和反批评。当然，文艺家要珍惜这种"自由"，正确运用这种"自由"。

第二，文化艺术创新是改革与继承的融合。今天的时代是开放的时代，我们的文化艺术在开放的形势下怎样提高水平、适应时代的变化和挑战，最主要的一条，就是善于改革、勇于创新。时代在前进，实践在发展，人民群众的审美情趣和要求也在变化。我们要适应社会的发展和审美主体的新要求，就不能固守原有的条条框框和旧的创作程式，必须大胆改革创新。好比舞蹈，我们知道，舞蹈发源于原始社会，人们在劳动之余，就手舞足蹈了。从原始的群舞到芭蕾舞的出现，从简单的歌舞到舞剧的出现，都是人类在艺术实践中不断地改革、创新的结果。"实践证明，敢于改革才有创新，有创新才有提高。任何一个艺术品种都是这样的。——凝固的东西是没有的。"①

然而，文化艺术创新离不开民族优秀传统的继承。任何文化艺术都是在人类的劳动交往和文化交流实践中形成和发展的，为世界所共有，并无国界，但都有其民族性和本土性，有其生存和发展的根基和出发点。我国的传统文化艺术，已有数千年的悠久历史，适应于中国社会的土壤和气候，是中华文化生生不息的基因，因此，对传统不能遗弃，也遗弃不了。"借鉴、吸收，不能离开传统，抛弃传统；改革、创新只能在继承传统的基础上实现；发展、提高应是兼收并蓄，把继承和创新结合起来，融为一体。"②

第三，要注重把握文化创新的辩证法。黄浩在推动文化改革创新的过程中，提出宣传文化工作者要提高马克思主义哲学修养，学会用辩证唯物主义和历史唯物主义的立场、观点、方法去分析问题、解决问题，在实践中要特别注意掌握四个观点：唯物的观点、联系的观点、发展的观点、矛盾对立统一观点，避免工作中的表面性、片面性和凝固化。他善于在工作中运用马克思主义哲学，并转化为鲜活的文化工作方法论。

例如，新闻报道的"适度论"。在新闻改革中，要坚持党的领导，坚持为建设中国特色社会主义服务，在坚持正面宣传为主，坚持实事求是的同时，要把握好时度、温度和透明度的统一，对群众关心的事关全局的党务、政务要增加开放度和透明度，对群众议论较多的热点、难点和敏感问题不能回避。但是，对于热点、难点的报道和增加透明度，都要考虑到群众的心理承受力和社会效果。反映热点，不是随意加温，而是为了缓解；反映难点，不是增加解决问题的难度，而是要探索解决问题的办法；增加透明度，是为了加强舆论引导和监督，而不是为公开而公开，为透明而透明，以免造成思想混乱。总之，在公开报道时，要讲策略、讲事实、讲分寸、讲效果。

又如，文艺创作的"本质论"。作家要坚持现实主义的创作道路，

① 《黄浩文集》（上），广东人民出版社 2017 年版，第 452 页。
② 《黄浩文集》（上），广东人民出版社 2017 年版，第 450—451 页。

创作出无愧于时代的精品力作，必须把眼光投向现实的生活。要做到这一点，准确地把握的生活的本质，是一个前提和关键。把握生活的本质，就是辨别社会生活的各种现象、表象和假象，不仅从总体上把握生活的本质，还要挖掘特定生活领域的特殊本质，探索人物的社会本质，从而体察社会的脉动，揭示社会发展的主流和方向，揭示社会发展的规律和大趋势。在当代中国，时代生活的根本特征是改革开放，而要认识和反映改革开放的生活，必须着重了解社会变革中的各种矛盾运动和变化，了解社会人际关系、利益结构的调整和变化，了解社会、文化、思想观念和心理习惯的调整和变化。要正确反映改革开放实践的本质，我们还要上升到理性的高度，深刻了解十一届三中全会以来党的路线、方针、政策的实质，善于分析社会生活各个领域、各个侧面、各类人物的变化和特点，精心选择能够反映社会各种矛盾运动发展在群体和个体人物心理上引起的复杂反响和变化。只有这样，才能描绘出反映时代风云变化的艺术画幅。

再如，精神文明建设的"系统论"。我们是在改革开放和发展商品经济条件下进行社会主义精神文明建设，改革开放和经济建设是一个复杂的系统，决定了社会主义精神文明建设也是一个开放的有机系统，用系统思维去推进，才能克服过去长期以来头痛医头、脚痛医脚的短视行为，才能增强精神文明建设的预见性、整体性和主动性。精神文明建设的根本目标是培养人——在文化、科学、思想、道德等全面发展的人。精神文明建设的结构和要素包括个体、群体、社会整体三大层面。精神文明建设机制是一个动态的运行过程，包括启动机制、灌输机制、传播机制、疏导机制、陶冶机制、参与机制、竞争机制、抑控机制、信息反馈机制。这九大机制使宏观与微观、决策与管理、德治与法治相互联系、相互贯通、相互促进，渗透于精神文明建设的各个方面和各个环节，形成一个自我启动、自我调节、自我激励、自我制约的良性运行系统。

恩格斯说过，一个民族想要攀登科学的高峰，就一刻也离不开理论思维。黄浩这本散发着浓浓改革气息的文集，其中不少真知灼见，对我们今天围绕党和国家的中心工作做好宣传思想文化工作仍然有着重要的参考和启迪价值。更为可贵的是，他坚持在实践中进行理论思考的精神，是可贵的理论自信、理论自觉和文化自信、文化自觉的精神。在新的历史起点上推进中国特色社会主义实践创新和理论创新，不能缺少这种精神。我们坚信，在以习近平同志为核心的党中央坚强领导下，中国改革开放和民族复兴的道路一定会越走越宽广。

（与蒋斌合作撰写，原载于《黄浩文集》，广东人民出版社 2017 年版）

后记：与时代同行

　　我的这本集子收录了有代表性的 30 篇论文，大部分已经发表或出版，其中一部分曾被《新华文摘》《中国社会科学文摘》等转载。作为论文集，该书研讨的问题比较宽泛，其基本内容是以马克思主义历史观、时代观为主轴，从人类文明进步和中国改革开放的方位切入，进行哲学、文化问题的理论思考，以及对广东改革发展进程中的观念变革和文化创新的思考。

　　感谢广东省政府文史馆把我的这本集子列入馆员文库出版，使我从事社科研究近 40 年来有代表性的成果得以结集问世。感谢张磊馆员为我作序，对全书作了评点。毫无例外，张老的序言几乎都是鼓励和肯定的，然而，除了我提供的一些素材外，里面大部分的论述是他一字一句写下来的，当我收到 4 页书写工整的稿子时，内心充满敬意。张老是我国孙中山研究的权威专家，在史学界及至学术界享有盛名。无论在广东省社科院和广东省社科联，张院长都是我的前辈和领路人，至于其学术精神和学术成就，更是吾辈导师和楷模。他给我作序耗费了许多精力和心血，一笔一画认真严谨而富有感情，思想和文采跃然于纸上，体现了老一辈学术大师对后辈的关切之情和自我牺牲精神。对比张老对我的肯定和鼓励，我自知还存在诸多不足，唯有不断学习不断进步，继续拿出新成果，才能对得起张老对我的厚爱和期待。

　　我的学术专业是马克思主义哲学史，作为一门历史科学，它要结合时代演进研究马哲的产生和发展过程，而它又是一门思想史，要从历史和逻辑的统一中阐发马克思主义原理及其体系的创新规律及其精神实质。20 世纪 80 年代初期，马哲史研究受到重视，除了文献资料的新发现外，从时代使命来说，一是要从被"左"的意识扭曲的理解中解放

哲学、文化与时代

出来，恢复马克思主义哲学的完整体系和科学内涵；二是要着眼于改革开放的新实践，推进中国特色社会主义理论的创新发展。我的这本集子的文章分为三部分，实质上是两类，一类是属于马哲史范畴，即探讨马克思主义经典作家有关思想及其体系，另一类是属于哲学和文化范畴，即运用马克思主义哲学的历史观、辩证法、认识论和价值观思想，探讨全球化与时代的关系，全球化与文化发展的关系，全球化与精神文明、生态文明的关系等重大理论问题，以及全球化背景下文化传承创新的本质和规律，广东提升文化竞争力和软实力的战略和对策。作为广东省社科研究机构的领导成员和研究人员，我的学术研究也力图密切联系广东建设文化大省和文化强省的实践，努力为广东文化创新和文化体制改革鼓与呼，为推动文化事业和文化产业发展尽绵薄之力。

我的学术生涯受益于大学本科时期的哲学及社会科学的启蒙教育。我于1979年考入华南师范大学政治系，感谢邓小平同志果断恢复高考，使我这个初中毕业的知青有幸赶上了历史列车。当时华南师大的哲学研究和教学水平在全国是有影响的，从中国社科院哲学所调回来的邹永图教授精于思辨，十分重视哲学抽象思维的培养，他给我们讲授哲学原理的第一课，用抽象的鸡和具体的鸡为例讲授普遍性和特殊性关系的生动场景至今记忆犹新。抽象力是从事哲学研究的基本能力，马克思说过："分析经济形式，既不能用显微镜，也不能用化学试剂。二者都必须用抽象力来代替。"① 以至于列宁说，如果不读懂黑格尔的《小逻辑》，就无法读懂《资本论》，可见抽象思维是一切科学尤其是哲学的基础。此外，周德绪教授的经济学原理、邹柏松教授的经济学说史也很受同学们的欢迎。20世纪80年代前后的华南师大校园，洋溢着为中华崛起而读书，为追求真理而奋斗的活跃学风，一批恢复高考后从知青中走出的学兄学姐（如谢百三、冯邦彦等）以敢言善辩、才华横溢博得我们的由衷敬佩。

然而真正进入到学术研究的层面应是研究生时期。1983年从华南师范大学政治系毕业后，我直接考取了中山大学哲学系攻读马哲史专业硕士研究生。之所以报考中山大学哲学系，首先是因为我二哥田宇是该系78级学生（兼任78级党支部书记），周末我经常到中山大学走动，受到师兄们哲思氛围的感染；更主要的是，这所由世界伟人孙中山创立

---

① 《马克思恩格斯全集》（第23卷），人民出版社1972年版，第8页。

的大学，以其历史厚重、名师辈出、学风严谨、理念前沿、校园美丽而使我心生敬意和向往。而中山大学的哲学学科包括马克思主义哲学、中国哲学、西方哲学、科学哲学都在国内处于一流地位，我主修的马哲史专业由于马克思一批早期著作的发现成为显学，全国第一本大学教材《马克思主义哲学史稿》就由中山大学主编，因此我和蒋斌、刘德福、王培林、廖晓义、周世田诸位同学都为考进中山大学哲学系，成为刘嵘、高齐云、叶汝贤等名师的研究生深感幸运和自豪。

研究生课程的第一课由高齐云教授给我们讲如何做文献综述。文献综述初看起来简单，实则不易而且重要。哲学研究的问题必须是前沿的，研究成果必须是创新性的，是要在国内乃至国际上引领学术潮流的。因此需要追踪综合分析特定领域内已取得的成果和进展，提出有待深入研究的课题。如当时学术界围绕人道主义问题、异化问题争论很大，莫衷一是，包括对马克思、恩格斯有关观点和原理的理解也争论不休，这不是简单地回到马克思经典著作或重读马克思就能解决的，需要从马克思主义学说史、共运史及时代主题的结合上，从诸多研究成果和理论问题的梳理上，概括出科学评价和分析的方法论，确立深入研究的切入口和创新点。做好文献综述，关键是两点，一是全面地占有资料，二是敏锐地把握前沿，站在巨人的肩膀上进行研究，才有可能攀登学术的高峰。

研究生专业的第一课也是高齐云老师讲课，讲的是马克思的博士论文《德谟克里特的自然哲学和伊壁鸠鲁的自然哲学的差别》，高老师治学严谨，不苟言笑，习惯用自己书写工整的读书卡片讲课，课间和课后让大家提问讨论，由于马克思的博士论文晦涩深奥，大家提不出什么学术问题，然而马克思论文中的自由精神和实践精神深深地影响了我们的思维方式。继"马恩早期思想"后，主课还有刘嵘老师的《毛泽东哲学思想概述》、叶汝贤老师的《唯物史观发展史》，这些名师用独自的研究成果及其精彩演讲，引领我们趟进马克思主义哲学发展及其中国化的历史长河，从中不断汲取革命导师们的理论成果和创新精神。此外，施为民教授的《小逻辑与哲学笔记》、陈长畅教授的《列宁哲学思想研究》、何梓焜教授的《普列汉诺夫哲学思想》、李尚德教授的《苏联哲学研究》从不同角度帮助我们拓展马哲史的认识，留下深刻的印象。

硕士研究生毕业后，中山大学研究生处分配我到广东省委宣传部工作。我的初衷是留校任教，陈田香处长找我谈话，认为我是共产党员，又有 11 年的基层经历，适合到省委机关工作，还以毕业于中国社科院、当时在广东省委政策研究室当领导的钟阳胜同志为例，说明研究生在党政机关同样大有可为。后来在广东省委宣传部的工作，包括担任广东省委常委、宣传部部长黄浩同志秘书以及研究室、外宣办等多个岗位的工作也证明，只要有志于把马克思主义理论应用于中国现代化实践，党政机关反而是把握国情、深入实践的良好渠道和平台。在广东省委宣传部工作的十年，除了结合岗位工作开展调研外，还进行了岭南文化和宣传学方面的研究，取得一些成果。然而，在实际工作中深感自己存在读书不够广博、理论功底欠厚实的问题。1995 年春，当刘嵘教授征询我是否报读他的"马克思主义哲学与中国现代化"专业博士研究生时，我深感荣幸并欣然接受了，我还动员老同学也是广东省委宣传部的同事蒋斌，一起报考刘嵘、叶汝贤两位恩师的在职博士研究生，没想到，这一读竟是七年。虽说是在职，其实与全职在校生的课程和要求完全一样。

博士课程的第一课由刘嵘老师讲授，他结合马克思主义中国化的历程提出一个非常重要的哲学方法论：合规律性和合目的性的统一，也就是事实认识与价值认识的统一，客观尺度与主体尺度的统一，真理观与价值观的统一。对这个方法论的研究和应用，贯穿于我的学术生涯之中，可称之为我的学术研究的座右铭。刘嵘老师还根据我当时从事外宣工作的经历和经验，建议我的博士论文以时代问题为方向，同时开列了阅读的书目清单。很遗憾，我的博士论文尚未开题，这位兼有政治家和哲学家风范的导师就因病与世长辞了，他坚定的政治信念、理论联系实际的学风和睿智幽默的演讲风格成为了中山大学哲学人宝贵的精神遗产。

此后，改由唯物史观权威专家叶汝贤教授指导我的博士论文。叶老师理论视野开阔，充满创新活力，为把中大马哲所建设成为全国人文社会科学百强研究基础而呕心沥血，凝聚了一大批著名学者，享誉海内外马哲学术界。1997 年夏天，我和叶老师讨论经济全球化进程中的文化发展问题，提出以此作为博士论文选题方向，得到了他的肯定。于是我结合社科院工作实际，潜心研读马克思主义经典著作和中外有关著述，密切联系世界格局剧烈变化及人类文化思潮演变的现实运动，不断进行理论的抽象和概括，其间不断在核心期刊发表阶段性的研究成果，遂于读博七年后完成了博士学位论文《文化进步论——对全球化进程中的文化的哲学思考》，得到了以杨耕教授为主席的答辩委员会的充分肯定和一致通过。几年的博士学位论文写作研究过程，自己不仅在学业上得到叶汝贤教授深厚学养的启迪，而且深受他矢志推进马克思主义哲学学科创新的学术精神的熏陶。

哲学是时代精神的精华，马克思主义哲学要与时代同行。继博士论文发表后，我继续围绕全球化与文化发展问题开展研究，着力从马克思的"世界历史"观揭示全球化的本质特征，探讨全球化与文化的关系，探讨全球化进程中文化发展的动力、过程、机制和规律，这对于全面把握马克思的文化理论，正确认识文化在中国改革开放以及人类解放历史进程中的历史使命，重建人类精神家园，创建开放兼容的中国特色社会主义新文化具有实践意义，对构建体现时代精神的文化哲学体系也具有理论意义。关注文化的发展从根本上来说就是关注人的发展，人的解放就是人不断打破文化桎梏走向开放创新的过程，人的自由就是人不断克服文化僵化走向全面发展的过程。"每一个人自由发展是一切人自由发展的前提和条件"，马克思、恩格斯用这句话来概括《共产党宣言》的精神实质，充分体现了革命导师的崇高理想和人文情怀，这是未来社会和人类文明发展的根本目标，也是马克思主义文化哲学的出发点和落脚点。

在广东省社科院工作期间，我兼任广东省精神文明研究中心主任，结合广东文化大省建设的战略部署，我和研究中心的周薇、章扬定等专家们编撰了《现代化进程中的精神文明建设丛书》《广东精神文明建设红皮书》《广东建设文化大省的理论与战略》等著作，同时着重从提升文化竞争力的维度深入研究，提供基础理论支撑和策略参考。我撰写了多篇论文和调研报告参与建设文化大省的研讨，认为岭南文化是广东文化发展的深厚根基，传承、重构、创新岭南文化，达到现代文化自觉，是提升广东文化竞争力的前提条件。文化自觉是费孝通先生提出来的，所谓自觉，就是在文化上"自知之明"，把我们置身其中的、深刻影响我们日常生活和思维方式的文化模式作为比较、反思、批判的对象，认识其历史价值，挖掘其精神内核，推动其与时俱进、创新发展，达到顺应时代潮流的文化自信，创造性转化为主体的内在的认同和动力。从岭南文化的区域特征看，作为改革开放的前沿地使之具有开放兼容务实的品格，然而从其历史积淀和内涵结构看，思想的深度性、批判性、系统性还欠不足，文化对经济社会的引领力有待提升。在经济全球化、知识化、信息化的背景下，广东要建成比肩京沪的文化大省乃至文化强省，必须加快发展文化生产力、文化消费力、文化创造力、文化传播力和文化持续力，坚持不断解放思想，以岭南文化价值创新带动文化知识体系创新以及文化产业的转型发展。在研究岭南文化竞争力的基础上，我们团队又从民族文化、城市文化及企业文化的形态上研究文化竞争力，2006年出版了专著《文化竞争力研究》（与肖海鹏、夏辉合著），《哲学研究》为此还刊发了单世联教授的评论文章。

2008年我调到广东省社科联，以不同的方式继续从事哲学社会科学工作。由于广东省社科联老主席、老红军、哲学家张江明教授的推荐，我参与了广东社会主义社会辩证法研究会的工作，从马克思主义中国化、大众化、时代化的层面深化中国特色社会主义理论的研究，召开了"全面深化改革与哲学方法论"系列研讨会，主持了《问题的哲学》（与成龙、冯立鳌合著）等著作的撰写。党的十八大以来，协助广东省原省长卢瑞华同志和张磊老院长开展《中国生态哲学》的研究和编撰。卢瑞华同志是专家型领导人，不但有丰富的领导经济建设实践的经验，而且在经济发展战略研究前沿、高新科技研究前沿上有许多深刻、独到的观点。在生态伦理和绿色发展上，他更是率先示范，带领研究团队深入学习研究习近平新时代中国特色社会主义思想，以习近平生态文明思想为指导，在深入汲取马克思主义生态思想、中国传统生态理念和西方现代生态伦理的基础上，探索建立中国生态哲学体系的新思路。作为执行主编，我深感责任重大，组成了由若干自然科学和社会科学著名专家合作攻关的课题组，深入领会"绿水青山就是金山银山"命题中蕴含的本体论、价值论和方法论意义，讨论全书的中心思想和框架章节，明确研究重点、难点和写作任务。历经前后4年的努力，《中国生态哲学》终于问世。著名哲学理论家、中央党校原副校长徐伟新教授认为：《中国生态哲学》在把绿色发展作为一种使命，作为一种生产方式、生活方式以及现代社会治理方式方面做了深入的理论探索。中央政策研究室原主任郑新立指出：《中国生态哲学》是新征程上打赢青山绿水蓝天保卫战的一本关于生态文明的重要著作，为人类命运共同体的绿色可持续发展，贡献了粤港澳大湾区的智慧和理论。

自2013年起，我的学术活动重点逐步转到文史资料研究上来，包括在省政协文化与文史资料委员会和省政府文史馆的工作。一是编撰广东改革开放"三亲"史料。"三亲"是政协文史研究工作的特色，所谓"三亲"史料，即由历史事件的亲历、亲见、亲闻者口述或撰写整理的史料，具有"存史、咨政、团结、育人"等社会价值和功能。"大潮起珠江"，党的十一届三中全会以来，邓小平同志和党中央大力支持广东敢闯敢试，以习仲勋为代表的改革先行者破冰前行，40年来广东不负使命，奋力"杀出一条血路"，取得举世瞩目的发展成就，成为中国改革开放的排头兵、先行地、试验区。反映和总结这个伟大进程无疑是文史资料工作的首要任务。在王荣主席、梁伟发副主席和著名文史专家、全国政协文化文史和学习委员会副主任卞晋平的领导和指导下，我们专委会发动组织全省各地市、各省直部门，聚焦广东在中国改革开放35年来的伟大进程中的首创、率先、第一，编辑出版了《敢为人先——改革开放广东一千个率先》"三亲"文史资料丛书。该丛书含政治、经济、文化、社会、科技、港澳台侨等8册，近500万字，其中大部分是第一手资料，而且经过了文史专家的鉴别分析，成为研究广东改革开放的不可多得的珍贵的文史资料。全国政协副主席叶选平在序言中指出："在这记录上千个改革创新的鲜活实例中，我们看到了广东千百万人民在党的领导下艰辛探索的过程，看到了南粤大地上波澜壮阔的改革开放的历史画卷。"二是研究广东改革开放思想史。在广东省委宣传部的支持下，我和广东省社科院的专家们承担了这项任务，整理和研究习仲勋、任仲夷、谢非等几任改革开放初期广东省委主要领导人关于广东改革开放和现代化建设的理论探索、战略思考和决策思维，以及他们的政治智慧和价值理念。编撰了《习仲勋与广东改革开放思想研究》《任仲夷与广东改革开放思想研究》《谢非与广东改革开放思想研究》等著作，陆续付诸出版发行。三是研究和编撰岭南文化有关文史资料。结合广东省文史馆的工作，撰写了《海上丝绸之路精神与广东近代思潮》《马克思关于鸦片战争论述的历史辩证法及其时代价值》《岭南人文精神与人文湾区》等论文，阐述共建人类命运共同体与传承岭南优秀传统文化的关系。此外，还和林有能研究员，以及广东省社科联、广东省政协文史委的同仁们一起，编辑出版了《岭南风物》《岭南记忆》等研究岭南地方特色文化的文集。

时代是思想之母，实践是思想之源。没有改革开放，就没有中国特色社会主义学术和文化的大发展大繁荣，当然也没有我本人的所谓学术成果。回顾《哲学、文化与时代》文集中的文章，基本上反映了改革开放各个时期的实践之问和学术之思。与时代同行是思想者的神圣使命，改革开放永无止境，思想解放永无止境，以哲学和文化的方式为改

哲学、文化与时代

革开放、为中国特色社会主义新时代鼓与呼也永无止境。

感谢广东省政府文史馆杨汉卿主任（馆长）、麦淑萍副主任（副馆长）对编辑出版此书的大力支持，感谢广东省政府文史馆文史处和广东人民出版社古籍文献分社社长陈其伟为编辑出版此书的辛勤付出。

感谢在我成长过程中各级领导和学术界各位同仁给我的引导、启迪和无私的帮助。

感谢我的夫人江海燕和儿子田琰在我漫长的求学、从政和学术研究历程中给予的始终如一的关爱和全力支持。

"路漫漫其修远兮，吾将上下而求索"，以此名句与各位同仁、朋友共勉。

2021 年 6 月于广州梅花村